COLETA DE DADOS QUALITATIVOS

Dados Internacionais de Catalogação na Publicação (CIP)
(Câmara Brasileira do Livro, SP, Brasil)

Braun, Virginia
   Coleta de dados qualitativos : um guia prático para técnicas textuais, midiáticas e virtuais / sob a direção de Virginia Braun, Victoria Clarke, Debra Gray ; tradução de Daniela Barbosa Henriques. – Petrópolis, RJ : Vozes, 2019.

   Título original: Collecting qualitative data : a practical guide to textual, media and virtual techniques
   Bibliografia.
   ISBN 978-85-326-6060-2

   1. Ciências sociais – Pesquisa – Metodologia 2. Pesquisa qualitativa – Metodologia I. Clarke, Victoria. II. Gray, Debra. III. Título.

19-23785   CDD-001.42

Índices para catálogo sistemático:
1. Pesquisa qualitativa : Metodologia   001.42

Cibele Maria Dias – Bibliotecária – CRB-8/9427

SOB A DIREÇÃO DE
VIRGINIA BRAUN • VICTORIA CLARKE • DEBRA GRAY

COLETA DE DADOS QUALITATIVOS

UM GUIA PRÁTICO PARA TÉCNICAS TEXTUAIS, MIDIÁTICAS E VIRTUAIS

Tradução de Daniela Barbosa Henriques

EDITORA VOZES

Petrópolis

© Virginia Braun, Victoria Clarke e Debra Gray 2017.

Título do original em inglês: *Collecting Qualitative Data – A Practical Guide to Textual, Media and Virtual Techniques.*
Esta tradução é publicada por intermédio da Cambridge University Press

Direitos de publicação em língua portuguesa – Brasil:
2019, Editora Vozes Ltda.
Rua Frei Luís, 100
25689-900 Petrópolis, RJ
www.vozes.com.br
Brasil

Todos os direitos reservados. Nenhuma parte desta obra poderá ser reproduzida ou transmitida por qualquer forma e/ou quaisquer meios (eletrônico ou mecânico, incluindo fotocópia e gravação) ou arquivada em qualquer sistema ou banco de dados sem permissão escrita da editora.

CONSELHO EDITORIAL

Diretor
Gilberto Gonçalves Garcia

Editores
Aline dos Santos Carneiro
Edrian Josué Pasini
Marilac Loraine Oleniki
Welder Lancieri Marchini

Conselheiros
Francisco Morás
Ludovico Garmus
Teobaldo Heidemann
Volney J. Berkenbrock

Secretário executivo
João Batista Kreuch

Editoração: Elaine Mayworm
Diagramação: Sheilandre Desenv. Gráfico
Revisão gráfica: Alessandra Karl
Capa: Renan Rivero

ISBN 978-85-326-6060-2 (Brasil)
ISBN 978-1-107-66245-2 (Reino Unido)

Editado conforme o novo acordo ortográfico.

Este livro foi composto e impresso pela Editora Vozes Ltda.

Sumário

Figuras, tabelas e quadros, 7

Agradecimentos, 11

Colaboradores, 13

Prefácio, 19
   Brendan Gough

1   Coleta de dados textuais, midiáticos e virtuais na pesquisa qualitativa, 23
   Virginia Braun, Victoria Clarke e Debra Gray

Parte I – Coleta de dados textuais, 37

2   Breve, porém doce – O surpreendente potencial dos métodos de levantamento qualitativo, 39
   Gareth Terry e Virginia Braun

3   Era uma vez... Métodos qualitativos de preenchimento de histórias, 72
   Victoria Clarke, Nikki Hayfield, Naomi Moller, Irmgard Tischner e o Grupo de Pesquisa sobre Preenchimento de Histórias

4   Falando hipoteticamente – Usando vinhetas como método qualitativo independente, 100
   Debra Gray, Bronwen Royall e Helen Malson

5   "Desabafando" – O método do diário solicitado, 124
   Paula Meth

Parte II – Coleta de dados da mídia, 147

6   Fazendo dados da mídia – Uma introdução à pesquisa qualitativa da mídia, 149
   Laura Favaro, Rosalind Gill e Laura Harvey

7	"O grande nivelador de Deus" – Rádio falado como dados qualitativos, 176	
	Scott Hanson-Easey e Martha Augoustinos	
8	Arquivos do cotidiano – O uso de blogues na pesquisa qualitativa, 199	
	Nicholas Hookway	
9	Fóruns de discussão on-line – Uma fonte rica e vibrante de dados, 224	
	David Giles	

Parte III – Coleta de dados virtuais, 249

10	"Digite a sua resposta" – Gerando dados de entrevistas por e-mail, 251	
	Lucy Gibson	
11	Um chat produtivo – Entrevistas por mensagens instantâneas, 275	
	Pamela J. Lannutti	
12	"Não estou com você, mas estou..." – Entrevistas face a face virtuais, 297	
	Paul Hanna e Shadreck Mwale	
13	Encontros nos espaços virtuais – Conduzindo grupos-foco on-line, 316	
	Fiona Fox	

Posfácio, 343
  Ruthellen Josselson

Glossário, 347

Índice remissivo, 365

Índice geral, 379

Figuras, tabelas e quadros

Capítulo 2

Figura 2.1 Consentimento do levantamento PCRA, 55

Figura 2.2 Um exemplo de quadro de textos do estudo PCRA, 56

Tabela 2.1 Vantagens e desvantagens dos formatos de levantamentos on-line, por e-mail e impressos, 45

Quadro 2.1 Apresentação do levantamento "Pelo corporal, sua remoção e alteração" (PCRA), 41

Quadro 2.2 *Levantamento* qualitativo ou *questionário* qualitativo – são iguais?, 41

Quadro 2.3 Uma tipologia de levantamentos mais ou menos qualitativos, 43

Quadro 2.4 Trolagem e *zingers*, 49

Quadro 2.5 Definições fornecidas no levantamento PCRA, 50

Quadro 2.6 Pergunta 32 PCRA, 52

Quadro 2.7 Recrutar, recrutar, recrutar!, 60

Quadro 2.8 Reflexões pessoais sobre o uso de levantamentos qualitativos, 63

Quadro 2.9 Dados PCRA para exercício de codificação, 65

Capítulo 3

Figura 3.1 Exemplo de um mapa de história, 92

Tabela 3.1 Exemplos de teoria, perguntas e pesquisa existentes em preenchimento de histórias, 79

Quadro 3.1 Explorando percepções e construções de gênero, sexualidade e aparência, 73

Quadro 3.2 Exemplos de dados de preenchimento de histórias, 89

Quadro 3.3 Reflexões pessoais sobre o uso do preenchimento de histórias, 94

Capítulo 4

Quadro 4.1 Construção do "anoréxico" adolescente, 101

Quadro 4.2 Exemplo de uma vinheta de "anorexia" – versão de Hanna, 111

Quadro 4.3 Reflexões pessoais sobre o uso de vinhetas, 119

Capítulo 5

Figura 5.1 Um exemplo de registro em diário escrito em zulu por um participante do sexo masculino, 134

Quadro 5.1 Violência doméstica em contextos violentos, 125

Quadro 5.2 Exemplo de instruções de diários – Estudo "Experiência dos homens com a violência em assentamentos informais na África do Sul", 138

Quadro 5.3 Reflexões sobre o uso de diários solicitados, 142

Capítulo 6

Quadro 6.1 Estudo sobre a intimidade na mídia e o pós-feminismo, 150

Quadro 6.2 Estudo sobre a conjugalidade cotidiana, 151

Quadro 6.3 Estudo sobre a "nação castradora", 153

Quadro 6.4 E o público da mídia?, 156

Quadro 6.5 Depois da publicação..., 169

Quadro 6.6 Reflexões pessoais sobre o uso de dados da mídia, 170

Capítulo 7

Quadro 7.1 A construção discursiva no rádio falado de refugiados sudaneses na Austrália, 177

Quadro 7.2 Um exemplo ilustrativo de uma análise discursiva do rádio falado, 191

Quadro 7.3 Reflexões pessoais sobre o uso do rádio falado, 193

Capítulo 8

Figura 8.1 Exemplo de publicação em blogue do Blogger, 202

Figura 8.2 "Frente" do convite do blogue, 209

Tabela 8.1 Exemplos de pesquisas com blogues, 205

Tabela 8.2 Resumo dos passos de pesquisas com blogues, 206

Quadro 8.1 Explorando a moralidade cotidiana, 200

Quadro 8.2 Reflexões pessoais sobre a pesquisa com blogues, 218

Capítulo 9

Figura 9.1 Reprodução de texto das três primeiras publicações no *thread* "Conversas com fãs falsos", 228

Quadro 9.1 A comunidade on-line Asperger reage ao ser reclassificada no DSM5, 225

Quadro 9.2 *Thread* de uma publicação de abertura... e primeira resposta, 232

Quadro 9.3 Um exemplo de contestação de identidade no site pró-ana, 233

Quadro 9.4 Reflexões pessoais sobre fóruns de discussão, 244

Capítulo 10

Figura 10.1 Captura de tela do retorno positivo do participante e outras reflexões, 257

Figura 10.2 Captura de tela do comentário e reflexões adicionais do participante, 259

Quadro 10.1 Entendendo os fãs da música popular e o curso da vida, 252

Quadro 10.2 A origem dos seus participantes de entrevistas por e-mail pode fazer diferença, 254

Quadro 10.3 Respostas escritas são cuidadosamente consideradas, 256

Quadro 10.4 Reflexões pessoais sobre o uso de entrevistas por e-mail, 271

Capítulo 11

Quadro 11.1 Reconhecimento legal do casamento entre pessoas do mesmo sexo nos Estados Unidos, 276

Quadro 11.2 Exemplo de protocolo de entrevista via mensagens instantâneas, 283

Quadro 11.3 Exemplo de documento de consentimento informado, 284

Quadro 11.4 Exemplo de regras básicas para uma entrevista via mensagens instantâneas, 287

Quadro 11.5 Reflexões pessoais sobre o uso de entrevistas via mensagens instantâneas, 292

Capítulo 12

Quadro 12.1 Turismo sustentável, 298

Quadro 12.2 Envolvimento dos voluntários nos testes clínicos da Fase 1, 298

Quadro 12.3 Resumo de diretrizes sobre a formulação das perguntas da entrevista, 304

Quadro 12.4 Exemplo de plano de entrevista do estudo "Envolvimento dos voluntários nos testes clínicos da Fase 1", 305

Quadro 12.5 Exemplo de plano de entrevista do estudo "Turismo sustentável", 306

Quadro 12.6 Reflexões pessoais sobre o uso de entrevistas por Skype, 312

Capítulo 13

Figura 13.1 Tela da moderadora para meus GFOs em tempo real, 330

Tabela 13.1 Extrato de dados de um GFO em tempo real com jovens portadores de psoríase, 318

Tabela 13.2 Extrato de dados de um grupo de chat on-line em tempo não real com jovens portadores de vitiligo, 319

Tabela 13.3 Passos para realizar GFOs em tempo real e em tempo não real, 328

Quadro 13.1 Experiências de jovens portadores de condições crônicas na pele, 317

Quadro 13.2 Guia de grupo-foco para GFOs em tempo real, 331

Quadro 13.3 Reflexões pessoais sobre o uso de GFOs, 335

Agradecimentos

Este livro, *Coleta de dados qualitativos* (*CDQ*), foi desenvolvido a partir de um seminário – Pesquisa Qualitativa em uma Era de Austeridade – realizado na University of the West of England em outubro de 2012. Somos muito gratas ao Setor de Métodos Qualitativos em Psicologia da Sociedade Psicológica Britânica pelo prêmio no concurso do seminário que permitiu a realização do evento, e às nossas coorganizadoras do seminário, Nikki Hayfield e Naomi Moller. E foi uma satisfação para nós que a Cambridge University Press *tenha captado* nossa visão do livro e embarcado conosco.

O intervalo de cinco anos entre aquele seminário e a publicação deste livro significa que não é surpresa alguma precisarmos agradecer à tolerância dos nossos colaboradores quando problemas de saúde e a sobrecarga de trabalho nos desafiaram em nossa aspiração ideal de sermos editoras eficientes e insistirmos até o fim (obrigada, Nikki!). Com isso em mente, agradecemos especialmente ao Tim Kurz, que se uniu a nós logo no início da aventura empreendida pelo ótimo navio *CDQ*. Foi uma pena que o trabalho também tenha atrapalhado sua participação; então ele saltou no mar e nadou de volta até um porto seguro. Seu envolvimento logo no início foi muito apreciado!

Ficamos emocionadas porque dois titãs do mundo da pesquisa qualitativa – Professor Brendan Gough e Professora Ruthellen Josselson – concordaram em nos proporcionar palavras sábias que nos permitiram partir (BG) e nos receberam de volta (RJ) na aventura *CDQ*. Agradecemos aos nossos alunos, especialmente aos nossos orientandos (antigos e atuais), que foram nossos entusiasmados aventureiros parceiros na lida com os métodos qualitativos. E não é preciso dizer (mas estamos dizendo) que damos um caloroso "viva!" a todas as pessoas que nos orientaram, inspiraram e colaboraram conosco nesses anos.

Debra quer agradecer especialmente aos coautores do seu capítulo – Helen e Bronwen – que a ajudaram a navegar pelos domínios da pesquisa com vinhetas; ao seu orientador do doutorado – Kevin Durrheim – em primeiro lugar por apresentá-la aos métodos qualitativos e por encorajá-la a fazer perguntas críticas e encontrar respostas críticas. E Ginny e Victoria querem agradecer especialmente a Celia Kitzinger e Sue Wilkinson, suas orientadoras do doutorado na Loughborough University, por incentivarem seu amor pela pesquisa qualitativa, encorajando-as e deixando-as seguras para se tornarem aventureiras, "experimentando" (no sentido mais amplo) os métodos qualitativos. Seus capítulos neste livro devem muito ao trabalho inovador de Sue e Celia.

Colaboradores

Brendan Gough é professor de Psicologia Social da Faculdade de Ciências Sociais, Psicológicas e Comunicativas da Leeds Beckett University, Reino Unido. Brendan publicou inúmeros artigos sobre relações e identidades de gênero, a maioria a respeito de saúde e bem-estar (peso, consumo de álcool, tabagismo, dieta e aspectos da saúde masculina). É cofundador e coeditor do jornal *Qualitative Research in Psychology*, e editor da seção de Psicologia Crítica do jornal *Social & Personality Psychology Compass*. Também foi coautor de *Critical Social Psychology* e coeditor de *Men, Masculinities and Health and Reflexivity*.

Bronwen Royall graduou-se como psicóloga na University of the West of England e atualmente é mestranda em Neuropsicologia na University of Bristol, Reino Unido. Seus interesses de pesquisa se concentram predominantemente em questões de saúde mental, acompanhando seu trabalho de psicóloga assistente.

David Giles é professor de Psicologia da Mídia da University of Winchester, Reino Unido. Publicou vários livros sobre a influência da mídia e celebridades, além de inúmeros artigos sobre a dinâmica social da comunicação on-line, com referência especial à saúde mental. É um dos fundadores da rede multidisciplinar MOOD (Microanálise de Dados On-line), que organiza uma oficina internacional anual sobre o desenvolvimento de métodos para realizar análises qualitativas minuciosas de uma ampla gama de materiais on-line incorporando textos, conteúdo visual, hiperlinks e outros fenômenos exclusivamente digitais.

Fiona Fox é pesquisadora na equipe de Etnografia do Instituto Nacional para Colaborações em Pesquisa da Saúde para a Liderança em Pesquisa e Cuidado com a Saúde Aplicados West (NIHR CLAHRC West), Reino Unido. Anteriormente estudou e trabalhou nas três universidades de Bristol e Bath. Recebeu o título de Bacharel em Ciências na University of Bristol, o título de Ph.D. no Centro para

Pesquisa da Aparência, na University of the West of England, e acumulou ampla experiência em pós-doutorado no Departamento de Saúde da University of Bath. Fox usa abordagens qualitativas em vários tópicos de pesquisa de saúde aplicada, assim como supervisiona, analisa e ensina métodos de pesquisa qualitativa.

Gareth Terry é diretor de pesquisa sênior do Centro de Pesquisa Centrada em Pessoas da AUT University (Auckland, Nova Zelândia). Sua pesquisa se enquadra de modo geral nas áreas de saúde crítica e psicologias sociais críticas, com interesses especiais nas experiências de vida de pessoas com condições crônicas de saúde, saúde masculina, imagem corporal, decisões reprodutivas e identidades masculinas. Também tem interesses metodológicos em análise temática, psicologia discursiva crítica e desenvolvimento de levantamentos qualitativos, tendo colaborado em volumes editados nessas áreas.

Helen Malson é professora-associada de Psicologia Social do Departamento de Saúde e Ciências Sociais da University of the West of England, Reino Unido. O foco de sua pesquisa são análises feministas críticas de "transtornos alimentares" e, mais amplamente, questões de personificação de gênero. Seu conhecimento metodológico se direciona a abordagens analíticas críticas ao discurso na análise de diversos tipos de dados. Sua pesquisa é financiada pelo Conselho de Pesquisa em Artes, Departamento de Saúde de New South Wales e Fundo Milênio de Westmead. Suas publicações incluem *The Thin Woman* e, com Maree Burns, *Critical Feminist Approaches to Eating Dis/Orders*.

Irmgard Tischner é professora-sênior da Technical University of Munich, na disciplina Sociologia da Diversidade. Com foco em abordagens psicológicas pós-estruturalistas, feministas e críticas, seus interesses de pesquisa incluem questões em torno de incorporação e subjetividade, especialmente em relação a discursos (de gênero) de tamanho do corpo, saúde e atividade física nas sociedades industrializadas ocidentais contemporâneas, assim como questões de gênero relativas a aparência e à liderança em negócios e política.

Laura Favaro é doutoranda da City University London, Reino Unido. Sua tese analisa construções de gênero, sexo, sexualidade e relacionamentos íntimos em revistas on-line femininas comerciais do Reino Unido e da Espanha, integrando análises do conteúdo editorial, discussões em fóruns de usuários e entrevistas com produtores. Favaro reúne o Fórum de Pesquisa de Gênero & Sexualidades na City.

Laura Harvey é professora de Sociologia da University of Surrey, Reino Unido. Seu trabalho adota uma abordagem interdisciplinar, baseando-se em sociologia, estudos de gênero, psicologia social e estudos culturais. Seus interesses de pesquisa incluem intimidades e desigualdades cotidianas, pesquisa com jovens, sexualidades, a mediação do conhecimento sexual, metodologias feministas e análise do discurso.

Lucy Gibson é professora de Cuidado Social e Saúde Aplicada da Edge Hill University, Reino Unido. Sua pesquisa de doutorado explorou a música popular e o curso de vida, e investigou temas de compromisso cultural, estilos de vida e identidades entre fãs de northern soul e rare soul, rock e dance music eletrônica (EDM). Gibson publicou e apresentou trabalhos acadêmicos sobre música popular e envelhecimento, a extensão de práticas culturais da juventude na idade adulta, usando entrevistas por e-mail para investigar música e memória e o corpo em processo de envelhecimento. Seus interesses de pesquisa se concentram amplamente em envelhecimento, cultura jovem, participação da comunidade, bem-estar e métodos de pesquisa on-line.

Martha Augoustinos é professora de Psicologia da University of Adelaide, Austrália. Tem várias publicações na área de psicologia social e discurso, especialmente sobre a natureza do discurso racial na Austrália. Isso inclui uma análise de como os australianos indígenas são construídos nas conversas cotidianas e na retórica política. É coautora de *Social Cognition* com Iain Walker e Ngaire Donaghue, e coeditora com Kate Reynolds de *Understanding Prejudice, Racism and Social Conflict*.

Naomi Moller é psicóloga credenciada e professora de Psicologia da Open University, Reino Unido. Tendo sido treinada como psicóloga consultora, tem um interesse antigo em pesquisa, ensino de métodos de pesquisa e supervisão de pesquisa há quase uma década, e recentemente foi coeditora, com Andreas Vossler, de *The Counselling and Psychotherapy Research Handbook*. Seus interesses de pesquisa incluem percepções e entendimentos de consultores e consultoria, pesquisa sobre família e relacionamento, incluindo infidelidade. Naomi é codiretora do Grupo de Pesquisa sobre Famílias, Relacionamentos e Comunidades da Open University, e é membro do conselho editorial de vários jornais, incluindo *Counselling and Psychotherapy Research*, da Associação Britânica de Consultoria e Psicoterapia.

Nicholas Hookway atualmente é professor de Sociologia da Faculdade de Ciências Sociais da University of Tasmania, Austrália. Os principais interesses de pesquisa de Hookway são a moralidade e a mudança social em condições de modernidade tardia. Seus outros interesses de pesquisa são gentileza, religião e espiritualidade, e tecnologias de pesquisa on-line.

Nikki Hayfield é professora-sênior de Psicologia Social do Departamento de Saúde e Ciências Sociais da University of the West of England, Bristol, Reino Unido. Seu doutorado explorou as identidades visuais de mulheres bissexuais e a marginalização bissexual. Em sua pesquisa, usa metodologias qualitativas para explorar sexualidades lésbicas, gays, bissexuais e heterossexuais, relacionamentos e famílias (alternativas).

Pamela J. Lannutti é professora-associada de Comunicação e diretora dos programas de Pós-Graduação em Comunicação Profissional e Empresarial da La Salle University, Filadélfia, EUA. Sua pesquisa se concentra em comunicação nos relacionamentos pessoais. Boa parte de seu trabalho recente se concentra em casamento de pessoas do mesmo sexo, e é autora de *Experiencing Same-Sex Marriage*.

Paul Hanna é psicólogo credenciado e professor de Turismo Sustentável da University of Surrey, Reino Unido. Seus principais interesses de pesquisa são identidade, bem-estar, sustentabilidade, comportamentos favoráveis ao meio ambiente e metodologias de pesquisa. Seu trabalho foi publicado em vários jornais, incluindo *GeoJournal, Journal of Consumer Culture, Theory & Psychology, Qualitative Research, Qualitative Research in Psychology* e *Environmental Economics*. Atualmente trabalha com uma série de projetos de pesquisa explorando elementos espaciais, afetivos, sociais e individuais do comportamento sustentável em relação a lazer e turismo.

Paula Meth é professora-sênior do Departamento de Planejamento e Estudos Urbanos da Sheffield University, Reino Unido. Seu trabalho engloba Geografia Social, Estudos Urbanos e Estudos do Desenvolvimento, concentrando-se em gênero, violência e moradia na África do Sul. Meth é coautora de *Geographies of Developing Areas*, tendo publicado vários artigos sobre questões relativas à metodologia qualitativa, notadamente em relação à ética de trabalho sobre violência, assim como o uso de diários e métodos mistos em pesquisa.

Rosalind Gill é professora de Análise Social e Cultural da City University London, Reino Unido. Interessa-se em gênero, mídia e vida íntima, assim como novas tecnologias, trabalho cultural e criativo. É autora ou coeditora de vários livros, incluindo *Gender and the Media, Secrecy and Silence in the Research Process*, com Roisin Ryan Flood, e *New Femininities*, com Christina Scharff.

Ruthellen Josselson é professora de Psicologia Clínica da Fielding Graduate University, Estados Unidos, e psicoterapeuta em exercício privado. Sua pesquisa se concentra em identidade feminina e nos relacionamentos humanos. Recebeu os prêmios Henry A. Murray Award e Theodore R. Sarbin Award da Associação Psicológica Americana, além de uma Associação Fulbright. É ativa em trabalhos de relações em grupo há muitos anos, é consultora de organizações, ensina e conduz oficinas em âmbito nacional e internacional. É editora do jornal *Qualitative Psychology* e autora de inúmeros livros, incluindo, mais recentemente, *Interviewing for Qualitative Inquiry*.

Scott Hanson-Easey é membro-pesquisador da Faculdade de Saúde Populacional da University of Adelaide, Austrália. Tem educação formal em psicologia social, e sua pesquisa, empregando análise do discurso e teoria das representações sociais, aborda questões sociais, como as relações intergrupos, a linguagem do racismo e a comunicação de risco intercultural. Seus últimos trabalhos se concentram na construção social de risco e adaptação às mudanças climáticas.

Shadreck Mwale é sociólogo, médico e professor de Sociologia e Política Social da University of Brighton, Reino Unido. Seus interesses de pesquisa se concentram no envolvimento humano em exames clínicos, regulamentação de inovações médicas, desigualdades e saúde, e metodologias de pesquisa. Concluiu seu doutorado recentemente e está trabalhando com várias publicações derivadas de sua pesquisa sobre dimensões éticas e regulamentares do envolvimento de voluntários saudáveis em testes clínicos da Fase 1.

The Story Completion Research Group (Grupo de Pesquisa sobre Preenchimento de Histórias) inclui Victoria Clarke, Nikki Hayfield, Naomi Moller e Irmgard Tischner, além de vários alunos da pós-graduação, como Iduna Shah-Beckley e Matthew Wood, que colaboraram com o capítulo 3. Outros alunos permitiram que usássemos suas pesquisas como exemplos ilustrativos.

Prefácio

Brendan Gough

A pesquisa qualitativa é uma área rica e diversa em constante expansão e fragmentação. Porém, tal diversidade fica muito frequentemente confinada a conferências e revistas especializadas – o tipo de pesquisa qualitativa apresentada em revistas consagradas em geral é bastante previsível, árida e enfadonha (cf. BRINKMANN, 2015). Alunos e pesquisadores inexperientes podem ser perdoados por acharem que a pesquisa qualitativa se resume a fazer entrevistas e depois tentar gerar alguns temas com as transcrições resultantes. Como notaram as editoras deste livro e vários outros pesquisadores qualitativos, entretanto, as entrevistas podem ser reimaginadas de formas enriquecedoras e produtivas, seja facilitando o recrutamento e o engajamento de participantes de difícil acesso via tecnologias da comunicação (mensagens, Skype etc.) ou empregando artefatos significativos (como fotografias, pertences estimados) e atividades (desenhos, preenchimento de histórias) para ajudar a avivar e estender entrevistas presenciais (p. ex., GUILLEMIN, 2004 • JOWETT; PEEL & SHAW, 2011 • SHERIDAN & CHAMBERLAIN, 2011).

Além das entrevistas, há um mundo de dados qualitativos a buscar, selecionados e/ou coletados, desde artigos de revistas e jornais (e respostas dos leitores às histórias) até fontes on-line, como fóruns de discussão, blogues e conteúdo de mídias sociais. Igualmente, o uso de fontes de dados virtuais e de mídia na pesquisa qualitativa pode despender menos tempo, ser menos desafiador e eticamente menos complexo do que entrevistas presenciais e grupos-foco tradicionais – o que atrai pesquisadores qualitativos novatos trabalhando com projetos de tempo limitado. Um texto assim, portanto, é bem-vindo, abrindo um repertório totalmente novo de métodos inovadores capazes de envolver gerações atuais e futuras de pesquisadores qualitativos. Nesse sentido, aprofunda e amplia chamados recentes para documentar, empregar e celebrar a diversidade nas investigações qualitativas (p. ex., MADILL & GOUGH, 2008 • GOUGH & LYONS, 2016).

De maneira bastante singular, este livro posiciona a coleta de dados em primeiro plano. É curioso que a maioria dos livros sobre métodos qualitativos tende a enfatizar modos diferentes de análise em detrimento da coleta de dados e que, invariavelmente, os métodos de coleta de dados qualitativos que aparecem são entrevistas e grupos-foco. Ao explicar técnicas diferentes (e algumas novas) para reunir, gerar e encontrar dados qualitativos, pesquisadores qualitativos atuais e futuros recebem orientações, ilustrações e reflexões claras que os ajudarão a fazer escolhas embasadas para os próprios esforços de pesquisa. Os colaboradores de todos os capítulos são especialistas nos métodos que apresentam e oferecem valiosas ideias "bem informadas" para as práticas em questão, possíveis armadilhas e prazeres envolvidos em seu próprio estilo de pesquisa qualitativa.

Considerando que os pesquisadores quantitativos estão se tornando mais familiarizados com métodos de pesquisa qualitativa, é revigorante ver toda uma parte do livro dedicada a "experiências" qualitativas com ferramentas quantitativas convencionais, como levantamentos e vinhetas. Os levantamentos qualitativos, por exemplo, apresentam uma série de perguntas abertas a fim de encorajar os participantes a prover relatos mais detalhados do tópico em questão que seriam reunidos usando escalas numéricas tradicionais e questionários de múltipla escolha. O levantamento qualitativo também pode permitir que o(s) pesquisador(es) apresente(m) amostras de grande porte e conjuntos de dados amplos, o que muitas revistas importantes esperam dos autores. Os outros métodos abrangidos exibem modos criativos de extrair relatos pessoais dos participantes; o uso de cenários hipotéticos (preenchimento de histórias, vinhetas) pode envolver os participantes na exploração de experiências pessoais sem se sentirem expostos, enquanto métodos de diários personalizados permitem que os participantes desenvolvam reflexões e relatos significativos com o passar do tempo.

Também é satisfatório ver uma parte sobre materiais da mídia – recursos frequentemente deixados à margem da pesquisa qualitativa ou usados em áreas interdisciplinares como estudos da mídia, em que preferências teóricas podem muitas vezes desconsiderar o rigor metodológico. Por vivermos num mundo saturado pela mídia, seria estranho se os pesquisadores qualitativos não prestassem atenção a conteúdos de mídia. O foco na mídia impressa e difusora pode nos falar muito sobre normas contemporâneas (e competitivas), e é ótimo ver a cobertura de jornais e revistas (representações), assim como material do rádio (interação social) na Parte II. A disponibilidade de conteúdo da mídia on-line torna esses dados facilmente acessíveis para os pesquisadores qualitativos, com as oportunidades de retorno on-line para leitores, espectadores e ouvintes oferecendo outros veios de dados a serem garimpados pelos pesquisadores qualitativos. A produção de relatos on-line, seja através de blogues ou fóruns de discussão, permite acesso a histórias em geral pessoais que podem ser difíceis de gerar usando entrevistas presenciais, e é interessante ver capítulos que lançam mão dessas fontes on-line.

Aliás, o ambiente on-line também é o foco da parte final, com ênfase em formas nas quais o pesquisador possa interagir com os participantes usando tecnologias digitais disponíveis. Vários modos de comunicação são promovidos: entrevistas por e-mail, mensagens e Skype, assim como grupos-foco on-line. Nesse sentido, os métodos qualitativos clássicos de entrevistas individuais e em grupo são revistos, permitindo o diálogo remoto com os participantes enquanto também apresentam alguns desafios. Mais uma vez os conselhos e exemplos apresentados serão bem-vindos a pesquisadores qualitativos interessados em usar diversos meios digitais de encontro com os participantes.

Em resumo, este livro é inovador ao unir um grupo de autores e métodos que iluminam formas novas e interessantes de fazer pesquisa qualitativa. Espero que fique bastante conhecido e prove ser um recurso inestimável tanto para pesquisadores iniciantes quanto experientes. Eu, por exemplo, usarei esta obra para fins de ensino e pesquisa, e encorajarei meus colegas a fazerem o mesmo.

Referências

BRINKMANN, S. (2015). Perils and pitfalls in qualitative psychology. In: *Integrative Psychological and Behavioral Science*, 49, p. 162-173.

GOUGH, B. & LYONS, A. (2016). The future of qualitative research in psychology: Accentuating the positive. In: *Integrative Psychological and Behavioral Science*, 50, p. 234-243.

GUILLEMIN, M. (2004). Understanding illness: Using drawings as a research method. In: *Qualitative Health Research*, 14, p. 272-289.

JOWETT, A.; PEEL, E. & SHAW, R.L. (2011). Online interviewing in psychology: Reflections on the process. In: *Qualitative Research in Psychology*, 8, p. 354-369.

MADILL, A. & GOUGH, B. (2008). Qualitative research and its place in psychological science. In: *Psychological Methods*, 13, p. 254-271.

SHERIDAN, J. & CHAMBERLAIN, K. (2011). The power of things. In: *Qualitative Research in Psychology*, 8, p. 315-332.

1 Coleta de dados textuais, midiáticos e virtuais na pesquisa qualitativa

Virginia Braun, Victoria Clarke e Debra Gray

Por que este livro?

Imagine que você está visitando a biblioteca da sua universidade para ler e aprender sobre métodos de pesquisa qualitativa. Após algumas horas debruçado sobre uma mesa repleta de pilhas de livros, você provavelmente concluirá que a coleta de dados é razoavelmente direta, que tudo o que você precisa saber sobre a coleta de dados qualitativos é como fazer uma entrevista (presencial) e talvez como gerenciar um grupo-foco. Numa disciplina como a psicologia (a nossa disciplina) e em muitas outras disciplinas sociais e de ciência da saúde, os textos sobre métodos costumam enfatizar mais a análise de dados (qualitativos) do que a coleta de dados, sendo a coleta de dados qualitativos geralmente limitada a entrevistas presenciais e cada vez mais a grupos-foco. Tal abordagem restrita gera duas impressões: que a *coleta* de dados não é tão importante ou certamente é menos importante do que a *análise* de dados, e que os pesquisadores qualitativos usam apenas uma gama limitada de métodos para coletar dados.

Nada disso é verdade. Pode-se dizer que a análise de dados é tão boa quanto os dados coletados. Além disso, entrevistas presenciais e grupos-foco não são métodos sem restrições, imbatíveis e adequados para todo e qualquer objetivo. Eles podem ser custosos no que se refere a tempo e recursos, exigem certas habilidades interacionais para extrair o melhor na coleta de dados e nem sempre são a melhor maneira de tratar o espectro de perguntas de pesquisa que interessam aos pesquisadores qualitativos. Apesar disso, sua dominação frequentemente não questionada significa que eles – ou as entrevistas presenciais, em especial – ocupam uma posição de método "padrão ouro" ou "confiável" para coletar dados qualitativos, normalmente usados para tratar perguntas de pesquisa que discutivelmente teriam sido mais bem abordadas pelo uso de outros métodos de coleta de dados. Não estamos afirmando que entrevistas presenciais e grupos-foco não sejam métodos importantes e úteis para a pesquisa qualitativa – eles certamente são! Mas o espectro de possibilidades aberto ao pesquisador qualitativo para a coleta de dados, e portanto, formas de dados, é muito mais amplo do que somente esses dois métodos.

Neste livro, pretendemos explorar e expandir as possibilidades de pesquisa qualitativa, propiciando uma introdução acessível e prática a uma ampla gama de fontes e métodos de coleta de dados. Vale mencionar que os métodos abrangidos não oferecem um substituto inferior ao grupo-foco e à entrevista presencial "padrão ouro", gerando dados mais curtos e superficiais; em vez disso, eles oferecem uma *alternativa*, com diferentes qualidades e pontos fortes, adaptando-se a diferentes objetivos. O livro oferece aos pesquisadores qualitativos um arsenal de (novas) ferramentas para a exploração de perguntas de pesquisa inovadoras e interessantes. Defendemos a importância da adequação entre sua orientação teórica, pergunta de pesquisa, grupo participante, abordagem analítica e método de coleta de dados que você usar; essa visão é enfaticamente defendida em todos os capítulos deste livro. O que importa é selecionar a abordagem certa à coleta de dados para sua pergunta de pesquisa e grupo participante. Uma boa adequação encaminhará você à excelência de dados.

O livro está organizado em três partes: Textual, Midiática e Virtual. A parte *Textual* cobre quatro métodos que são tipicamente usados de modo mais amplo na pesquisa *quantitativa* – levantamentos, preenchimento de histórias, vinhetas e diários –, mas que têm grande potencial para a pesquisa *qualitativa*. Os pesquisadores qualitativos há muito tempo se interessam pela mídia como fonte de dados, porém a discussão metodológica dessa fonte de dados é escassa (fora dos estudos de mídia). A parte *Midiática* cobre tanto a mídia impressa e difusora "tradicional" (rádio, revistas e jornais) quanto formatos mais novos de mídia social (blogues, fóruns, notícias on-line, comentários dos leitores). A parte *Virtual* cobre técnicas que aproveitam o potencial da Internet (entrevistas por e-mail, mensagens instantâneas (MI), Skype e grupos-foco on-line) de modo a prover alternativas aos grupos-foco ou entrevistas presenciais tradicionais. Muitos colaboradores nesta e em outras partes do livro identificam que a Internet revolucionou a pesquisa qualitativa, abrindo novas avenidas para recrutar participantes e coletar dados, assim como originar novos *formatos* de dados (cf. tb. FIELDING; LEE & BLANK, 2008 • MANN & STEWART, 2000).

Os métodos discutidos oferecem formas de coletar dados que costumam requerer recursos menos intensos do que entrevistas presenciais ou grupos-foco. Esses métodos e fontes de dados capacitam os pesquisadores a conduzir uma pesquisa qualitativa de alta qualidade, em geral sem sair do escritório. Também propiciam soluções possíveis a algumas questões espinhosas para os pesquisadores qualitativos (especialmente no clima acadêmico contemporâneo):

1) Como acessar uma amostra geograficamente dispersa sem um custo proibitivo?

2) Quais métodos podem ser usados para melhor encorajar a participação de populações ocultas e/ou de difícil acesso?

3) Qual é o melhor modo de pesquisar questões delicadas do ponto de vista do anonimato do participante e inclinação a participar, *e* do ponto de vista do bem-estar do pesquisador?

4) Como conduzir a pesquisa qualitativa de maneira viável com uma amostra ampla de participantes?

5) Como coletar dados longitudinais qualitativos de maneira viável sem um orçamento enorme?

6) Quais são os benefícios de dados não gerados pelo pesquisador?

7) Como o tempo e os recursos de um pesquisador podem ser mais bem equilibrados para maximizar a chance de uma conclusão de pesquisa bem-sucedida?

Essas questões são especialmente pertinentes numa "era de austeridade" na academia (p. ex., DAVIES & O'CALLAGHAN, 2014). Um número vasto de acadêmicos das ciências sociais e da saúde usa métodos qualitativos em suas pesquisas. Muitos existem em ambientes econômicos e acadêmicos onde a pesquisa passou a sofrer mais pressão, em termos de tempo, recursos financeiros e expectativas de resultados (rápidos). Este livro convida esses acadêmicos a "pensar fora da caixa" dos seus métodos qualitativos regulares, oferecendo num único volume panoramas teóricos e sugestões práticas sobre maneiras de coletar dados qualitativos de forma diferente. Ao apresentar formas inovadoras de coleta de dados, novos modos de estudos e novas orientações de pesquisa se abrem tanto a alunos pesquisadores quanto a acadêmicos experientes.

Os métodos apresentados neste livro serão especialmente adequados a alunos envolvidos em projetos de pesquisa por dois principais motivos:

1) Oferecem métodos tipicamente eficientes em termos de tempo, já que a pesquisa precisa ser concluída dentro de um cronograma claramente delimitado;

2) Exigem recursos razoavelmente mínimos, uma consideração potencialmente importante àqueles que conduzem pesquisa com orçamento extremamente restrito.

Atenção: não abrangemos tudo o que pertence ao *enorme* mundo da coleta de dados qualitativos neste livro – isso exigiria uma série inteira de livros, não um único volume! Tampouco abrangemos muitos métodos de coleta de dados que possam ser considerados "inovadores" (como abordagens visuais; p. ex., MARGOLIS & PAUWELS, 2011 • REAVEY, 2011 • ROSE, 2012). Em geral, os métodos que selecionamos representam novos desenvolvimentos na coleta de dados qualitativos da última década, aproximadamente, mas retêm um foco no texto. Eles apresentam interessantes "viradas" nos métodos existentes e tradicionais, oferecendo alternativas – em geral mais práticas – de abordar perguntas de pesquisa conhecidas sobre as experiências ou processos sociais dos participantes, enquanto ao mesmo tempo abrem novas avenidas para a investigação qualitativa.

Agora apresentamos um breve panorama do livro – o que ele abrange (já falamos um pouco!) e como está estruturado – para você usar da forma que melhor se adéque às suas necessidades. A apresentação se entrelaça com uma rápida discussão sobre alguns dos componentes essenciais da pesquisa qualitativa, como um "mapa" para quem estiver entrando agora neste terreno.

O que este livro oferece ao pesquisador qualitativo?

Para quem é este livro?

Este livro é dirigido a leitores das ciências sociais e da saúde – mas é claro que você pode ler mesmo se essas não forem as suas áreas de interesse! As editoras e os colaboradores vêm de diferentes disciplinas e áreas de estudo, incluindo psicologia, sociologia, saúde pública, comunicação, psicoterapia, estudos de gênero, geografia social e outras. Como pretendemos apresentar uma *introdução* prática e acessível a uma série de métodos textuais, midiáticos e virtuais, o livro foi escrito principalmente para leitores iniciantes em tais métodos, e temos em mente que eles podem ser iniciantes na pesquisa qualitativa de modo mais amplo.

O livro também foi estruturado para acompanhar um curso ou bloco de aulas sobre pesquisa qualitativa e prover um "manual" para alunos que estejam envolvidos em pesquisa usando um ou mais dos métodos tratados.

Como ler e usar este livro?

Você pode começar do início e ler este livro de capa a capa! Mas não é necessário – cada capítulo foi redigido para ser independente. Recomendamos, contudo, que você leia a seção a seguir antes de prosseguir, porque ela apresenta um material útil para estruturação, incluindo uma breve discussão sobre alguns dos principais componentes e hipóteses da pesquisa qualitativa. Todos os capítulos têm (em geral) a mesma estrutura – com pouca variação quando não se encaixa bem no método ou fonte de dados discutidos. Em geral são organizados assim:

Panorama: Esta seção faz o que diz literalmente: apresenta um curto panorama do capítulo para que você saiba o que esperar.

Introdução ao estudo ilustrativo: No início de cada capítulo, você encontrará um *quadro* que introduz um estudo ilustrativo (ou, às vezes, estudos) que oferece uma ilustração da vida real do método/fonte de dados *em uso*. Não pretendemos que os estudos ilustrativos sejam exemplares perfeitos (como se existissem!) de como usar determinado método ou fonte de dados. Se você for iniciante na pesquisa, saiba que a impressão de um processo de pesquisa impecável criada por artigos publicados em revistas e capítulos de livros em geral está longe da realidade. Este livro pretende mostrar um sentido mais autêntico da realidade desordenada do processo de pesquisa – portanto, os colaboradores compartilham suas largadas queimadas, desafios e *falhas totais*, assim como seus sucessos! Cada capítulo como um todo *apresenta* orientações claras sobre como (melhor) implementar o método relevante e sugere estratégias para lidar com desafios eventualmente enfrentados.

Introdução ao método/fonte de dados: Esta seção define claramente qual é o método/fonte de dados, sua história e formação, e algumas características essenciais.

O que o método/fonte de dados oferece(m) ao pesquisador qualitativo? Esta seção apresenta um sentido claro de quando e por que você optaria por usar o método relevante, assim como enfatiza as vantagens práticas oferecidas. Embora seja importante ter razões claras para suas escolhas de desenho, que reflitam a importância da "adaptação" conceitual entre suas hipóteses teóricas, perguntas de pesquisa e métodos (WILLIG, 2013), considerações pragmáticas – como "Estou seguro usando este método?" ou "Vou conseguir apresentar minha dissertação dentro do prazo se eu usar este método?" – também desempenham uma função no desenho de pesquisa. Reconhecendo esses fatores, esta seção se concentra em considerações tanto teóricas quanto pragmáticas, sendo as pragmáticas especialmente importantes na pesquisa com limite de tempo ou de recursos.

Quais perguntas de pesquisa se adaptam ao método/fonte de dados? O processo de pesquisa começa com uma pergunta de pesquisa: Esta seção considera os tipos de perguntas de pesquisa que podem ser abordadas usando o método ou fonte de dados discutidos? Enquanto a pesquisa quantitativa tende a se nortear por hipóteses e previsões concretas e precisas, as perguntas da pesquisa qualitativa tendem a ser razoavelmente abertas. Isso *não* é o mesmo que não ter uma pergunta de pesquisa! Embora os desenhos da pesquisa qualitativa sejam caracteristicamente orgânicos, flexíveis e exploratórios, desenvolver uma pergunta de pesquisa apropriada é um ponto de partida vital (BRAUN & CLARKE, 2013). Isso não significa que sua pergunta de pesquisa não possa evoluir à medida que a pesquisa progrida – na pesquisa qualitativa, em geral, ela evolui; mas a pesquisa qualitativa, como todas as pesquisas, tem um sentido claro do seu objetivo. Um foco comum para a pesquisa qualitativa é explorar a "experiência vivenciada" de indivíduos ou grupos particulares. Porém, as perguntas de pesquisa não se limitam aos pensamentos, sentimentos e comportamentos das pessoas, ou ao seu modo de vivenciar e/ou entender determinados fenômenos. As perguntas de pesquisa também podem se concentrar na interrogação da linguagem e do significado, assim como examinar os alicerces das hipóteses, e as implicações e efeitos de formações e padrões particulares (BRAUN & CLARKE, 2013). É importante pensar sobre as perguntas de pesquisa com antecedência, já que alguns dos métodos discutidos particularmente – ou somente – se adaptam a tipos específicos de perguntas de pesquisa; outros são mais flexíveis com uma gama mais ampla de aplicações.

Desenho, amostragem e questões éticas: Esta seção oferece um direcionamento prático sobre considerações envolvidas no desenho de uma pesquisa usando determinado método/fonte de dados, com foco em amostragem e questões éticas. À primeira vista, a pesquisa qualitativa pode parecer não precisar muito de "desenho". Afinal, você não está administrando muitas medidas diferentes e não precisa se preocupar com coisas como padronizar as instruções do participante e a validade interna – ou precisa? Um desenho e um planejamento cuidadosos são tão importantes na pesquisa qualitativa quanto na pesquisa quantitativa, e algumas abordagens exigem, sim, uma extensa preparação (como levantamentos qualitativos, cf. o cap. 2). A chave para um desenho qualitativo eficaz é a "adaptação" conceitual entre os diferentes elementos do projeto; "um bom desenho de pesquisa qualitativa é aquele em que o método de análise de dados é apropriado à pergunta da pesquisa, e o método de coleta de dados gera dados que são apropriados ao método de análise" (WILLIG, 2001: 21). Assim como a seção sobre perguntas de pesquisa adequadas, esta seção ajudará você a desenhar um projeto coerente – que demonstre boa adaptação!

Passos para usar o método/fonte de dados: Mais uma vez, esta seção faz o que anuncia no título! Ela descreve os passos fundamentais envolvidos na implementação de determinado método/fonte de dados, o que fornece uma lista útil para o momento em que você vier a usar o método.

O que pode dar errado com o método/fonte de dados? É raríssimo que um projeto de pesquisa transcorra tranquilamente, sem desafios ou obstáculos a superar, ou até mesmo situações que naquele momento possam parecer completos desastres a resolver. Esta seção funciona como um alerta a algumas das armadilhas comuns associadas a determinado método/fonte de dados e conselhos sobre possíveis formas de evitá-las ou administrá-las. A mensagem central de todo o livro é: *Não entre em pânico!* As coisas dão errado às vezes, mas desenho e planejamento cuidadosos podem ajudar a suavizar sua trilha e garantir que você esteja bem equipado para lidar com eventuais desafios. Agradecemos muito aos colaboradores por estarem dispostos a compartilhar suas provações e tribulações; como mencionamos, é o tipo de detalhe tipicamente omitido em relatórios de pesquisa impecáveis (para conhecer outras discussões, cf. BOYNTON, 2016 • HALLOWELL; LAWTON & GREGORY, 2005), mas fazer isso pode criar a falsa impressão de que os pesquisadores publicados são perfeitos nas pesquisas e nada dá errado com eles (longe disso!).

Quais métodos de análise se adaptam ao método/fonte de dados? A meta desta seção é apresentar um *panorama* de abordagens analíticas apropriadas ao método/fonte de dados, e não uma orientação profunda – vários outros textos oferecem isso. Há um amplo espectro de abordagens analíticas disponíveis ao pesquisador qualitativo: algumas são amplamente usadas em todas as ciências sociais e da saúde (como a teoria fundamentada, análise temática); outras se associam a disciplinas particulares (p. ex., a análise fenomenológica interpretativa tem origens na psicologia), mas são crescentemente aceitas de modo mais amplo; outras ainda são mais "idiossincráticas", associadas principalmente a determinado pesquisador ou grupo de pesquisadores. Para deixar tudo ainda mais complexo, algumas abordagens se apresentam em muitas *variedades diferentes*, em todas as disciplinas e dentro de cada uma delas. A análise do discurso, por exemplo, pode referir-se a abordagens bastante *diferentes* e às vezes realmente contraditórias. Esta seção de cada capítulo identifica uma série de abordagens analíticas apropriadas ao método/fonte de dados, concentrando-se principalmente em abordagens amplamente usadas nas ciências sociais e da saúde: análise qualitativa de conteúdo (HSIEH & SHANNON, 2005), análise temática (BOYATZIS, 1998 • BRAUN & CLARKE, 2006, 2012, 2013), análise fenomenológica interpretativa (SMITH; FLOWERS & LARKIN, 2009), teoria fundamentada (BIRKS & MILLS, 2011), análise do discurso (WETHERELL; TAYLOR & YATES, 2001a, 2001b), análise narrativa (RIESSMAN, 2007) e análise da conversa (TEN HAVE, 2007). Alguns autores também podem descrever tradições/abordagens analíticas *particulares* que desenvolveram a respeito do método com um pouco mais de profundidade.

Conclusão: Cada capítulo termina com uma breve conclusão que resume os benefícios do método em especial e incorpora uma reflexão pessoal num quadro sobre o uso do método.

Um guia para os recursos pedagógicos neste livro

Uma meta fundamental deste livro é oferecer um guia *prático* e *acessível* para a coleta de dados qualitativos. Estão incluídos vários componentes pedagógicos elaborados para enfatizar informações essenciais e auxiliar você a implementar os métodos em sua própria pesquisa:

1) Cada capítulo termina com um componente *Experimente...* Ele oferece sugestões para atividades *práticas* e *experimentações*, além de desenvolver uma compreensão mais profunda e prática do método ou fonte de dados em particular. Esse componente *Experimente...* também será útil para professores que estejam planejando seminários e atividades de oficinas.

2) Cada capítulo apresenta *Outros recursos* para você se aprofundar no método. Alguns são recursos on-line úteis; alguns são sugestões de *outras leituras*, incluindo quaisquer versões publicadas dos estudos ilustrativos discutidos no capítulo. Eles mostram o que os autores consideram pontos de partida essenciais e acessíveis para aprofundamento.

3) Em cada capítulo você também encontrará vários *quadros*, *tabelas* e *figuras* para enfatizar informações importantes.

A redação da pesquisa qualitativa pode parecer cheia de jargões aos iniciantes e até mesmo aos pesquisadores qualitativos experientes, então é provável que você se depare com termo(s) desconhecido(s). Por isso incluímos um *glossário* detalhado com definições sucintas e esclarecedoras de alguns dos principais termos e conceitos usados no livro.

Panorama dos capítulos

Os capítulos são apresentados em três partes temáticas, cada uma com foco em determinado tipo amplo de método/fonte de dados. Naturalmente há certa sobreposição entre os três: muitos dos métodos *textuais* também são usados on-line; do mesmo modo, dados da mídia são cada vez mais acessados on-line – *textuais*, *midiáticos* e *virtuais*... Isso significa que a distinção entre os métodos textuais, midiáticos e virtuais não é absoluta, mas os métodos/fontes de dados descritos em cada parte compartilham algumas características centrais.

No capítulo 2, Gareth Terry e Virginia Braun dão o pontapé inicial na Parte I, concentrando-se em dados *textuais* com uma introdução a *métodos de levantamento qualitativo*. Os levantamentos são tradicionalmente usados pelos pesquisadores quantitativos para examinar atitudes e opiniões; Terry e Braun ponderam que levantamentos podem ser usados por pesquisadores qualitativos para fazer tipos similares de perguntas, assim como abordar perguntas de pesquisa distintamente *qualitativas* sobre as experiências vivenciadas e práticas de determinados grupos. Sendo únicos entre os métodos qualitativos, os levantamentos funcionam como uma "lente grande-angular" sobre o tópico de interesse, o que é particularmente útil na pesquisa concentrada em documentação e exploração de normas sociais, como a pesquisa de Terry e Braun sobre hábitos com pelos corporais e depilação.

No capítulo 3, Victoria Clarke, Nikki Hayfield, Naomi Moller, Irmgard Tischner e outros membros do Grupo de Pesquisa sobre Preenchimento de Histórias discutem suas "experiências" com *preenchimento de histórias* como método qualitativo. O preenchimento de histórias foi desenvolvido pela primeira vez como técnica "projetiva", elaborada para revelar as "profundezas ocultas" de clientes de psicoterapia psicanalítica, e depois desenvolvida como ferramenta de pesquisa quantitativa, com complexos sistemas de codificação usados para traduzir histórias em dados numéricos para análise estatística. Clarke et al. argumentam que o preenchimento de histórias propicia um modo cativante e criativo de explorar tópicos de interesse para os pesquisadores qualitativos. Com base em sua pesquisa relativa a gênero, sexualidade, aparência e incorporação, elas mostram como o convite para que os participantes redijam histórias, e não um convite direto sobre as visões e opiniões deles, abre interessantes possibilidades novas para a pesquisa qualitativa.

Outro método que envolve histórias e cenários hipotéticos é a vinheta. No capítulo 4, Debra Gray, Bronwen Royall e Helen Malson apresentam as *vinhetas como método qualitativo e independente.* As vinhetas são usadas há muito tempo em pesquisa com levantamento quantitativo para mensurar as atitudes e crenças dos participantes sobre determinado tópico. Na pesquisa qualitativa, as vinhetas têm sido tipicamente usadas em combinação com outros métodos como ferramenta de evocação secundária. Porém, Gray et al. demonstram que as vinhetas propriamente ditas permitem uma maneira produtiva de explorar a construção de sentido pelos participantes em torno de determinados fenômenos.

O capítulo final nesta parte também discute um método em que os participantes escrevem ou digitam suas respostas a determinada pergunta ou tarefa, mas que passa de cenários hipotéticos e histórias à reunião de relatos em primeira pessoa de experiências pessoais (como fazem os levantamentos qualitativos). Assim, no capítulo 5, Paula Meth explora o *método do diário solicitado,* em que o pesquisador pede para o participante se envolver na redação de diários para um fim específico. Ela mostra que os diários propiciam uma maneira inestimável de obter acesso aos mundos ocultos dos participantes e desdobrar experiências pessoais com o passar do tempo. Os diários solicitados podem, portanto, fornecer uma ferramenta relativamente acessível para conduzir pesquisa longitudinal, algo que não é usualmente possível em pesquisas com limite de tempo e recursos.

A Parte II se concentra na *mídia* como fonte de dados, explorando tanto a mídia impressa e difusora tradicional quanto formas mais novas de mídia social e on-line. Laura Favaro, Rosalind Gill e Laura Harvey abrem esta parte com um foco amplo nos *dados da mídia* no capítulo 6, discutindo jornais, revistas e o componente "comentários dos leitores", cada vez mais dominante em páginas de notícias on-line. Elas descrevem as muitas vantagens de dados da mídia para os pesquisadores qualitativos, notadamente sua ubiquidade e acessibilidade (geralmente gratuita), e a importância de se envolver com tais fontes *como* dados num mundo cada vez mais dominado pela mídia. O capítulo não somente oferece orientações específicas para visitas a esses tipos de mídias, como também fornece uma ótima base para os outros capítulos nessa parte.

No capítulo 7, Scott Hanson-Easey e Martha Augoustinos discutem outros tipos de dados de mídia tradicionais – o *rádio falado*. Aqui, o público-ouvinte é convidado a telefonar e discutir várias questões, opiniões e visões "cotidianas". Pautados em sua própria pesquisa analítica do discurso, em construções e representações de refugiados sudaneses na Austrália, eles destacam como o rádio falado pode ser fonte de ideias únicas sobre o modo pelo qual as pessoas "entendem" seus mundos sociais. Além disso, argumentam que o rádio falado oferece vantagens especiais a pesquisadores interessados em *linguagem* e *fala-em-interação*.

Nicholas Hookway muda o foco para formas mais novas de dados da mídia social on-line – especialmente *blogues* – no capítulo 8. Fundamentado em suas experiências com uso dos blogues em sua pesquisa sobre moralidade cotidiana, ele destaca os modos pelos quais os blogues fornecem aos pesquisadores qualitativos dados caracteristicamente multimodais e multimídia que são textuais, em áudio, visuais e interativos. Ele comenta que os blogues propiciam aos pesquisadores qualitativos acesso único a relatos textuais em primeira pessoa sobre o cotidiano, oferecendo portanto um grande potencial a pesquisadores interessados no modo pelo qual as pessoas entendem e experimentam o mundo, e as formas criativas pelas quais as pessoas expressam esses entendimentos e experiências.

David Giles continua a discussão sobre mídia interativa on-line, com seu panorama sobre o uso de *fóruns de discussão* on-line como dados no capítulo 9. Ele enfatiza o potencial desses dados para prover acesso a relatos "naturalistas" de visões e experiências das pessoas (tema comum nos capítulos sobre mídia), e fornecer importantes ideias sobre interação social e identidades sociais, assim como o funcionamento de comunidades on-line. Partindo de sua pesquisa discursiva em comunidades on-line pró-ana e Asperger, ele destaca o enorme potencial dos dados da mídia social para os pesquisadores qualitativos, assim como desafios importantes sobre ética e a condição dos dados on-line.

A Parte III se concentra em coleta de dados interativos *virtuais*, especialmente os modos pelos quais formas mais tradicionais de coleta de dados qualitativos (como entrevistas, grupos-foco) se desenvolveram ou foram transformadas pela transferência para ambientes virtuais. No capítulo 10, Lucy Gibson apresenta as *entrevistas por e-mail*. Pautada em sua pesquisa com fãs da música, ela demonstra que as entrevistas por e-mail oferecem um meio eficaz, econômico e conveniente de reunir dados *escritos* ricos e detalhados. Elas também oferecem benefícios específicos para o participante da pesquisa, visto que são convenientes e podem ser mais aceitáveis àqueles que não possam ou não desejem comparecer a uma entrevista presencial. Assim, as entrevistas por e-mail podem ser muito úteis para alcançar um grupo geograficamente disperso ou para populações difíceis de encontrar e/ou alcançar.

No capítulo 11, Pamela Lannutti nos leva ao mundo das *entrevistas por mensagens instantâneas (MI)*, em que as pessoas são convidadas a participar de chats em tempo real, interativos e textuais (entrevistas). Ela comenta que, como as entrevistas MI ocorrem enquanto o pesquisador e o participante estão on-line simultaneamente, elas conferem muitos dos benefícios de formatos de entrevistas mais tradicionais, enquanto também oferecem muitas das vantagens dos métodos virtuais: superação da distância, conveniência para pesquisadores e participantes, possibilidade maior de anonimato, confidencialidade de dados e facilidade de captação de dados. Partindo de sua pesquisa sobre casamento entre pessoas do mesmo sexo nos Estados Unidos, ela destaca o potencial desse método, mas também algumas de suas armadilhas – especialmente algumas das questões de segurança em torno da coleta de dados em espaços virtuais.

O capítulo 12 explora um dos mais recentes desenvolvimentos nas entrevistas – o uso de tecnologias de chamadas por vídeo (neste caso, o Skype) para conduzir entrevistas virtuais, porém visuais. Paul Hanna foi o primeiro pesquisador a escrever a respeito do uso do Skype em pesquisa com entrevistas, e ele é acompanhado pelo colega Shadreck Mwale na discussão sobre suas experiências com o uso do Skype para conduzir entrevistas em dois projetos de pesquisa – um acerca do turismo sustentável e outro sobre envolvimento de voluntários em testes clínicos da Fase 1. Eles ponderam que as entrevistas via Skype confundem a distinção entre entrevistas *orais* presenciais e entrevistas *escritas* virtuais, promovendo coleta de dados e interação virtual e presencial.

O capítulo final, escrito por Fiona Fox, nos distancia das entrevistas, apresentando o mundo da pesquisa com *grupos-foco* on-line (GFOs). Usando sua experiência com um projeto de pesquisa sobre jovens com doenças crônicas na pele, ela discute os GFOs em tempo real (síncronos) e em tempo não real (assíncronos), e a praticidade de desenhar, recrutar, moderar e analisar esses dois tipos de GFOs. Assim como muitos dos nossos capítulos sobre coleta de dados virtuais, ela argumenta que os GFOs podem ser uma alternativa viável e atraente ao seu correspondente off-line, podendo até ser mais inclusiva e atraente para alguns grupos de participantes.

Os "Prefácio" (de Brendan Gough) e "Posfácio" (de Ruthellen Josselson) amparam os capítulos e seus conteúdos e fornecem uma orientação sobre como este livro se posiciona na área mais ampla da pesquisa qualitativa, assim como direções futuras em seu domínio.

Outros recursos: leituras

Para os leitores iniciantes em pesquisa qualitativa, os seguintes textos oferecem introduções acessíveis até para leitores que não sejam de psicologia:

BRAUN, V. & CLARKE, V. (2013). *Successful qualitative research:* A practical guide for beginners. Londres: Sage Publications.

HOWITT, D. (2012). *Introduction to qualitative methods in psychology.* 2. ed. Harlow, Reino Unido: Prentice Hall.

VOSSLER, A. & MOLLER, N. (eds.) (2014). *The counselling and psychotherapy research handbook.* Londres: Sage Publications.

WILLIG, C. (2013). *Introducing qualitative research in psychology.* 3. ed. Berkshire, Reino Unido: Open University Press.

Referências

BIRKS, M. & MILLS, J. (2011). *Grounded theory:* A practical guide. Londres: Sage Publications.

BOYATZIS, R.E. (1998). *Transforming qualitative information*: Thematic analysis and code development. Thousand Oaks, CA: Sage Publications.

BOYNTON, P. (2016). *The research companion:* A practical guide for those in the social sciences and health and development. 2. ed. Londres: Routledge.

BRAUN, V. & CLARKE, V. (2013). *Successful qualitative research*: A practical guide for beginners. Londres: Sage Publications.

_____ (2012). Thematic analysis. In: COOPER, H. et al. (eds.). *APA handbook of research methods in psychology.* Vol. 2: Research designs: Quantitative, qualitative, neuropsychological, and biological. Washington, DC: American Psychological Association, p. 57-71.

_____ (2006). Using thematic analysis in psychology. In: *Qualitative Research in Psychology*, 3 (2), p. 77-101.

DAVIES, H. & O'CALLAGHAN, C. (2014). All in this together? Feminisms, academy, austerity. In: *Journal of Gender Studies*, 23 (3), p. 227-232.

FIELDING, N.; LEE, R.M. & BLANK, G. (eds.) (2008). *The Sage handbook of online research methods*. Los Angeles: Sage Publications.

HALLOWELL, N.; LAWTON, J. & GREGORY, S. (eds.) (2005). *Reflections on research*: The realities of doing research in the social sciences. Maidenhead, Reino Unido: Open University Press.

HSIEH, H.F. & SHANNON, S.E. (2005). Three approaches to qualitative content analysis. In: *Qualitative Health Research*, 15 (9), p. 1.277-1.288.

HOWITT, D. (2012). *Introduction to qualitative methods in psychology*. 2. ed. Harlow, Reino Unido: Prentice Hall.

MANN, C. & STEWART, F. (2000). *Internet communication and qualitative research*: A handbook for researching online. Londres: Sage Publications.

MARGOLIS, E. & PAUWELS, L. (eds.) (2011). *The Sage handbook of visual research methods*. Londres: Sage Publications.

REAVEY, P. (ed.) (2011). *Visual methods in psychology*: Using and interpreting images in qualitative research. Londres: Routledge.

RIESSMAN, C.K. (2007). *Narrative methods for the human sciences*. Thousand Oaks, CA: Sage Publications.

ROSE, G. (2012). *Visual methodologies*: An introduction to researching with visual materials. Los Angeles: Sage Publications.

SMITH, J.A.; FLOWERS, P. & LARKIN, M. (2009). *Interpretative phenomenological analysis*: Theory, method and research. Londres: Sage Publications.

TEN HAVE, P. (2007). *Doing conversation analysis*: A practical guide. 2. ed. Londres: Sage Publications.

WETHERELL, M.; TAYLOR, S. & YATES, S.J. (eds.) (2001a). *Discourse as data*: A guide for analysis. Londres: Sage Publications.

_____ (2001b). *Discourse theory and practice*: A reader. Londres: Sage Publications.

WILLIG, C. (2013). *Introducing qualitative research in psychology*. 3. ed. Berkshire, Reino Unido: Open University Press.

_____ (2001). *Introducing qualitative research in psychology*: Adventures in theory and method. Buckingham, Reino Unido: Open University Press.

Parte I

Coleta de dados textuais

2 Breve, porém doce
O surpreendente potencial dos métodos de levantamento qualitativo

Gareth Terry e Virginia Braun

Panorama

Nos levantamentos qualitativos, os participantes respondem por escrito uma série de perguntas abertas. Esse formato pode dar aos participantes a liberdade de responder como desejarem, determinando a extensão, o tempo e o local de suas contribuições. Embora as perguntas abertas costumem ser incluídas em levantamentos quantitativos ou "de método misto" (em geral com orientação analítica quantitativa; cf. GROVES, 2009), levantamentos *puramente* qualitativos permanecem subutilizados e subteorizados. Este capítulo reflete nossas experiências com o uso dos levantamentos qualitativos (e também o que aprendemos com nossos erros!) para produzir dados ricos, variados e texturizados. Tanto os levantamentos *puramente* qualitativos quanto os levantamentos mistos que levam os componentes qualitativos a sério oferecem ferramentas acessíveis de "pesquisa leve" aos pesquisadores qualitativos. Os dados são fáceis de coletar, e a habilidade de reunir respostas de um número grande de participantes oferece ao pesquisador uma lente grande-angular sobre tópicos de interesse (TOERIEN & WILKINSON, 2004), o que pode ser inusitado em estudos qualitativos. O método é adequado para explorar as experiências e práticas das pessoas, suas percepções e entendimentos sobre o tópico de pesquisa, e para pesquisar tópicos delicados.

Neste capítulo, enfatizamos o potencial dos levantamentos qualitativos (e levantamentos mistos dominantemente qualitativos) e sugerimos orientações práticas para *coletar* dados usando esse método, inclusive "ciladas para iniciantes". Para ilustrar os pontos, partimos dos elementos qualitativos de um levantamento misto on-line que elaboramos e usamos para analisar visões e práticas de depilação na Nova Zelândia (quadro 2.1).

Introdução aos levantamentos qualitativos

No levantamento qualitativo, os dados são coletados através de uma série de perguntas abertas, predeterminadas e fixas que os participantes respondem por escrito. Sendo assim, é um dos conjuntos de métodos que gera dados *textuais* dos participantes (cf. BRAUN & CLARKE, 2013; cf. tb. os cap. 3, 4 e 5). Levantamentos *quantitativos* (e questionários, seus irmãos mais "robustos"; cf. o quadro 2.2) têm uma longa história de uso pelos pesquisadores sociais (GROVES, 2009). Um foco quantitativo é tão comum na pesquisa com levantamentos que ele é geralmente pressuposto ou declarado em textos dedicados ao desenvolvimento de levantamentos (cf. DAL, 2011 • GROVES, 2009). Isso posto, não é raro que levantamentos primariamente quantitativos contenham algumas perguntas qualitativas e que levantamentos mistos combinem perguntas qualitativas e quantitativas. Porém, os dados qualitativos gerados de tais perguntas costumam ser tratados de maneira muito limitada, incluindo a redução a variáveis quantificadas para análise estatística. Não precisa ser o caso e, como nosso exemplo mostra, dados qualitativos gerados em levantamentos mistos podem ser analisados de modo completamente qualitativo.

Embora as perguntas qualitativas em levantamentos amplamente quantitativos sejam comuns, o levantamento *puramente qualitativo* permanece limitado em sua utilização e de certo modo invisível. Nem sempre é apresentado em livros didáticos qualitativos ou listas de métodos qualitativos (TOERIEN & WILKINSON, 2004) da mesma forma que alguma versão de "entrevistas, observação e análise de documentos" (HEWSON & LAURENT, 2008: 67). Isso *está* mudando, o que é justo, porque oferece uma interessante ferramenta para os pesquisadores qualitativos (cf. BRAUN & CLARKE, 2013). Quando falamos sobre um levantamento *qualitativo*, podemos nos referir a uma ferramenta de coleta de dados que recolha *apenas* dados qualitativos, mas dados de levantamentos qualitativos podem ser coletados através de uma ferramenta que também reúna dados quantitativos (cf. o quadro 2.3, que descreve algumas "purezas qualitativas" em ferramentas de levantamento). O mais importante é se a ferramenta de levantamento (e o projeto de pesquisa) é qualitativa em sua *orientação* – em outras palavras, se os dados qualitativos são tratados e analisados *como* dados qualitativos. Uma orientação *qualitativa* foi descrita como abordagem "com Q maiúsculo" aos dados qualitativos (KIDDER & FINE, 1987), contrastando com uma orientação "com Q minúsculo", em que as

Quadro 2.1 *Apresentação do levantamento*
"Pelo corporal, sua remoção e alteração" (PCRA)

A depilação feminina foi normativa na maioria dos países "ocidentais" por algum tempo, mas as práticas envolvendo pelos corporais parecem haver mudado rapidamente, com mulheres (mais jovens) se depilando em mais lugares, e muitos homens (mais jovens) também se depilando (BOROUGHS, 2012 • BOROUGHS; CAFRI & THOMPSON, 2005 • FAHS, 2011, 2012, 2013 • TOERIEN & WILKINSON, 2004 • TOERIEN; WILKINSON & CHOI, 2005). Nosso interesse foi entender o que os jovens (18-35) de Aotearoa/Nova Zelândia achavam sobre pelos e depilação, e o que realmente faziam com os próprios pelos, então desenvolvemos um levantamento para abordar essas questões (em 2012). Partindo da pesquisa anterior com levantamento qualitativo de Virginia (BRAUN; TRICKLEBANK & CLARKE, 2013) e ferramentas usadas por outros da área, nosso levantamento continha um misto de opções de respostas qualitativas (abertas) e quantitativas (fixas). Nós o usamos como exemplo neste capítulo por alguns motivos: as perguntas de pesquisa e o próprio levantamento tinham orientação qualitativa; o levantamento era dominantemente qualitativo (excluindo a seção demográfica); os dados qualitativos gerados foram ricos e diversos, e analisados de modo totalmente qualitativo; e foi entregue on-line.

Após o teste-piloto, o levantamento continha 92 perguntas distribuídas em quatro seções: (1) Informações Demográficas (18 perguntas, *todas quantitativas*); (2) Pelos Corporais e Homens (19 perguntas, *a maioria qualitativa*); (3) Pelos Corporais e Mulheres (19 perguntas, *a maioria qualitativa*); e (4) Os Seus Próprios Pelos Corporais e Práticas (36 perguntas, *a maioria qualitativa*). Num período curto, reunimos 1.000 respostas e, dessas, 584 foram levantamentos completos que se adéquam aos critérios de inclusão. Os participantes foram identificados como femininos (50,6%), masculinos (48,9%) e "outros" (0,5%), em termos de gênero, e variavam numa série de outras demografias. Os 584 participantes geraram tantos dados qualitativos (e quantitativos) que ainda estamos explorando múltiplos aspectos do significado e da prática referentes a pelos corporais – aguardem! A primeira análise – na maior parte dos dados *quantitativos*, visto que se mostraram bastante surpreendentes – foi publicada (TERRY & BRAUN, 2013a; cf. tb. TERRY & BRAUN, 2016).

Quadro 2.2 *Levantamento* qualitativo ou *questionário* qualitativo – são iguais?

Nós falamos sobre *levantamento*, mas outras pessoas costumam usar o termo *questionário*. Eles são iguais? Não. Embora os termos "levantamento" e "questionário" se refiram a uma ferramenta de coleta de dados, somente levantamento se refere ao *processo* de extrair amostra de uma população em busca de informações, opiniões, experiências ou práticas. O que é mais importante, entretanto, é que questionários contêm escalas que geralmente exigem um processo de validação de perguntas, testes de confiabilidade e outras exigências (GROVES, 2009) para a adequação às expectativas da pesquisa positivista-empirista. Levantamentos não exigem isso, podendo ser mais abertos e exploradores. Dada a incompatibilidade teórica geral entre questões concernentes a "confiabilidade" e estruturas de pesquisa qualitativa, não acreditamos que faça sentido falar sobre questionários qualitativos.

questões da pesquisa (como confiabilidade, evitar parcialidade, generalização) se originam de uma orientação "científica" quantitativa positivista-empirista.

O que os levantamentos qualitativos oferecem ao pesquisador qualitativo?

Os levantamentos qualitativos geram dados ricos, detalhados e variados e são adequados para explorar uma ampla gama de tópicos. Funcionam para análises que objetivem entender e explorar as estruturas de significados dos participantes (uma estrutura "experimental"), e para análises que busquem revelar e interrogar o significado (uma estrutura "crítica"; cf. BRAUN & CLARKE, 2013). Além disso, dependem menos das "habilidades" do pesquisador na coleta de dados (KVALE & BRINKMANN, 2009 • SEALE, 1999) do que métodos como entrevistas semiestruturadas, tornando-os adequados para uso por coletores de dados qualitativos com experiências e habilidades variadas.

Os levantamentos qualitativos misturam abertura e padronização. Contêm uma série fixa de perguntas feitas aos participantes na mesma ordem. Porém, *respostas abertas* significam que a crítica de levantamentos como "impeditivos a imprevistos" (WILLIG & STAINTON ROGERS, 2008) deixou de ser pertinente – as respostas não são especialmente delimitadas. Os participantes são solicitados a se expressar com as próprias palavras e a responder partindo das próprias estruturas de compreensão, embora textualmente. Como uma ferramenta (tipicamente) autoadministrada (BRAUN & CLARKE, 2013), os participantes geralmente podem controlar ritmo, tempo e localização de seu envolvimento. Ademais, é típico responderem num contexto de anonimato (BEST & KRUEGER, 2008) – embora isso possa variar por modalidade. Os dados dos levantamentos são coletados principalmente em uma das três modalidades: papel impresso, e-mail ou on-line. Cada modalidade apresenta vantagens e desvantagens (tabela 2.1).

No caso de cópias impressas, os participantes podem coletar ou retornar ao seu levantamento apresentando uma "face" da participação – não obstante o retorno possa ser anônimo, se postado. Levantamentos por e-mail geralmente criam uma conexão entre uma conta de e-mail e o levantamento completo retornado via e-mail, embora isso seja um não anonimato razoavelmente de baixo nível. A entrega on-line oferece o maior anonimato para os participantes, mas tende a não ser considerada *totalmente anônima* pelos comitês de ética ou bancas examinadoras devido à retenção dos endereços IP exclusivos dos participantes. Apesar das questões de rastreamento de endereço IP, a entrega on-line é *efetivamente* anônima

Quadro 2.3 *Uma tipologia de levantamentos mais ou menos qualitativos*

1) O *levantamento "totalmente" qualitativo* apenas inclui perguntas qualitativas e ainda é relativamente incomum – mesmo se excluirmos as informações demográficas (tipicamente quantitativas) que os pesquisadores coletam como exigência ética (Associação Psicológica Americana, 2010). Esses levantamentos em geral são bem mais curtos do que os mistos, às vezes com apenas três ou quatro perguntas, como a pesquisa de Barrett (2007) sobre representações de BDSM no cinema (cf. tb. FRITH & GLESSON, 2004, 2008). Podem, todavia, ser mais longos, como a pesquisa de Opperman, Braun, Clarke e Rogers (2014) sobre experiências a respeito do orgasmo, que solicitou aos participantes que respondessem 16 perguntas.

2) O *levantamento misto (predominantemente qualitativo)* é muito mais comum; o foco principal é na coleta (e análise) de dados *qualitativos*. As perguntas quantitativas tendem a estar restritas a respostas simples sim/não (e à coleta de informações demográficas) e funcionam para respaldar o que é uma análise predominantemente qualitativa; não há dúvida de que é uma pesquisa qualitativa. A abertura das perguntas nesta abordagem a levantamentos (e na abordagem que é totalmente qualitativa) tem certa ressonância com os guias de entrevistas; de fato, Coyle e Rafalin (2001) usaram seu plano de entrevista para desenvolver um levantamento a fim de explorar as negociações de homens gays judeus sobre identidades culturais, religiosas e sexuais.

3) O *levantamento totalmente misto* reflete um interesse em perguntas de pesquisa respondidas tanto por dados qualitativos quanto quantitativos; as perguntas qualitativas e quantitativas em geral são numericamente equilibradas. Dados de diferentes tipos às vezes são analisados de modo independente e às vezes com certa combinação – nesse caso, uma estrutura qualitativa pode predominar ou os dados quantitativos podem predominar, com os dados qualitativos respaldando, ilustrando ou expandindo as evidências quantitativas. Como observado no quadro 2.1, acabamos tratando nosso levantamento PCRA assim, quando os dados quantitativos se mostraram realmente interessantes, embora nossa intenção tenha sido mais um levantamento do "tipo 2".

4) O *levantamento misto (predominantemente quantitativo)* é a versão mais conhecida dos levantamentos que coletam dados qualitativos. Os componentes qualitativos somente abrangem uma pequena proporção de perguntas. Em algumas instâncias, perguntas qualitativas podem ser adicionadas num levantamento quantitativo existente para agregar "profundidade" de respostas ou suscitar respostas que os pesquisadores possam não haver previsto, se um grupo – e/ou tópico – participante for subpesquisado. O levantamento de Fish e Wilkinson (2003) sobre exames na mama com mulheres lésbicas funciona assim.

e certamente a "sensação de anonimato" é alta. Isso possivelmente facilita respostas menos inibidas dos participantes do que métodos presenciais (JOWETT; PEEL & SHAW, 2011). Isso torna os levantamentos on-line muito úteis para tópicos delicados, como as experiências de Opperman et al. (2014) com levantamentos acerca de orgasmo, assim como certas populações marginalizadas, a quem a identificação pode ser uma preocupação especial (BARRETT, 2007).

Um benefício adicional dos levantamentos qualitativos on-line é que eles propiciam uma forma diferente de recrutamento e amostragem, estendendo potencialmente as amostras dos participantes além dos "suspeitos usuais" de várias pesquisas em ciências sociais: pessoas educadas, brancas, de classe média, heterossexuais (BRAUN & CLARKE, 2013). A inclusão de participantes de grupos que tenham sido identificados como "de difícil acesso", "de difícil participação" ou marginalizados *pode* ser facilitada por um método que não necessariamente exija autoidentificação ou permita recrutamento além de uma rede com base geográfica (EVANS; ELFORD & WIGGINS, 2008 • LEVINE et al., 2011 • STEWART & WILLIAMS, 2005). Contudo, alguns desses grupos podem ter a expectativa de visibilidade, envolvimento e explicabilidade do pesquisador, então não pressuponha simplesmente que todos os integrantes de grupos marginalizados desejam anonimato e distância para participar da pesquisa (LIAMPUTTONG, 2007 • SMITH, 2012). Os métodos on-line em geral estão sendo cada vez mais usados para coletar dados de populações "de difícil acesso" (RIGGLE; ROSTOSKY & REEDY, 2005 • SEYMOR, 2001 • STEWART & WILLIAMS, 2005), de comunidades que existem somente *como* comunidades on-line (p. ex., o trabalho com comunidades assexuadas tem sido quase exclusivamente virtual; PRZYBYLO, 2013), e também de populações dispersas.

É possível coletar dados de uma amostra grande – em nosso levantamento sobre pelos corporais (PCRA; cf. TERRY & BRAUN, 2013a e quadro 2.1), coletamos aproximadamente 600 levantamentos completos. A pesquisa sobre pelos corporais de Toerien e Wilkinson (2004) coletou cerca de 700. O tamanho e a amplitude da amostra podem contrabalançar qualquer perda de "profundidade" nos dados em comparação a métodos presenciais (TOERIEN & WILKINSON, 2004) – embora *não* seja o caso que "maior é inerentemente a melhor" em amostras de pesquisa qualitativa. Porém, no caso de algumas perguntas de pesquisa, como o desejo de entender normas sociais ou práticas dominantes, uma amostra maior fornece uma base ampla e, *com sorte*, uma amostra altamente diversa, permitindo que você explore os dados e considere possíveis variações nas respostas. Por exemplo, *poderíamos* analisar se os padrões nos relatos de depilação masculinos foram similares em homens de várias idades, de diferentes etnias, homens heterossexuais e homossexuais, e até homens de várias orientações políticas. Não são apenas amostras grandes que facilitam esse potencial comparativo; em (algumas) pesquisas com levantamentos qualitativos, o modo sistematizado de coleta de dados torna a comparação mais fácil do que em métodos de coleta de dados aplicados com mais flexibilidade (como entrevistas semiestruturadas).

Tabela 2.1 *Vantagens e desvantagens dos formatos de levantamentos on-line, por e-mail e impressos*

Tipo	Vantagens	Desvantagens
Impresso Entregue em papel. Os participantes redigem as respostas à mão.	Os dados podem ser coletados de modo estruturado (p. ex., participantes estudantes podem preencher levantamentos durante uma aula), o que pode aumentar o tamanho da amostra. Mais fácil para os participantes fazerem tarefas de "desenho". Se for usada distribuição postal, lembretes podem ser enviados para aumentar a participação.	Anonimato *potencialmente* limitado. É necessária a inserção de dados. Custos associados à distribuição postal (p. ex., postar 60 levantamentos no Reino Unido e incluir envelopes endereçados e selados para retorno do levantamento custaria em torno de £75 (preços em 2016); mais custos associados ao envio de lembretes). Exclui participantes pouco letrados.
E-mail Enviado por e-mail (geralmente como arquivo MS Word anexo). Os participantes costumam digitar as respostas. Os participantes *podem* imprimir e preencher o levantamento à mão.	Opções de preenchimento à mão ou eletrônico. Bom para participantes geograficamente dispersos. Potencial para coleta de dados complementares (dependendo da ética e desenho de pesquisa). Possibilidade de envio de lembretes para aumentar a participação.	Anonimato *potencialmente* limitado. Os participantes precisam de conhecimentos de informática e acesso a computadores. Há o risco de exclusão de grupos marginalizados (quem não estiver on-line ou for pouco letrado). É necessária a organização dos dados. No caso de preenchimento eletrônico, difícil para qualquer coisa além de respostas textuais.
On-line Entregue através de software de levantamento on-line (como Qualtrics; SurveyMonkey). Os participantes preenchem e entregam o levantamento totalmente on-line.	Distribuição rápida e fácil. Nível máximo de anonimato. Bom para participantes geograficamente dispersos. Ótimo para uso com imagens (coloridas), áudio e videoclipes. Coleta de dados potencialmente muito alta. Não há necessidade de entrada ou organização de dados. Potencial para iniciar a codificação dos dados no programa de software.	Os participantes precisam de conhecimentos de informática e acesso a computadores. Há o risco de exclusão de grupos marginalizados. É menos possível coletar dados complementares e enviar lembretes. Difícil para qualquer coisa além de respostas textuais. Os formatos de saída de dados podem ser restritivos, especialmente quando se trabalha com amostras grandes.

Fonte: Desenvolvido a partir de BRAUN & CLARKE (2013).

Os levantamentos qualitativos têm "pesquisa leve", já que possibilitam um modo rápido e barato de coleta de dados – o que pode ser útil para alunos com projetos com tempo limitado e acadêmicos em ambientes universitários pressionados, onde tempo e dinheiro para pesquisa são cada vez mais limitados. Há várias outras vantagens *práticas* associadas ao uso dos levantamentos qualitativos. Os dados podem ser coletados simultaneamente de muitos participantes; portanto, calendários compactos para a coleta de dados são comuns. Em nosso estudo, quase todos os dados foram coletados num fim de semana após um artigo sobre o levantamento num jornal nacional. Além da velocidade da coleta de dados, tanto nas versões por e-mail quanto on-line, a "transcrição" de dados é desnecessária (e a digitação de levantamentos impressos também é consideravelmente mais rápida do que a transcrição de dados em áudio). Esses fatores dão mais tempo ao pesquisador para a análise, o que pode ser vantajoso, particularmente em projetos com restrição de tempo (como projetos de alunos). E, dada a natureza padronizada das respostas, a compilação e organização de dados relevantes a determinadas perguntas de pesquisa ou aspectos do projeto, como todas as respostas relativas à depilação masculina nas costas, tornam-se razoavelmente objetivas para os pesquisadores. Isso pode ajudar na identificação de padrões e variações nas respostas. Mas vale uma observação: cuidado para não pressupor que materiais relevantes a determinado tópico ou questão *somente* aparecerão em respostas a certas perguntas. A boa pesquisa qualitativa ainda requer uma avaliação abrangente de *todo* o conjunto de dados em relação ao objeto de interesse analítico.

Finalmente, enquanto campo, a pesquisa qualitativa cada vez mais usa e explora elementos visuais na coleta de dados (BANKS, 2007 • ROSE, 2012). Os levantamentos qualitativos permitem a inclusão de elementos visuais ou até audiovisuais na pesquisa. No caso da entrega via cópia impressa, as imagens podem ser incluídas como ponto de referência ou uma *tarefa* para os participantes responderem. No levantamento impresso de Braun et al. (2013) explorando visões e perspectivas sobre pelos pubianos, foi solicitado aos participantes desenhar sua ideia do que constitui "poucos", "típicos" e "muitos" pelos pubianos em três imagens de um torso genérico masculino e feminino. Depois foi pedido que indicassem em outro torso masculino e feminino a quantidade de pelos pubianos que percebiam como "a mais atraente". Como esse critério é altamente subjetivo e *visual*, a representação gráfica permitiu uma ideia muito melhor do que uma escala numérica ou descrição escrita teriam permitido. Em levantamentos on-line ou eletrônicos (por e-mail), imagens incorporadas ou em hiperlink, ou até material digital em áudio ou vídeo, poderiam ser incluídos como estímulos ou materiais de resposta. Isso cria uma interessante multitextualidade no método, o que pode atrair especialmente pesquisadores interessados nas formas pelas quais os indivíduos são tanto produtos quanto produtores da cultura (WETHERELL & EDLEY, 1999). Mas fique atento: é essencial testar e garantir a consistência da experiência em diferentes navegadores da web e a compatibilidade de software (Flash, Java Script ou Shockwave, p. ex.) com várias plataformas (p. ex., PC/Mac *versus* tablets). Falhas técnicas de software podem resultar na desistência de alguns participantes ou em respostas parciais no levantamento (BEST & KRUEGER, 2008). Pacotes de software existentes com funcionalidade em várias plataformas embutidas podem aliviar parte dessa preocupação, mas um bom suporte em tecnologia da informação ou conhecimento na equipe de pesquisa serão importantes se você fizer coisas além de um levantamento textual. E é vital executar testes-pilotos e completos em todas as plataformas.

Quais perguntas de pesquisa se adaptam aos levantamentos qualitativos?

Os levantamentos qualitativos podem ser usados para coletar dados a fim de responder perguntas de pesquisa *amplas* e *específicas*, e em relação a uma ampla gama de tópicos e *tipos* de perguntas de pesquisa. Levantamentos grandes podem gerar dados que lhe permitam responder mais de um tipo de pergunta de pesquisa – o amplo escopo do nosso levantamento PCRA (quadro 2.1) nos permitiu abordar múltiplas perguntas de pesquisa, como o que as pessoas *fazem* em relação aos pelos corporais (TERRY & BRAUN, 2013); o que as mulheres *sentem* em relação aos pelos corporais e práticas de depilação (TERRY; BRAUN; JAYAMAHA & MADDEN, 2017); e quais significados são construídos em torno de pelos masculinos (TERRY & BRAUN, 2016). No caso de projetos menores, entretanto, recomendamos o foco em uma pergunta de pesquisa para fins de coesão e gerenciamento. Nas experiências com levantamento sobre orgasmo de Opperman et al. (2014), por exemplo, a pergunta da pesquisa se concentrava nas experiências de jovens com o orgasmo e como entendiam tais experiências. Embora as perguntas de pesquisa possam evoluir e se refinar (e de fato evoluem e se refinam) durante o processo da pesquisa qualitativa, a natureza estruturada da coleta de dados com *levantamentos* qualitativos significa que as perguntas de pesquisa realmente precisam ser razoavelmente definidas *antes* que o levantamento seja finalizado.

Os pesquisadores qualitativos exploram o significado e a experiência de muitas formas diferentes, mas as perguntas de pesquisa tendem a se agrupar em diferentes "tipos" (BRAUN & CLARKE, 2013 • WILLIG, 2008). Os levantamentos qualitativos são um modo adequado ou até desejável de gerar dados para responder muitas delas. Os levantamentos qualitativos são uma excelente ferramenta a ser usada se você estiver interessado em entender (ou interrogar) as *experiências* ou *práticas* das pessoas, como a pesquisa de Turner e Coyle (2000) sobre as experiências de ser filho de um doador de esperma, ou o trabalho de Frith e Gleeson (2004, 2008) sobre homens e vestuário. Em nosso levantamento PCRA, conseguimos descrever em ricos detalhes as práticas de depilação e as variações nessas práticas, em nossa amostra maior, e nos sentimos confiantes de que havíamos captado bem essas informações. Dados de levantamentos qualitativos de amostras grandes também podem fornecer um conhecimento "padrão" útil sobre práticas ou experiências numa área subpesquisada sem delimitar o escopo da resposta, como aconteceria com um levantamento quantitativo.

Os levantamentos qualitativos também são uma ferramenta excelente para reunir informações sobre as *visões* e *perspectivas* das pessoas – muitas perguntas do nosso levantamento PCRA, por exemplo, produziram dados que nos permitiram explorar como as pessoas veem os pelos em diferentes corpos e partes do corpo. Esse tipo de pergunta de pesquisa parece se alinhar bem à cultura social contemporânea influenciada pela mídia, em que os usuários costumam participar e expressar opiniões on-line (KAMEL BOULOS & WHEELER, 2007) através do razoavelmente ubíquo quadro de comentários da mídia (social). Essa característica da vida infundida na Web 2.0 torna os levantamentos qualitativos (especialmente on-line) potencialmente adequados; a familiaridade das pessoas com esse formato através da "interação social" on-line regular pode auxiliar a geração de dados ricos e variados. Mas pode também prejudicar relatos pessoais, se facetas mais negativas da vida na mídia social, como a "trolagem" (quadro 2.4), refletirem a forma preferida de atuação do participante. Em nossa experiência, porém, houve poucos casos negativos e mais indícios de expressões profundas e cuidadosas de visões e perspectivas.

Esses tipos de perguntas de pesquisa se encaixam bem em estruturas realistas, crítico-realistas e experimentais que cercam a pesquisa qualitativa; elas tendem a usar dados para mapear as experiências ou perspectivas narradas aplicadas ao que *realmente* acontece no mundo real de modo razoavelmente objetivo. Pesquisadores mais alinhados a estruturas socioconstrucionistas ou críticas (BURR, 2003 • FOX; PRILLELTENSKY & AUSTIN, 2009 • GERGEN & GERGEN, 2003) tratam como problemática uma relação objetiva entre linguagem e realidade, e tendem a fazer perguntas relacionadas a *representação* ou *construção de significado*. Os pesquisadores que investigam tais significados sociais em geral se concentram nas estruturas conceituais que as pessoas usam para discutir seus entendimentos sobre determinada prática social. Os significados explorados através de dados não são tratados como reflexivos de uma realidade subjacente, mas como auxiliares na criação da "verdade" do objeto de pesquisa. Embora possa parecer contraintuitivo, descobrimos que levantamentos qualitativos fornecem uma ferramenta excelente para esse tipo de pesquisa, especialmente se entendermos respostas individuais como sempre incorporadas a significados sociais (GERGEN, 1997). Por exemplo, no estudo PCRA, tratamos descrições comuns de pelos masculinos nas costas ("semelhantes a um gorila") como o reflexo e a *reprodução* de uma realidade social na qual pelos masculinos nas costas são interpretados como animalescos, selvagens e desagradáveis (TERRY & BRAUN, 2016).

Os levantamentos qualitativos, portanto, funcionam bem com *a maioria* dos tipos de perguntas de pesquisa que os pesquisadores qualitativos fazem e se encaixam bem numa série de diferentes estruturas epistemológicas e ontológicas.

Quadro 2.4 *Trolagem e zingers*

"Trolagem" se refere a comentários "criados" para provocar reações negativas através de respostas "objetáveis" marcadas por misoginia, racismo e heterossexismo. São comuns nas mídias sociais e experimentados especialmente por mulheres (CHAMBERS, 2013 • FILIPOVIC, 2007).

"*Zingers*" se referem a comentários curtos "criados" para obter respostas nas mídias sociais na forma de "favorecimento" ou "curtidas", tendendo ao superficial, não ao pessoal (MARWICK & BOYD, 2011).

Desenho, amostragem e questões éticas

O desenho de levantamentos qualitativos precisa ocorrer em dois níveis fundamentais: (1) conteúdo e estrutura; e (2) formatação. O desenho ideal em âmbito de conteúdo e estrutura intersecciona com o modo do levantamento (impresso, via e-mail, on-line). Por exemplo, um software de levantamento on-line pode formatar significativamente a aparência e a operação do levantamento, o que pode exigir certa reformulação da formatação e estrutura das perguntas. É importante considerar essas questões de desenho juntas à medida que você trabalha no processo. Pensar em conteúdo e estrutura inclui considerar não somente *o que* perguntar, mas *como* as perguntas são feitas e quais respostas podem produzir, assim como *quantas* perguntas e a ordem delas. Instruções para o desenho de levantamentos quantitativos (GROVES, 2009) e guias de entrevistas semiestruturadas (BRAUN & CLARKE, 2013 • GALLETTA, 2013 • SMITH, 1995) dão sugestões úteis, mas note que pré-testes e pós-testes de confiabilidade e validade geralmente não são um ponto de preocupação nos levantamentos qualitativos (TOERIEN & WILKINSON, 2004).

Os levantamentos precisam de um título, instruções, perguntas de conteúdo (geralmente abertas) e perguntas demográficas (geralmente uma mistura de lacunas para assinalar ou clicar, sendo algumas abertas). Além disso, há os materiais informativos dos participantes a desenvolver e o processo de consentimento a considerar.

O *título* do levantamento precisa ser claro e sinalizar aos participantes *o que* podem esperar das perguntas (p. ex., "Práticas e perspectivas de depilação em Aotearoa/Nova Zelândia"). Nos levantamentos impressos e via e-mail, um espaço designado precisa ser incluído em cada página do levantamento para escrever/digitar um código do participante; versões on-line podem gerá-lo automaticamente. O título (e o código do participante) é seguido de *instruções de preenchimento*, que também precisam ser claras, detalhadas, mas não excessivamente longas, e permitir que os participantes saibam o que é esperado deles (cf. exemplos em BRAUN & CLARKE, 2013). Pode ser necessário fornecer outras instruções específicas sobre as perguntas em alguns locais durante o levantamento (cf. a seção "O que pode dar errado com os levantamentos qualitativos?"). Ambiguidade e jargão confuso criam problemas, então os evite ou ofereça *definições* se quiser que todos os participantes entendam um termo de determinado modo. Mas não exagere: a ideia não é delimitar ou "preparar" demais as respostas dos participantes. Em nosso levantamento PCRA, definimos quatro termos fundamentais para os participantes (quadro 2.5) – esses termos eram parte integrante do levantamento, mas não necessariamente têm um significado universalmente compartilhado. Em levantamentos on-line, em que os participantes não podem consultar facilmente uma lista de definições, as principais devem constar no topo de todas as páginas, ou ao menos na maior frequência possível (BEST & KRUEGER, 2008).

Quadro 2.5 *Definições fornecidas no levantamento PCRA*

Ao preencher o restante deste levantamento, considere as seguintes definições:

Alteração nos pelos corporais: qualquer alteração nos pelos à medida que crescem naturalmente no corpo, incluindo depilar, aparar e descolorir.

Depilação: remoção de pelos da superfície visível do corpo (como raspar, depilar com cera ou laser).

Aparar/reduzir pelos corporais: reduzir o tamanho dos pelos, mas retendo os pelos visíveis.

Atualmente: refere-se a práticas típicas do último mês, aproximadamente.

Em geral o que vem a seguir é o conteúdo do levantamento – as *perguntas* cujas respostas você deseja. As perguntas dos levantamentos qualitativos são *abertas*: o participante pode responder como quiser, com o número de palavras que desejar. Um fator vital no desenho do levantamento qualitativo é garantir que as perguntas sejam claras, já que não há oportunidade de esclarecer ou verificar entendimentos ou mal-entendidos depois que o levantamento for distribuído. No que concerne a entrevistas (KVALE & BRINKMANN, 2009), perguntas curtas, claras e abertas que somente perguntem *uma coisa* aos participantes, mas também sejam um convite a explicação e elaboração, tendem a funcionar melhor. Essas perguntas costumam iniciar com palavras como "por que" ou "como", ou incluem um convite: "explique". Por exemplo, "Por que você acha que as mulheres se depilam?" Enunciados precisos são importantes. Nesse exemplo, "*você acha*" se refere a perspectivas pessoais. A omissão dessas palavras produziria uma expectativa bem diferente, exigindo que o participante "soubesse" a resposta, possivelmente resultando numa resposta "Eu não sei". Portanto, pense com cuidado sobre *o que* você pergunta aos participantes e *como* você pede que respondam.

Também é útil fazer escolhas deliberadas sobre o *registro* que você está pedindo para as pessoas usarem nas respostas – como cognitivo (pensamento) ou emocional (sentimento). Mais uma vez, é bem diferente perguntar: "O que você *pensa* ao ver uma mulher com pelos nas axilas?" e "O que você *sente* ao ver uma mulher com pelos nas axilas?" A primeira convida a explicações cognitivas; a segunda possibilita respostas emocionais. Para evitar a sinalização de um registro de resposta, redigimos a nossa pergunta: "Que tipo de (eventual) reação você teria se visse uma mulher com pelos nas axilas?" O fato de evitarmos a pressuposição de *alguma* reação também foi importante: nós estávamos buscando a construção de sentido *deles* sobre a questão; também não queríamos reforçar implicitamente a ideia de que as mulheres com pelos nas axilas são uma "aberração".

Em geral recomendamos o mínimo de 3-4 (cf. exemplos em FRITH & GLEESON, 2004, 2008) e o máximo de 25-30 (cf. um exemplo em TURNER & COYLE, 2000) perguntas principais num levantamento qualitativo, dependendo do foco e da profundidade da resposta esperada. Esse número máximo permite uma amplitude de perguntas sobre o tópico e leva em consideração qualquer incapacidade de investigar as respostas dos participantes, mas não os sobrecarrega. Perguntas qualitativas em geral exigem mais esforço mental (e às vezes emocional) do participante do que perguntas quantitativas, mas, independentemente do tipo, levantamentos excessivamente longos têm estes riscos: (1) não conclusão – quando um participante não termina todas as perguntas de um levantamento; e (2) respostas caóticas ou falta de leitura das instruções, resultando em respostas menos cuidadosas e/ou curtas (BEST & KRUEGER, 2008). Achamos que nosso próprio "megalevantamento" de 92 perguntas foi muito longo e causou a não conclusão de várias pessoas, mas assumimos um risco calculado. Investimentos tanto na "prova do conceito" quanto na coleta de dados, estávamos interessadas em avaliar os limites dos levantamentos qualitativos. Embora tenha dado certo, isso aconteceu provavelmente porque sabíamos onde estávamos entrando e pela "sorte" de ter um número de pessoas suficientemente dedicadas ao tópico a ser preenchido. Conseguir dois ou três revisores conhecidos (inclusive supervisores) para cronometrar a si mesmos ao fazer o levantamento durante a fase-piloto e dar um retorno honesto pode ser vital para avaliar se você está fazendo as perguntas certas, perguntas demais, insuficientes ou que não estejam gerando as respostas desejadas.

Um levantamento *pode* ser curto demais se não proporcionar a quantidade de dados necessários para dizer qualquer coisa significativa, mas é importante reconhecer que *mais* perguntas não necessariamente dão mais dados (ou dados melhores). Um número pequeno de *boas* perguntas que extraiam a profundidade, o volume e os tipos de dados necessários para responder a sua pergunta de pesquisa sempre deve ser considerado superior a um levantamento longo e excessivamente detalhado que obtenha respostas limitadas. Sua situação de pesquisa (cronograma, experiência etc.) também precisa ser equilibrada nesta equação: sugerimos em geral evitar um levantamento complicado, sendo suficientes 25 perguntas num projeto pequeno (como de graduação) que seja sua primeira experiência com pesquisa qualitativa; um levantamento mais longo seria bom em projetos maiores (como uma dissertação de mestrado). Em geral, perguntas fechadas (respostas sim/não) devem ser usadas com moderação e quase sempre sendo acompanhadas de uma pergunta aberta para gerar dados qualitativos ricos conduzidos pelos participantes que deem mais ideias para a resposta. Por exemplo, no levantamento PCRA, costumávamos pedir aos participantes para explicar sua resposta a perguntas fechadas (quadro 2.6).

Quadro 2.6 *Pergunta 32 PCRA*

32) É socialmente aceitável que os homens deixem seus pelos corporais em seu estado natural?

__Sim __Não __Depende

Explique:

O *fluxo* das perguntas no levantamento qualitativo é outra consideração importante – precisa ser lógico e claro. Isso não é tão importante em levantamentos com menos perguntas (como 3-4 perguntas), mas as implicações da ordem ainda precisam ser consideradas. Tipicamente, duas regras de ouro são: (1) ir do mais geral ao mais específico; e (2) ir de perguntas menos pessoais a mais pessoais (KVALE & BRINKMANN, 2009). Em levantamentos mais longos, separar as perguntas em seções temáticas pode ser útil tanto para ajudar os participantes a permanecerem "no caminho certo" e entenderem a lógica do fluxo de perguntas quanto para dar aos pesquisadores áreas distintas de foco quando vierem a analisar. Nossas perguntas de conteúdo no levantamento PCRA foram divididas em três seções: (1) pelos corporais e homens; (2) pelos corporais e mulheres; e (3) os seus próprios pelos corporais e práticas. Após suas perguntas planejadas, é uma boa prática incluir uma pergunta aberta final: "Você gostaria de incluir algo mais?" Isso permite ao participante expressar ideias ou informações relevantes ao tópico e que julguem importantes ou interessantes, mas que o restante do levantamento não pergunta explicitamente.

Perguntas *demográficas* oferecem uma descrição das características dos seus participantes, e a inclusão disso costuma ser considerada uma expectativa ética (cf. Associação Psicológica Americana, 2010). Perguntas demográficas típicas incluem idade, sexo/gênero, sexualidade, raça/etnia, profissão ou níveis de educação, mas o quanto e o que especificamente se pergunta depende do que você deseja fazer com os dados, e que "história" você deseja ser capaz de contar sobre seus participantes. As perguntas demográficas em geral são quantitativas, mas podem ser abertas; há duas escolas de pensamento sobre sua localização no levantamento geral. Tradicionalmente, elas constam no fim do levantamento (BRADBURN; SUDMAN & WANSINK, 2004), porque fazer perguntas sobre detalhes pessoais é considerado ameaçador no início de um levantamento, e considera-se mais provável que as pessoas respondam essas perguntas depois de responderem as perguntas sobre o tópico. Uma abordagem diferente sugere que perguntas demográficas na verdade podem acomodar os participantes no levantamento e considera a pressuposição de "ameaça" problemática – especialmente se o levantamento for sobre um tópico delicado. Já que as pessoas se voluntariaram a responder perguntas profundas investigativas e delicadas sobre um tópico delicado, perguntas sobre idade, sexo/gênero etc. possivelmente são as menos invasivas que enfrentarão. Achamos que essa segunda abordagem funcionou melhor no PCRA em termos de consistência e qualidade das respostas em geral, mas obtivemos essa percepção na fase-piloto. Sugerimos que o modo tradicional (final) de localização possa refletir a prevalência de perguntas quantitativas nos levantamentos e que, para levantamentos qualitativos, a localização oposta (início) possa ser melhor.

Finalize seu levantamento com uma mensagem clara de agradecimento sinalizando o fim do levantamento, e informações de contato relevantes; se for feito em papel ou e-mail, inclua instruções de "retorno" claras. Se o levantamento houver abordado tópicos potencialmente angustiantes, também é importante fornecer detalhes sobre serviços de apoio relevantes; a *folha de informações do participante* (FIP) também pode conter esses detalhes, como serviços de aconselhamento em universidades (para amostras de alunos), telefones de aconselhamento (como Lifeline ou Youthline na Nova Zelândia; Serviço de Saúde Nacional ou uma organização do terceiro setor, como a Relate, no Reino Unido). Você também pode considerar serviços mais específicos, como serviços de aconselhamento LGBTQ ou telefones de atendimento a violência sexual. No Reino Unido, onde consultas ao médico da família são gratuitas aos usuários, sugerir uma consulta ao seu médico local também pode ser uma opção. A inclusão de serviços de apoio pode ser uma exigência *ética*, dependendo da ética local e do tópico do levantamento.

Ética e amostragem

As considerações éticas habituais para a pesquisa (qualitativa) (BRAUN & CLARKE, 2013 • BRINKMANN & KVALE, 2008 • PATTON, 2002 • RICE, 2009) se aplicam aos levantamentos qualitativos com alguns "ajustes". O pesquisador ainda precisa preparar uma FIP para falar sobre o estudo aos possíveis participantes. A FIP inclui informações sobre o pesquisador ou a equipe de pesquisa e o escopo do projeto, quem pode participar, confidencialidade e anonimato, incluindo questões associadas a criptografia (para o uso de levantamentos on-line), a possibilidade ou não de retirada de dados retrospectivos e detalhes sobre armazenagem e uso de dados. Isso também inclui informações oficiais sobre aprovação ética, logotipos de universidades etc. No caso de entrega em papel ou via e-mail, a FIP às vezes é entregue aos possíveis participantes *antes* de receberem o levantamento. Em levantamentos on-line, a FIP geralmente é a primeira informação que o possível participante vê após uma página de boas-vindas – ou como parte integrante dela.

O processo de consentimento em levantamentos qualitativos varia em formato e é um tanto quanto diferente dos métodos presenciais, que geralmente requerem formulários de consentimento assinados (Associação Psicológica Americana, 2010). Como as exigências específicas para a aprovação ética variam, cumpra suas exigências locais. No caso da entrega impressa e por e-mail em Aotearoa/Nova Zelândia, o consentimento para participar foi indicado mediante retorno do levantamento preenchido. Porém, nem sempre é o caso no Reino Unido, onde outros consentimentos de participantes podem ser exigidos. Para levantamentos on-line, o consentimento (também) é indicado mediante entrega do levantamento preenchido, mas uma etapa adicional de "clicar no consentimento" costuma ser recomendada após a FIP, antes que o participante seja levado ao levantamento propriamente dito. Isso geralmente envolve um ou mais espaços para clicar que indicam consentimento ou acordo com certos critérios sobre a participação (como idade; cf. a figura 2.1). Levantamentos on-line precisam ser agendados para evitar acesso *sem* que os espaços necessários sejam clicados.

Uma amostra que tenha um porte máximo de 100 participantes pode funcionar para projetos menores de alunos (cf., p. ex., OPPERMAN et al., 2014) e/ou para pesquisadores iniciantes em trabalhos qualitativos, especialmente se um levantamento não for muito longo e gerar uma boa extensão de respostas. Tamanhos maiores de amostras com levantamentos mais longos (como o nosso levantamento com mais de 500 participantes) provavelmente produzirão conjuntos complexos de dados ricos que permitem múltiplas análises, mas se o tópico for "magro", esses tamanhos podem não se justificar. Ao considerar o tamanho da amostra, considere a provável extensão *e* profundidade, assim como o escopo e os recursos do projeto. Com uma amostra maior, a coleta de dados demográficos detalhados possibilita explorar se os seus dados diferem em certas diferenças demográficas amplas (p. ex., se aqueles com visões políticas conservadoras ou liberais diferem no modo de representação dos pelos corporais). Mas lembre-se de que os pesquisadores qualitativos não estão buscando um mapa representativo da população geral a fim de afirmar generalização; em vez disso, o objetivo é obter explicações ricas, complexas e texturizadas, e a variabilidade é valorizada (PATTON, 2002 • WILLIG & STAINTON ROGERS, 2008).

Figura 2.1 *Consentimento do levantamento PCRA*

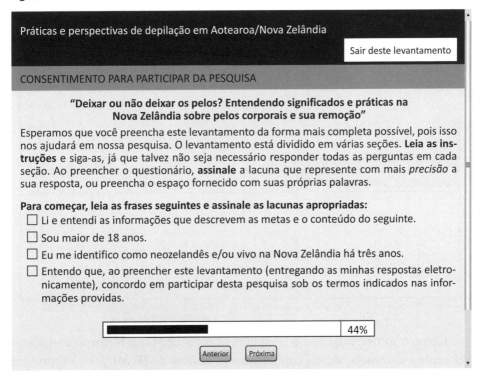

Considerações específicas sobre desenho

Um fator importante a considerar – *notadamente* em levantamentos impressos – é a quantidade de espaço fornecido nas lacunas para respostas. Pesquisas experimentais demonstram que as pessoas dão respostas mais longas e geralmente "mais profundas" quando os espaços para as respostas são maiores (SMYTH; DILLMAN; CHRISTIAN & McBRIDE, 2009). Espaços inapropriados podem resultar em pressuposições (incorretas) de quem responde sobre os tipos de respostas esperadas (CHRISTIAN; DILLMAN & SMYTH, 2007). Não há regras inflexíveis aqui, mas é importante considerar qual "mensagem" seu espaço para respostas pode estar transmitindo e como isso pode afetar a qualidade dos dados. Uma aversão nossa aos levantamentos on-line são espaços "pequenos demais" onde não conseguimos ver a totalidade da resposta; isso dificulta que alguém revise e possa editar a própria resposta (a figura 2.2 ilustra espaços de textos do nosso levantamento PCRA – observe que eles permitem múltiplas linhas de texto). Nos softwares de levantamentos que usamos (Qualtrics ou SurveyMonkey), a modificação dos tamanhos das lacunas é um processo objetivo; isso deve integrar o processo de aprendizagem sobre o funcionamento de qualquer plataforma de software.

Figura 2.2 *Um exemplo de quadro de textos do estudo PCRA*

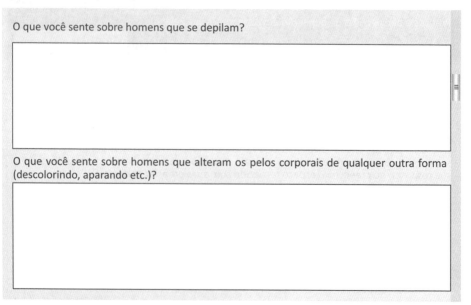

Como o software usado em levantamentos on-line pode formatar consideravelmente a aparência, alguns conhecimentos básicos de HTML – ou suporte em tecnologia da informação em sua instituição – podem permitir que você modifique as estruturas e modelos básicos oferecidos por ferramentas da web e crie a aparência e a configuração "certas" (mas isso não é essencial para fazer pesquisa com levantamento on-line).

Passos para usar os levantamentos qualitativos

Como os levantamentos são uma ferramenta estruturada e fixa para a coleta de dados, é essencial uma preparação para que tudo dê certo antes da coleta de dados. Um processo sequencial pode garantir que nada escape, e nós identificamos sete passos no processo:

1) *Determine sua pergunta de pesquisa.* Já discutimos tipos diferentes de perguntas de pesquisa. Se você começar com apenas um tópico amplo de interesse (como depilação), é importante *refinar* suas perguntas para dar foco ao seu projeto, ajudar a definir sua amostra-alvo e esclarecer o escopo do levantamento qualitativo.

2) *Comece a esboçar perguntas que ajudem a responder as perguntas de pesquisa; isso formará a base do seu levantamento.* Às vezes você desenvolverá essas perguntas partindo do zero, mas pesquisas existentes – inclusive seu próprio trabalho – também podem informar o desenvolvimento da pergunta. Saber o que foi perguntado e *como* foi perguntado pode ajudar a identificar lacunas interessantes ou pressuposições problemáticas nas pesquisas existentes. Seguimos essa estratégia no levantamento PCRA: ao examinar todos os levantamentos qualitativos e quantitativos sobre depilação, desenvolvemos nosso próprio levantamento, usando uma combinação de perguntas novas desenvolvidas, refinadas e existentes.

3) *Depois de esboçar suas perguntas, organize-as numa minuta de levantamento, evitando repetições e sobreposições.* Em levantamentos maiores, agrupe as perguntas em seções. Em geral há várias formas pelas quais as perguntas podem ser agrupadas, tanto de modo geral quanto em termos de seções diferentes. Conforme observado antes, optamos por agrupar nossas perguntas do levantamento PCRA sobre pelos em seções divididas por gênero e orientação aos outros/a si mesmo (primeiro perguntamos sobre homens, depois mulheres, depois sobre as práticas da pessoa; cf. o quadro 2.1). Agrupar as perguntas por foco pode ajudar a identificar sobreposições e onde as perguntas individuais precisam de seleção ou edição para garantir que "se encaixem" no contexto das perguntas circundantes, sejam *claras* naquilo que perguntam e não cubram questões já perguntadas. Isso se aplica até mesmo se não estiverem agrupadas em seções específicas.

4) *O próximo passo – fazer um teste-piloto em seu levantamento – é absolutamente* crucial, *visto que o desenho fixo significa que todas as falhas, esquisitices e confusões precisam ser passadas a limpo antes de entregar o levantamento aos participantes.* Como os participantes não têm a oportunidade de questionar você ou esclarecer significados, um levantamento mal desenhado e sem teste-piloto pode arruinar todo o projeto. O teste-piloto normalmente envolve testar o levantamento numa pequena amostra de pessoas similares aos seus participantes (geralmente pretendemos cerca de 10%, porém uma porcentagem menor pode funcionar com uma amostra menor e "de difícil recrutamento"). Os dados coletados podem revelar se as perguntas "funcionam" ou não para fornecer os dados necessários para responder a sua pergunta de pesquisa; eles também podem identificar perguntas que não estejam claras. A fase-piloto do nosso levantamento PCRA envolveu 45 pessoas (cerca de 10% de nossa amostra final inicialmente esperada de 400-500), assim como cinco pessoas que se cronometraram e deram retorno sobre a experiência de preencher o levantamento. Também pedimos a seis outros pesquisadores da área para revisar o levantamento e dar retorno. Essa forma de revisão não é típica para todos os pilotos de levantamentos, mas, considerando a escala, extensão e profundidade do projeto, queríamos um processo completo de teste-piloto.

5) *Depois, revise seu levantamento e observe se alguma mudança é necessária.* Isso se aplica tanto a perguntas individuais quanto a estrutura e desenho gerais. As perguntas podem ser movidas, removidas, reformuladas para melhorar a clareza ou novas perguntas podem ser adicionadas; *seções* novas podem ser desenvolvidas; seções inteiras podem ser removidas ou remanejadas. Como observamos após os testes-pilotos do levantamento PCRA, decidimos passar nossa seção demográfica para o início, contrariando as orientações normais de desenho de levantamentos, e obtivemos um percentual muito mais alto de perguntas qualitativas e demográficas preenchidas do que no teste.

6) *Após as revisões, é necessário finalizar e* rever *a versão final.* É muito fácil ocorrerem deslizes entre versões diferentes de um levantamento – especialmente se mais de uma pessoa estiver revisando. É preciso garantir que a versão final seja a correta *e* que erros tipográficos ou outros erros não tenham entrado no estágio de revisão.

7) *Os passos finais são os anúncios/recrutamento de participantes (quadro 2.7) e a coleta de dados.* No caso dos formatos impressos e via e-mail, é um processo sequencial em que os participantes fazem contato e recebem o levantamento para preencher e devolver. Nos levantamentos on-line, o processo ocorre simultaneamente, uma vez que o recrutamento normalmente leva o participante diretamente ao levantamento; provavelmente você não estará envolvido.

O que pode dar errado com os levantamentos qualitativos?

Em geral, os levantamentos qualitativos propiciam uma ferramenta razoavelmente fácil e objetiva aos pesquisadores qualitativos, mas as coisas podem dar errado, e há armadilhas a evitar. Dois dos problemas mais prováveis são o preenchimento caótico e a falta de conclusão. Por exemplo, embora tenhamos coletado quase 600 levantamentos PCRA preenchidos, cerca de 1.000 pessoas começaram o levantamento. A maioria dos não concluintes respondeu somente as perguntas demográficas. Como o formato foi on-line, não temos ideia do motivo, mas esse alto índice de não conclusão não difere do que pode acontecer com o recrutamento de levantamentos quantitativos (BEST & KRUEGER, 2008 • GROVES, 2009). Acreditamos que parte da falta de conclusão se relacione ao tamanho do levantamento – como já observamos, o tamanho precisa ser equilibrado com o escopo. Porém, a maioria parecia ocorrer no ponto em que os participantes deveriam *redigir respostas* e não somente clicar numa lacuna. O fato de que os levantamentos qualitativos demandam tempo, esforço e conhecimentos dos participantes precisa ser reconhecido. Orientações bem claras na FIP, que definam as expectativas em termos de compromisso de tempo e tipo de contribuição, são importantes. Nos formatos em e-mail e impressos, em que o participante fornece as próprias informações, e-mails com lembretes podem facilitar o preenchimento e o retorno (BRAUN & CLARKE, 2013). Ferramentas de levantamentos on-line também oferecem lembretes automatizados por e-mail, mas a disponibilidade dessa facilidade depende da estrutura da distribuição do levantamento e de como você gerenciou questões éticas relativas ao anonimato dos participantes.

Outro pequeno risco exacerbado pelo anonimato é que as pessoas podem não levar a tarefa a sério. Nos levantamentos qualitativos, confiamos na autosseleção das pessoas como um indicativo de certo investimento em participar do projeto, especialmente quando eles são entregues on-line sem contato com o pesquisador. As pessoas podem se sentir mais capazes de se expressar e manifestar suas opiniões mais prontamente quando não estão em grupo ou de frente para um entrevistador (STEWART & WILLIAMS, 2005). O outro lado do benefício muito real do anonimato e maior liberdade de expressão é o potencial de "trolagem" ou "*zingers*" (quadro 2.4). No levantamento PCRA, uma pequena proporção de participantes pareceu disposta a ser "engraçada" e não envolvida – por exemplo, na pergunta "Por que você acha que os homens depilam os pelos pubianos?", um participante respondeu: "Para fazer o tigre se levantar na planície". Na pergunta "Que tipo de (eventual) reação você teria diante de uma mulher com pernas cabeludas?" Algumas respostas foram: "ARRANQUE ESSES PELOS!", "Provavelmente vomitaria nela" e "Ela é irmã do Chewbacca?" Felizmente não são respostas típicas.

Quadro 2.7 *Recrutar, recrutar, recrutar!*

No projeto PCRA, recrutamos de diversas formas. Espalhamos anúncios em cafeterias, quadros de aviso de universidades e academias, e criamos uma página no Facebook para o estudo; "contratamos" alguns recrutadores com redes pessoais amplas e diversificadas para publicar a pesquisa via mídias sociais e outros métodos. Mas os contatos na mídia e notas à imprensa foram a estratégia mais bem-sucedida para o recrutamento, como descobrimos em outras pesquisas que conduzimos na Nova Zelândia (cf. BRAUN & CLARKE, 2013; cf. tb. uma descrição do recrutamento na pesquisa sobre vasectomia de Terry). Essa estratégia pode não ser viável em todas as localizações geográficas.

Se forem previstos não concluintes (e eles devem ser), é necessário que sejam incorporados no recrutamento; pode ser necessário um recrutamento além do esperado, usando estratégias que se enquadrem em sua postura epistemológica. Na pior das hipóteses, você obterá mais dados do que esperava!

Uma estratégia para melhorar o *preenchimento* de participantes recrutados é dar algum estímulo *para o preenchimento*. No levantamento PCRA, oferecemos a oportunidade de inclusão num sorteio de NZ$200 (£100) em vales-compras (um "prêmio" razoavelmente substancial), mas os detalhes sobre a participação no sorteio somente foram revelados após entrega do levantamento *preenchido*:

Práticas e perspectivas de depilação em Aotearoa/Nova Zelândia	Sair deste levantamento

Bem-vindo!

Agradecemos o seu interesse.

Se você tiver entre 18-35 anos de idade, adoraríamos saber o máximo possível sobre suas opiniões e práticas!

Se você concluir o levantamento, poderá participar de um sorteio de NZ$200 em vales, então vá até o final! Agradecemos se responder todas as perguntas referentes a você e suas experiências!

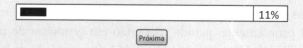

| 11% |

[Próxima]

O interessante é que apenas 200 dos participantes concluintes optaram por participar do sorteio, sugerindo que o estímulo não foi o motivo para muitos optarem por participar!

As normas de conveniência social e os ideais de pesquisa como esforço em prol do social podem exercer uma função benéfica para manter os participantes "focados" na maior parte do tempo (JOINSON, 1999). Tais respostas podem ser engraçadas durante a análise e, embora não sejam necessariamente ótimos dados, sugerem algumas ideias sobre os significados socialmente disponíveis *e* sobre estratégias retóricas empregadas pelas pessoas em culturas on-line. O que chama a atenção nessas questões é a "perda de controle" do pesquisador sobre o ambiente em que o levantamento é preenchido depois que uma pessoa obtém ou inicia um levantamento (KACZMIREK, 2008). A inclusão de orientações ou instruções, como "Forneça o máximo possível de detalhes", "Não tenha pressa para responder" ou "Dê uma resposta que melhor reflita sua própria perspectiva" também pode ser um modo útil de antecipar respostas curtas ou superficiais demais. Parte disso pode se referir à facilitação de um sentido de conexão com um pesquisador, e não com uma tela de computador (SMYTH et al., 2009). Usar perguntas que orientem o participante a se dirigir a você como pesquisador (como "*me* fale sobre...") pode ser uma boa estratégia para produzir respostas profundas.

Quais métodos de análise se adaptam aos dados dos levantamentos qualitativos?

Pode ser dispendido pouco tempo com a análise dos dados de levantamentos qualitativos, já que eles podem ser coletados rapidamente, não exigem muita digitação e organização, e/ou a extração de dados de forma utilizável é fácil. Isso é importante porque, embora os levantamentos costumem produzir dados razoavelmente "objetivos", os conjuntos de dados também podem ser grandes e potencialmente esmagadores, especialmente para novos pesquisadores. Um envolvimento profundo também pode ser um desafio se os dados parecerem "magros", e a estruturação das respostas num formato pergunta/resposta pode dificultar aos pesquisadores um olhar além de "respostas a perguntas" para ver padrões *em todo* o conjunto de dados (BRAUN & CLARKE, 2013). É *vital* destinar tempo para a familiarização com o conjunto de dados. Como não se envolveu na coleta de dados de um modo que o incorpore nas ideias sendo geradas, o pesquisador começa a análise completamente removido dos dados.

A análise temática (BRAUN & CLARKE, 2006, 2012 • BRAUN; CLARKE & TERRY, 2015) é um método altamente flexível para "identificar, organizar e oferecer ideias sistematicamente em padrões de significado (temas)" sobre dados qualitativos (BRAUN & CLARKE, 2012: 57). Isso propicia uma abordagem muito objetiva e útil para a análise de dados de levantamentos, especialmente quando trabalhamos com conjuntos de dados extensos. A natureza estruturada de perguntas/respostas nos levantamentos qualitativos pode tornar a codificação inicial – notadamente se for apenas um estudo do nível superficial do significado – relativamente objetiva. A análise temática também pode permitir um envolvimento mais profundo com alguns dos temas menos óbvios que atravessam as respostas dos participantes. Ademais, a análise temática proporciona ao leitor uma ferramenta para apresentar uma análise dos dados do levantamento que varia da mais descritiva (FISH, 2006 • FISH & WILKINSON, 2003) até a mais teórica/conceitual (para conhecer exemplos, cf. BRAUN et al., 2013 • CLARKE, 2016 • CLARKE & SMITH, 2015 • CLARKE & SPENCE, 2012 • JOWETT & PEEL, 2009 • OPPERMAN et al., 2014 • PEEL, 2010 • TOERIEN & WILKINSON, 2004).

Outras abordagens que nós (TERRY & BRAUN, 2013b, 2015) acreditamos favoráveis aos dados de levantamentos são formas pós-estruturalistas de análise do discurso (GAVEY, 1989 • WILLIG, 2008) e versões menos "detalhadas" da psicologia discursiva, como aquelas defendidas por Margaret Wetherell e Nigel Edley, entre outros (EDLEY, 2001 • WETHERELL & EDLEY, 1999). Tais abordagens orientam o pesquisador a uma visão de linguagem produtiva, que ajuda a criar as realidades descritas e executa determinadas ações. Elas oferecem abordagens úteis para identificar as ideologias e recursos culturais que as pessoas usam para entender determinada questão ou problema em dados de levantamentos qualitativos ou as estratégias retóricas que empregam, em geral com foco mais próximo na linguagem e no uso da linguagem do que aquele oferecido por uma análise temática construcionista alinhada. Isso pode ser útil para desembalar as explicações "de pronta entrega" que as pessoas podem empregar ao responder levantamentos qualitativos. Porém, a brevidade e falta de nuance que podem ser uma característica de alguns dados de levantamentos qualitativos realmente limitam a potencial profundidade de tal análise.

Os levantamentos qualitativos não são ideais para uso com abordagens qualitativas que priorizem determinados requisitos metodológicos referentes a coleta de dados e desenvolvimento da análise (como a análise fenomenológica interpretativa (SMITH; FLOWERS & LARKIN, 2009) ou a teoria fundamentada (BRYANT & CHARMAZ, 2007)), embora os dados dos levantamentos às vezes ainda sejam analisados com essas abordagens. Similarmente, se o seu foco analítico for estritamente o modo pelo qual a linguagem é tratada, assim como a análise narrativa (RIESSMAN, 2007), a psicologia discursiva (POTTER & WIGGINS, 2007) ou a análise da conversa (WILKINSON & KITZINGER, 2007), os levantamentos geralmente não geram dados apropriados.

Conclusão

O levantamento qualitativo fornece uma excelente ferramenta para explorar muitos tipos diferentes de perguntas de pesquisa nas quais os pesquisadores qualitativos estão interessados e abre escopo para coletar dados de modo razoavelmente fácil em uma amostra extensa. Embora um trabalho considerável seja empregado no desenho do levantamento, levantamentos gerais são fáceis de usar e razoavelmente têm pesquisa leve. Eles têm o potencial de gerar dados ricos e amplos, e as armadilhas e riscos são facilmente gerenciados (quadro 2.8).

Quadro 2.8 *Reflexões pessoais sobre o uso de levantamentos qualitativos* (de Gareth Terry)

Virginia havia começado a desenvolver um estudo de levantamento baseado em sua pesquisa anterior na área de práticas de depilação e eu estava ávida para me envolver no desenvolvimento e na gestão do projeto. Eu havia feito alguns trabalhos sobre desenvolvimento de levantamentos e coleta de dados (on-line) anteriormente, mas em grande parte quantitativos, então eu estava animada para explorar levantamentos qualitativos, já que eles se encaixam mais na minha inclinação para a pesquisa qualitativa!

Achei o SurveyMonkey extremamente objetivo para uso em pesquisa qualitativa – principalmente porque tínhamos a versão de "acesso total" graças a uma licença institucional. O tempo que reservei para aprender alguma coisa básica de HTML me permitiu ajustar bastante a aparência do levantamento, deixando o processo mais criativo do que simplesmente copiar e colar a nossa versão do Word no levantamento on-line. Não quero dizer que o desenvolvimento da versão inicial em "papel" do levantamento não tenha sido criativa – e nós juntamos nossas ideias no desenvolvimento das perguntas, especulando quais tipos de dados poderiam ser gerados e como obter as melhores respostas possíveis, tomando saborosos cafés em cafeterias locais.

Uma das primeiras coisas que chamaram minha atenção, até na fase-piloto, foi o investimento que os participantes pareciam demonstrar no tópico. Embora os formatos textuais possam ser vistos como limitados em termos de expressão, formas mais novas de mídias sociais propiciaram uma linguagem e uma estrutura para aprimorar o processo comunicativo. De várias formas (como CAPSLOCK, emoticons ☺, "abuso" de pontos de exclamação !!!!!!!!), os participantes nos indicaram o que lhes era importante (e desimportante) sobre depilação. Algumas ideias foram expressas repetidamente, evidenciando entendimentos culturalmente compartilhados, mas muitas vezes de forma que demonstravam criatividade e variação em tais entendimentos. Os dados produzidos foram extremamente ricos, facilmente codificados e *muito* fáceis de ler em sua maior parte.

As faltas de conclusão *foram* bastante frustrantes, mas, assim que os artigos de jornal chegaram à imprensa, o número absoluto de respondentes mais do que compensou. Inicialmente achei muito frustrantes as respostas que mais pareciam sobre etiqueta (McLUGHLIN & VITAK, 2012) do que qualquer tentativa de dar uma resposta reflexiva. Respostas curtas do tipo *"zinger"* infelizmente foram as respostas que pareciam "grudar" em minha cabeça. Eu me questionava se a maioria dos nossos dados acabaria sendo assim (não foi, então talvez não valha a pena olhar os dados antes que a coleta tenha terminado!). Eu me flagrava comparando esses tipos de respostas com a seção de comentários dos artigos de jornal, visto que minhas respostas emocionais eram similarmente "extremas" – desde gargalhadas até raiva da misoginia escancarada! Às vezes eu queria excluir esses tipos de respostas, mas acabei reconhecendo que elas tinham seu valor como dados, que algo interessante estava acontecendo, independentemente do quão superficiais (e irritantes) parecessem.

Talvez tenha sido essa mistura de dados (ricos e interessantes, adequados para análise *versus* respostas mais superficiais, "debochadas", bem-humoradas ou de trolagem) que tornou o projeto tão prazeroso. Começou a parecer que estávamos acessando os recursos culturais de entendimento das pessoas em inúmeros níveis, e de formas que eu não havia experimentado num espaço antes. Os dados não estavam apenas captando o formato das práticas de depilação em Aotearoa/Nova Zelândia de maneiras bastante inesperadas (como uma tendência distinta contra a depilação pubiana *total* entre nossos participantes, contrastando com afirmativas populares e certa evidência empírica; cf. HERBENICK; SCHICK; REECE; SANDERS & FORTENBERRY, 2010), como também fornecendo uma forma *nova* de dados qualitativos, informada por culturas on-line, mas moldadas por práticas off-line, e nos dando ideias que talvez somente um fórum anônimo como um levantamento poderia permitir.

Experimente...

1) Ache um levantamento quantitativo on-line sobre um tópico que possa ser explorado usando um levantamento qualitativo. Observe os tipos de perguntas que fazem e pense em como você poderia: a) criar uma pergunta de pesquisa sobre o tópico que se enquadre numa orientação qualitativa; e b) reescrever as perguntas como perguntas de levantamento qualitativo/redigir novas perguntas que cubram as mesmas áreas. Quais informações você ganharia, e perderia, ao mudar o levantamento para qualitativo?

2) Faça um *brainstorm* para uma pergunta de pesquisa qualitativa relativa a "fazer exercício" que se enquadre na pesquisa de levantamento qualitativo. Para responder a sua pergunta de pesquisa, identifique as áreas principais sobre as quais você gostaria de perguntar. Usando as instruções deste capítulo, esboce perguntas para cada uma dessas seções. Depois de consolidar um esboço rudimentar do seu levantamento, teste a ferramenta com alguns colegas. Ela gera dados capazes de responder a(s) sua(s) pergunta(s)? Revise o levantamento o quanto for necessário.

3) O quadro 2.9 contém dados (sem nenhuma correção) do levantamento PCRA. São respostas à pergunta: "O que você acha sobre pelos corporais nos homens?" Leia os dados uma vez, observando quaisquer pensamentos gerais que surjam à medida que você lê, depois os analise uma segunda vez, mais sistematicamente, *codificando-os* como se estivesse fazendo uma análise temática.

Quadro 2.9 *Dados PCRA para exercício de codificação*

P14: Nenhum sentimento forte, acho que não me importo se os homens depilam, mantêm ou aparam os pelos. Consigo entender as três opções e fazer uma variedade de todas as que mencionei.

P17: Tudo bem, menos homens que pareçam um lobisomem.

P22: Acho bem mais do que sexualmente excitante.

P23: Em outros homens, acho os pelos corporais moderados e não excessivos atraentes. Mas em mim detesto e acho muito deprimente ter que "vê-los".

P31: Menos é melhor, mas o suficiente para ser másculo. Não gosto de pelos nas costas.

P33: Sem problemas: se alguém se sente à vontade com a própria aparência e a quantidade de pelos que tem, é uma opção da pessoa.

P34: Devem ser mantidos em certas áreas, aparando ou raspando, nas costas devem ser removidos.

P37: Não gosto de pelos.

P41: Não passam de pelos, uma parte perfeitamente natural de ser homem se você por acaso tiver.

P42: Não tenho problemas com pelos em homens.

P45: Horríveis. Devem ser banidos.

P46: É normal, um pouco desagradável quando em excesso.

P48: Não me importo com pelos, mas devem ser bem cuidados.

P52: Bem, eu não gosto da quantidade que tenho, mas os homens são cabeludos. E ninguém gosta de falar no assunto... Principalmente pelos nas costas (quando ninguém ao menos vê com frequência em circunstâncias normais).

P55: Aceitáveis, contanto que não sejam muito longos ou cerrados, mínimos em certos lugares. Precisam ser cuidados.

P56: Tudo bem. Eu costumava me sentir meio inibido quando começaram a crescer pelos nas minhas costas, mas sempre me conformei em ter um peito peludo como o meu pai e o meu irmão mais velho. Agora não me preocupo tanto.

P59: Ok, mas não muitoooo, pelo nas costas de jeito nenhum!

P60: Normal, mas em excesso é muito nojento.

P62: Pelos no peito são socialmente aceitáveis. Acho que pelos nas costas ou em excesso não têm nada a ver, não são bonitos.

P63: Pessoalmente, não gosto, causam fedor e são feios.

P65: Acho que parecem másculos e sensuais.

P69: Um pouco, tudo bem, mas não grossos/escuros, como de um mico haha!

Outros recursos: on-line

Alguns exemplos de levantamentos qualitativos podem ser encontrados on-line: http://studysites.uk.sagepub.com/braunandclarke/study/research.htm

Há vários exemplos de dados de levantamentos qualitativos que podem ser analisados como prática em: http://studysites.uk.sagepub.com/braunandclarke/study/qualitative.htm

Para aprender o básico de HTML e modificar um modelo existente de uma ferramenta da web, como o SurveyMonkey, encontramos escolas w3 extremamente úteis: www.w3schools.com/

Outros recursos: leituras

Um amplo "manual" para a pesquisa qualitativa, e o primeiro texto a introduzir levantamentos qualitativos como método independente de geração de dados: BRAUN, V. & CLARKE, V. (2013). *Successful Qualitative Research*: A practical guide for beginners. Londres: Sage Publications.

Exemplo de um curto levantamento que gerou dados ricos: FRITH, H. & GLEESON, K. (2004). Clothing and embodiment: Men managing body image and appearance. In: *Psychology of Men & Masculinity*, 5 (1), p. 40-48.

Exemplo de pesquisa de levantamento sobre um tópico delicado: OPPERMAN, E.; BRAUN, V.; CLARKE, V. & ROGERS, C. (2014). "It feels so good it almost hurts": Young adults' experiences of orgasm and sexual pleasure. In: *Journal of Sex Research*, 51 (5), p. 503-515.

Exemplo de pesquisa de levantamento on-line que usa abordagens críticas/discursivas à análise: CLARKE, V. & SMITH, M. (2015). "Not hiding, not shouting, just me": Gay men negotiate their visual identities. In: *Journal of Homosexuality*, 62 (1), p. 4-32.

Referências

AMERICAN PSYCHOLOGICAL ASSOCIATION (2010). *Publication manual of the american psychological association*. 6. ed. Washington, DC: American Psychological Association.

BANKS, M. (2007). *Using visual data in qualitative research*. Londres: Sage Publications.

BARRETT, J. (2007). You've made mistress very, very angry: Displeasure and pleasure in media representations of BDSM. In: *Particip@tions*, 4 (1), on-line. Disponível em: http://www.participations.org/Volume%204/Issue%201/4_01_barrett.htm

BEST, S. & KRUEGER, B. (2008). Internet survey design. In: FIELDING, N.G.; LEE, R.M. & BLANK, G. (eds.). *The Sage handbook of online research methods*. Londres: Sage Publications, p. 217-235.

BOROUGHS, M.S. (2012). *Body depilation among women and men*: The association of body hair reduction or removal with body satisfaction, appearance comparison, body image disturbance, and body dysmorphic disorder symptomatology. Tampa, FL: The University of South Florida [Tese de Doutorado não publicada]. Disponível em: http://scholarcommons.usf.edu/etd/3985

BOROUGHS, M.; CAFRI, G. & THOMPSON, J. (2005). Male body depilation: Prevalence and associated features of body hair removal. In: *Sex Roles*, 52 (9-10), p. 637-644.

BRADBURN, N.M.; SUDMAN, S. & WANSINK, B. (2004). *Asking questions*: The definitive guide to questionnaire design: for market research, political polls, and social and health questionnaires. São Francisco, CA: Jossey-Bass.

BRAUN, V. & CLARKE, V (2013). *Successful qualitative research*: A practical guide for beginners. Londres: Sage Publications.

_____ (2012). Thematic analysis. In: COOPER, H. et. al. (eds.). *APA handbook of research methods in psychology*. Vol. 2: Research designs: Quantitative, qualitative, neuropsychological, and biological. Washington, DC: American Psychological Association, p. 57-71.

_____ (2006). Using thematic analysis in psychology. In: *Qualitative Research in Psychology*, 3 (2), p. 77-101.

BRAUN, V.; CLARKE, V. & TERRY, G. (2015). Thematic analysis. In: ROHLEDER, P. & LYONS, A. (eds.). *Qualitative research in clinical and health psychology*. Basingstoke, Reino Unido: Palgrave Macmillan, p. 95-113.

BRAUN, V.; TRICKLEBANK, G. & CLARKE, V. (2013). "It shouldn't stick out from your bikini at the beach": Meaning, gender and the hairy/hairless body. In: *Psychology of Women Quarterly*, 37 (4), p. 478-493.

BRYANT, A. & CHARMAZ, K. (2007). *The Sage handbook of grounded theory*. Thousand Oaks, CA: Sage Publications.

BRINKMANN, S. & KVALE, S. (2008). Ethics in qualitative psychological research. In: WILLIG, C. & STAINTON ROGERS, W. (eds.). *The Sage handbook of qualitative research in psychology*. Londres: Sage Publications, p. 263-279.

BURR, V. (2003). *Social constructionism*. 2. ed. Londres: Routledge.

CHAMBERS, D. (2013). *Social media and personal relationships*: Online intimacies and networked friendship. Londres: Palgrave Macmillan.

CHRISTIAN, L.M.; DILLMAN, D.A. & SMYTH, J.D. (2007). Helping respondents get it right the first time: The influence of words, symbols and graphics in web surveys. In: *Public Opinion Quarterly*, 71 (1), p. 113-125.

CLARKE, V. (2016). Wearing a gay slogan t-shirt in the higher education classroom: A cautionary tale. In: *Feminism & Psychology*, 26 (1), p. 3-10.

CLARKE, V. & SMITH, M. (2015). "Not hiding, not shouting, just me": Gay men negotiate their visual identities. In: *Journal of Homosexuality*, 62 (1), p. 4-32.

CLARKE, V. & SPENCE, K. (2012). "I am who I am?" Navigating norms and the importance of authenticity in lesbian and bisexual women's accounts of their appearance practices. In: *Psychology of Sexuality*, 4 (1), p. 25-33.

COYLE, A. & RAFALIN, D. (2001). Jewish gay men's accounts of negotiating cultural, religious and sexual identity: A qualitative study. In: *Journal of Psychology & Human Sexuality*, 12 (4), p. 21-48.

DAL, M. (2011). Online data collection and data analysis using emergent technologies. In: HESSE-BIBER, S.N. (ed.). *The handbook of emergent technologies in social research*. Oxford: Oxford University Press, p. 275-299.

EDLEY, N. (2001). Analysing masculinity: Interpretative repertoires, ideological dilemmas and subject positions. In: WETHERELL, M.; TAYLOR, S. & YATES, S. (eds.). *Discourse as data*: A guide for analysis. Londres: Sage Publications, p. 189-229.

EVANS, A.; ELFORD, J. & WIGGINS, D. (2008). Using the Internet for qualitative research. In: WILLIG, C. & STAINTON ROGERS, W. (eds.). *The Sage handbook of qualitative research in psychology*. Londres: Sage Publications, p. 315-333.

FAHS, B. (2013). Shaving it all off: Examining social norms of body hair among college men in women's studies courses. In: *Women's Studies*, 42 (5), p. 559-577.

_____ (2012). Breaking body hair boundaries: Classroom exercises for challenging social constructions of the body and sexuality. In: *Feminism & Psychology*, 22 (4), p. 482-506.

_____ (2011). Dreaded "otherness": Heteronormative patrolling of women's body hair rebellions. In: *Gender & Society*, 25 (4), p. 451-472.

FILIPOVIC, J. (2007). Blogging while female: How Internet misogyny parallels "real-world" harassment. In: *Yale Journal of Law and Feminism*, 19 (1), p. 295-303.

FISH, J. (2006). Exploring lesbians' health behaviours and risk perceptions. In: *Diversity in Health & Social Care*, 3 (3), p. 163-169.

FISH, J. & WILKINSON, S. (2003). Understanding lesbians' healthcare behavior: The case of breast self-examination. In: *Social Science & Medicine*, 56 (2), p. 235-245.

FOX, D.; PRILLELTENSKY, I. & AUSTIN, S. (eds.). (2009). *Critical psychology*: An introduction. 2. ed. Thousand Oaks, CA: Sage Publications.

FRITH, H. & GLEESON, K. (2008). Dressing the body: The role of clothing in sustaining body pride and managing body distress. In: *Qualitative Research in Psychology*, 5 (1), p. 249-264.

_____ (2004). Clothing and embodiment: Men managing body image and appearance. In: *Psychology of Men & Masculinity*, 5 (1), p. 40-48.

GALLETTA, A. (2013). *Mastering the semi-structured interview and beyond*: From research design to analysis and publication. Nova York: Nova York University Press.

GAVEY, N. (1989). Feminist poststructuralism and discourse analysis: Contributions to feminist psychology. In: *Psychology of Women Quarterly*, 13 (4), p. 459-475.

GERGEN, K. (1997). *Realities and relationships*: Soundings in social construction. Cambridge, MA: Harvard University Press.

GERGEN, K. & GERGEN, M. (eds.) (2003). *Social construction*: A reader. Londres: Sage Publications.

GROVES, R.M. (2009). *Survey methodology*. Hoboken, NJ: Wiley.

HERBENICK, D. et al. (2010). Pubic hair removal among women in the United States: Prevalence, methods, and characteristics. In: *The Journal of Sexual Medicine*, 7 (10), p. 3.322-3.330.

HEWSON, C. & LAURENT, D. (2008). Research design and tools for Internet research. In: FIELDING, N.G.; LEE, R.M. & BLANK, G. (eds.). *The Sage handbook of online research methods*. Thousand Oaks, CA: Sage Publications, p. 58-78.

JOINSON, A. (1999). Social desirability, anonymity, and Internet-based questionnaires. In: *Behavior Research Methods, Instruments, & Computers*, 31 (3), p. 433-438.

JOWETT, A. & PEEL, E. (2009). Chronic illness in non-heterosexual contexts: An online survey of experiences. In: *Feminism & Psychology*, 19 (4), p. 454-474.

JOWETT, A. & SHAW, R. (2011). Online interviewing in psychology: Reflections on the process. In: *Qualitative Research in Psychology*, 8 (4), p. 354-369.

KACZMIREK, L. (2008). Internet survey software tools. In: FIELDING, N.G.; LEE, R.M. & BLANK, G. (eds.). *The Sage handbook of online research methods*. Londres: Sage Publications, p. 236-257.

KAMEL BOULOS, M. & WHEELER, S. (2007). The emerging Web 2.0 social software: An enabling suite of sociable technologies in health and health care education. In: *Health Information & Libraries Journal*, 24 (1), p. 2-23.

KVALE, S. & BRINKMANN, S. (2009). *Interviews*: Learning the craft of qualitative research interviewing. Thousand Oaks, CA: Sage Publications.

LEVINE, et al. (2011). Formative research on MySpace: Online methods to engage hard-to-reach populations. In: *Journal of Health Communication*, 16 (4), p. 448-454.

LIAMPUTTONG, P. (2007). *Researching the vulnerable*: A guide to sensitive research methods. Londres: Sage Publications.

MARWICK, A. & BOYD, D. (2011). I tweet honestly, I tweet passionately: Twitter users, context collapse, and the imagined audience. In: *New Media & Society*, 13 (1), p. 114-133.

McLAUGHLIN, C. & VITAK, J. (2012). Norm evolution and violation on Facebook. In: *New Media & Society*, 14 (2), p. 299-315.

OPPERMAN, E.; BRAUN, V.; CLARKE, V. & ROGERS, C. (2014). "It feels so good it almost hurts": Young adults' experiences of orgasm and sexual pleasure. In: *The Journal of Sex Research*, 51 (5), p. 503-515.

PATTON, M.Q. (2002). *Qualitative research & evaluation methods*. 3. ed. Thousand Oaks, CA: Sage Publications.

PEEL, E. (2010). Pregnancy loss in lesbian and bisexual women: An online survey of experiences. In: *Human Reproduction*, 25 (3), p. 721-727.

POTTER, J. & WIGGINS, S. (2007). Discursive psychology. In: WILLIG, C. & STAINTON ROGERS, W. (eds.). *The Sage handbook of qualitative research in psychology*. Londres: Sage Publications, p. 73-90.

PRZYBYLO, E. (2013). Producing facts: Empirical asexuality and the scientific study of sex. In: *Feminism & Psychology*, 23 (2), p. 224-242.

RICE, C. (2009). Imagining the other? Ethical challenges of researching and writing women's embodied lives. In: *Feminism & Psychology*, 19 (2), p. 245-266.

RIGGLE, E.D.B.; ROSTOSKY, S.S. & REEDY, C.S. (2005). Online surveys for BGLT research. In: *Journal of Homosexuality*, 49 (2), p. 1-21.

RIESSMAN, C.K. (2007). *Narrative methods for the human sciences*. Thousand Oaks, CA: Sage Publications.

ROSE, G. (2012). *Visual methodologies*: An introduction to researching with visual materials. Los Angeles: Sage Publications.

SEALE, C. (1999). Quality in qualitative research. In: *Qualitative Inquiry*, 5 (4), p. 465-478.

SEYMOUR, W.S. (2001). In the flesh or online? Exploring qualitative research methodologies. In: *Qualitative Research*, 1 (2), p. 147-168.

SMITH, J. (1995). Semi-structured interviewing and qualitative analysis. In: SMITH, J.; HARRÉ, R. & LANGENHOVE, L. (eds.). *Rethinking methods in psychology*. Londres: Sage Publications, p. 9-26.

SMITH, J.; FLOWERS, P. & LARKIN, M. (2009). *Interpretative phenomenological analysis*: Theory, method and research. Londres: Sage Publications.

SMITH, L. (2012). *Decolonizing methodologies*: Research and indigenous peoples. 2. ed. Londres: Zed Books.

SMYTH, J.D.; DILLMAN, D.A.; CHRISTIAN, L.M. & McBRIDE, M. (2009). Open-ended questions in web surveys: Can increasing the size of answer boxes and providing extra verbal instructions improve response quality? In: *Public Opinion Quarterly*, 73 (2), p. 325-337.

STEWART, K. & WILLIAMS, M. (2005). Researching online populations: The use of online focus groups for social research. In: *Qualitative Research*, 5 (4), p. 395-416.

TERRY, G.; BRAUN, V.; JAYAMAHA, S. & MADDEN, H. (2017). Negotiating the hairless ideal in Aotearoa/New Zealand: Choice, awareness, complicity, and resistance in women's accounts of body hair removal. In: *Feminism & Psychology* (no prelo).

TERRY, G. & BRAUN, V. (2016). "I think gorilla-like back effusions of hair are rather a turn-off": Excessive hair and male body hair (removal) discourse. In: *Body Image*, 17, p. 14-24.

_____ (2013a). To let hair be, or to not let hair be? Gender and body hair removal practices in Aotearoa/New Zealand. In: *Body Image*, 10 (4), p. 599-606.

_____ (2013b). "We have friends, for example, and he will not get a vasectomy": Imagining the self in relation to others when talking about sterilization. In: *Health Psychology*, 32 (1), p. 100-109.

TOERIEN, M. & WILKINSON, S. (2004). Exploring the depilation norm: A qualitative questionnaire study of women's body hair removal. In: *Qualitative Research in Psychology*, 1 (1), p. 69-92.

TOERIEN, M.; WILKINSON, S. & CHOI, P. (2005). Body hair removal: The "mundane" production of normative femininity. *Sex Roles*, 52 (5-6), p. 399-406.

TURNER, A.J. & COYLE, A. (2000). What does it mean to be a donor offspring? The identity experiences of adults conceived by donor insemination and the implications for counselling and therapy. In: *Human Reproduction*, 15 (9), p. 2.041-2.051.

WETHERELL, M. & EDLEY, N. (1999). Negotiating hegemonic masculinity: Imaginary positions and psycho-discursive practices. In: *Feminism & Psychology*, 9 (3), p. 335-356.

WILKINSON, S. & KITZINGER, C. (2007). Conversation analysis. In: WILLIG, C. & STAINTON ROGERS, W. (eds.). *The Sage handbook of qualitative research in psychology*. Londres: Sage Publications, p. 54-71.

WILLIG, C. (2008). *Introducing qualitative research in psychology*: Adventures in theory and method. 2. ed. Maidenhead, Reino Unido: Open University Press.

WILLIG, C. & STAINTON ROGERS, W. (2008). Introduction. In: _____ (eds.). *The Sage handbook of qualitative research in psychology*. Londres: Sage Publications, p. 1-12.

3 Era uma vez...
Métodos qualitativos de preenchimento de histórias

Victoria Clarke, Nikki Hayfield, Naomi Moller, Irmgard Tischner e o Grupo de Pesquisa sobre Preenchimento de Histórias

Panorama

Este capítulo apresenta o método de preenchimento de histórias (PH) de coleta de dados qualitativos, uma técnica original que oferece um potencial intrigante ao pesquisador qualitativo. Por ser novo na pesquisa qualitativa, o método tem menos estudos de pesquisas publicados do que alguns dos outros métodos abordados neste livro. Por esse motivo, o objetivo do capítulo é não somente descrever o método e recomendar o melhor modo de usá-lo, mas também explorar algumas das questões teóricas e práticas não resolvidas sobre PH. Essas questões foram identificadas pelos autores do capítulo, que compõem o Grupo de Pesquisa sobre Preenchimento de Histórias. Somos um grupo de pesquisadores que se uniram para compartilhar nossa experiência em usar e desenvolver mais o método (quadro 3.1). Acreditamos que o PH tem o potencial de "alcançar as partes que outros métodos não conseguem alcançar" (POPE & MAYS, 1995). Portanto, ele apresenta vantagens para além da sedução de ter uma pesquisa leve em termos de coleta de dados, embora isso, por si só, já seja um benefício considerável.

Introdução ao preenchimento de histórias

O PH se desenvolveu originalmente como uma forma de teste projetivo para o uso de psiquiatras e psicólogos clínicos (e outros terapeutas) a fim de avaliar a personalidade e a psicopatologia dos clientes (RABIN, 1981). Os testes projetivos se caracterizam por pedir que as pessoas respondam a estímulos ambíguos –

como borrões de tinta, a exemplo do famoso teste de Rorschach (RORSCHACH; LEMKAU & KRONENBERG, 1998 [1921]). A ideia é: como o respondente não pode saber inequivocamente qual "é" o estímulo, ele precisa se pautar nos próprios entendimentos (personalidade, necessidades, experiências de vida) para entendê-lo e "preencher as lacunas". Ao fazer isso, de acordo com a teoria dos testes projetivos, o participante revela coisas sobre si mesmo das quais pode não estar consciente ou sobre as quais ficaria desconfortável se fosse questionado diretamente. As raízes dos testes projetivos estão na teoria psicanalítica (RABIN, 2001), a qual considera que grandes porções do eu estão bloqueadas na mente consciente, estando portanto indisponíveis aos clientes e aos terapeutas através de métodos convencionais, como uma autodescrição. A promessa psicodinamicamente informada dos testes projetivos acessa essa informação "bloqueada", propiciando o que Murray (1971[1943]: 1) compara a "um raio X do eu".

> **Quadro 3.1** Explorando percepções e construções de gênero, sexualidade e aparência
>
> Temos "experimentado", no sentido mais amplo, o PH na última década e neste capítulo compartilhamos o que aprendemos e nosso entusiasmo com o método, pautando-nos numa ampla gama de diferentes estudos de PH da nossa pesquisa e da pesquisa dos nossos alunos. Os estudos ilustrativos refletem nossos interesses em gênero, sexualidade, aparência e aconselhamento, e incluem pesquisa sobre percepções de paternidade transgênero, recusa sexual em relacionamentos heterossexuais, a revelação da não heterossexualidade aos pais, práticas não normativas com pelos corporais, infidelidade em casais do mesmo sexo, terapeutas gordos, administração de peso, sexualidade e aparência... Mais uma vez, refletindo nossos interesses comuns em gênero, a maioria desses estudos usa uma estrutura comparativa para explorar a variação de gêneros – a respeito das respostas *de* participantes do sexo masculino e feminino (ou de outros gêneros), e respostas de participantes *para* personagens masculinos e femininos (ou de outros gêneros).

O método projetivo principal que interessa a este capítulo é o Teste de Apercepção Temática (TAT), o mais famoso – mas não o primeiro (MORGAN, 2002) – teste projetivo baseado em PH (MURRAY, 1971 [1943]). O TAT se caracteriza por mostrar ao cliente uma série de imagens evocativas, porém ambíguas, e pedir que "invente uma história" para cada figura apresentada. Embora existam métodos de pontuação disponíveis, a abordagem típica ao TAT em cenários terapêuticos é para que o administrador use seu julgamento clínico a fim de interpretar o que as histórias revelam sobre os seus clientes.

Os testes projetivos são usados predominantemente em ambientes clínicos para gerar ideias sobre clientes individuais, e não como um método empírico para a coleta de dados de pesquisa. Em outros ambientes, entretanto, os testes projetivos também têm sido usados como método de pesquisa – por exemplo, em pesquisas comerciais e com consumidores (cf. DONOGHUE, 2000 • SOLEY & SMITH, 2008) e na psicologia do desenvolvimento (cf. BRETHERTON; OPPENHEIM; EMDE & O GRUPO DE TRABALHO COM NARRATIVAS MacARTHUR, 2003 • BRETHERTON; RIDGEWA & CASSIDY, 1990 • GEORGE & WEST, 2012). Os testes projetivos são usados tipicamente em desenhos *quantitativos*, nos quais sistemas complexos de codificação foram desenvolvidos de modo a permitir que os pesquisadores passem a limpo a variabilidade em respostas individuais aos estímulos projetivos e transformem os ricos detalhes narrativos em números e categorias adequados à análise quantitativa (EXNER, 2002, referente ao teste com borrões de tinta de Rorschach). É difícil não lamentar a perda de informações valiosas e profundas de que a adoção de uma abordagem quantitativa necessita.

Como destacamos, os testes projetivos pressupõem que verdades ocultas são reveladas sobre aqueles que se submetem a eles: "É devido à expectativa de serem *melhores* para sugerir o que as pessoas 'realmente' pensam que os testes projetivos costumam ser recomendados" (KITZINGER & POWELL, 1995: 349). Para alguns, é isso que sustenta o PH como método, porque se considera que exista *uma* verdade que pode ser *descoberta* através do processo de pesquisa. Assim, quem usa métodos projetivos como o PH dessa maneira se fundamenta numa epistemologia (pós-)positivista, adotando uma perspectiva essencialista sobre a pessoa e os dados. Tal abordagem não é bem vista por muitos pesquisadores qualitativos, e nós nos baseamos numa abordagem alternativa ao uso do PH no restante do capítulo. Sugerida pela primeira vez num estudo da década de 1990 por duas psicólogas feministas (KITZINGER & POWELL, 1995), essa abordagem situa o PH dentro de uma estrutura *qualitativa* (BRAUN & CLARKE, 2013).

Kitzinger e Powell (1995) usaram o PH para analisar como 116 alunos da graduação entendiam a infidelidade no contexto de um relacionamento heterossexual. Na pesquisa com PH, o estímulo (ambíguo) ao qual o participante precisa responder são as linhas de abertura de uma história (o "tronco da história") que ele é orientado a preencher. Kitzinger e Powell usaram um desenho comparativo para explorar diferenças nas respostas quando o infiel era um homem *versus* uma mulher. A versão do tronco da história com o "parceiro masculino infiel" dizia: "John e Claire estão saindo há mais de um ano. Então Claire percebe que John está saindo com outra pessoa" (p. 352). Na versão com a "parceira feminina infiel", os nomes na segunda frase foram trocados.

Números iguais de participantes responderam a cada versão do tronco da história. Os pesquisadores também se asseguraram de que números aproximadamente iguais de participantes masculinos e femininos preenchessem cada versão, para lhes permitir explorar diferenças no modo pelo qual os participantes masculinos e femininos entendiam os cenários. Contrastando com as estruturas existentes, as autoras sugeriram que não era necessário ler as histórias como se (somente) revelassem a "verdade" psicológica dos respondentes: "Os pesquisadores podem, em vez disso, interpretar essas histórias como um reflexo dos discursos contemporâneos nos quais os sujeitos se baseiam para entender a experiência" (KITZINGER & POWELL, 1995: 349-350). É uma abordagem socioconstrucionista ao PH que rejeita a ideia de que é possível acessar sentimentos ou pensamentos "reais" ou "verdadeiros" e, em vez disso, considera as realidades como discursivamente construídas (BURR, 2003).

Kitzinger e Powell (1995) ilustraram as diferenças entre as duas abordagens, contrastando uma leitura essencialista dos seus dados, como diferenças reveladoras de gênero nas "atitudes" diante da infidelidade, com uma socioconstrucionista, na qual os dados foram lidos como uma réplica de vários discursos sobre os significados da infidelidade para homens e mulheres. Nesse contexto, a propensão dos participantes masculinos em escrever mais sobre infidelidade sexual do que emocional não revelou "preocupação de jovens do sexo masculino com o sexo" (p. 350). Em vez disso, falou algo sobre a sua maior probabilidade de se expor a narrativas pornográficas de sexo heterossexual do que ficção romântica. Uma das metas deste capítulo é, similarmente, proporcionar aos pesquisadores a escolha de qual "lente" aplicar aos seus dados, algo que torna o método PH eminentemente adaptável a uma série de perguntas de pesquisa e abordagens à pesquisa qualitativa.

O que o preenchimento de histórias oferece ao pesquisador qualitativo?

Assim como todas as técnicas e abordagens discutidas neste livro, os métodos PH têm a vantagem de exigirem menos tempo e recursos do que os métodos interativos presenciais tradicionais, como entrevistas e grupos-foco. Histórias impressas, por exemplo, podem ser distribuídas a um grupo extenso de pessoas, e as histórias preenchidas podem ser devolvidas em aproximadamente trinta minutos. Histórias on-line podem ser distribuídas (e depois baixadas) com alguns cliques do mouse.

As vantagens do PH não se limitam à pesquisa leve, porém. Descrevemos alguns dos componentes únicos que o PH tem a oferecer:

1) *O PH dá acesso a uma ampla gama de respostas, incluindo respostas socialmente indesejáveis.* Boa parte da pesquisa qualitativa se baseia em dados de autodescrição – normalmente gerados por entrevistas e grupos-foco – nos

quais pequenos números de participantes são solicitados a oferecer suas experiências ou entendimentos do tópico em questão (BRAUN & CLARKE, 2013). O PH oferece uma abordagem alternativa à exploração das percepções ou entendimentos dos participantes, perguntando sobre o comportamento *hipotético* dos *outros* (WILL; EADIE & MACASKILL, 1996; cf. tb. o cap. 4 sobre pesquisa com vinhetas). Quando os participantes são estimulados a redigir hipoteticamente e em terceira pessoa, eles não precisam se apossar das suas histórias nem justificá-las, como aconteceria se estivessem sendo diretamente questionados sobre o tópico. Assim, é mais provável que "baixem a guarda" e se envolvam no tópico de pesquisa com menos reserva. Isso empresta ao PH a vantagem inusitada de romper a "barreira" da conveniência social da pesquisa de autodescrição (MOORE; GULLONE & KOSTANSKI, 1997: 372). Tradicionalmente, isso provocou um problema para a pesquisa essencialista, que buscava acessar as percepções ou visões "reais" dos participantes: participantes que não respondem de maneira confiável criam um problema de validade para essa pesquisa. (Vale notar que nem *todos* os pesquisadores de PH pedem aos participantes para redigir em terceira pessoa; um exemplo de PH em primeira pessoa é discutido a seguir.)

2) *O PH se adapta idealmente a tópicos delicados.* O PH também oferece um modo especialmente acessível para os participantes integrarem a pesquisa, porque não necessariamente requer experiência pessoal com o tópico (cf. tb. o cap. 4 sobre pesquisa com vinhetas). O uso da narração de histórias num cenário hipotético também significa que os participantes são "removidos" sutilmente do tópico. Isso torna o PH *especialmente* útil para explorar tópicos delicados – se questionados diretamente sobre as *próprias* experiências, alguns participantes não se sentem à vontade ou não ficam dispostos a discutir tais tópicos. Tópicos delicados que foram explorados com a utilização do PH incluem "ausência" orgástica (FRITH, 2013) e crime sexual (GAVIN, 2005).

3) *O PH permite que os participantes tenham controle e abre espaço para a criatividade.* Muitos pesquisadores qualitativos valorizam métodos – como grupos-foco – que são mais centrados no participante e "devolvem" parte do controle da pesquisa aos participantes (WILKINSON, 1999). Pode-se afirmar que o PH é um método que proporciona mais controle *e* criatividade aos participantes do que outros métodos. A ambiguidade de alguns troncos de histórias, por exemplo (cf. a seção "Desenho"), significa que os participantes têm vários escopos para escolher a direção e o estilo da sua história. Eles são a única autoridade do que e como escrevem.

4) *A pesquisa PH é teoricamente flexível.* Como já observamos, o PH qualitativo pode ser usado tanto na pesquisa qualitativa essencialista quanto cons-

trucionista. Na pesquisa PH essencialista, considera-se que os dados representam as percepções reais dos participantes sobre certo fenômeno. Os psicólogos norte-americanos Livingston e Testa (2000), por exemplo, usaram PH qualitativo dentro de um desenho *experimental* para explorar as percepções femininas da própria vulnerabilidade à agressão masculina num cenário de namoro heterossexual. Os participantes preencheram o tronco da história sob condições experimentais diferentes (ofereceu-se bebida alcoólica a um grupo antes de preencher a história, para outro um placebo e o terceiro não recebeu bebidas). Os participantes receberam um primeiro tronco de histórias com um personagem masculino chamado Mark. Falaram a eles: "Vocês acham que ele é muito bonito" (p. 741); Mark telefona mais tarde parecendo bêbado e depois "aparece na sua porta" (p. 741). Portanto, os pesquisadores pediram para as mulheres *imaginarem-se* como a personagem feminina da sua história e redigir em *primeira pessoa*; eles trataram as respostas femininas como a representação das crenças delas sobre esse tópico.

O PH em *terceira pessoa* também foi interpretado sob uma lente essencialista. O psicólogo Moore (1995), por exemplo, explorou as crenças de meninas sobre a menarca, pedindo a meninas australianas do sexto ano (11 anos de idade) para preencherem cinco troncos de histórias diferentes sobre menstruação.

O segundo modo pelo qual os dados PH foram interpretados é através da identificação de discursos, tropos, construções ou repertórios discursivos, em consonância com uma epistemologia socioconstrucionista (BURR, 2003), conforme o uso já descrito de Kitzinger e Powell (1995). Outro exemplo é da pesquisa construcionista da psicóloga feminista Frith (2013) sobre "ausência" orgástica, que tratou os dados PH como uma captação dos discursos culturais disponíveis aos participantes. Ela usou duas versões de um tronco de histórias apresentando um casal heterossexual – Lisa e Tom. Numa versão, Tom percebe que Lisa não chegou ao orgasmo; na outra versão, é Lisa quem percebe que Tom não chegou ao orgasmo. Frith identificou três temas nos dados que esses troncos geraram. A análise explorou como as histórias fizeram uso e reforçaram vários discursos de gênero, inclusive a responsabilidade da mulher em ser sexualmente atraente para manter o interesse sexual do homem e a noção de que o desejo sexual masculino é desenfreado e fácil de satisfazer.

A pesquisa contextualista, que se posiciona em algum ponto entre o essencialismo e o construcionismo, e na qual múltiplas verdades ou realidades situadas são entendidas como existentes dentro de determinados contextos (BRAUN & CLARKE, 2013), também é possível usando-se PH. Contudo, ainda não há estudos publicados exemplificando essa abordagem.

5) *O PH oferece opções de desenho comparativas robustas e fáceis de implementar*. Esta característica do PH (que também se aplica a vinhetas; cf. o cap. 4) pode ser útil para explorar diferenças entre grupos de participantes ou entre versões da mesma história e como elas são entendidas. Como já descrevemos, o estudo inovador de Kitzinger e Powell (1995) usou um desenho comparativo, como a maioria das pesquisas qualitativas subsequentes sobre PH. Por exemplo, as psicólogas críticas Braun e Clarke (2013) usaram duas versões de uma história para explorar as percepções das pessoas sobre paternidade transgênero. O tronco da história descrevia um dos pais dizendo aos filhos que está pouco à vontade vivendo dentro do próprio gênero e quer começar o processo de mudança de sexo. Aproximadamente metade dos participantes preencheu uma versão de um pai masculino (Brian) e a outra metade preencheu uma versão idêntica, com uma mãe feminina (Mary). As duas versões permitiram que os pesquisadores comparassem as respostas de acordo com o gênero do personagem pai/mãe e o gênero do participante. Isso foi importante porque mães e pais tendem a ser percebidos de modo muito diferente na cultura mais ampla, e as mulheres tendem a ser mais tolerantes com a diversidade de gêneros e a não conformidade do que os homens (BRAUN & CLARKE, 2013).

6) *O PH oferece escopo para a inovação metodológica*. Apenas recentemente os pesquisadores qualitativos começaram a explorar plenamente as possibilidades que o PH oferece. Por exemplo, os psicólogos críticos Hayfield e Wood (2014) testaram um PH usando metodologias *visuais* (FRITH; RILEY; ARCHER & GLEESON, 2005) em sua pesquisa sobre percepções de aparência e sexualidade (cf. a seção "Passos"). O tronco descrevia um cenário de namoro; depois de preencherem suas histórias, os participantes foram direcionados ao website Bitstrips para criar uma imagem em desenho do personagem principal. Uma análise preliminar das imagens indicou que os participantes reconheceram a existência de normas de aparência lésbica e gay, o que não necessariamente estava *tão* aparente em suas respostas escritas. Portanto, os dados visuais podem oferecer uma âncora para as respostas textuais ou "dar-lhes vida", e também podem ser analisados individualmente. Isso gera um potencial para entendimentos, ideias e interpretações diferentes sobre as principais descobertas (FRITH et al., 2005).

7) *O PH é útil na pesquisa de categorias sociais*. Essas vantagens do PH como método – inclusive a facilidade de implementar desenhos comparativos – significam que ele é apropriado à pesquisa centrada no entendimento da operação de categorias sociais, como gênero, raça/etnia ou sexualidade. Per-

mite aos pesquisadores explorar quaisquer divergências no entendimento de um cenário por diferentes grupos sociais *e* se os participantes respondem de modo diverso a variações, por exemplo, no gênero ou sexualidade do personagem da história. Documentamos exemplos da nossa pesquisa sobre gênero e sexualidade (e de pesquisas de outras pessoas) em todo o capítulo para ilustrar esse ponto.

Quais perguntas de pesquisa se adaptam ao preenchimento de histórias?

A flexibilidade do PH é uma das suas principais vantagens e, portanto, ele pode ser usado para pesquisar uma ampla gama de tópicos. O PH é especialmente adequado a pesquisas que explorem percepções, entendimentos e construções sociais das pessoas. Porém, perguntas com foco nas *experiências vividas* pelas pessoas não se encaixam na pesquisa com PH, porque esse método não reúne histórias sobre as *próprias* experiências dos participantes (cf. a seção "Análise"). Ao desenvolver a(s) sua(s) pergunta(s) de pesquisa, como em qualquer projeto qualitativo, será necessário garantir que ela(s) esteja(m) focada(s) num tópico específico e também seja(m) ampla(s) e aberta(s) (tipicamente fazendo perguntas exploratórias com "o que" ou "como"). Por exemplo, Kitzinger e Powell (1995: 345) objetivaram "explorar as representações de relacionamentos heterossexuais "infiéis" feitas por jovens homens e mulheres, e Frith (2013: 312) analisou "como

Tabela 3.1 *Exemplos de teoria, perguntas e pesquisa existentes em preenchimento de histórias*

Área do tópico	Foco/Pergunta de pesquisa	Estrutura teórica
Infidelidade na Internet	Quais são os impactos percebidos da traição virtual em relacionamentos off-line? (WHITTY, 2005)	Essencialista (percepções)
Agressão sexual	Como as mulheres percebem sua vulnerabilidade à agressão sexual em contextos de namoro (heterossexuais)? (LIVINGSTONE & TESTA, 2000)	Essencialista (percepções)
Infidelidade	Como mulheres e homens representam relacionamentos heterossexuais infiéis? (KITZINGER & POWELL, 1995)	Essencialista e construcionista
Crime sexual	Em quais narrativas culturais as pessoas se baseiam em histórias sobre criminosos sexuais infantis? (GAVIN, 2005)	Construcionista (construções discursivas)
Transtornos alimentares	Como mulheres jovens "anoréxicas" e "bulímicas" são discursivamente construídas em histórias escritas por jovens que não se identificam como portadores de "transtornos alimentares"?	(WLASH & WALSON, 2010)

as pessoas relatam e explicam a ausência orgástica durante o sexo heterossexual". Essas perguntas são específicas o bastante para guiar a pesquisa e o desenho, mas abertas o suficiente a fim de que haja bastante escopo para explorar plenamente as respostas dos participantes. Também é importante garantir que o tipo de pergunta que você crie "encaixe-se" em sua abordagem epistemológica: perguntas sobre "percepção" tendem a ser usadas na pesquisa essencialista, enquanto perguntas sobre "construção" e "representação" são mais usadas na pesquisa construcionista e crítica. A tabela 3.1 ilustra estudos de PH existentes que demonstram isso.

Desenho, amostragem e questões éticas

A consideração mais importante sobre desenho na pesquisa com PH é o desenho do tronco da história: o "início" de uma história que os participantes são solicitados a preencher. Um equilíbrio cuidadoso precisa ser alcançado entre fornecer ao participante um tronco *significativo* e deixar uma ambiguidade suficiente para as pressuposições dele (ou "percepções" ou "projeções psicológicas", na pesquisa essencialista). Braun e Clarke (2013) discutiram seis considerações sobre o desenho de troncos de histórias:

1) *Extensão do tronco da história.* Quanto devemos escrever no início da história? Não há regras inflexíveis; depende do seu tópico e grupo de participantes. Se a história for sobre algo provavelmente familiar aos seus participantes, são necessários menos detalhes para que o cenário seja significativo para eles. Por exemplo, na pesquisa de Clarke (2014) sobre as construções de jovens relativas a práticas não normativas com pelos corporais, era certo considerar que os participantes conheciam o tópico, então um tronco muito curto foi usado: "Jane decidiu parar de se depilar... (esta é a versão feminina)". Num tópico menos conhecido ou mais complexo, com foco na psicologia do personagem, seus participantes podem precisar de mais detalhes para entender o cenário que é o foco do tronco. Por exemplo, a pesquisa do psicólogo crítico Tischner (2014) sobre construções de perda de peso usou um tronco um pouco mais longo: "Thomas decidiu que precisa perder peso. Cheio de entusiasmo e para evitar que mudasse de ideia, ele está contando seus planos aos amigos no bar". Embora perda de peso seja um tópico conhecido pela maioria das pessoas, o foco principal da pesquisa era nas percepções e interações sociais sobre as *intenções* de perda de peso; isso suscitou a inclusão no tronco da interação do protagonista com outras pessoas – contar seus planos aos amigos.

2) *Cenários e personagens autênticos e cativantes.* Se a história, seus protagonistas e o contexto não estiverem em sintonia com seus participantes, é

improvável que escrevam uma história útil. Seu tronco deve envolver seus participantes e ser de fácil relação para eles. O uso de nomes e cenários que soem autênticos e possíveis ajudará seus participantes a imaginar ou "ver" os personagens e o cenário, e portanto redigir uma história rica e complexa.

3) *Volume de detalhes.* As mais difíceis decisões sobre desenho giram em torno da questão dos detalhes no tronco da história. Detalhes e orientações demais possivelmente limitarão a variedade e a riqueza dos dados; e, se forem insuficientes, os participantes podem não saber "aonde levar" a história, resultando em dados que não abordam sua pergunta de pesquisa. Você precisa desenhar um tronco que estimule várias histórias complexas e ricas. Para tanto, dê orientações adequadas aos participantes, fornecendo um contexto ou uma origem para a história, e alguns detalhes sobre os personagens, sobre o que deve ser o tópico da história (e o que você de fato está pedindo para os participantes fazerem, o que é discutido depois). Ao mesmo tempo, você também deve evitar uma restrição excessiva às respostas deles, descrevendo o cenário e os personagens com detalhes demais. Os participantes precisam saber sobre o que deve ser a história, mas você não deve lhes dar o enredo nem o fim. Então, se quiser que escrevam sobre *motivações* para a ginástica, por exemplo, um tronco muito aberto como "Toby decide ser mais fisicamente ativo... E depois?" pode conduzir as histórias a direções excessivas e possivelmente indesejadas, não se concentrando nas motivações de Toby. Por outro lado, dar aos participantes uma motivação especial no tronco da história ("Toby quer uma barriga tanquinho para atrair um namorado...") poderia resultar em falta de diversidade em seus dados, já que os participantes seguem sua deixa e não descrevem o espectro de motivações entendidas para fazer ginástica (outro exemplo é dado na seção "O que pode dar errado com o preenchimento de histórias?").

4) *Uso de ambiguidade deliberada.* O PH é particularmente útil para a exploração de considerações subjacentes e consagradas sobre certo tópico – por exemplo, a consideração heteronormativa de que um casal consiste em um homem e uma mulher. É comum que isso seja alcançado deixando certos elementos da sua história ambíguos, como algumas características demográficas dos seus protagonistas (classe, sexo, raça, sexualidade, idade). Porém, se sua pergunta de pesquisa necessitar focar a atenção dos participantes num detalhe especial da história, isso não deve ser deixado ambíguo. Por exemplo, o estudo de Clarke, Braun e Wooles (2015) comparando construções de infidelidade em casais do mesmo sexo e de sexos diferentes no contexto de um relacionamento heterossexual precisou especificar o gênero dos personagens no tronco da história.

5) *Primeira ou terceira pessoa.* A consideração de desenho final se refere ao ponto de vista que você deseja para seus participantes. Você quer que eles assumam o lugar e sejam empáticos com determinado protagonista ou assumam a posição de um narrador onisciente? Embora até hoje o PH qualitativo tenha envolvido em sua maioria troncos em terceira pessoa, troncos em primeira pessoa são possíveis (LIVINGSTON & TESTA, 2000). Eles podem ser úteis se for importante que os participantes escrevam da perspectiva de um personagem específico. De um ponto de vista projetivo clássico, o PH em primeira pessoa é considerado um estímulo para respostas socialmente mais desejáveis (RABIN, 1981). Assim, se quiser ganhar um espectro de histórias *mais amplo*, incluindo respostas socialmente indesejáveis, recomendamos usar um tronco em terceira pessoa.

6) *Instruções de preenchimento.* Pense bem sobre as instruções de preenchimento fornecidas aos participantes (cf. tb. a seção "Passos"). É necessário que eles escrevam sobre certo aspecto do cenário? Você quer saber como a história se desenvolve (no futuro)? Ou a "história anterior" ao cenário? Por exemplo, se for especialmente importante que seus participantes façam uma descrição dos personagens, você precisa incluir isso em suas instruções de preenchimento. Por exemplo, o tronco sobre intenções de perda de peso discutido anteriormente (TISCHNER, 2014) foi seguido pelas instruções: "Preencha e expanda a história descrevendo Thomas para nós e nos dizendo como a história se desenrola: O que Thomas está contando aos amigos sobre seus motivos e motivações, e como eles reagem?"

Quantos participantes ou histórias são necessários? Nas pesquisas existentes com PH, há uma ampla variedade de tamanhos de amostras – de 20 (WALSH & MALSON, 2010) a 234 (WHITTY, 2005) participantes. O tamanho da amostra depende de inúmeros fatores, incluindo: (a) a complexidade do seu desenho – mais histórias geralmente requerem mais participantes para conseguir dizer algo significativo sobre cada versão, especialmente se você pretender fazer comparações; (b) a riqueza de histórias individuais – histórias mais ricas significam menos participantes (observe, porém, que você pode não conseguir prever a riqueza das histórias); e (c) os objetivos da sua pesquisa. Para um projeto pequeno de alunos, com o desenho de um tronco, e sem comparação entre diferentes grupos participantes, provavelmente cerca de 20-40 participantes fornecerão dados ricos e detalhados o bastante para uma análise significativa. Quanto mais comparações forem feitas, maior sua amostra geral precisará ser. Braun e Clarke (2013) aconselham recrutar *ao menos* dez participantes por variedade de tronco de história, mas, se você pretender publicar seu relatório, pode ser que os editores e revisores de revistas exijam números mais expressivos de participantes.

É claro que, como em qualquer pesquisa, recrutar participantes suficientes pode ser um desafio, por isso muitos estudos são realizados com uma população de alunos. Alunos, porém, são uma população muito específica e em geral não muito diversa em termos de demografia. Ao mesmo tempo, alunos *são* usados para discutir e descrever ideias por escrito, tendem a ser razoavelmente letrados e, portanto, não terão dificuldades com a tarefa de redigir uma história (KITZINGER & POWELL, 1995); o mesmo não pode ser considerado para todos os outros grupos de participantes. Pense com atenção sobre as necessidades e expectativas de seus participantes. Por exemplo, profissionais ocupados podem exigir instruções muito claras, porém curtas (cf. a seção "O que pode dar errado com o preenchimento de histórias?").

Em via de regra, a pesquisa com PH suscita menos problemas éticos do que pesquisas que envolvam interação direta com os participantes e que façam perguntas sobre a vida pessoal deles; esse é especialmente o caso de estudos de PH on-line que facilitam ainda mais o anonimato dos participantes e reduzem o risco tanto para participantes quanto para pesquisadores. Entretanto, o conforto do participante com o tópico ainda é uma consideração ética importante, notadamente em tópicos delicados, e ainda precisa-se aderir à prática ética normalmente aceita (Sociedade Psicológica Britânica, 2009). Siga a orientação ética relevante da sua instituição e/ou órgão profissional.

Passos para usar o preenchimento de histórias

1) *Decida se deseja usar um desenho comparativo.* Com um desenho comparativo, é possível explorar e comparar as pressuposições ou percepções a respeito de certos cenários ou grupos sociais. Se esse for seu objetivo, é preciso desenhar versões da sua história que reflitam as diferenças específicas em questão e alocar números aproximados de participantes em cada uma. Por exemplo, Tischner (2014) usou um desenho comparativo para explorar as construções de gênero referentes a questões sobre peso corporal e motivações para perda de peso. Isso exigiu dois troncos de histórias, com protagonista masculino e feminino, respectivamente. A pesquisa de Clarke et al. (2014) sobre infidelidade empregou um desenho comparativo mais complexo. O objetivo era explorar como a infidelidade sexual *e* emocional em casais do mesmo sexo *e* de sexos diferentes era conceitualizada no contexto do casamento heterossexual. Isso exigiu quatro troncos de histórias. Mas tome cuidado com versões demais de uma história num estudo, e com o uso de desenhos excessivamente complexos, porque a pesquisa qualitativa trata principalmente do entendimento de significado (potencialmente complexo e dinâmico), e não

de compartimentalização. O número máximo administrável de versões de tronco é de dois a seis para projetos de porte pequeno e médio, em termos de recrutamento de participantes e análise.

Outro nível de comparação envolve grupos de participantes diferentes e a exploração das diferenças entre as histórias escritas por pessoas que sejam, por exemplo, de diferentes gêneros, sexualidades, gerações ou formações culturais ou educacionais. Isso requer o recrutamento de números suficientes de participantes de cada categoria demográfica em questão. Por exemplo, a pesquisa do orientador psicológico Moller (2014) sobre percepções de terapeutas gordos (o que será descrito melhor no passo 4) incluiu respostas de alunos da graduação em psicologia de 18 a 21 anos, e alunos do ensino médio de 16 a 18 anos. Tal desenho possibilitou considerar o destaque do peso corporal do terapeuta para o grupo inteiro de jovens, e também como pequenas diferenças na idade e experiência educacional impactaram a expressão do estigma da gordura. Embora as histórias de ambos os grupos tenham claramente reiterado narrativas culturais antigordura, o grupo mais jovem foi muito mais direto em sua expressão.

2) *Determine quantas histórias cada participante será solicitado a preencher.* Ao usar um desenho comparativo com múltiplas versões do tronco da história, você tem a opção de pedir aos participantes para preencher uma, ou mais de uma, história. Na pesquisa da psicóloga Gavin (2005) sobre a construção social de criminosos sexuais, cada participante foi solicitado a preencher *seis* versões diferentes de um tronco. Ela fez isso para explorar como as narrativas de participantes individuais referentes a criminosos sexuais variavam quando apresentadas com situações diferentes. Similarmente, num estudo sobre o grau de risco assumido por adolescentes, os pesquisadores pediram a todos os participantes para responder a quatro cenários de PH curtos de modo que os dados pudessem ser coletados em vários aspectos diferentes do tópico (MOORE et al., 1997).

Pedir aos participantes para preencher mais de um tronco pode refletir uma preocupação mais pragmática em maximizar o número de histórias no conjunto de dados. Por exemplo, a pesquisa de doutorado de Shah-Beckley sobre as construções de terapeutas e não terapeutas acerca de heterossexualidade (quadros 3.2 e 3.3) pedia aos participantes para preencher duas versões de um tronco de história. Isso cortou pela metade o número de participantes que ela precisou recrutar. Uma preocupação ao pedir aos participantes para responder a múltiplos troncos é que podem ocorrer efeitos de ordem, com os participantes escrevendo sua história mais longa para o primeiro tronco. Todavia, na pesquisa de Shah-Beckley, o oposto aconteceu, com os participantes escrevendo histórias mais longas em resposta ao segundo tronco.

3) *Escreva suas instruções*. Após desenhar o(s) seu(s) tronco(s), você precisará redigir instruções de preenchimento para os participantes. Na folha de informações do participante, forneça algumas informações sobre a natureza da tarefa e o que eles devem fazer, enfatizando a necessidade de escrever *uma história*. Veja um exemplo da pesquisa de Clarke (2014) sobre pelos corporais:

> *Convido você a preencher uma história – o que significa ler as frases de abertura de uma história e escrever o que acontece depois. Não existe jeito certo ou errado de preencher a história, e você pode ser criativo o quanto desejar ao preencher a história! Estou interessada na variedade de histórias que as pessoas contam. Não perca muito tempo pensando sobre o que pode acontecer depois – simplesmente escreva o que vier primeiro à mente. Como a coleta de histórias detalhadas é importante para minha pesquisa, peço que você* ESCREVA UMA HISTÓRIA QUE TENHA NO MÍNIMO 10 LINHAS/200 PALAVRAS. *Alguns detalhes da frase de abertura são deliberadamente vagos; cabe a você ser criativo e "preencher as lacunas"!*

Em seguida, de preferência logo antes ou depois de apresentar o tronco da história aos participantes, você precisará dar instruções específicas sobre como eles devem preencher a história (a menos que você não queira restringir as respostas deles de jeito nenhum). As instruções de preenchimento podem variar do amplo e aberto ao mais prescritivo e diretivo. Por exemplo, Clarke (2014) instruiu os participantes a simplesmente "ler e preencher a seguinte história". Outra instrução comum é pedir aos participantes para escrever "o que acontece depois". A pesquisa de Hayfield e Wood (2014) sobre sexualidade e aparência ilustra uma abordagem mais prescritiva. Como queriam que os participantes se concentrassem nos eventos antes, durante e depois do encontro da personagem feminina, eles instruíram os participantes a escrever sua história em três partes. A história variava na sexualidade da personagem (bissexual, lésbica e heterossexual); esta é a versão lésbica:

> *Jess é uma mulher lésbica de 21 anos. Recentemente ela conheceu alguém e elas combinaram um encontro.*
> - *Escreva sobre o clima antes do encontro e como ela se preparou para ele...*
> - *Escreva sobre o encontro e como foi...*
> - *Escreva sobre o que aconteceu depois... (Fique à vontade para escrever o quanto quiser sobre os personagens e avance no futuro como desejar).*

Você também pode dar aos participantes instruções claras sobre a extensão da história que você deseja que escrevam ou uma expectativa de tempo para ajudar a garantir a qualidade de dados necessária. Por exemplo, instruímos os participantes a despender certo tempo escrevendo sua história ("gaste no mínimo 10 minutos") ou redigir histórias de certa extensão (como em CLARKE, 2014). Essas instruções são especialmente importantes para grupos de participantes que não estejam necessariamente muito motivados, como indivíduos que participam para acessar determinados benefícios associados à participação.

É especialmente importante fazer o *teste-piloto* com os troncos da história e com as informações e instruções para os participantes de modo a avaliar se os participantes interpretam o tronco e as instruções da maneira que você pretendia (cf. o passo 5). No estudo de Clarke (2014), por exemplo, as instruções "pedimos que ESCREVA UMA HISTÓRIA COM NO MÍNIMO 10 LINHAS/200 PALAVRAS" foram adicionadas após o teste-piloto, porque as histórias do teste-piloto em geral foram curtas demais ou não se envolveram seriamente com a tarefa.

*Passo **possível**: Escreva perguntas adicionais.* Embora um dos componentes essenciais do PH seja a oportunidade de uma abordagem indireta, alguns pesquisadores combinaram o uso de um tronco de história com um número pequeno de perguntas diretas (de modo que combine alguns aspectos da pesquisa com vinhetas; cf. o cap. 4). Por exemplo, a pesquisa de Moller (2014) sobre percepções de terapeutas gordos usou as seguintes instruções de tronco e preenchimento:

> *Leia e preencha a seguinte história: Kate tem sentido muita dificuldade em suportar a vida, então decidiu buscar uma terapia. Ao entrar no consultório pela primeira vez, seu primeiro pensamento é: "Hum, o meu terapeuta é gordo!" O que acontece depois? (Permaneça no mínimo 10 minutos escrevendo sua história.)*

Após concluírem a história, era feita aos participantes uma pergunta direta sobre o terapeuta apresentado no tronco da história: "Que peso você acha que o terapeuta tinha?" As respostas a essa pergunta permitiram a Moller entender como os participantes definiam "gordo" – um construto variável – e geraram uma âncora conceitual para a interpretação das suas histórias.

Você também deve considerar se é importante fazer perguntas demográficas aos participantes além das perguntas "normais" sobre idade, sexo/gênero, raça/etnia, sexualidade, incapacidade e classe social (BRAUN & CLARKE, 2013). Essas perguntas podem fornecer um "padrão" útil para interpretar e contextualizar as suas histórias. Por exemplo, em sua pesquisa sobre pelos corporais, Clarke (2014) fez uma série de perguntas sobre os participantes haverem atual ou anteriormente removido ou aparado os pelos em determinadas áreas e os motivos para tanto. Considerando que para as mulheres, porém cada vez mais para os homens também, a depilação é uma norma social dominante (TERRY & BRAUN, 2013 •

BRAUN et al., 2013), um panorama das próprias práticas com pelos dos participantes fornece informações importantes para a contextualização dos dados.

4) *Determine o modo da coleta de dados.* Outra consideração é se você deve conduzir seu estudo usando preenchimento "com papel e caneta" ou eletronicamente, on-line, usando um software de levantamento (gratuito ou assinado) como o Qualtrics (www.qualtrics.com) ou SurveyMonkey (www.surveymonkey.com), ou enviando o PH por e-mail aos participantes como anexo ou no corpo do e-mail. Uma vantagem do preenchimento em papel é poder entregar o PH diretamente aos participantes (p. ex., se você estiver recrutando em *campi* universitários ou eventos específicos) e, se você tiver aprovação ética, oferecer aos participantes um pequeno "prêmio" (como um chocolate) pelo retorno da história. Porém, depois será necessário digitar manualmente as histórias dos participantes para análise.

A vantagem principal da coleta de dados *eletrônica* é que as respostas requerem pouca preparação para a análise – histórias por e-mail precisarão ser copiadas e coladas para serem organizadas num único documento; as respostas on-line podem ser baixadas num documento quase instantaneamente. Além disso, os participantes podem preencher o estudo em momento e local que lhes sejam convenientes. Porém, pesquisas com PH on-line que exijam acesso à Internet podem limitar os participantes; são os integrantes *menos* privilegiados da sociedade que tendem a ter acesso limitado ou nenhum acesso à Internet (HARGITTAI, 2010), e alguns grupos (como participantes mais velhos) *podem* ficar pouco à vontade com certos tipos de tecnologia ou achar seu uso difícil (KURNIAWAN, 2008). O fato de que os participantes agora podem preencher estudos on-line em smartphones e tablets (p. ex., há um aplicativo do Qualtrics que os usuários podem baixar gratuitamente) também *pode* impactar a qualidade dos dados. Dispositivos móveis em geral utilizam teclados "suaves" que não necessariamente facilitam a precisão da digitação, até mesmo para digitar o ponto-final. Componentes como "autocompletar" podem significar que, exceto se os participantes prestarem atenção às respostas que estão digitando, "correções" imprecisas podem ser efetuadas. Assim, respostas detalhadas (e coerentes) podem ser restringidas pela necessidade de verificar constantemente a tela, assim como pela pouca praticidade de telas e teclados menores, comuns a tais dispositivos. Porém, algumas pesquisas indicam: contanto que os participantes não precisem inserir dados numéricos e alfabéticos (o que exigiria a troca de teclados), o preenchimento em dispositivos móveis não necessariamente demorará mais para os participantes, tampouco impactará os erros (SEARS & ZHA, 2003), e isso também se aplica a tablets, que geralmente são maiores e mais "favoráveis à digitação" do que os telefones celulares. Finalmente, outra consideração importante é conseguir um bom encaixe entre seu modo de coleta de dados e seu grupo de participantes. Você não precisa se restringir a um modo – pode ser mais apropriado pedir a alguns participantes para preencher o estudo on-line e, a outros, em papel.

5) *Faça teste-piloto com seu PH*. Considerando a natureza aberta e exploratória da pesquisa com PH, é vital fazer teste-piloto com seu tronco e instruções para garantir que gerem dados relevantes e úteis (BRAUN & CLARKE, 2013). Nós frequentemente fizemos alterações pequenas (mas transformadoras) em troncos de histórias ou instruções após os testes-pilotos. A natureza de pesquisa leve do PH significa que testes-pilotos geralmente não são uma tarefa onerosa. Recomendamos um teste-piloto para seu tronco à equivalência de 10-20% da amostra final pretendida; o número preciso deve ser determinado em relação à diversidade dentro do seu grupo de participantes: diversidade maior = amostra-piloto maior. Você pode testar de um ou dois modos: (1) tratando a coleta de dados como piloto e usando suas respostas para julgar se o tronco e suas instruções foram interpretados da(s) forma(s) que você pretendia; ou (2) pedindo aos participantes para preencher o estudo *e* comentar sobre a clareza das instruções e o desenho do estudo. Se você não fizer mudanças (ou fizer mudanças mínimas) no tronco após o teste-piloto, os dados do teste podem ser incorporados em sua amostra. Depois que todos esses passos forem concluídos, você estará pronto para ficar calmo e coletar seus dados!

O que pode dar errado com o preenchimento de histórias?

A geração de dados de baixa qualidade é uma preocupação na maioria dos métodos de coleta de dados qualitativos; o PH também pode "dar errado" assim, como resultado de inúmeros fatores. Às vezes os participantes podem "recusar" a tarefa, não preenchendo a história conforme o que foi solicitado – por exemplo, não redigindo a resposta *como uma história*. Isso *pode* resultar de uma simples falha de entendimento da tarefa. Na pesquisa de Shah-Beckley e Clarke (2016) comparando as percepções de alunos de psicologia e terapeutas sobre a recusa sexual em relacionamentos heterossexuais, vários participantes terapeutas escreveram sobre o que Ben e Kate podem estar sentindo e o que pode acontecer com seu relacionamento, mas não no formato de uma história (cf. o ex. 1 no quadro 3.2). Terapeutas são profissionais ocupados, e parece provável que eles não tenham dedicado muito tempo à leitura das informações detalhadas aos participantes; portanto, não entenderam o que estava sendo solicitado. Isso mostra a importância de dar instruções claras, mas não longas demais, repetir e enfatizar as principais instruções.

Os participantes também podem gerar histórias curtas ou superficiais (cf. o ex. 2 no quadro 3.2). Em geral isso é resultado de baixa motivação do participante – como observamos, percebemos que indivíduos participando por outros motivos que não o desejo de contribuir com o estudo (p. ex., benefícios associados à participação, como acúmulo de créditos no curso) costumam redigir histórias muito curtas, a menos que recebam instruções explícitas (e repetidas) para produzir histórias com determinada extensão. Mas essas instruções podem limitar a variedade na extensão das histórias – eliminando histórias muito curtas e maiores, mais ricas e mais complexas, portanto altamente desejáveis. Uma forma de administrar isso é recrutar a mais, assim podendo eliminar do conjunto de dados histórias abaixo de certa extensão.

Quadro 3.2 *Exemplos de dados de preenchimento de histórias*

O tronco da história: "Ben e Kate estão juntos há alguns anos. Por um bom tempo eles não têm feito sexo porque Ben não quer. Kate tentou falar com Ben, mas ele relutou em conversar. Hoje Kate está tentando se aproximar, mas Ben diz estar cansado e vira de lado... O que acontece depois? (Numa segunda versão da história, Kate recusa sexo.) Corrigimos todos os erros gráficos dos dados.

1) *"Recusa" à história:* "Se isso continuar a acontecer, ela forçará uma conversa com ele e, se ele recusar, ela vai se divorciar dele".

2) *Exemplo de história curta e superficial:* "Kate fica chateada porque não se sente atraente. Ben não quer discutir mais, então fica defensivo e desdenhoso. Eles discutem e Kate manda Ben dormir lá embaixo".

3) *Excerto de uma história mais longa e rica:* "Kate decide que já chega – o que há de errado com ele? Não sou atraente? Será que ele tem outra? Ele está preocupado com alguma coisa que não me falou? Kate enfrenta Ben: 'Não aguento mais – você precisa me dizer o que está acontecendo. Está preocupado com alguma coisa? Alguma coisa que não pode me contar? Tente – Só quero entender'. Ben suspira e vira de frente para Kate. Ele põe a mão no rosto dela, olhando-a – 'Não é você', diz. 'Eu sinto que perdi a vontade de fazer sexo...'" (A história continua com mais 216 palavras.)

Fonte: SHAH-BECKLEY & CLARKE (2016).

Respostas curtas ou superficiais também podem resultar do desenho do tronco da história. Troncos que limitem a criatividade do participante em seu modo de continuar e preencher a história, ou sugiram um único desfecho previsível, em geral produzem dados estreitos e superficiais. Por exemplo, o projeto de um aluno usando um tronco sobre um estudante que se sente ansioso com uma apresentação avaliada produziu histórias superficiais, que em sua maioria terminaram com o aluno sendo bem-sucedido na apresentação (BRAUN & CLARKE, 2013). Os dados não forneceram a base para uma análise rica e complexa. As lições que aprendemos são: (1) é importante escrever troncos de histórias que permitam vários finais possíveis, portanto maximizando o potencial de criatividade do participante; e (2) é crucial fazer teste-piloto com o tronco (como discutimos).

Outro possível problema é que os participantes às vezes podem escrever histórias que contenham elementos de humor e fantasia. Braun e Clarke (2013) constataram isso em sua pesquisa sobre percepções de um dos pais revelando aos filhos que é transgênero, com uma história contendo a linha memorável "Brian esfrega o peito e então David Beckham aparece". Nem é necessário conhecer bem o estudo para perceber que o participante não levou a tarefa a sério! Essas histórias *possivelmente* refletem o desconforto do participante com o tópico. Nesse estudo, a prevalência da "transfobia" na sociedade em geral (NADAL; SKOLNIK & WONG, 2012) e no conteúdo de algumas dessas histórias ("... Brian está felicíssimo porque o contribuinte está pagando a conta de um procedimento completamente desnecessário") sugere isso como uma possível explicação. Porém, histórias "fantásticas" são apenas um *possível* problema; para algumas perguntas e abordagens de pesquisa, elas podem de fato gerar dados úteis. Por exemplo, na pesquisa socioconstrucionista de Clarke (2014) sobre práticas de depilação não normativas, histórias fantásticas sobre Jane deixando de se depilar e fugindo para viver como um bicho na selva foram muito pertinentes, fornecendo informações úteis sobre as conotações socioculturais de mulheres peludas.

Essas histórias bem-humoradas ou fantásticas destacam outro desafio com o método PH – os dados são potencialmente mais difíceis de interpretar do que dados de autodescrição. Notamos que alguns alunos pesquisadores ficam confusos com o que representam os dados de PH, tratando os personagens fictícios como gente real e igualando as histórias a dados de autodescrição. Por exemplo, respostas criativas a cenários hipotéticos sobre um dos pais revelando que é transgênero aos filhos foram tratadas por alguns alunos (analisando os dados para um trabalho) como informações sobre o impacto (referente ao *mundo real*) no desenvolvimento da criança quando um dos pais se submete a mudança de gênero. Vale lembrar que o PH produz somente *histórias* que *podem* (dependendo de seu ponto de vista epistemológico) revelar algo sobre aquilo que os participantes pensam e sentem sobre determinado tópico. Devido à natureza dos dados do PH (em nosso contexto qualitativo, histórias criativas sobre cenários hipotéticos, em vez de autodescrições diretas de experiências pessoais), abordagens analíticas típicas podem precisar de certa adaptação para captar o pleno potencial dos dados de PH.

Quais métodos de análise se adaptam aos dados do preenchimento de histórias?

Até hoje dois métodos foram usados para analisar dados de PH: a análise temática (AT) (CLARKE et al., 2014 • FRITH, 2013 • LIVINGSTON & TESTA, 2000) e a análise do discurso (AD) (WALSH & MALSON, 2010). Seguindo Kitzinger e Powell (1995), a AT (BRAUN & CLARKE, 2006, 2012) em geral é discretamente adaptada de seu uso típico com dados de autodescrição. Em vez de simplesmente identificar padrões nas histórias como um todo, os pesquisadores identificaram padrões em elementos específicos da história (que podem ser pensados como uma variante da padronização *horizontal*, no sentido de que os padrões cruzam as histórias). Por exemplo, a pesquisa com PH sobre percepções de infidelidade relacional identificou temas no modo pelo qual se apresenta o relacionamento (tanto entre os parceiros primários quanto entre o parceiro infiel e o(a) "outro(a)" homem/mulher), como a infidelidade é considerada e como as respostas à infidelidade e as consequências da infidelidade são representadas (KITZINGER & POWELL, 1995 • WHITTY, 2005). Isso significa que os pesquisadores de PH identificaram perguntas particulares que desejam fazer aos dados (antes da análise ou após a familiarização com os dados) e usaram as técnicas de AT para identificar padrões em relação a essas perguntas.

Como observado antes, Kitzinger e Powell (1995) demonstraram que tanto leituras essencialistas quanto construcionistas de dados de PH são possíveis, e a AT foi usada para analisar dados de PH tanto de maneiras essencialistas quanto construcionistas. A AD baseada em padrões também é uma abordagem analítica ideal para abordagens construcionistas ao PH (BRAUN & CLARKE, 2013). Por exemplo, os psicólogos críticos Walsh e Malson (2010) usaram AD pós-estruturalista (WETHERELL; TAYLOR & YATES, 2001) para interrogar alguns dos modos nos quais seus participantes entendiam anorexia e bulimia e constituíam as causas e a recuperação de transtornos alimentares. Eles exploraram como os participantes construíam "fazer dieta" como algo normal e saudável, por exemplo, e os modos pelos quais a recuperação de um transtorno alimentar era estruturada em termos de um retorno a dietas "normais" em vez de (digamos) um retorno a uma alimentação irrestrita ou falta de preocupação com o peso.

Além de identificar uma padronização *horizontal* nos dados, os pesquisadores de PH também examinaram a padronização *vertical* – padrões no modo em que as histórias se desenrolam. Uma abordagem muito útil a esse tipo de análise "narrativa" é a técnica de mapeamento de histórias, de Braun e Clarke (2013), que envolve a distinção de padrões nos elementos centrais da progressão de uma história. Braun e Clarke dão o exemplo de um estudo explorando as percepções de mulheres jovens "revelando-se" aos pais como não heterossexuais. O mapa da história para esse estudo identificou padrões: (1) nas reações iniciais dos pais à revelação; (2) no desenvolvimento das histórias; e (3) no final ou na resolução das histórias. Após uma expressão inicial de choque, as respostas dos pais à revelação da filha foram categorizadas como (amplamente) positivas ou negativas; as histórias de reação negativa terminavam positivamente, negativamente ou ambiguamente, e as histórias de reação positiva sempre terminavam positivamente (figura 3.1). Dependendo de sua pergunta de pesquisa e abordagem, essa técnica de mapeamento de histórias pode ser um complemento útil para uma análise típica baseada em padrões (como a AT), o que ajuda a análise a reter um sentido da natureza de história dos dados. Essa técnica também capta levemente convenções culturais (ocidentais) sobre narração de histórias (início, meio, fim) e a dominação de determinados gêneros (como "felizes para sempre", "triunfo sobre adversidade").

Figura 3.1 *Exemplo de um mapa de história*

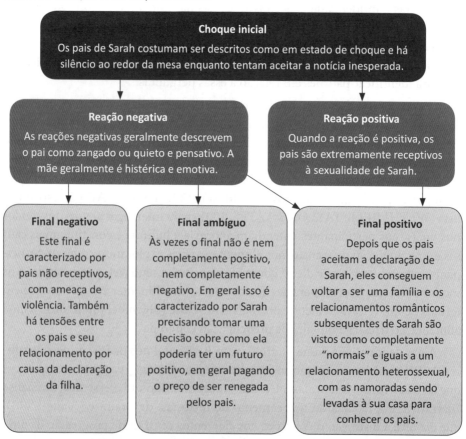

Fonte: BRAUN & CLARKE (2013).

Uma abordagem analítica ainda a ser usada para analisar dados de PH, mas que parece especialmente adequada, é a análise narrativa (RIESSMAN, 1993, 2007). Técnicas narrativas poderiam ser usadas produtivamente para identificar tipos e gêneros narrativos, e as estruturas e estilos de determinados tipos narrativos, assim estendendo e desenvolvendo a técnica de mapeamento de histórias de Braun e Clarke (2013).

Os pesquisadores que fazem pesquisa qualitativa dentro de um paradigma qualitativo em geral não recomendam o uso de contagens de frequência na análise de dados de autodescrição, por causa da natureza orgânica e responsiva dos participantes da coleta de dados de autodescrição (BRAUN & CLARKE, 2013). Porém, as contagens de frequência *são* comumente usadas na análise de dados de PH. Por exemplo, em sua pesquisa sobre percepções da infidelidade, Kitzinger e Powell (1995) perguntaram quantos participantes interpretaram Claire "saindo com outra pessoa" como Claire sendo infiel – um total de 10% rejeitaram as implicações da infidelidade. Ao fazer essas perguntas concretas aos dados (e quando todos os participantes recebem uma tarefa idêntica), é inteiramente apropriado relatar números ou porcentagens em vez de usar palavras mais vagas, como "a maioria" ou "alguns", para captar a padronização nos dados.

Certas abordagens analíticas não se adéquam à análise de dados de PH, inclusive abordagens como a *análise* fenomenológica interpretativa (SMITH; FLOWERS & LARKIN, 2009) e formas de análise narrativa focadas em entender as experiências vividas pelos participantes (RIESSMAN, 2007). Como os participantes não são questionados diretamente sobre as próprias visões e, em geral, são solicitados a escrever histórias sobre coisas com as quais possam ter pouca ou nenhuma experiência pessoal, não está claro se o PH nos diz algo significativo sobre as experiências vividas pelos participantes. Sem grandes saltos interpretativos, os dados de PH precisariam ser combinados com outra fonte de dados para serem adequados ao uso em pesquisa focada em experiências vividas. A teoria fundamentada, do mesmo modo, não foi usada para analisar dados de PH, e o foco em geração de teoria e a análise de processos e fatores sociais que moldam determinado fenômeno (CHARMAZ, 2006) nos sugerem a improbabilidade de ser um método apropriado para analisar dados de PH. Finalmente, abordagens centradas na análise de prática da linguagem – como análise da conversa (SCHEGLOFF, 2007) e psicologia discursiva (WIGGINS & POTTER, 2010) – não são adequadas para os dados de PH. Essas abordagens tipicamente focam na "conversa em interação", no "que" e no "como" da conversa "real" (tanto a conversa "real" cotidiana quanto aquela produzida em contextos institucionais como tribunais ou consultórios), o que é bem diferente de dados escritos em forma de histórias.

> **Quadro 3.3** *Reflexões pessoais sobre o uso do preenchimento de histórias* (Iduna Shah-Beckley)
>
> Estou cursando um Doutorado Profissional em Orientação Psicológica. Usei o PH num projeto pequeno em meu segundo ano de estudo (com foco em construções de recusa sexual em relacionamentos heterossexuais; SHAH-BECKLEY & CLARKE, 2016) e agora, em minha pesquisa de doutorado, que explora como terapeutas e não terapeutas entendem o sexo heterossexual. Acabei de coletar meus dados (200 histórias) e comecei o processo de análise informada por pesquisas construcionistas, pós-estruturalistas, feministas e de sexualidade crítica. Antes de usar o PH, eu somente tinha experiência com pesquisa quantitativa, o que costumava me deixar muito insatisfeita, porque os tipos de dados produzidos pelos métodos quantitativos simplesmente não eram úteis para abordar os tipos de perguntas de pesquisa do meu interesse. Em termos gerais, meu interesse é em como as normas sociais que cercam a sexualidade são produzidas e perpetuadas, e os modos pelos quais a sexualidade de homens e mulheres é diferencialmente moldada e limitada pelas normas sociais. O PH é muito útil para abordar esses tipos de perguntas. Para mim, é o melhor dos mundos quantitativos e qualitativos, já que retém um elemento "experimental" através do uso de desenhos comparativos, e pode gerar grandes quantidades de dados, enquanto também permite uma análise profunda. Nos meus dois estudos, coletei dados on-line usando o software de levantamento Qualtrics, que tem a enorme vantagem prática (comparado ao uso de entrevistas presenciais ou grupos-foco) de poupar horas de tempo de transcrição. O ambiente on-line dá aos participantes anonimato máximo e permite alcançar pessoas no mundo inteiro. Para mim, o principal desafio de usar um método tão inovador como o PH qualitativo foi precisar explicar às pessoas por que o PH produz dados significativos. Deparei-me com dúvidas e confusão dos pesquisadores quantitativos e qualitativos, assim como de leigos. Então, se você optar por usar métodos de PH, pode ser que esbarre no ceticismo de outros pesquisadores. Mas isso realmente me ajudou a desenvolver argumentos claros que justificam por que eu acho o PH um método muito empolgante e útil para a pesquisa qualitativa (sobre sexualidade).

Conclusão

Em resumo, o PH produz ótimos dados e oferece uma alternativa importante e acessível aos métodos de autodescrição da coleta de dados. O PH permite o controle e a criatividade dos participantes, e os dados resultantes podem ser divertidos, ricos e complexos. O PH também oferece aos pesquisadores formas novas e interessantes de gerar dados que propiciem ideias convincentes sobre o tópico em questão.

Experimente...

1) Desenvolva uma pergunta de pesquisa adequada para uso com o PH e determine seu grupo de participantes. Desenhe um tronco de história que possa ser usado para abordar essa pergunta de pesquisa com esse grupo de parti-

cipantes. Pense com atenção sobre quais detalhes devem ser incluídos (seus participantes saberão alguma coisa sobre o tópico?) e se quaisquer aspectos do tronco devem ser ambíguos.

2) A história seguinte é da pesquisa de Clarke (2014) sobre percepções de práticas não normativas com pelos corporais. Codifique os dados em relação à pergunta de pesquisa "Como os jovens entendem uma mulher que deixa de se depilar?" Quais são suas principais observações analíticas sobre essa história? Depois, considere se a técnica de mapeamento de histórias de Braun e Clarke (2013) poderia ser aplicada proveitosamente a essa história. Como você codificaria a abertura, o desenvolvimento e a resolução da história?

Jane decidiu parar de se depilar... Após anos e anos raspando, depilando com cera e descolorindo os pelos, Jane se cansou de perder tempo com depilação. Jane chegou a um estágio em sua vida em que se sente à vontade com o próprio corpo e aparência. Jane não sente a necessidade de se depilar, já que tem 65 anos, está feliz casada e tem filhos adultos. Jane mantém a forma e a saúde, usa maquiagem e sente que seu marido a ama o bastante a ponto de não se preocupar com seus pelos. Jane somente depila as pernas e axilas quando está calor por motivos de higiene e de aparência em roupas de verão. Jane também encoraja as mulheres mais velhas a se sentirem felizes e à vontade consigo mesmas, sem se preocuparem com pelos. Jane também gosta de encorajar os homens a acolher o seu eu interior e os incentiva a acolher o corpo com/sem pelos das suas companheiras.

Outros recursos: on-line

O website-compêndio do livro de Braun e Clarke (2013), *Successful qualitative research*: A practical guide for beginners, dá exemplos de materiais de pesquisa com PH e um conjunto de dados de PH "Percepções de um dos pais que se revela transgênero" para praticar codificação e análise: www.uk.sagepub.com/braunandclarke

Outros recursos: leituras

O trabalho que apresentou o PH como método qualitativo: KITZINGER, C. & POWELL, D. (1995). Engendering infidelity: Essentialist and social constructionist readings of a story completion task. In: *Feminism & Psychology*, 5 (3), p. 345-372.

Braun e Clarke também desenvolveram o método com PH para a pesquisa qualitativa (cf. os cap. 6 e 10): BRAUN, V. & CLARKE, V. (2013). *Successful qualitative research*: A practical guide for beginners. Londres: Sage Publications.

Leia sobre um dos exemplos discutidos com mais detalhes: CLARKE, V.; BRAUN, V. & WOOLES, K. (2015). Thou shalt not covet another man? Exploring constructions of same-sex and different-sex infidelity using story completion. In: *Journal of Community & Applied Social Psychology*, 25 (2), p. 153-166.

Um exemplo de análise temática de dados de PH: FRITH, H. (2013). Accounting for orgasmic absence: Exploring heterosex using the story completion method. In: *Psychology & Sexuality*, 4 (3), p. 310-322.

Um exemplo de análise discursiva de dados de PH: WALSH, E. & MALSON, H. (2010). Discursive constructions of eating disorders: A story completion task. In: *Feminism & Psychology*, 20 (4), p. 529-537.

Referências

BRAUN, V. & CLARKE, V. (2013). *Successful qualitative research*: A practical guide for beginners. Londres: Sage Publications.

_____ (2012). Thematic analysis. In: COOPER, H. et al. (eds.). *APA handbook of research methods in psychology*. Vol. 2: Research designs: Quantitative, qualitative, neuropsychological, and biological. Washington, DC: American Psychological Association, p. 57-71.

_____ (2006). Using thematic analysis in psychology. In: *Qualitative Research in Psychology*, 3 (2), p. 77-101.

BRAUN, V.; TRICKLEBANK, G. & CLARKE, V. (2013). "It shouldn't stick out from your bikini at the beach": Meaning, gender, and the hairy/hairless body. In: *Psychology of Women Quarterly*, 37 (4), p. 478-493.

BRETHERTON, I.; RIDGEWAY, D. & CASSIDY, J. (1990). Assessing internal working models of the attachment relationship: An attachment story completion task for 3-year-olds. In: GREENBERG, M.T.; CICCHETTI, D. &. CUMMINGS, M. (eds.). *Attachment in the preschool years*: Theory, research and intervention. Chicago, IL: University of Chicago Press, p. 273-308.

BRETHERTON, I.; OPPENHEIM, D.; EMDE, R.N. & MacARTHUR NARRATIVE WORKING GROUP (2003). The MacArthur Story Stem Battery. In: EMDE, R.N.; WOLFE, D.P. & OPPENHEIM, D. (eds.). *Revealing the inner worlds of young children*: The MacArthur story stem battery and parent-child narratives. Nova York: Oxford University Press, p. 381-396.

BRITISH PSYCHOLOGICAL SOCIETY (2009). *Code of ethics and conduct*. Leicester, Reino Unido: British Psychological Society.

BURR, V. (2003). *Social constructionism*. 2. ed. Londres: Psychology Press.

CHARMAZ, K. (2006). *Constructing grounded theory*: A practical guide through qualitative analysis. Thousand Oaks, CA: Sage Publications.

CLARKE, V. (2014). Telling tales of the unexpected: Using story completion to explore constructions of non-normative body hair practices [Trabalho apresentado em *Appearance Matters 6*, 1-2 jul., Bristol, Reino Unido].

CLARKE, V.; BRAUN, V. & WOOLES, K. (2015). Thou shalt not covet another man? Exploring constructions of same-sex and different-sex infidelity using story completion. In: *Journal of Community & Applied Social Psychology*, 25 (2), p. 153-166.

DONOGHUE, S. (2000). Projective techniques in consumer research. In: *Journal of Family Ecology and Consumer Sciences*, 28, p. 47-53.

EXNER, J.E. (2002). *The Rorschach, a comprehensive system.* Vol 1: Basic foundations and principles of interpretation. 4. ed. Hoboken, NJ: Wiley.

FRITH, H. (2013). Accounting for orgasmic absence: Exploring heterosex using the story completion method. In: *Psychology & Sexuality*, 4 (3), p. 310-322.

FRITH, H. et al. (2005). Editorial. In: *Qualitative Research in Psychology*, 2 (3), p. 187-198.

GAVIN, H. (2005). The social construction of the child sex offender explored by narrative. In: *The Qualitative Report*, 10 (3), p. 395-415.

GEORGE, C. & WEST, M.L. (2012). *The adult attachment projective system, attachment theory and assessment in adults.* Nova York: The Guildford Press.

HARGITTAI, E. (2010). Digital na(t)ives? Variation in Internet skills and uses among members of the "net generation". In: *Sociological Inquiry*, 80 (1), p. 92-113.

HAYFIELD, N. & WOOD, M. (2014). Exploring sexuality and appearance using story completion and visual methods [Trabalho apresentado em *Appearance Matters 6*, 1-2 jul., Bristol, Reino Unido].

KITZINGER, C. & POWELL, D. (1995). Engendering infidelity: Essentialist and social constructionist readings of a story completion task. In: *Feminism & Psychology*, 5 (3), p. 345-372.

KURNIAWAN, S. (2008). Older people and mobile phones: A multi-method investigation. In: *International Journal of Human-Computer Studies*, 66 (12), p. 889-901.

LIVINGSTON, J.A. & TESTA, M. (2000). Qualitative analysis of women's perceived vulnerability to sexual aggression in a hypothetical dating context. In: *Journal of Social and Personal Relationships*, 17 (6), p. 729-741.

MOLLER, N. (2014). Assumptions about fat counselors: Findings from a story-completion task [Trabalho apresentado em *Appearance Matters 6*, 1-2 jul., Bristol, Reino Unido].

MOORE, S.M. (1995). Girls' understanding and social constructions of menarche. In: *Journal of Adolescence*, 18 (1), p. 87-104.

MOORE, S.M.; GULLONE, E. & KOSTANSKI, M. (1997). An examination of adolescent risk-taking using a story completion task. In: *Journal of Adolescence*, 20 (4), p. 369-379.

MORGAN, W.G. (2002). Origin and history of the earliest Thematic Apperception Test pictures. In: *Journal of Personality Assessment*, 79 (3), p. 422-445.

MURRAY, H.A. (1971[1943]). *Thematic apperception test, manual*. Cambridge, MA: Harvard University Press.

NADAL, K.L.; SKOLNIK, A. & WONG, Y. (2012). Interpersonal and systemic microaggressions toward transgender people: Implications for counseling. In: *Journal of LGBT Issues in Counseling*, 6 (1), p. 55-82.

POPE, C. & MAYS, N. (1995). Reaching the parts other methods cannot reach – An introduction to qualitative methods in health and health services research. In: *British Medical Journal*, 311 (6.996), p. 42-45.

RABIN, A.I. (ed.) (2001). Projective techniques at midcentury: A retrospective review of an introduction to projective techniques de Harold H. Anderson e Gladys L. Anderson. In: *Journal of Personality Assessment*, 76 (2), p. 353-367.

_____ (1981). *Assessment with projective techniques*. Nova York: Springer.

RIESSMAN, C.K. (2007). *Narrative methods for the human sciences*. Thousand Oaks, CA: Sage Publications.

_____ (1993). *Narrative analysis*. Newbury Park, CA: Sage Publications.

RORSCHACH, H.; LEMKAU, P. & KRONENBERG, B. (1998 [1921]). *Psychodiagnostics*: A diagnostic test based on perception. 10. ed. rev. Berna, Suíça: Verlag Huber.

SCHEGLOFF, E.A. (2007). *Sequence organisation in interaction*: A primer in conversation analysis. Nova York: Cambridge University Press.

SEARS, A. & ZHA, Y (2003). Data entry for mobile devices using soft keyboards: Understanding the effects of keyboard size and user tasks. In: *International Journal of Human-Computer Interaction*, 16 (2), p. 163-184.

SHAH-BECKLEY, I. & CLARKE, V. (2016). *Exploring constructions of sexual refusal in heterosexual relationships*: A qualitative story completion study (manuscrito no prelo).

SMITH, J.A.; FLOWERS, P. & LARKIN, M. (2009). *Interpretative phenomenological analysis*: Theory, method and research. Londres: Sage Publications.

SOLEY, L. & SMITH, A.L. (2008). *Projective techniques for social science and business research*. Shirley, NY: The Southshore Press.

TERRY, G. & BRAUN, V. (2013). To let hair be, or to not let hair be? Gender and body hair removal practices in Aotearoa/New Zealand. In: *Body Image*, 10 (4), p. 599-606.

TISCHNER, I. (2014). Gendered constructions of weight-loss perceptions and motivations [Trabalho apresentado em *Appearance Matters 6*, 1-2 jul., Bristol, Reino Unido].

WALSH, E. & MALSON, H. (2010). Discursive constructions of eating disorders: A story completion task. In: *Feminism & Psychology*, 20 (4), p. 529-537.

WETHERELL, M.; TAYLOR, S. & YATES, S. (2001). *Discourse theory and practice*: A reader. Londres: Sage Publications.

WHITTY, M.T. (2005). The realness of cybercheating: Men's and women's representations of unfaithful Internet relationships. In: *Social Science Computer Review*, 23 (1), p. 57-67.

WIGGINS, S. & POTTER, J. (2010). Discursive psychology. In: WILLIG, C. & STAINTON ROGERS, W. (eds.). *The Sage handbook of qualitative research in psychology*. Londres: Sage Publications, p. 73-90.

WILKINSON, S. (1999). Focus groups: A feminist method. In: *Psychology of Women Quarterly*, 23 (2), p. 221-244.

WILL, V.; EADIE, D. & MacASKILL, S. (1996). Projective and enabling techniques explored. In: *Marketing Intelligence & Planning*, 14 (6), p. 38-43.

4 Falando hipoteticamente
Usando vinhetas como método qualitativo independente

Debra Gray, Bronwen Royall e Helen Malson

Panorama

Este capítulo se concentra na pesquisa com vinhetas, em que um conto ou narrativa hipotético(a) (*a vinheta*) é apresentado(a) aos participantes, que depois respondem por escrito a uma série de perguntas abertas. Aqui, em especial, focamos nas vinhetas como método *independente* para a pesquisa qualitativa, e não no uso de vinhetas dentro de outros desenhos. Considerando nossas experiências com o uso de vinhetas em vários projetos – e, notadamente, um projeto sobre discursos leigos de "anorexia" adolescente (cf. o quadro 4.1) –, defendemos que as vinhetas oferecem um grande potencial para explorar as interpretações dos participantes sobre determinado fenômeno dentro de certo contexto. Elas também oferecem vários benefícios *práticos*, especialmente a possibilidade de coletar dados com relativamente poucos recursos. Exploramos os aspectos teóricos e práticos do uso de vinhetas e apresentamos orientações e reflexões pessoais sobre fazer pesquisa usando esse método.

Introdução às vinhetas

As vinhetas são amplamente utilizadas nas ciências sociais e de saúde desde a década de 1950. São predominantemente usadas como método *quantitativo*, no qual o objetivo geralmente é acessar as crenças ou atitudes gerais dos participantes sobre determinada situação ou cenário (FINCH, 1987). Na pesquisa *qualitativa*, costumam ser usadas para complementar outros métodos de coleta de dados, como entrevistas ou grupos-foco – como "exercício de aquecimento" para estimular a conversa entre os participantes, como técnica de evocação para concentrar a conversa num tópico específico (GRAY; DELANEY & DURRHEIM, 2005 • GRAY & MANNING, 2014 • FISCHER; JENKINS; BLOOR; NEALE & BERNEY, 2007) ou como forma de explorar uma questão mais detalhadamente e/ou de maneiras diferentes (BARTER & RENOLD, 1999 • JENKINS, 2006). Neste capítulo, focamos no que consideramos um tipo valioso de pesquisa com vinhetas, mas relativamente subutilizado – vinhetas como método "independente", em que os dados são coletados em forma textual como resposta a uma série de perguntas abertas sobre a vinheta.

Quadro 4.1 *Construção do "anoréxico" adolescente*

Este estudo foi conduzido por Bronwen Royall como projeto empírico independente no último ano de seu curso de graduação em psicologia. O objetivo era explorar os modos pelos quais "anoréxicos" adolescentes dos sexos masculino e feminino são discursivamente produzidos no discurso "leigo", agregando-se ao crescente corpo de trabalho que analisa como a "anorexia" é construída pela mídia, por profissionais de saúde e por aqueles diagnosticados como portadores de tal condição. As vinhetas ofereceram um conjunto específico de vantagens para esse estudo, porque: (1) os participantes não precisavam ter nenhuma experiência com "anorexia", captando o discurso mais "leigo"; (2) pudemos pesquisar uma questão potencialmente bem delicada de maneira relativamente segura; (3) a atenção dos participantes pôde ser direcionada a um grupo específico (no caso, adolescentes); (4) conseguimos captar como os participantes entendem os cenários apresentados em suas próprias palavras; e (5) pudemos explorar como o gênero se caracterizava nas construções de "anoréxicos" adolescentes, o que poderia ter sido mais difícil usando outros métodos de coleta de dados em que ideias normativas de "anorexia" como um problema de meninas e mulheres poderiam haver prevalecido.

Duas vinhetas quase idênticas foram desenvolvidas para o estudo. Cada uma descrevia um(a) personagem, Harry ou Hannah, que havia sido diagnosticado(a) com "anorexia nervosa" pelo seu médico (o quadro 4.2 mostra a vinheta inteira). Os participantes receberam a vinheta de Harry ou Hannah e foram solicitados a responder dez perguntas abertas sobre o(a) personagem. As perguntas foram criadas para serem relativamente amplas, dando aos participantes um escopo considerável para apresentar sua própria imagem do(a) personagem e permitindo que dessem respostas relativamente irrestritas e detalhadas. Os dados foram coletados on-line, usando Qualtrics. No total, cinquenta e sete participantes envolverem-se no estudo, gerando uma quantidade substancial de dados profundos que destacaram os modos complexos e frequentemente contraditórios nos quais adolescentes "anoréxicos" são construídos e as formas pelas quais o gênero foi caracterizado nessas construções.

O que é considerado vinheta? Uma vinheta pode assumir muitas formas diferentes. A mais tradicional – e talvez mais comum – forma de vinheta é uma história fictícia ou hipotética escrita apresentada aos participantes com uma série de perguntas a respeito. Mas as vinhetas também podem ser visuais, inclusive gravadas em vídeo (McKINSTRY, 2000 • MORRISON, 2015), e podem ser apresentadas aos participantes em papel, tela ou on-line (STOLTE, 1994 • TAYLOR, 2006 • VITKOVITCH & TYRELL, 1995). Também podem consistir em histórias "da vida real", histórias de notícias (GRAY; DALANEY & DURRHEIM, 2005), dados geográficos (GRAY & MANNING, 2014) ou podem ser materiais extraídos de coisas como campanhas de saúde pública, arte ou literatura. Em relação ao formato, as vinhetas podem seguir um modelo *paulatino*, em que a história é apresentada e desenvolvida em vários estágios, sendo cada um deles seguido por uma série de perguntas (JENKINS, 2006 • FISCHER et al., 2007), ou podem ser apresentadas como uma única "história" *completa* seguida por uma série de perguntas. As histórias podem ser escritas usando uma perspectiva em primeira pessoa (usando "eu e me/mim") ou em terceira pessoa (usando "ele", "ela" ou outras formas pronominais sem gênero, como "elx"); os participantes também podem ser direcionados a responder como se *fossem* o personagem ou de sua própria perspectiva *pessoal*. Os participantes ainda podem ser questionados sobre como eles ou determinado personagem da história *devem agir idealmente* ou como eles ou o personagem *agiriam realisticamente*, prestando atenção respectivamente às dimensões mais ideais das situações ou às mais pragmáticas (FINCH, 1987).

A diversidade de vinhetas significa que elas podem ser usadas para abordar uma ampla gama de diferentes tópicos e objetivos de pesquisa. Na pesquisa qualitativa, isso inclui tópicos tão variados como violência entre crianças em casas assistenciais (BARTER & RENOLD, 2000 • BARTER; RENOLD; BERRIDGE & CAWSON, 2004), percepções de usuários de drogas injetáveis sobre o risco de HIV e comportamento mais seguro (HUGHES, 1998), ética no serviço social (WILKS, 2004) e percepções sobre receber e prestar atendimento de saúde (BRONDANI; MacENTEE; BRYANT & O'NEIL, 2008). Também podem ser usadas em várias abordagens teóricas diferentes. Por exemplo, Jenkins, Bloor, Fischer, Berney e Neale (2010) propõem uma abordagem *fenomenológica* para sua pesquisa sobre o envolvimento de usuários na tomada de decisões sobre tratamento contra as drogas e comportamentos de jovens que assumem o risco de sofrer lesões em cenários de lazer. Essa abordagem fenomenológica explora os processos e significados complexos envolvidos quando os participantes estão interpretando uma situação, assim como seu conhecimento socialmente adquirido sobre uma situação (nesse caso, tratamento contra drogas ou comportamentos no lazer). O'Dell, Crafter, De Abreu e Cline (2012) propõem uma abordagem *dialógica* em seu trabalho de vinhetas com cuidadores jovens. Essa postura *dialógica* alega que a fala das pessoas é "multivocal", envolvendo diálogo entre diferentes posições de identificação. Na pesquisa com vinhetas, isso pode significar que os participantes transitarão entre discutir os personagens da vinheta como eles mesmos, como outra pessoa e/ou em termos do que "deve" acontecer. Afirmam que é importante identificar essas múltiplas vozes e como elas dialogam entre si a fim de entender como e por que determinada voz é "privilegiada" em determinado cenário (O'DELL et al., 2012: 703).

Em nossos estudos, abordamos as vinhetas de uma perspectiva *socioconstrucionista* (cf. tb. WILKS, 2004) e constatamos que elas são um método valioso para analisar como as pessoas constroem relatos (muitas vezes múltiplos e contraditórios) de determinadas identidades e categorias sociais (como o corpo adolescente "anoréxico"). De nossa perspectiva, os métodos com vinhetas são muito úteis para gerar dados que nos ajudam a entender práticas discursivas (POTTER & WETHERELL, 1987) e relatos retóricos (BILLIG, 1991, 1996) – dando ideias sobre construções da realidade (geralmente múltiplas e contraditórias) e as formas pelas quais tais construções estão social e culturalmente situadas. Os dados das vinhetas nos permitem tratar, por exemplo, das múltiplas formas nas quais o "anoréxico" adolescente é construído na conversa (p. ex., como afeminado, centrado na aparência, destrutivo e irracional), e também das formas pelas quais "anoréxicos" adolescentes do sexo masculino e feminino são construídos diferentemente (como normais/anormais) em relação a discursos sociais (geralmente ocidentais) sobre o que significa ter o gênero apropriado.

O que as vinhetas oferecem ao pesquisador qualitativo?

As vinhetas oferecem aos pesquisadores uma forma singularmente flexível e altamente criativa de explorar os significados e as interpretações dos participantes sobre determinado fenômeno dentro de um contexto ou situação. O pesquisador define o contexto e o foco da pesquisa, elaborando os parâmetros da história (hipotética) e escolhendo cuidadosamente o material que será usado como vinheta. Isso pode ajudar os pesquisadores a gerenciar a complexidade, "isolando certos aspectos de certa questão ou problema social" (BARTER & RENOLD, 2000: 312). Através de perguntas abertas, os participantes são solicitados a "preencher as lacunas" e se envolver em processos de interpretação que possibilitem ideias importantes sobre fenômenos e situações sociais, como "anorexia" adolescente, violência entre crianças (BARTER & RENOLD, 2000) ou percepções sobre risco de HIV de usuários de drogas injetáveis (HUGHES, 1998). Os participantes "discutem" o cenário da vinheta com as próprias palavras, assim captando elementos que mostram como os próprios participantes entendem a história apresentada a eles (BARTER & RENOLD, 1999 • HUGHES & HUBY, 2004). Em nosso estudo ilustrativo (quadro 4.1), isso demonstrou que podíamos direcionar a atenção do participante a um aspecto específico da "anorexia" (sua ocorrência em adolescentes do sexo masculino e feminino), enquanto também captávamos os termos que os próprios participantes usavam para definir "anorexia", o que viam como principal em ser "anoréxico" e como negociavam as várias situações dos diferentes atores nas vinhetas.

As vinhetas podem ser úteis quando os participantes têm pouco conhecimento ou entendimento da situação de interesse (HUGHES, 1998 • HUGHES & HUBY, 2002). O fato de que os participantes são (tipicamente) solicitados a comentar sobre um cenário *hipotético* significa que eles não precisam ter passado por nenhuma experiência direta referente à situação descrita na vinheta. Isso pode ser muito útil se o tópico de interesse não for especialmente bem entendido ou conhecido em seu grupo de participantes ou se você deseja acessar os significados e pressuposições gerados espontaneamente pelos seus participantes sobre algum tópico (BENDELOW, 1993). Mas fique atento: é imprudente fazer *pressuposições* sobre o nível de conhecimento em seu grupo de participantes. Em nosso estudo ilustrativo, por exemplo, mais da metade dos participantes (30/57) conhecia pessoalmente alguém que já havia sido diagnosticado com um transtorno alimentar. Então, é sempre uma boa ideia verificar isso na fase-piloto de sua pesquisa e ao coletar os seus dados (cf. a seção "Passos").

Os métodos com vinhetas também podem ser bons em especial para explorar pontos que seriam possivelmente difíceis para os participantes discutirem, porque permitem que os participantes se envolvam com eles de "uma perspectiva não pessoal, portanto menos ameaçadora" (HUGHES, 1998: 383) e porque podem ajudar a "dessensibilizar" aspectos de tópicos difíceis (HUGHES & HUBY, 2002: 384). Em estudos nos quais os participantes possam estar "perto demais" de um tópico delicado ou sensível (p. ex., em que possam ter experiência pessoal com o tópico sob estudo), eles podem ser solicitados a comentar a história como se fossem o personagem, em vez de se pautarem *diretamente* nas próprias experiências pessoais. As vinhetas também propiciam aos participantes a oportunidade de ter algum controle sobre o processo de pesquisa, capacitando-*os* a determinar em qual eventual estágio devem apresentar as próprias experiências para ilustrar as respostas (BARTER & RENOLD, 2000 • BARTER et al., 2004 • THALER, 2012).

Outra vantagem é que as vinhetas podem ajudar a evitar respostas "socialmente desejáveis" (GOULD, 1996 • GOURLAY et al., 2014), visto que apresentam um sentido de distância entre pesquisador e participante. Esse é o caso se o estudo for feito anonimamente, como o nosso. Em nossa pesquisa, nossa postura *construcionista* significava que não estávamos preocupados com a conveniência social no sentido mais tradicional (em termos de uma obstrução à reprodução fiel pelos participantes de suas visões "reais"), mas sentíamos que as vinhetas poderiam originar opiniões que de algum modo pudessem ser socialmente "inseguras" de se expressar presencialmente, em alguns casos. E obtivemos, sim, respostas "socialmente indesejáveis". Por exemplo, obtivemos as duas respostas a seguir sobre nossas vinhetas com Hannah e Harry (as duas respostas são apresentadas exatamente como foram escritas pelos participantes – não "corrigimos" erros de grafia, gramática ou digitação):

> *Imagino Hanna como uma típica adolescente egoísta. Provavelmente ela se sente egocêntrica, que todos os olhos estão voltados para ela. Provavelmente é uma telespectadora ávida de canais de música,* I'm a celebrity... Get me out of here! *e* The only way is Essex *(HLR089).*
>
> *Acho que as pessoas em geral o verão como um garoto bobo que exagerou na ginástica. Vão achar que fez isso por vaidade e provavelmente vão achar que ele deve simplesmente mudar de hábitos e começar a comer normalmente logo. Vão achar que é teimoso se não fizer, perderão a paciência e não sentirão empatia (BR574).*

No primeiro excerto, vemos uma descrição bastante depreciativa de Hannah, como egoísta e preocupada principalmente com a mídia pop "trivial". No segundo, vemos descrições similarmente repulsivas de Harry como bobo, vaidoso, teimoso e anormal. Essas descrições antipáticas em geral não são sancionadas socialmente nem são modos socialmente desejáveis de falar sobre "anoréxicos" adolescentes. Embora não tenhamos um jeito de saber se essas mesmas visões teriam sido expressas usando outros métodos de coleta de dados, como numa entrevista ou num grupo-foco, nossa experiência de métodos com vinhetas em vários estudos é que elas acessam uma gama muito mais ampla de respostas do que conseguiríamos alcançar se os participantes fossem solicitados a expressar as *próprias* visões mais aberta ou diretamente. Isso não significa que as vinhetas *impedem* os participantes de produzir visões "socialmente desejáveis"! Em vez disso, eles (também) produzem visões que poderiam não ser facilmente expressas em outros contextos.

É muito fácil o uso das vinhetas para introduzir um elemento de "comparação" no desenho de pesquisa – entre diferentes componentes da vinheta e/ou entre diferentes grupos de participantes. Em nosso estudo ilustrativo, o gênero do *personagem* principal foi facilmente modificado. Alternativamente, os dados poderiam ser coletados e comparados entre *participantes* homens e mulheres. Num desenho mais complexo, poderíamos haver variado o gênero do personagem *e* o gênero dos participantes. Comparações também poderiam ser feitas sobre idade, etnia ou alguma combinação delas ou de outros índices de identidade, dependendo da relevância para a pergunta de pesquisa. Embora a comparação não seja comum na pesquisa qualitativa, tais comparações desenhadas podem sugerir importantes ideias para interpretações contrastantes de contextos ou situações de outro modo uniformes, ou para interpretações contrastantes de determinados grupos sociais (cf. tb. o cap. 3 sobre preenchimento de histórias). De fato, nossos dados demonstraram uma diferença clara no modo como "anoréxicos" dos sexos masculino e feminino foram descritos pelos nossos participantes. Hannah foi frequentemente descrita como uma adolescente normal ou típica, qualificada com estereótipos "femininos"; Harry foi mais imaginado como um adolescente isolado e atípico, descrito em termos que se desviavam significativamente de uma "norma" masculina tradicional. Assim, as vinhetas nos ajudaram a entender como as construções da "anorexia" são classificadas em termos de gênero, ideias que teriam sido difíceis de captar usando métodos de coleta de dados em que os dados comparativos não são tão facilmente alcançados. Portanto, as vinhetas têm o potencial de gerar dados não facilmente acessados através de outros métodos.

As vinhetas também oferecem vantagens mais *práticas*. Os dados podem ser coletados em uma amostra relativamente extensa de participantes num intervalo relativamente breve, em geral com menos gastos do que muitas outras formas de coleta de dados qualitativos (GOULD, 1996). Em nosso estudo ilustrativo, os dados foram coletados de cinquenta e sete participantes em menos de um mês. Como esses dados não precisaram ser transcritos, mais tempo pôde ser gasto na análise – e/ou (teoricamente!) um estudo concluído mais rapidamente. Assim, as vinhetas podem conferir vantagens de tempo e custo ao pesquisador, se comparadas ao investimento necessário para entrevistas presenciais tradicionais ou grupos-foco.

Se os dados forem coletados on-line, também podem haver vantagens significativas na amostragem e recrutamento – tipicamente permitindo acesso a populações geograficamente dispersas. Isso não foi importante para o nosso estudo, que foi conduzido com uma amostra principalmente de alunos. Porém, em outros estudos com vinhetas fizemos anúncios on-line (p. ex., publicando um *link* num fórum de especialistas) e recrutamos participantes de todo o Reino Unido. Também usamos websites de colaboração coletiva (*crowdsourcing*) a fim de coletar dados para as vinhetas – por exemplo, Mechanical Turk nos Estados Unidos ou CrowdFlower no Reino Unido. Esses sites permitem a publicação de estudos que são preenchidos pelos participantes, que depois são pagos pelo tempo gasto. Em nossa experiência, funcionou. A vantagem de usar a colaboração coletiva é que os participantes tendem a ser mais diversos demograficamente do que em amostras usuais da Internet, e significativamente mais diversos do que amostras de alunos em termos de idade, gênero e etnia (BUHRMESTER; KWANG & GOSLING, 2011). A coleta de dados também é muito rápida (em nossa experiência, menos de um dia!) e pode envolver participantes do mundo inteiro (o que pode ser uma vantagem ou desvantagem, dependendo de sua pergunta e do desenho da pesquisa. Uma grande desvantagem é que você precisa financiar os pagamentos aos participantes, o que pode ser significativo, dependendo do tamanho da sua amostra).

Quais perguntas de pesquisa se adaptam às vinhetas?

A diversidade e a flexibilidade do método com vinhetas oferecem aos pesquisadores a oportunidade de abordar uma ampla variedade de diferentes tipos de perguntas de pesquisa, além do foco tradicional em estudos com vinhetas (quantitativos) sobre atitudes, percepções, crenças ou normas culturais (FINCH, 1987 • HUGHES, 1998). Em geral, pode ser feita uma distinção entre perguntas de pesquisa que objetivem captar: (1) algum aspecto da prática ou o que os participantes *fariam* em determinada situação, inclusive o que poderia influenciar certas ações; (2) os entendimentos ou percepções dos participantes sobre determinada situação ou fenômeno, incluindo suas definições ou construções de eventos, pessoas, grupos sociais etc.; e (3) as estruturas éticas ou códigos morais dos participantes.

O primeiro tipo de pergunta de pesquisa é mais comum nos estudos quantitativos com vinhetas, mas há exemplos muito bons de pesquisa qualitativa em que as vinhetas foram usadas para abordar perguntas sobre o que os participantes fariam ou como os participantes poderiam tomar uma decisão sobre o que fazer em determinada situação. Exemplos incluem como os profissionais de saúde tomam decisões sobre manter ou retirar tratamentos que prolonguem a vida quando se deparam com uma diretiva avançada (THOMPSON; BARBOUR & SCHWARTZ, 2003), como as características do paciente podem influenciar as decisões que os médicos tomam sobre a administração do diabetes (LUTFEY et al., 2008) e sobre as barreiras para usar serviços de HIV na Tanzânia rural (GOURLAY et al., 2014). Isso demonstra que as vinhetas qualitativas podem funcionar em tais perguntas de pesquisa voltadas à "prática".

O segundo tipo de pergunta é mais comum na pesquisa qualitativa com vinhetas e geralmente se interessa pelo modo a partir do qual os participantes compreendem e entendem o cenário ou a história (hipotético(a)) apresentado(a) a fim de entender algo sobre as construções, percepções ou pressuposições dos participantes sobre determinado fenômeno. Nosso estudo se enquadra nesta categoria: estávamos principalmente interessados na maneira em que nossos participantes discutiriam o/a personagem Hannah/Harry para que pudéssemos explorar como "anoréxicos" adolescentes são construídos no discurso leigo e como o gênero figura nessas construções. A pesquisa com esse escopo de interesse às vezes também pode explorar o significado em relação às próprias experiências dos participantes – por exemplo, as experiências dos jovens com a violência dos colegas em abrigos (BARTER & RENOLD, 2000).

Finalmente, as vinhetas podem ser úteis para analisar as estruturas éticas ou códigos morais dos participantes (FINCH, 1987 • WILKS, 2004). Nesse tipo de estudo, um dilema moral, ético ou prático é apresentado aos participantes, que depois são questionados sobre como determinado *personagem* na história *deve* reagir a certa situação e/ou como *os próprios participantes* devem reagir à situação. Isso pode incluir perguntas de pesquisa, por exemplo, sobre como assistentes sociais tomam decisões relativas à prática moral e ética (WILKS, 2004) e os códigos morais que informam o pensamento dos filhos sobre a vida familiar após o divórcio (NEALE; FLOWERDEW; SMART & WADE, 2003).

Há um vasto debate na literatura mais ampla sobre vinhetas a respeito da lacuna entre as vinhetas e a realidade social – por exemplo, como as práticas decisórias que são discutidas em relação a uma vinheta podem ou não espelhar práticas decisórias na vida real (FAIA, 1979 • HUGHES & HUBY, 2004 • PARKINSON & MANSTEAD, 1993). Em via de regra, isso não interessa à pesquisa qualitativa com vinhetas, em que os pesquisadores estão menos concentrados em prever as respostas das pessoas a situações da vida real e, em vez disso, tendem a priorizar a exploração de significados e interpretações dos participantes. Por ser uma questão contenciosa, fazemos um alerta sobre pesquisas cujo objetivo seja originar respostas que imitem respostas "da vida real" – não é um ponto forte do método com vinhetas, e na verdade são consideradas de valor limitado em tais projetos (HUGHES, 1998).

Desenho, amostragem e questões éticas

Surpreendentemente, há poucos "manuais" para o desenho de estudos com vinhetas, e esse tipo de pesquisa não é bem representado em textos sobre métodos de pesquisa qualitativa ou quantitativa. O interesse central de desenho é construir o cenário da vinheta e, crucialmente, fornecer aos participantes um cenário que pareça significativo, autêntico e compreensível (ou pelo menos que não seja muito complicado) e que também seja suficientemente detalhado e voltado às questões específicas que sejam de interesse. O cenário precisa prover contexto e informações suficientes para que os participantes entendam a situação que é descrita, mas também precisa ser vago de modo a estimular os participantes a "preenchê-lo" com detalhes adicionais (HUGHES & HUBY, 2001).

Também há inúmeras perguntas que os pesquisadores precisarão responder sobre o modo de estruturar a vinheta. É importante ressaltar que não há respostas certas ou erradas para essas perguntas – em vez disso, a história da vinheta precisa se adequar à pergunta de pesquisa e funcionar de modo a originar dados apropriados. Os capítulos sobre preenchimento de histórias (cap. 3) e levantamentos qualitativos (cap. 2) também sugerem ideias úteis a respeito de algumas dessas questões sobre estrutura. Estas são as principais perguntas:

1) *Você deve apresentar a história aos participantes como uma única história acompanhada de perguntas ou, como incremento, com perguntas imediatamente após cada seção?* Uma única história tem a vantagem de ser muito mais simples, já que todas as informações são apresentadas de uma vez só (HUGHES, 1998). Porém, isso também significa estar mais limitado nos detalhes que consegue fornecer. Uma vinheta incremental pode dar ao pesquisador mais liberdade (e controle) em relação ao desenvolvimento do enredo ou dos personagens, uma vez que elementos diferentes da história podem ser introduzidos em momentos diferentes. Mas isso também carrega o potencial de confundir os participantes, que nem sempre podem acompanhar o arco da sua história (FINCH, 1987). A escolha de apresentar uma história única ou incremental depende amplamente da sua pergunta de pesquisa e do tipo de dado que espera coletar. Uma vinheta incremental é melhor se você estiver interessado nas respostas dos participantes a mais de um personagem ou a determinado desenvolvimento do enredo, como as reações de amigos ou da família a um aspecto especial da história. Poderia ser difícil originar isso usando uma única história com vinheta. Por outro lado, você pode optar por manter a história relativamente descomplicada, pois pode desejar introduzir outros tipos de variações em sua vinheta (usando um desenho comparativo; cf. o próximo ponto). Como tivemos duas versões diferentes da vinheta em nosso estudo, decidimos que elementos adicionais na história complicariam demais o estudo; portanto, optamos por um desenho com uma única história.

2) *Você deseja fazer comparações?* Você quer duas (ou mais) versões da vinheta que variem de algum modo (como gênero ou idade diferentes dos personagens)? É crucial que qualquer variação tenha um raciocínio teórico ou empírico sólido. Decidimos usar o gênero como um ponto de comparação entre duas vinhetas (uma versão com uma menina e outra com um menino) por dois motivos: (a) há indícios consideráveis de que a "anorexia" não é somente diagnosticada com muito mais frequência em meninas e mulheres, mas também é geralmente vista como um "transtorno feminino" (MALSON & BURNS, 2009); e (b) as experiências dos meninos com a "anorexia" costumam ser consideradas invisíveis e potencialmente não reais. Ter duas vinhetas significou que poderíamos explorar essas questões teóricas sobre como a "anorexia" é vista em termos de gênero com mais profundidade. Se usar um desenho comparativo, sua vinheta precisa ser capaz de ser variada sem mo-

dificar muito outros detalhes para que você tenha certeza de que quaisquer conclusões sobre a variação estejam claramente baseadas nesse fator. Conseguimos construir facilmente duas versões da nossa vinheta que diferiam *somente* em termos de gênero do personagem principal (cf. o quadro 4.2). Em geral essa é a parte mais difícil de uma comparação e, se você não puder escrever duas vinhetas quase idênticas, provavelmente uma comparação não será apropriada.

3) *Quantos detalhes sobre os personagens ou sua situação você deseja dar?* Deixar alguns aspectos da vinheta deliberadamente ambíguos pode ser muito útil, especialmente se você estiver buscando explorar as pressuposições dos participantes (sobre gênero, raça, sexualidade ou idade, p. ex.; HUGHES & HUBY, 2001). Em contrapartida, você pode querer guiar os participantes a se concentrar em determinadas questões e incluir detalhes específicos sobre idade, gênero, etnia etc. que situem suas respostas de alguma forma – fizemos isso em relação a gênero e idade.

4) *Você deseja enfatizar o ponto de vista de quem?* As vinhetas costumam ser escritas em primeira ou terceira pessoa. A primeira pessoa – pedir aos participantes para escrever do ponto de vista do personagem – é útil se você quiser que os participantes simpatizem ou sejam empáticos com determinado personagem no cenário. Também pode ajudar a encorajar os participantes a ver as coisas do ponto de vista desse personagem. Escrever na terceira pessoa – pedir aos participantes para escrever como se o personagem fosse outra pessoa – pode ajudar a distanciar um pouco os participantes dos personagens; portanto, pode ser útil se você quiser testar tópicos mais delicados.

Após ter uma vinheta para apresentar aos participantes, é importante garantir que tempo e atenção sejam dedicados a construir as *perguntas* que você deseja fazer aos participantes sobre a vinheta (o quadro 4.2 dá um exemplo). Aqui há certa sobreposição ao desenho de levantamentos qualitativos (cf. o cap. 2), embora as perguntas que são feitas num estudo com vinhetas devam se relacionar claramente à história e, por isso, podem ser mais diretivas do que aquelas tipicamente encontradas num estudo com levantamentos. Assim como o desenho da história, há várias perguntas que ocorrem aos pesquisadores neste ponto:

1) *Você quer perguntar aos participantes como um personagem deve idealmente agir/se sentir e/ou como eles agiriam ou se sentiriam realisticamente?* Perguntas como "O personagem *deve...*?" direcionam os participantes a focar nos aspectos ideais de uma situação; perguntas no futuro do pretérito, como "O personagem *faria/seria/agiria* etc." direcionam os participantes a focar no pragmático (HUGHES, 1998). Na maioria dos casos, os pesquisadores usam uma mistura desses dois tipos de perguntas para captar as-

> **Quadro 4.2** *Exemplo de uma vinheta de "anorexia" – versão de Hanna*
> Hannah tem quinze anos e está estudando para o Enem. Nos últimos meses, Hannah tem estado preocupada com seu peso e recentemente reduziu drasticamente sua alimentação diária. Hanna evita regularmente as refeições e em alguns dias come pouquíssimo. Hannah também iniciou um programa de ginástica rigoroso, indo à academia uma vez ao dia e nadando regularmente no clube local. Os hábitos alimentares e o programa intenso de exercícios recentes de Hannah resultaram numa perda de peso extrema, o que levou sua família a insistir numa consulta médica. Após consulta com o médico, Hannah foi diagnosticada com o transtorno alimentar "anorexia nervosa".
>
> *Responda estas perguntas dando o máximo de detalhes:*
>
> 1) Descreva como você imagina Hannah – por exemplo, sua família e formação social, e o tipo de personalidade, interesses, hábitos e vida social que ela possa ter.
>
> 2) Como você imagina a aparência de Hannah?
>
> 3) Por que você acha que Hannah passou a se preocupar com o próprio peso e mudou seus hábitos alimentares e de atividade física? O que você acha que pode ter causado isso?
>
> 4) Como você acha que Hannah está se sentindo?
>
> 5) Como você acha que a família de Hannah pode se sentir em relação à sua perda de peso e aos novos hábitos alimentares e de atividade física?
>
> 6) Como você acha que os amigos de Hannah podem reagir à sua perda de peso e aos novos hábitos alimentares e de atividade física?
>
> 7) Como as pessoas veem Hannah em geral?
>
> 8) Você acha que Hannah precisa de ajuda e, em caso afirmativo, o que pode ajudar Hannah?
>
> 9) O que você imagina que vai acontecer com Hannah nos próximos dois meses?
>
> 10) O que você imagina que terá acontecido com Hannah daqui a um ano?
>
> A versão da vinheta com Harry era idêntica, com o nome Hannah substituído por Harry e os pronomes de gênero modificados.

pectos ideais e pragmáticos de uma situação. Nas perguntas do quadro 4.2, você pode notar que tendemos a usar perguntas com "poder", e não "dever" ou futuro do pretérito. Esses tipos de perguntas convidam efetivamente as pessoas a *imaginar* os sentimentos e pensamentos dos outros e articular explicações prováveis para vários aspectos de um cenário com vinhetas – neste caso, elas se aproximam das perguntas que usam "dever", mas não correspondem a elas perfeitamente. Por exemplo, os participantes do nosso estudo forneceram relatos bem detalhados sobre os motivos que podem ter levado Hannah a ficar preocupada com o peso:

Um dos motivos pode ter a ver com o fato de que ela está estudando para o Enem – pode ser muito estressante e ela pode estar usando sua obsessão com o peso como uma distração. Ela pode estar nervosa ante a perspectiva de sair da escola e sente a pressão de ter determinada aparência para os empregos etc. Ela também está na idade em que vai começar a desejar ter um namorado – provavelmente acredita que emagrecer vai ajudar. Além disso, se a maioria dos seus amigos for menor do que ela, ela está numa idade em que isso vai chateá-la – e portanto pode se sentir pressionada a ser como eles (SP850).

Nosso uso de uma pergunta com "poder" aqui originou uma variedade de explicações imaginadas para o comportamento alimentar de Hannah (sobre provas, estresse, idade, garotos, pressão dos amigos) e, portanto, ideias sobre o espectro de modos diferentes pelos quais as pessoas constroem o "problema" da anorexia adolescente (p. ex., como relacionado a preocupações com a aparência). Constatamos que perguntas com "poder" ofereciam uma forma mais aberta de convidar esses tipos de respostas do que perguntas com "dever" ou no futuro do pretérito, que pressupõem a existência de um modo no qual as coisas "devem" parecer, acontecer etc. ou "pareceriam", "aconteceriam" etc.

2) *Sobre qual estrutura de tempo na história você perguntará?* Usamos perguntas que estruturaram o tempo de modos diferentes – por exemplo, convidando as pessoas a pensar sobre o que pode acontecer com o personagem em dois meses ou um ano (cf. o quadro 4.2). Isso é útil se você estiver analisando como algo é resolvido (ou não) com o passar do tempo e o que isso diz sobre a questão na qual você esteja interessado. Isso também pode ser útil se você optar por ter uma vinheta com uma única história, e não uma incremental, já que pode ser um modo de captar detalhes adicionais sobre a visão dos participantes relativa ao desenvolvimento de certos personagens, embora de maneira mais restrita.

3) *Você quer concentrar as perguntas nos personagens ou perguntar aos participantes como eles próprios devem agir ou agiriam na mesma situação?* Usamos principalmente perguntas baseadas nos personagens que perguntaram aos participantes como eles imaginavam a aparência, os sentimentos ou os atos do personagem. Isso nos permitiu investigar aspectos diferentes das percepções e entendimentos dos nossos participantes sobre adolescentes "anoréxicos", em vez de captar as suas próprias experiências pessoais com a anorexia. Se quiséssemos aprender mais das suas experiências, poderíamos haver feito mais perguntas sobre como *eles* teriam pensado, sentido ou agido na mesma situação (BARTER & RENOLD, 1999). Isso seria útil se, por exemplo, houvéssemos recrutado uma amostra de adolescentes diagnosticados com anorexia

e quiséssemos saber mais sobre as suas próprias interpretações e experiências pessoais com o seu diagnóstico ou, de fato, se quiséssemos entender como questões alimentares poderiam estar presentes e atuar numa amostra geral de alunos.

4) *Você precisa de quantas perguntas?* Não existe um número *ideal* de perguntas num estudo com vinhetas. Há uma troca a ser feita entre o número de perguntas feitas e a extensão e profundidade das respostas que você esteja buscando *e* que provavelmente obterá (cf. tb. o cap. 2). Em nossa experiência, fazer *dez* perguntas profundas é muito, especialmente se elas forem apresentadas em relação a um cenário com vinhetas de um estágio; as respostas a essas perguntas podem diminuir tanto em profundidade quanto em detalhes. Pense em quanto tempo o participante estará disposto a gastar preenchendo o estudo e apenas faça perguntas em relação às quais você realmente queira reunir dados. Estudos com vinhetas excessivamente longos – e excessivamente complexos – podem desanimar os participantes e, portanto, impactar a qualidade dos dados.

Independentemente das escolhas que você fizer sobre as perguntas das suas vinhetas, elas precisam ser curtas, claras e precisas. Os participantes devem conseguir entender de imediato exatamente *o que* está sendo perguntado. Faça perguntas únicas: perguntas com múltiplas partes que pedem aos participantes para fazer mais de uma coisa podem ser confusas; no mínimo será improvável que você obtenha dados que respondam todos os aspectos da pergunta. Assegure-se de estar pensando da perspectiva dos seus participantes e oriente as perguntas à linguagem, ao conhecimento e aos entendimentos deles.

Além das perguntas direcionadas às vinhetas, é uma boa ideia incluir uma pergunta do tipo "quaisquer outros comentários" no final. Pode ser um jeito valioso para os participantes darem um retorno sobre o estudo ou abordarem questões sobre as quais você não tinha pensado.

Não há questões especiais de *amostragem* especificamente relacionadas aos métodos com vinhetas – os tipos diferentes de amostragem usados na pesquisa qualitativa são adequados aqui (cf. BRYMAN, 2001 • PATTON, 2002). Também há poucas prescrições em termos do tamanho da amostra. Num estudo com vinhetas, você troca certa profundidade por amplitude de respostas, significando, em geral, que você precisará coletar dados de mais participantes do que na prática tradicional em estudos qualitativos baseados em entrevistas, por exemplo. O tamanho necessário da amostra também será determinado principalmente pelo seu desenho do estudo. Se você tiver várias versões de sua vinheta, precisará de mais participantes para reunir dados suficientes a fim de fazer comparações significativas. Do mesmo modo, quanto mais comparações você desejar fazer entre grupos de participantes (p. ex., baseadas em gênero ou idade), mais participantes serão necessários no recrutamento. Em geral, um estudo com duas vinhetas (como o nosso) precisaria de aproximadamente sessenta pessoas (trinta em cada versão da vinheta) para fornecer dados suficientes de análise e comparação. Todavia, com três versões da vinheta, provavelmente você precisaria de cerca de noventa para fazer a comparação funcionar. Similarmente, se você tiver duas versões da vinheta e quiser comparar dois grupos de participantes (como homens e mulheres), você poderá precisar de 120. Como você percebeu, isso pode levar a uma amostra extensa muito rapidamente, então você precisa levar isso em conta ao desenhar seu estudo – uma mensagem importante que transmitimos: complexidade maior não é necessariamente melhor!

Os processos éticos usuais de pesquisa (Sociedade Psicológica Britânica, 2013) devem ser aplicados, inclusive a distribuição aos participantes de uma folha de informações do participante e a solicitação de algum processo de consentimento. É necessário cuidado com a descrição do estudo aos possíveis participantes. Você não deve expor os participantes a um cenário com vinhetas (possivelmente aflitivo) que eles não esperavam, por isso é necessária uma breve descrição de quais tópicos a vinheta abordará. Se o seu estudo for on-line, o consentimento pode ser na forma de uma lacuna para assinalar acompanhada de uma rápida declaração, por exemplo, "Assinalando esta lacuna, indico que li as informações sobre este estudo e concordo em participar". Você também pode gerenciar o acesso do participante ao estudo para que ele não veja a vinheta nem as perguntas *antes* de dar seu consentimento. É uma boa ideia, porque garante que todos os participantes *deem* seu consentimento para participar (cf. tb. o cap. 2). Se o seu estudo for off-line, você pode dar aos seus participantes uma cópia impressa da sua folha de informações e pedir que assinem um formulário de consentimento impresso antes de lhes dar a vinheta e as perguntas que a acompanhem.

Em geral os participantes têm o direito de retirar seus dados durante e algum tempo depois de participar da pesquisa (Sociedade Psicológica Britânica, 2013), embora na prática isso possa ser difícil de administrar e, em alguns casos, isenções tendem a ser usadas. Se o seu estudo for on-line, a retirada geralmente é administrada pelos participantes simplesmente fechando a janela do navegador, quando nenhum dado está armazenado. Para permitir a retirada *depois* de participar de um estudo com vinhetas on-line, o software de levantamento on-line pode gerar uma identidade exclusiva para cada participante. Os participantes podem, então, enviar essa identidade por e-mail ao pesquisador e solicitar que seus dados sejam apagados. Se os dados forem coletados off-line, o pesquisador pode dar a cada participante uma identidade exclusiva que possa usar para sair. Se for o caso, todos os dados eletrônicos e impressos devem ser destruídos (apagados ou rasgados). Como já observamos, embora seja considerada uma boa prática ética, não é obrigatório que os participantes possam retirar seus dados após participar (Sociedade Psicológica Britânica, 2013). Se você realmente desejar permitir que os participantes se retirem (ou a sua autoridade ética assim exigir), é uma boa ideia definir um prazo – por exemplo, um mês após a participação ou até uma data específica – após o qual os participantes não possam mais retirar seus dados do estudo. Deve ser uma data que permita a você concluir sua análise e finalizar seu relatório realistamente, sem o impacto da retirada dos dados.

Passos para usar as vinhetas

Os passos em estudos com vinhetas são semelhantes a muitos outros métodos qualitativos:

1) *Entendendo o contexto.* Uma revisão abrangente da literatura em sua área de pesquisa é *especialmente* importante na pesquisa com vinhetas para ajudar você a desenhar sua vinheta e redigir suas perguntas abertas. Isso vai ajudar a tomar decisões sobre quais tipos de coisas pareceriam plausíveis ou autênticas nesse contexto e quais tipos de detalhes são importantes para enfatizar – ou *não*! Exemplos de outros estudos poderiam ajudar a formar a base de um cenário com vinhetas estimulante e realista e você também pode encontrar boas perguntas em estudos anteriores na mesma área.

2) *Desenhando e redigindo o cenário da vinheta e as perguntas.* Neste estágio, deve-se tomar algumas das decisões já discutidas na seção sobre desenho. Essas decisões serão moldadas pelo que você descobrir no passo 1 (p. ex., você pode querer focar em diferenças conhecidas que possam existir entre idades ou gêneros diferentes) e pela sua pergunta de pesquisa.

3) *Decidindo sobre um modo de coleta de dados.* Aqui a escolha é principalmente entre modos off-line e on-line de coleta de dados. As vinhetas off-line são tipicamente apresentadas em papel com os participantes respondendo por escrito. Modos on-line de coleta de dados tipicamente envolvem e-mail ou software de levantamento (como Qualtrics ou SurveyMonkey, mais discutidos no cap. 2). A escolha do uso on-line ou off-line depende da sua população e de qual tipo de acesso você tem para ela. Um modo on-line é apropriado quando você sabe que a sua amostra tem acesso à Internet, como a nossa tinha. Contudo, um modo off-line poderia ser mais apropriado se você esperar acessar sua amostra num local específico ou num momento específico – por exemplo, numa aula em escola. A entrega on-line também facilita

mais a inclusão fácil de elementos audiovisuais na vinheta. Assim, se souber que seu cenário conterá dados visuais ou em áudio (ou serão *unicamente* dados visuais ou em áudio; p. ex., McKINSTRY, 2000), pode ser uma escolha melhor para seu estudo.

4) *Decidindo sobre o formato.* Neste estágio, você decide como formatar seu estudo com vinheta. Se estiver apresentando seu estudo on-line, você precisará considerar quantas perguntas por vez deverá apresentar aos participantes. Uma por "página" geralmente funciona, porque concentra os participantes em cada pergunta. Isso também significa que os participantes não precisarão rolar tanto a página, podendo perder perguntas importantes. Se estiver conduzindo seu estudo off-line, será necessário pensar no *espaço* a deixar para os participantes em cada pergunta. Em geral, metade de uma página em A4 por pergunta é um padrão bom – embora você possa dar uma ou duas páginas extras onde os participantes possam continuar seus pensamentos e ideias, se desejarem (cf. outras discussões a respeito também no cap. 2).

5) *Testes e revisão.* As vinhetas são um tipo de coleta "fixa" de dados (juntamente com os levantamentos qualitativos; cf. cap. 2), tarefas de preenchimento de histórias (cap. 3) e muitos diários qualitativos (cap. 5): elas não permitem revisão depois que a coleta de dados começa. Por isso é *realmente* importante testar sua vinheta antes do início da coleta de dados, geralmente numa amostra pequena de 5-10 participantes com aqueles que você planeja recrutar – em nosso caso, alunos. Na fase de testes, a vinheta deve ser apresentada *exatamente* como será apresentada aos participantes. Porém, pode ser útil adicionar algumas perguntas no final, pedindo retorno sobre a vinheta, as perguntas e qualquer outro aspecto pertinente. Isso ajudará você a ver a vinheta da perspectiva de seus participantes que respondem as perguntas. Se os testes indicarem que as coisas não estão claras, ou que você não está obtendo os tipos de dados previstos ou necessários, será preciso voltar e rever a vinheta, seguindo as orientações anteriores.

6) *Coleta de dados.* Após testar e rever sua vinheta, é chegada a hora de coletar seus dados! Faça uma última revisão geral antes de "dar vida" à sua vinheta – principalmente se tiver feito a revisão após os testes. Depois, provavelmente você estará concentrado no recrutamento dos participantes e no monitoramento das respostas à medida que chegarem. Pode ser difícil decidir quando parar de coletar dados. Você pode atingir sua amostra-alvo (60 participantes, p. ex.) e decidir parar aí. Ou pode chegar a um ponto em que sentirá que já coletou dados suficientes para garantir uma exploração profunda da pergunta

de pesquisa (SPENCER; RITCHIE; LEWIS & DILLON, 2003). De qualquer modo, é provável que, nesse ponto, você tenha quantidades de dados qualitativos ricos prontos para análise.

O que pode dar errado com as vinhetas?

Em geral, poucas coisas podem dar errado com as vinhetas, mas, quando acontecem problemas, eles costumam se relacionar ao cenário apresentado. Se o cenário não parecer plausível ou autêntico para os participantes, eles podem não o levar a sério o bastante ou podem ficar chateados e dar respostas sem sentido ou duvidosas (HUGHES, 1998). O cenário também pode não ser suficientemente significativo nem familiar para os participantes a ponto de gerar dados ricos. Por exemplo, pedir aos participantes para responder a histórias sobre personagens muito mais velhos ou novos não costuma funcionar (HUGHES & HUBY, 2001 • SWARTZMAN & McDERMID, 1993). Nosso estudo poderia não ter funcionado tão bem se tivéssemos pedido aos nossos participantes (em sua maioria, com vinte e poucos anos de idade) para responder perguntas sobre um personagem bem mais velho, porque poderiam achar difícil imaginar suas experiências. Combinar a vinheta com o grupo de participantes ajuda a evitar esse problema.

Falta de respostas ou respostas superficiais são outra preocupação. Às vezes os participantes podem não responder certas perguntas ou responder perguntas de maneira um tanto superficial, o que gera dados limitados. Em nosso estudo, algumas perguntas nem sempre estimularam os tipos de respostas profundas que desejávamos. Por exemplo, em resposta à pergunta "Como você acha que Harry/Hanna está se sentindo?", obtivemos algumas destas respostas on-line:

"Isolada. Sozinha."
"Realmente estressado e chateado."
"Fora do controle, estressada, insegura."

Em nossa experiência, a extensão da resposta difere nas perguntas e nos participantes. Também ficou claro que ter dez perguntas, com a expectativa de obter respostas detalhadas em todas, foi exigir demais dos participantes. Muitas respostas ficaram menos detalhadas à medida que se aproximava o fim do conjunto de perguntas, sugerindo que menos perguntas poderiam haver originado respostas mais completas. Em retrospecto, uma vinheta incremental poderia haver funcionado melhor, porque poderia haver envolvido mais as pessoas ou renovado seu envolvimento em momentos diferentes. Tais questões precisam ser consideradas na fase de desenho e servem para enfatizar a importância dos testes.

Quais métodos de análise se adaptam aos dados das vinhetas?

Métodos analíticos cujo objetivo seja identificar padrões de significado nos conjuntos de dados, como a análise temática (BRAUN & CLARKE, 2006), funcionam com as vinhetas, oferecendo uma forma sistemática de codificar e identificar padrões de significado nos dados. A análise temática pode ser especialmente útil se o seu estudo tiver um elemento comparativo e você estiver interessado em grupos diferentes de interpretações de pessoas em dada situação. Você pode compilar e analisar seus dados de várias formas, mas também comparar códigos, categorias ou temas em grupos para ver se há grandes diferenças nos padrões de significado. Pode ser difícil para pesquisadores (especialmente os iniciantes) ver além da "estrutura" que é fornecida pelo formato das perguntas da vinheta e codificar padrões presentes nas respostas dos participantes ou se envolver significativamente com os elementos menos óbvios dos dados, mas em geral isso resulta numa análise mais rica. Para ajudar, você pode pensar em desanexar os dados das perguntas nos estágios iniciais da análise de dados (durante a codificação, p. ex.) e depois reintegrar as perguntas mais tarde, conforme necessário.

Versões de análise do discurso também podem funcionar com dados de vinhetas, oferecendo ideias sobre como determinadas questões sociais (como "imigração"), grupos sociais (como "anoréxicos") ou problemas sociais ("pobreza") são construídos discursivamente (BURMAN & PARKER, 1993 • POTTER & WETHERELL, 1987 • WIGGINS & POTTER, 2008). Usamos a análise do discurso (POTTER & WETHERELL, 1987) e a psicologia retórica (BILLIG, 1991, 1996) para analisar nossos dados (cf. o quadro 4.3); constatamos que as vinhetas permitem ideias interessantes sobre como as pessoas "entendem" certos fenômenos sociais (como o "anoréxico" adolescente), e como essas práticas de entendimento se pautam em recursos sociais e culturais mais amplos (como os discursos médicos) para construir identidades, experiências etc. de vários modos. Também constatamos que as vinhetas são úteis para analisar como tais construções podem reproduzir e/ou desafiar certas relações sociais de poder, como as ideologias de gênero (WILKS, 2004). As vinhetas podem ser especialmente boas para capacitar os pesquisadores a analisar um número relativamente amplo de respostas (expressas anonimamente) e, portanto, captar uma ampla gama de construções discursivas sobre a questão, grupo ou problema social do seu interesse.

Conclusão

As vinhetas oferecem aos pesquisadores qualitativos um método altamente criativo e flexível, com grande potencial para explorar os significados e interpretações dos participantes, fundamentadas dentro de determinados contextos e situações. Podem ser usadas para coletar dados de uma amostra razoavelmente extensa de pessoas, com relativa rapidez e com poucos recursos exigidos. Em geral, a abordagem tem poucos perigos ou armadilhas para o pesquisador iniciante e pode ser uma forma excelente de começar a coletar e analisar dados qualitativos. Os dados coletados geralmente são ricos e de boa elaboração, e podem ser analisados de várias formas.

Quadro 4.3 *Reflexões pessoais sobre o uso de vinhetas* (Bronwen Royall)

Ao pesquisar as percepções "leigas" do "anoréxico" adolescente, parecia importante adotar um método que sugerisse ideias sobre os modos diferentes em que os participantes falavam sobre adolescentes "anoréxicos" do sexo masculino e feminino – principalmente como expressavam essas construções usando a própria linguagem. Optei por usar uma vinheta independente por achar que a sugestão de um cenário (em contraste com entrevistas ou grupos-foco) daria aos participantes um contexto específico que propiciaria direção e foco para a pesquisa – tornando mais fácil aos participantes entender o que eu desejava que fosse o foco deles, portanto me ajudando a responder minha pergunta de pesquisa. Apesar de ter achado o processo de desenho da vinheta fácil, ele exigiu um volume significativo de pesquisa e consideração. Li vários relatos pessoais de adolescentes que se identificavam como "anoréxicos" para garantir que os personagens e cenários descritos na vinheta fossem autênticos e baseados nas realidades dos outros. Achei importante garantir que o cenário fosse detalhado o bastante para que os participantes pudessem imergir na história, ao mesmo tempo deixando a situação aberta à interpretação, dando aos participantes a oportunidade de gerar sua própria imagem do personagem baseada em suas próprias crenças sociais, culturais e históricas subjacentes.

Em geral, fiquei satisfeita com as respostas que obtive em minha vinheta. Muitos participantes deram respostas elaboradas, criando uma fonte rica de dados e um alicerce sólido para uma análise abrangente. Entretanto, algumas respostas foram muito mais limitadas, algumas apenas parcialmente preenchidas e muitas consistindo em respostas com uma única palavra. Inicialmente, achei essas respostas frustrantes e desafiadoras para analisar. Em retrospectiva, porém, esses dados não elaborados e diretos foram um bom ponto de partida para analisar um conjunto de dados tão extenso, fornecendo "rótulos" curtos e inequívocos que em geral apresentaram uma versão resumida de respostas mais extensas.

Após fazer essa pesquisa, não tenho dúvidas sobre a virtude da vinheta independente como método de coleta de dados. Assim como ocorre com todos os métodos de pesquisa, não podemos negar que há certas limitações. Porém, em minha opinião, as vinhetas dão a oportunidade de gerar dados qualitativos ricos, enquanto mantêm um grau de estrutura, o que é especialmente útil para pesquisadores iniciantes nos métodos qualitativos.

Experimente...

1) Reúna ideias para uma pergunta de pesquisa qualitativa que você pudesse responder usando o método das vinhetas. Lembre-se de que as vinhetas são

adequadas para explorar as percepções, visões e opiniões das pessoas sobre um fenômeno social.

2) Escreva uma *história* para a vinheta. Lembre-se de que sua história deve ser significativa para os participantes (escrita em linguagem clara e apropriada), assim como vívida, envolvente e autêntica (faça os personagens parecerem pessoas reais). Pense com cuidado sobre a(s) pergunta(s) de pesquisa que esteja buscando responder e/ou pressuposições que esteja tentando revelar ao levar os participantes a "preencher as lacunas" e dar a própria interpretação do cenário hipotético.

3) Escreva de três a quatro perguntas que acompanhem sua vinheta. Lembre-se de que as perguntas devem ser abertas e se relacionar diretamente ao cenário da sua vinheta.

4) Produza uma versão finalizada da vinheta e das perguntas, e peça a três ou quatro pessoas para respondê-las como exercício-piloto. Peça aos seus participantes um retorno sobre a sua história e perguntas, e considere como você poderia melhorá-las.

5) Revise a vinheta e/ou as perguntas em resposta a esse retorno para chegar a uma ferramenta de coleta de dados "pronta para uso".

Outros recursos: on-line

O website-compêndio do livro de Braun e Clarke (2013), *Successful qualitative research*: A practical guide for beginners, oferece uma introdução ao método das vinhetas e exemplos de materiais de pesquisa para uma tarefa com vinhetas sobre pais transgêneros: www.uk.sagepub.com/braunandclarke/study/additional.htm

Outros recursos: leituras

Para conhecer um ótimo panorama sobre o uso das vinhetas na pesquisa social, inclusive algumas das questões teóricas e práticas mais gerais ao conduzir pesquisa com vinhetas, cf.: HUGHES, R. (1998). Consideração da técnica com vinhetas e sua aplicação a um estudo de drogas injetáveis e risco de HIV e comportamento mais seguro. In: *Sociology of Health & Illness*, 20 (3), p. 381-400. • HUGHES, R. & HUBY, M. (2004). A construção e interpretação das vinhetas na pesquisa social. In: *Social Work & Social Sciences Review*, 11 (1), p. 36-51.

Para ver um exemplo de pesquisa com vinhetas com crianças e conjuntamente com um método de entrevistas, cf. BARTER, C. & RENOLD, E. (2000). "I wanna tell you a story": Exploring the application of vignettes in qualitative research with children and young people. In: *International Journal of Social Research Methodology*, 3 (4), p. 307-323.

Conheça um exemplo de pesquisa com vinhetas que usou um formato de artigo de jornal associado a um método de entrevistas: GRAY, D.; DELANY, A. & DURRHEIM, K. (2005). Talking to "real" South Africans: An investigation of the dilemmatic nature of nationalism. In: *South African Journal of Psychology*, 35 (1), p. 127-146.

Confira ainda um exemplo do uso de dados visuais em pesquisa com vinhetas: MORRISON, T.L. (2015). Using visual vignettes: My learning to date. In: *The Qualitative Report*, 20 (4), p. 359-375.

Referências

BARTER, C. & RENOLD, E. (2000). "I wanna tell you a story": Exploring the application of vignettes in qualitative research with children and young people. In: *International Journal of Social Research Methodology*, 3 (4), p. 307-323.

_____ (1999). The use of vignettes in qualitative research. In: *Social Research Update*, 25. Disponível em: http://sru.soc.surrey.ac.uk/SRU25.html

BARTER, C.; RENOLD, E.; BERRIDGE, D. & CAWSON, P. (2004). *Peer violence in children's residential care*. Basingstoke, Reino Unido: Palgrave Macmillan.

BRITISH PSYCHOLOGICAL SOCIETY (2013). *Ethics guidelines for Internet-mediated research*. Leicester, Reino Unido: British Psychological Society.

BRONDANI, M.A.; MacENTEE, M.I.; BRYANT, S.R. & O'NEILL, B. (2008). Using written vignettes in focus groups among older adults to discuss oral health as a sensitive topic. In: *Qualitative Health Research*, 18 (8), p. 1.145-1.153.

BENDELOW, G. (1993). Pain perceptions, emotions and gender. In: *Sociology of Health & Illness*, 15 (3), p. 273-294.

BILLIG, M. (1996). *Arguing and thinking*: A rhetorical approach to social psychology. 2. ed. Cambridge: Cambridge University Press.

_____ (1991). *Ideology and opinions*. Londres: Sage Publications.

BRAUN, V. & CLARKE, V. (2013). *Successful qualitative research* – A practical guide for beginners. Londres: Sage Publications.

_____ (2006). Using thematic analysis in psychology. In: *Qualitative Research in Psychology*, 3 (2), p. 77-101.

BRYMAN, A. (2001). *Social research methods*. Oxford: Oxford University Press.

BUHRMESTER, M.; KWANG, T. & GOSLING, S.D. (2011). Amazon's Mechanical Turk: A new source of inexpensive, yet high-quality, data? In: *Perspectives on Psychological Science*, 6 (1), p. 3-5.

BURMAN, E.E. & PARKER, I.E. (1993). *Discourse analytic research*: Repertoires and readings of texts in action. Londres: Routledge.

FAIA, M.A. (1979). The vagaries of the vignette world: A comment on Alves and Rossi. In: *American Journal of Sociology*, 85 (4), p. 951-954.

FINCH, J. (1987). The vignette technique in survey research. In: *Sociology*, 21 (2), p. 105-114.

FISCHER, J.; JENKINS, N.; BLOOR, M.; NEALE, J. & BERNEY, L. (2007). *Drug user involvement in treatment decisions*. York, Reino Unido: Joseph Rowntree Foundation.

GOULD, D. (1996). Using vignettes to collect data for nursing research studies: How valid are the findings? In: *Journal of Clinical Nursing*, 5 (4), p. 207-212.

GOURLAY, A.; MSHANA, G.; BIRDTHISTLE, I.; BULUGU, G.; ZABA, B. & URASSA, M. (2014). Using vignettes in qualitative research to explore barriers and facilitating factors to the uptake of prevention of mother-to-child transmission services in rural Tanzania: A critical analysis. In: *BMC Medical Research Methodology*, 14 (1), p. 21-31.

GRAY, D. & MANNING, R. (2014). "Oh my god, we're not doing nothing": Young people's experiences of spatial regulation. In: *British Journal of Social Psychology*, 53 (4), p. 640-655.

GRAY, D.; DELANY, A. & DURRHEIM, K. (2005). Talking to "real" South Africans: An investigation of the dilemmatic nature of nationalism. In: *South African Journal of Psychology*, 35 (1), p. 127-146.

HUGHES, R. (1998). Considering the vignette techniques and its application to a study of drug injecting and HIV risk and safer behaviour. In: *Sociology of Health & Illness*, 20 (3), p. 381-400.

HUGHES, R. & HUBY, M. (2004). The construction and interpretation of vignettes in social research. In: *Social Work & Social Sciences Review*, 11 (1), p. 36-51.

HUGHES, R. & HUBY, M. (2002). The application of vignettes in social and nursing research. In: *Journal of Advanced Nursing*, 37 (4), p. 382-386.

JENKINS, N. (2006). *Misfortune or misadventure?* A study of young people's leisure-related accidents. Cardiff, Reino Unido: Cardiff University [Tese de Doutorado].

JENKINS, N.; BLOOR, M.; FISCHER, J.; BERNEY, L. & NEALE, J. (2010). Putting it in context: The use of vignettes in qualitative interviewing. In: *Qualitative Research*, 10 (2), p. 175-198.

LUTFEY, K.E. et al. (2008). How are patient characteristics relevant for physicians' clinical decision making in diabetes? An analysis of qualitative results from a cross-national factorial experiment. In: *Social Science & Medicine*, 67 (9), p. 1.391-1.399.

MALSON, H. & BURNS, M. (eds.) (2009). *Critical feminist approaches to eating dis/orders*. Londres: Routledge.

McKINSTRY, B. (2000). Do patients wish to be involved in decision making in the consultation? A cross sectional survey with video vignettes. In: *British Medical Journal*, 321 (7.265), p. 867-871.

MORRISON, T.L. (2015). Using visual vignettes: My learning to date. In: *The Qualitative Report*, 20 (4), p. 359-375.

NEALE, B.; FLOWERDEW, J.; SMART, C. & WADE, A. (2003). *Enduring families?* Children's long term reflections on post-divorce family life [Relatório de Pesquisa para o Projeto ESRC n. R000239248].

O'DELL, L.; CRAFTER, S.; DE ABREU, G. & CLINE, T. (2012). The problem of interpretation in vignette methodology in research with young people. In: *Qualitative Research*, 12 (6), p. 702-714.

PARKINSON B. & MANSTEAD, A.S.R. (1993). Making sense of emotion in stories and social life. In: *Cognition and Emotion*, 7, p. 295-323.

PATTON, M.Q. (2002). *Qualitative evaluation and research methods*. Newbury Park, CA: Sage Publications.

POTTER, J. & WETHERELL, M. (1987). *Discourse and social psychology*: Beyond attitudes and behaviour. Londres: Sage Publications.

SPENCER, L.; RITCHIE, J.; LEWIS, J. & DILLON, L. (2003). *Quality in qualitative evaluation*: A framework for assessing research evidence. Londres: Government Chief Social Researcher's Office/Prime Minister's Strategy Unit.

STOLTE, J.F. (1994). The context of satisficing in vignette research. In: *The Journal of Social Psychology*, 134 (6), p. 727-733.

SWARTZMAN, L.C. & McDERMID, A.J. (1993). The impact of contextual cues on the interpretation of and response to physical symptoms: A vignette approach. In: *Journal of Behavioral Medicine*, 16 (2), p. 183-198.

TAYLOR, B.J. (2006). Factorial surveys: Using vignettes to study professional judgement. In: *British Journal of Social Work*, 36 (7), p. 1.187-1.207.

THALER, K. (2012). Norms about intimate partner violence among urban South Africans: A quantitative and qualitative vignette analysis. In: *CSSR Working Paper* (302).

THOMPSON, T.; BARBOUR, R. & SCHWARTZ, L. (2003). Adherence to advance directives in critical care decision-making: Vignette study. In: *British Medical Journal*, 327 (7.422), p. 1.011.

VITKOVITCH, M. & TYRRELL, L. (1995). Sources of disagreement in object naming. In: *The Quarterly Journal of Experimental Psychology*, 48 (4), p. 822-848.

WIGGINS, S. & POTTER, J. (2008). Discursive psychology. In: WILLIG, C. & STAINTON ROGERS, W. (eds.). *The Sage handbook of qualitative research in psychology*. Londres: Sage Publications, p. 72-89.

WILKS, T. (2004). The use of vignettes in qualitative research into social work values. In: *Qualitative Social Work*, 3 (1), p. 78-87.

5 "Desabafando"
O método do diário solicitado

Paula Meth

Panorama

No método do diário solicitado, você pede aos participantes para se e envolverem na redação de diários, com algumas orientações, e esses diários depois são usados como fonte de dados qualitativos. Os diários solicitados dão ideias sobre os sentimentos, visões e experiências do autor, e têm sido empregados proveitosamente para abordar uma ampla gama de perguntas de pesquisa, inclusive tópicos delicados, privados ou difíceis (EIDSE & TURNER, 2014 • ELLIOTT, 1997 • HARVEY, 2011 • METH & McCLYMONT, 2009). Neste capítulo, baseio-me em minhas experiências com o uso de diários solicitados em dois projetos relacionados sobre gênero e violência na África do Sul (quadro 5.1). Os diários produziram dados extensos que facilitaram o acesso às palavras relativamente ocultas dos participantes e forneceram ideias longitudinais ao longo de vários períodos. Os diários também podem ser catárticos e estimular reflexões pessoais, portanto, contribuindo para objetivos de pesquisa transformativos. A seguir apresento um panorama do que os diários solicitados oferecem ao pesquisador qualitativo, uma discussão das questões práticas relativas ao seu desenho, um guia passo a passo para pesquisadores que desejem usar diários solicitados em sua pesquisa e algumas reflexões sobre o seu uso.

Introdução aos diários solicitados qualitativos

O *diário solicitado* é uma forma de coleta de dados que comumente usa relatos escritos/digitados da vida de indivíduos – embora outras formas, como áudio, vídeo, fotografia e desenho, também sejam usadas (GIBSON et al., 2013 • ODEN-

DAAL; HAUSLER; TOMLINSON; LEWIN & MTSHIZANA, 2012). Os diários solicitados são escritos pelo participante a *pedido* do pesquisador, estando o participante totalmente ciente desde o início que o diário, como produto final, não é para uso privado. Isso contrasta com os diários não solicitados, que em geral são históricos por natureza e costumam ser escritos para consumo privado (ALASZEWSKI, 2006). É uma característica significativa dos diários solicitados, porque estabelece que o conhecimento é propositalmente produzido através do envolvimento com a intenção do pesquisador. O conhecimento ou dados gerados são, de certa forma, negociados entre pesquisador e participante, já que o pesquisador estabelece, talvez unilateralmente ou através de consulta, o foco e os limites da pesquisa (i.e., o tópico a explorar), e o participante se envolve com esse tópico através da sua escrita. Os diários solicitados, portanto, não evidenciam necessariamente a "visão de mundo" do participante ou suas preocupações mais prementes; em vez disso, eles devem ser entendidos como uma resposta solicitada a uma questão.

Quadro 5.1 *Violência doméstica em contextos violentos*

Usei diários solicitados em dois estudos relacionados sobre gênero e violência na África do Sul. O primeiro, um estudo com mulheres residentes em Durban, concentrava-se nas experiências de violência doméstica num contexto caracterizado por altos índices de crime e violência (METH, 2003). Meu estudo objetivava determinar: (1) a natureza das conexões entre violência doméstica e violência geral; e (2) onde e por que as mulheres situam seu medo. Concentrando-se em mulheres com abrigo inseguro (i.e., morando nas ruas ou barracas de feira, ou em abrigos informais, ou vivendo em abrigos precários em subúrbios formais), o estudo usou uma combinação de entrevistas, diários solicitados e grupos-foco. Analisei as geografias dos medos e experiências das mulheres e mostrei a natureza difusa de seu medo, assim como as ameaças reais que enfrentavam diariamente. Como parte do estudo, conduzimos entrevistas avaliativas com algumas mulheres para mensurar as vantagens relativas dos diferentes métodos qualitativos usados; as participantes valorizavam os diários, em especial, por acharem que ofereciam benefícios terapêuticos.

Um segundo estudo foi conduzido subsequentemente com homens que, como categoria genérica, não eram somente os perpetradores mais comumente identificados de violências contra as mulheres, mas também vítimas dos altos índices de crime e violência. Este estudo analisou as experiências dos homens com a violência e, similarmente, teve uma avaliação metodológica embutida em seu foco. Minhas principais perguntas de pesquisa foram: (1) Os diários solicitados são um método eficaz de uso com homens na determinação dos seus entendimentos da violência? (2) Como os homens entendem a vida em contextos de extrema violência? Mais uma vez os diários se mostraram altamente eficazes com esses homens, revelando não apenas ideias sobre as emoções tensas dos homens (METH, 2009) e experiências diretas de violência como vítimas *e* perpetradores, mas a persistência de suas visões patriarcais sobre a sociedade.

Para dar um exemplo disso, você pode ser abordado por um pesquisador que lhe peça para registrar suas práticas diárias de transporte: como você chega à universidade; quanto tempo leva; quanto custa; o que você pensa a respeito; e por que você faz essas escolhas. Você pode querer realizar essa tarefa e gostar de escrever sobre como você é sustentável como um ciclista ávido e como os engarrafamentos não costumam ser um problema em sua vida. O pesquisador conhecerá elementos da sua vida através deste exercício, mas não necessariamente conhecerá quais ideologias ou microquestões norteiam sua existência diária. Ele pode não conhecer nada de sua infância nem de suas atitudes diante da sociedade. Os diários não são, portanto, ideias sem limites sobre a vida inteira do participante; eles são necessariamente seletivos e parciais. Essa ideia parcial não é um problema. A chave é reconhecer as limitações e possibilidades dos métodos e levá-las em consideração em suas estratégias de pesquisa. Esse reconhecimento é vital para determinar se um método é adequado para o(s) seu(s) objetivo(s) de pesquisa particular(es).

Relatos de diários podem variar de semiestruturados a totalmente não estruturados, dependendo dos objetivos do estudo e da natureza dos participantes. Alguns estudos podem exigir que os participantes abordem frequentemente questões específicas (como a alimentação diária consumida) e, assim, pode ser necessária alguma forma de estruturação e direcionamento. Determinados participantes podem achar mais fácil um formato mais estruturado – as crianças, por exemplo (O'DONNELL et al., 2013), ou participantes que achem estranho e/ou assustador escrever relatos reflexivos. Foi esse o caso em meu estudo com homens, em que usei um conjunto de instruções (quadro 5.2) para guiar os relatos dos diários; os participantes acharam útil, já que a tarefa era desconhecida para eles. Com objetivos de pesquisa e/ou participantes diferentes, registros em diários não estruturados podem funcionar perfeitamente.

O método do diário qualitativo tem qualidades temporais especiais que o distinguem da maioria dos outros métodos qualitativos – sendo as entrevistas assíncronas via e-mail (cap. 10) uma notável exceção. Os pensamentos e as interpretações dos participantes podem ser registrados em tempo atual ou "real" – especialmente se o participante for disciplinado em registrar os eventos com relativa frequência. Isso pode significar que os participantes precisem se basear menos na memória do que precisariam numa entrevista, por exemplo, facilitando as lembranças (KENYON, 2006). Além disso, o método pode oferecer ideias *longitudinais* e essa é uma das principais vantagens em comparação à maioria dos outros métodos qualitativos. Os diários são escritos durante um período (como algumas semanas ou até meses) – em contraste com uma única entrevista, que capta um relato singular das visões do participante em determinado momento (como das

14h às 15h no dia X). Assim, os diários propiciam ao participante tempo e espaço para construir, alterar, elaborar e ensaiar as suas visões com o passar do tempo e captar mudanças relevantes (como mudanças de visões sobre paternidade, saúde ou bem-estar). A redação de diários também é intermitente, já que os registros são escritos em momentos diferentes, o que pode permitir flexibilidade e variação nos registros e interpretações de eventos do autor. Essa descontinuidade é uma característica positiva dos diários, refletindo a desordem da vida real talvez de modo mais pleno do que alguns outros métodos.

Uma última característica a destacar sobre os diários solicitados é seu emprego tanto em estudos qualitativos quanto quantitativos. Essas diferentes tradições de pesquisa usam formatos de diários um tanto distintos e, como resultado, a literatura sobre diários é diferenciada. Este capítulo se concentra em diários solicitados *qualitativos*, mas os diários atualmente são mais usados em estudos *quantitativos* em disciplinas como estudos de saúde e transportes. Os diários quantitativos tendem mais a registrar informações factuais, e os participantes geralmente recebem modelos on-line ou folhas para registro de dados estritamente prescritos, e são solicitados a preencher cronogramas ou diários diariamente ou até mesmo de hora em hora (ROTH et al., 2014 • KENYON, 2006). Essas formas mais prescritivas de método com diários contrastam com o diário solicitado qualitativo, como usei em meus estudos, que fornece ao autor cadernos em branco ou documentos on-line e a liberdade de escrever o quanto desejar e em qualquer forma de estilo de redação. Saber que essa literatura diferenciada (e abordagem ao uso de diários) existe é importante para ajudar a priorizar e filtrar fontes úteis.

O que os diários solicitados qualitativos oferecem ao pesquisador qualitativo?

Os diários oferecem muito! Podem facilitar o acesso (parcial) aos entendimentos e pensamentos internos do participante e propiciam liberdade de expressão – tendo em mente as limitações impostas pela escrita, cansaço, necessidade de iluminação etc. (METH, 2003). Como a redação é necessariamente um processo criativo e como os relatos dos participantes podem ser construídos ao longo do tempo, os diários dão aos seus autores a oportunidade de gerar conhecimento em maneiras e momentos adequados a ele. Isso pode funcionar com tópicos delicados, em que o autor pode precisar estar "pronto emocionalmente" para compartilhar experiências difíceis ou o espaço do diário pode permitir revelações mais difíceis de expressar pessoalmente. Isso ficou aparente em meus dois projetos (detalhes no quadro 5.1). Por exemplo, no primeiro estudo, autoras explicaram como os diários lhes permitiram detalhar eventos privados e muitas vezes traumáticos pela primeira vez – "Eu não podia falar sobre este problema com a minha família; eu o guardei comigo. Sou a única que sabe sobre ele" (ZN, Diário 34); "Nunca contei isso a ninguém, é a primeira vez que falo a respeito" (F, Diário 11) (METH, 2004: 162).

Os diários também dão aos participantes a chance de "reunir os próprios pensamentos" e não responder imediatamente – também podem interromper e iniciar registros, refletir, pausar e apagar. Isso oferece um grau razoavelmente alto de controle sobre o próprio envolvimento na pesquisa. Como outro exemplo do meu estudo com mulheres, a Sra. F. explicou: "Achei melhor escrever o diário do que falar durante a entrevista em grupo porque escrevi em meu próprio ritmo. Sem pressa. Tive tempo para lembrar... Ajuda ter todas as coisas que não podem ser faladas escritas". Assim, os diários podem ser favoravelmente comparados de muitas maneiras com outros métodos que costumam ter fortes restrições de tempo (p. ex., uma brecha de uma hora de entrevista, um grupo-foco de duas horas).

O método com diários solicitados pode dar aos pesquisadores acesso a *espaços, experiências* e *momentos* em geral inacessíveis (de outra maneira). O que é mais óbvio, os diários podem ser escritos em casa ou espaços de trabalho ou lazer – espaços que podem ser o epicentro de práticas e eventos importantes sendo pesquisados. Por exemplo, Eidse e Turner (2014) usaram diários solicitados em seu trabalho com vendedores de rua em Hanói – uma prática econômica banida – para documentar suas interações diárias com a polícia e as lutas dos vendedores para resistir e marcar um território seu na cidade. A análise de Morrison (2012) sobre amor em casa usou relatos de diários de mulheres para analisar o significado da casa em relação aos seus relacionamentos heterossexuais. Nesses exemplos, a *localização* é fundamental para os entendimentos subjetivos dos participantes sobre a sua vida, e o método com diários facilita um envolvimento próximo com essas localizações. Até métodos etnográficos podem excluir o acesso a alguns desses espaços, já que certas práticas e desempenhos, como amor em casa, ultrapassam os limites da etnografia ética.

Os diários também oferecem acesso *temporal* único, já que os pesquisadores podem acessar dados produzidos fora dos momentos típicos de coleta de dados, como a madrugada ou o início da manhã de um fim de semana. Em meu trabalho, os participantes escreviam seus diários sempre que quisessem, até nesses momentos. No contexto da vida informal na África do Sul, os fins de semana e as noites em geral são momentos de insegurança, porque o consumo de álcool aumenta e a falta de iluminação e policiamento nas ruas deixa os moradores ansiosos. Captar relatos em diários desses momentos mais assustadores aprimorou a realidade "do momento" das experiências. Para pesquisadores tentando entender processos que tenham determinadas dimensões temporais, como solidão, amor, medo e doença, esse potencial pode ser significativo (METH & McCLYMONT, 2009 • MORRISON, 2012).

O método com diários solicitados também pode contribuir potencialmente para a percepção de objetivos *transformativos* mais amplos através de pesquisa. Nos princípios de metodologias feministas de Renzetti (1997), objetivos transformativos incluíam a capacidade da pesquisa de dar voz aos participantes (especialmente os marginalizados), usando a pesquisa para construir relacionamentos de empoderamento entre pesquisador e pesquisado. O método com diários qualitativos se adéqua poderosamente a ambos. Meus dois estudos se pautaram na perspectiva de uma geógrafa feminista sobre a interseção e a coconstituição de gênero, lugar e sociedade (McDOWELL, 1999). Com foco na experiência diária com a violência, pobreza e desigualdade vivida pelos participantes, os diários lhes davam voz, revelando ideias privadas e muitas vezes dolorosas sobre a sua vida estressante. Os participantes podem achar mais fácil escrever sobre preocupações privadas, emocionais ou vergonhosas num diário do que verbalizá-las diretamente a outro indivíduo. Além disso, escrever em diários pode ser especialmente *catártico* para o autor, sendo possivelmente agradável e psicologicamente benéfico (BELL, 1998 • METH, 2003 • METH & McCLYMONT, 2009 • MUNYEWENDE & RISPEL, 2014), gerando a oportunidade de dissipar certos fardos pelo processo da escrita. Um exemplo disso pode ser visto no seguinte excerto de uma entrevista com a Sra. F., que fez parte do meu estudo com mulheres de Durban:

> No meu coração eu sentia que, em nosso sofrimento, tínhamos a oportunidade de falar sobre os nossos sentimentos e como contaríamos ao mundo como a nossa vida era "turbulenta". Escrever no diário era uma tarefa que eu apreciava... Também me sentia aliviada. É como se uma bagagem enorme tivesse sido removida dos meus ombros... Escrever no diário me fazia bem porque eu tinha a oportunidade de rever e desabafar tudo o que me assombrou a vida toda. Eu me sentia muito bem; às vezes eu até ria. Em algum lugar do diário escrevi sobre problemas de emprego. Isso estava me corroendo por dentro, mas eu não podia falar com ninguém... a não ser com o diário. Falar sobre isso é como contar essas coisas ao mundo e isso me deixou melhor. (METH, 2003: 201)

Voltando aos princípios feministas de Renzetti (1997), essa qualidade catártica da escrita em diários pode ser uma função explícita da posição de poder do participante na sociedade – para os marginalizados, o alívio de compartilhar realidades ou memórias dolorosas pode ser imenso (METH, 2003).

Outro fato importante é que os diários, por sua natureza altamente reflexiva, podem oferecer espaço para a *transformação pessoal* do participante (HARVEY,

2011). Os diários podem gerar mudanças no autoentendimento, e o próprio processo de escrever e também refletir sobre os registros pode auxiliar no estímulo para os participantes buscarem determinadas práticas, ou pode ajudar os participantes a reinterpretar práticas existentes de modos mais significativos. Por exemplo, num estudo com diários a respeito de práticas sexuais, Harvey (2011: 671) descreveu o caso de Joy, que, através do processo de escrever diários, mudou a própria "percepção do risco à saúde sexual, [apresentou] um senso maior de autoestima e identificação com discursos feministas de empoderamento feminino". Assim como ocorre com qualquer método, o inverso sempre é possível, e os diários solicitados podem gerar ansiedade. Essa questão ética e as medidas para gerenciá-la são discutidas a seguir.

Quais perguntas de pesquisa se adaptam aos diários solicitados qualitativos?

O método com diários solicitados é notavelmente flexível e capaz de abordar uma ampla gama de objetivos e perguntas de pesquisa. Os estudos qualitativos aos quais me referi neste capítulo já cobrem um espectro extenso de perguntas de pesquisa, mas têm em comum o interesse de entender sentimentos, experiências, ideias e emoções. Conforme detalhado no quadro 5.1, usei diários para questionar a inter-relação entre fenômenos sociais (como violência doméstica, violência e abrigo), assim como fazer perguntas sobre experiências e interpretações dos moradores – e sobre o que acontecia, por que, quando e onde.

Porém, os diários são mais limitados do que métodos como entrevistas para dar aos pesquisadores a oportunidade de questionar, de modo diferente, determinado comentário feito pelo participante – tática usada nas entrevistas para aprofundar ou prolongar a discussão ou esclarecer a declaração do entrevistado. Assim, para perguntas de pesquisa que desejem *destrinchar* "por que" determinado evento ocorreu ou por que uma percepção ocorre, os diários podem não ser muito úteis. Entretanto, diários usados com entrevistas complementares podem resolver algumas dessas questões (discutidas posteriormente).

Desenho, amostragem e questões éticas

O método com diários solicitados exige um desenho inicial cuidadoso, mas depois se torna relativamente simples. Não quero dizer que seja uma opção *fácil*, mas sim reconhecer que o pesquisador define uma estrutura de redação para os participantes, que depois tomam a maior parte das decisões, pois são eles que escrevem o diário. A estrutura é, porém, muito importante e fácil de errar: os participantes podem entender mal o objetivo de escrever o diário ou perder o interesse rapidamente e não participar da tarefa.

Ao desenhar a estrutura, os pesquisadores devem decidir sobre o *objetivo* e o *formato* do diário. Não importa se você estiver usando um formato de diário manuscrito ou eletrônico, você deve escolher uma das duas abordagens: mais aberta ou mais guiada. A abordagem mais aberta envolve o fornecimento de uma série de instruções no início do diário (p. ex., na capa de um diário manuscrito) sem nenhuma outra orientação ou estruturação – o restante do diário permanece em branco. O quadro 5.2 ilustra as orientações que dei a usuários do diário do sexo masculino nesse estilo – eu as colei na contracapa de cadernos em branco. A abordagem mais guiada envolve o fornecimento não somente de instruções no início, mas também orientações para cada registro, ou até modelos, em que cada registro é prescrito até certo ponto por meio de títulos, colunas ou outros recursos assim (para conhecer exemplos dessa abordagem, cf. ALESZEWSKI, 2006 • KENYON, 2006). A primeira abordagem tende a funcionar melhor com diários qualitativos mais narrativos, que pretendam encorajar relatos mais desestruturados, abertos e fluidos. A segunda abordagem pode ser mais útil para pesquisas que busquem obter contribuições mais consistentes e regulares (embora ainda de natureza qualitativa), como informações sobre comportamento em viagens. A vantagem de um desenho mais aberto é que os pesquisadores maximizam a voz, a atividade e a expressão dos participantes. Isso o torna adequado a pesquisas que explorem as experiências e interpretações dos indivíduos sobre as questões. Porém, a falta de estrutura/orientação regular *pode* deixar os participantes confusos e desamparados. Isso pode ser melhorado, dando aos participantes detalhes de contato do pesquisador em caso de necessidade de orientação ou agendando visitas ou "verificações" com os autores dos diários enquanto escrevem. Eidse e Turner (2014), por exemplo, conduziram "entrevistas para conversar" com os autores dos diários alguns dias depois de lhes apresentar a tarefa de redação dos diários para garantir que os participantes estavam "no caminho certo".

Questões de *amostragem* têm uma significação variada no método de diários qualitativos, e as melhores abordagens dependerão de seus objetivos de pesquisa, assim como de considerações práticas de acesso, tempo e orçamento (cf., no cap. 3 de BRAUN & CLARKE, 2013, uma discussão sobre amostragem qualitativa). Em meu trabalho, meu objetivo era obter ideias profundas sobre a vida de determinados homens e mulheres moradores de determinadas áreas a fim de comentar experiências de gênero com a violência nesses locais. Essa abordagem à amostragem pode ser denominada "amostragem ilustrativa ou evocativa" (MASON, 2002: 126) e exigiu que decidíssemos quem seria "a melhor ilustração" das experiências de gênero e violência. A fim de tentar variar essas ilustrações, objetivamos selecionar participantes com idades variadas, mas, por causa de sua localização (e do histórico racial da África do Sul), todos eram etnicamente similares. Além disso, em virtude da necessidade de usar facilitadores para acessar moradores que viviam informalmente, tivemos menos controle sobre a nossa seleção do que teríamos de outra maneira.

O *número* de participantes deve ser determinado pelo desenho e lógica do seu estudo, e a pergunta principal é: Quantos diários são necessários para construir um argumento? Isso também dependerá de sua abordagem analítica e será formatado pelos orçamentos e restrições de tempo do projeto, e pelo período de redação. Meus projetos solicitaram trinta diários com mulheres e vinte diários com homens, cada um por um período de quatro semanas. Em ambos, o volume de dados produzidos por cada participante nesse período variou extensamente: de aproximadamente 4.000 a 31.000 palavras, com a maioria da redação passando de 10.000 palavras. Recentemente fiz uma experiência com diários escritos num período de duas semanas; eles geraram volumes entre 5.500 e 13.000 palavras, indicando que o tempo corresponde muito ao tamanho dos diários.

Pode-se dizer que o uso de amostras mais amplas de participantes (mais de 20, p. ex.) pode auxiliar a produção de entendimentos mais profundos do seu tópico, assim como sugerir a "generalidade" dos conteúdos dos diários. Se questões particulares – talvez inesperadas – forem suscitadas por múltiplos autores de diários individuais, isso sugere algo que pode ser relevante para um grupo mais amplo. Por exemplo, eu não previ referências às funções desempenhadas por curandeiros e pelo cristianismo na formatação da vida diária dos moradores, sugerindo soluções a problemas pessoais e criminais, e oferecendo um modo de entender o mundo, porém isso foi ponderado como algo importante em muitas das contribuições dos diários. Essas referências repetidas, acessadas através de uma amostra mais extensa, sugeriram a mim que essa era uma questão importante para entender a violência nesse contexto. Contudo, assim como ocorre com toda pesquisa qualitativa, cuidado com alegações irreflexivas de generalização!

Questões de amostragem e seleção provocam preocupações éticas, especialmente porque nem todos os participantes são igualmente capazes de consentir e participar da redação de diários. Um desafio óbvio com os diários escritos é a falta de letramento ou de confiança nos próprios conhecimentos de escrita. Isso pode ser administrado de modos diferentes: testando os participantes antes de convidá-los a redigir diários, embora corra-se o risco de excluir participantes, ou permitindo que os participantes usem a família ou os amigos para escrever em seu lugar. Essa última solução pode ser eficaz, mas levanta questões de privacidade e significa que os dados são produzidos por um processo distinto, sendo diferentes portanto de narrativas produzidas pessoalmente. Pautada em minhas experiências, sugiro o emprego de sensibilidade e orientações éticas de senso comum (METH, 2003) para tomar uma decisão sobre o melhor modo de proceder. Se você optar por essa abordagem, deverá discutir as implicações de privacidade no início, e os participantes adultos poderão optar por aceitar ou recusar. Se for usada, os participantes devem receber a garantia de que, se a prática se tornar comprometedora para eles ou seus "escribas", terão a liberdade de cancelar a participação. Alternativamente, os participantes podem usar outras formas de redação de diários, talvez em áudio, fotografia ou vídeo, o que pode contornar dificuldades de letramento ou outras (WORTH, 2009). Além disso, se for relevante ou for uma opção, os autores deverão ser incentivados a escrever no idioma no qual se sintam mais à vontade (cf. um exemplo em zulu, acompanhado da tradução em português, na figura 5.1).

Os pesquisadores também devem ficar atentos às restrições de tempo e ao esforço de redigir um diário (EIDSE & TURNER, 2014, expressaram essas preocupações sobre o seu estudo com vendedores de rua), e ponderar isso nas decisões sobre a duração esperada para os participantes redigirem os diários, e a estrutura de tempo total da coleta de diários. Em meus dois projetos, pedimos aos autores para levarem quatro semanas redigindo os diários; Eidse e Turner pediram aos vendedores do Vietnã para redigi-los em uma semana. Juntamente com as considerações dos participantes, a escolha do tempo se baseia na praticidade do pesquisador, como o tempo de permanência "em campo", a duração do projeto e outros métodos de coleta de dados empregados, combinados com uma reflexão cuidadosa sobre quais tipos de informações o pesquisador espera obter e considerando quanto tempo possa ser necessário para acessar os melhores dados para o estudo. Você também deve considerar se alguma "compensação" pelo tempo é apropriada. A questão do "pagamento" é eticamente delicada (HAMMETT & SPORTON, 2012) e você deve considerar com cuidado essa questão e justificar qualquer compensação em sua solicitação ética. Os pagamentos, quando efetuados, devem ser localmente apropriados! Pagamos aos autores cerca de £10 por diário completo por acharmos que se tratava de uma compensação apropriada pelos seus esforços. Entretanto, reconheça que até o pagamento de uma pequena quantia, principalmente em contextos de pobreza, pode reforçar relações de poder desiguais (HAMMETT & SPORTON, 2012) e possivelmente agir como "coerção" para continuar a participação no caso de relutância.

Os diários podem apresentar desafios significativos à privacidade e possivelmente até à segurança dos participantes. Da perspectiva do pesquisador, todos os

Figura 5.1 *Um exemplo de registro em diário escrito em zulu por um participante do sexo masculino*

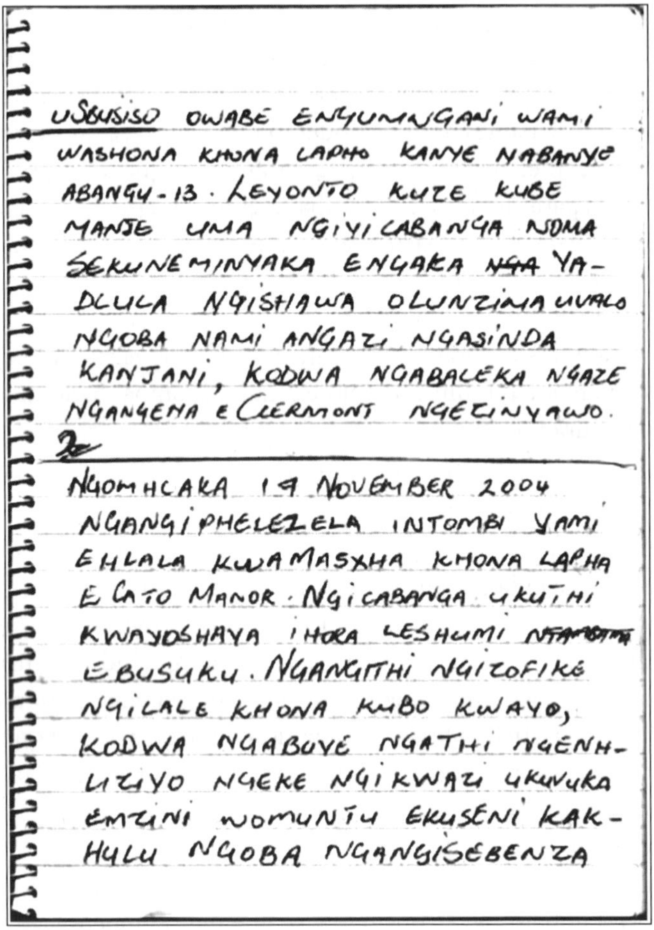

```
USUSISO OWABE ENYUMNGANI WAMI
WASHONA KHONA LAPHO KANYE NABANYE
ABANGU-13. LEYONTO KUZE KUBE
MANJE UMA NGIYICABANGA NOMA
SEKUNEMINYAKA ENGAKA NGA YA-
DLULA NGISHAWA OLUNZIMA UVALO
NGOBA NAMI ANGAZI NGASINDA
KANJANI, KODWA NGABALEKA NGAZE
NGANGENA e CLERMONT NGETINYAWO.

2

NGOMHLAKA 19 NOVEMBER 2004
NGANGIPHELEZELA INTOMBI YAMI
EHLALA KWAMASXHA KHONA LAPHA
E CATO MANOR. NGICABANGA UKUTHI
KWAYOSHAYA IHORA LESHUMI
EBUSUKU. NGANGITHI NGIZOFIKE
NGILALE KHONA KWABO KWAYO,
KODWA NGABUYE NGATHI NGENH-
LIZIYO NGEKE NGIKWAZI UKUVUKA
EMZINI WOMUNTU EKUSENI KAK-
HULU NGOBA NGANGISEBENZA
```

Tradução:

Sibusiso era um dos meus amigos e morreu junto com 13 pessoas. Esse incidente aconteceu anos atrás, mas o meu coração ainda lembra. Quando penso nesse incidente, o meu coração dispara porque não sei como me salvei, porque eu estava lá com o meu amigo, mas corri até chegar a Clermont.

2

Em 17 de novembro de 2004, eu acompanhava a minha namorada até a casa dela; ela mora em Masxha, em Cato Manor. Era umas dez horas da noite. Eu planejava dormir lá, mas sentia preguiça de acordar cedo no outro dia na casa de alguém porque trabalho.

registros dos participantes devem ser mantidos em anonimato e você deve evitar citar os registros de modo a revelar acidentalmente a identidade do autor. Para os participantes, os diários (especialmente se privados) podem precisar ser escondidos dos familiares durante o período de redação, e os pesquisadores devem considerar as implicações para a segurança do participante se os diários forem encontrados e lidos. É eticamente necessário alertar os participantes sobre esses riscos (i.e., pensar nas consequências de uma pessoa "indesejada" ler o diário), assim como sugerir estratégias para administrar e diluir esses riscos. Em meu trabalho, pedir a mulheres e depois a homens para escrever sobre violência, inclusive em casa, representava risco ao se redigir registros no diário no espaço doméstico: outros familiares, inclusive quaisquer perpetradores ou vítimas de violência, poderiam ver ou ler o que o autor estava escrevendo. Alguns autores argumentavam que escreviam tarde da noite ou escondiam seus diários sob outros itens da casa para evitar essas preocupações. Se isso for um problema, os pesquisadores podem sugerir locais alternativos para escrever (como a biblioteca local ou alguns horários agendados num centro comunitário), considerar modos de registros nos diários que possam ser mais privados (talvez eletrônicos) ou empregar outro método (como entrevistas).

Finalmente, escrever diários pode provocar uma série de reações emocionais nos participantes, incluindo ansiedade, já que escreverão ou refletirão sobre memórias difíceis. Isso foi expresso por Philani, um dos participantes do sexo masculino, em nossa entrevista:

> Algumas histórias me [deixaram] triste, aquela história de [ser] preso e perder o emprego. Quando eu escrevi, senti raiva disso... [e] às vezes eu ficava triste porque outras histórias me lembravam [daquilo] que tentei esquecer na vida.

Antes do estudo, os pesquisadores devem incentivar os participantes a somente compartilhar aquilo que os deixe à vontade e lembrar que a saída do projeto é possível se o envolvimento se mostrar problemático. Porém, como o pesquisador não estará presente quando a redação do diário ocorrer, poderá ser mais difícil dar apoio e orientação se compararmos esse método a alguns métodos presenciais. Garantir que o participante tenha algum modo de contatar o pesquisador ou incorporar algum contato ocasional pode equilibrar essa questão.

Passos para usar os diários solicitados qualitativos

Antes de embarcar nos diários solicitados, seja claro com o seu foco pretendido, porque isso o ajudará a identificar os materiais nos quais os diários deverão se concentrar e quem você deve buscar envolver em seu estudo. Depois de decidir essas questões, os seguintes passos podem guiar você no processo de pesquisa com diários:

1) *Identifique os participantes-alvo para seu projeto, tendo em mente potenciais desafios de acesso.* Se for necessária permissão ou facilitação de "guardiões" para o acesso, trabalhe na construção de contatos e na busca por essa permissão. Em meu trabalho, o acesso foi obtido através de representantes comunitários que ajudaram a encontrar participantes dispostos. Não precisamos obter permissão propriamente dita, mas com certeza o acesso teria sido impossível sem a assistência dos nossos representantes.

2) *Identifique quantos participantes você precisa abordar.* Lembre-se de que nem todos os autores de diários terminarão a tarefa! Embora não exista um índice claro sobre taxas de abandono em pesquisas usando diários solicitados qualitativos, aconselho você a convidar mais participantes do que seu tamanho de amostra ideal – como 10% a mais – e/ou oferecer alguma compensação, se isso for apropriado. Em meus estudos, alcançamos 100% de participação, mas isso, sem dúvida, foi moldado pela compensação monetária (como comentei, oferecemos £10 por diário).

3) *Determine o modo de coleta e prepare todos os materiais necessários.* Primeiro decida qual modo de coleta será usado (p. ex., diário manuscrito, digitado ou em áudio), já que isso determinará quais materiais precisam ser preparados – como canetas e blocos em branco para diários manuscritos, um tablet ou computador para diários digitados, embora os participantes possam ser capazes de usar a própria tecnologia (computadores, telefones, tablets etc.). Evite pressuposições sobre acesso à tecnologia e o desejo de usá-la para não correr o risco de excluir participantes por motivos de custo e/ou possível vergonha em revelar isso.

4) *Identifique o período de redação apropriado.* Isso precisa satisfazer os objetivos da sua pesquisa *e* ser aceito pelos seus participantes. Em alguns estudos com diários, determinado período pode ser vital (uma semana, um mês ou um ano, p. ex.) para revelar ciclos, padrões e/ou processos ao longo de certo período – por exemplo, se você estiver interessado no uso da renda mensal ou nas emoções ao longo de épocas diferentes. Depende claramente do tópico – e, para cronogramas mais longos, também é necessário decidir a *regularidade* que você espera para a conclusão dos registros pelos seus participantes.

5) *Esboce e refaça o esboço de quaisquer "instruções" necessárias aos participantes, explicando a tarefa com muita clareza, talvez até dando um exemplo do que podem escrever* (ex. no quadro 5.2; ALASZEWSKI (2006) também dá bons

exemplos de vários tipos de instrução). Evite "informações de comando" que prejulguem sentimentos ou experiências dos participantes, como "descreva por que você não gosta desta área". As orientações que você der aqui são *cruciais* porque, depois dos encontros iniciais com os participantes, as instruções escritas podem ser a única conexão entre o participante e o pesquisador durante a coleta de dados – especialmente se "conversas" não tiverem sido agendadas. Se as instruções não forem claras, tudo pode dar horrivelmente errado! Se as instruções precisarem ser traduzidas para outro idioma, garanta que as palavras usadas tenham um sentido comparável e sejam culturalmente apropriadas.

6) *Teste o diário.* Dada a necessidade de clareza, testes com alguns participantes são o ideal porque permitem esclarecer quaisquer problemas, inclusive a clareza das instruções e a viabilidade do método para coletar os dados desejados. Pode não ser necessário testar toda a coleta de dados planejada, mas recomendo alguma forma de teste, se possível.

7) *Decida como começará a tarefa de redação dos diários.* Um encontro presencial é o ideal para explicar e discutir plenamente o método, abranger considerações éticas e obter consentimento. Uma discussão on-line pode ser suficiente, mas os documentos de consentimento assinados precisariam ser coletados ou devolvidos separadamente. Em meus estudos, a redação de diários foi discutida com os participantes após seu envolvimento em discussões de grupos-foco, e estarem fisicamente presentes permitiu aos autores dos diários esclarecer dúvidas conosco, discutir a tarefa com os colegas e ler todas as instruções para verificar se haviam entendido o que precisavam fazer. Esse encontro também permitiu uma discussão completa e franca sobre divulgação e ética. Todavia, a menos que seja parte de um desenho geral (como foi o nosso), isso pode não funcionar – especialmente porque é *difícil* agendar encontros em grupo! No fim das contas, o segredo é encontrar um modo e uma maneira que se ajustem aos participantes e também a você, e garantam que todas e quaisquer perguntas possam ser feitas.

8) *Ajuste um horário e uma data para a coleta, e também quando e como os participantes podem contatar o pesquisador durante a fase de redação dos diários.* O acesso a orientações e apoio pode ser inestimável para manter os participantes no trabalho e garantir que os dados sejam recebidos no final (EIDSE & TURNER, 2014). Em meus estudos, alguns dos participantes se comunicaram por telefone para discutir seus diários e ficou evidente que alguns se sentiam ansiosos com o que era esperado deles. Conversar com eles a respeito ajudou a aliviar essas preocupações antes, o que resultou na obtenção de dados que poderíamos ter perdido de outro modo.

Quadro 5.2 *Exemplo de instruções de diários – Estudo "Experiência dos homens com a violência em assentamentos informais na África do Sul"*

Ajuda para escrever o seu diário

Prezado autor,

Obrigada por concordar em escrever este diário para minha pesquisa. Este é um método inusitado de pesquisa, mas é usado porque entrevistas apenas mostram o que uma pessoa está pensando em um dia, não em muitos dias. Escrever um diário permite a você contar suas histórias pessoais por um período mais longo. Nos trabalhos escritos nas universidades, não se sabe muito sobre o que os homens pensam a respeito de violência e crime – e é por isso que desejo saber mais.

Você pode escrever o que quiser no diário, mas meu interesse específico é saber sobre os seus sentimentos diários de medo e experiências com a violência e o crime. Esses medos e experiências podem ser aqueles que você sofreu pessoalmente ou que afetaram algum conhecido ou alguém que você tenha ouvido falar. Podem ser experiências que estejam acontecendo agora ou até que já tenham acontecido. Meu interesse é saber QUAIS foram essas experiências ou medos e COMO você os administrou ou reagiu a eles. Este diário é uma chance para você escrever suas histórias pessoais sobre violência e crime – não existe resposta certa ou errada, qualquer coisa que você escrever será útil e nos ajudará a entender suas experiências diárias. Eu guardarei seu nome em segredo; por exemplo, se o seu nome for Sr. Dlamini, eu o chamarei de Sr. D. quando redigir meus relatórios de pesquisa.

Você pode tentar dar os seguintes detalhes sobre cada descrição (se possível)?

1) QUANDO foi? (data/tempo)

2) DE QUEM você teve medo? (outros homens/crianças/namorada)

3) O QUE aconteceu? (descreva o evento)

4) COMO você lidou com isso? (fugiu, reagiu, chamou a polícia, se escondeu, ignorou, rezou, encontrou amigos, evitou passar por uma rua, p. ex.?)

Mesmo querendo que você inclua algo sobre os quatro pontos acima, escreva em frases completas, se possível, e, se houver qualquer outra coisa que você queira dizer ou elaborar, tudo bem.

Faça o diário durante seis semanas e depois o devolva conforme combinado. Você será pago por escrever e devolver o diário, porque entendo que escrever um diário toma tempo. Não espero que você escreva todos os dias. Em alguns dias você pode escrever muito e, em outros dias, pode escrever apenas algumas palavras ou nada, tudo bem.

Obrigada, Dra. Meth.

Diário de Paula Meth (é apenas um exemplo para você):

Em 1º de dezembro de 2002, eu estava dirigindo em KwaMashu quando um jovem se aproximou do meu carro. No início ele foi simpático, depois colocou a mão no carro e puxou as chaves da ignição. Saí do carro com o meu amigo e deixei o jovem levar o carro. Ele não conseguia dar partida, então saltou do carro e veio na minha direção. Fiquei muito assustada. Eu lhe dei a minha bolsa para que não me ferisse. Ele fugiu, por sorte jogou as chaves no chão. Meu amigo e eu entramos de novo no carro e fomos embora. Ficamos muito perturbados e assustados. E ficamos felizes porque ele não nos feriu.

9) *Colete os dados dos diários – o que pode ser presencialmente ou por correio/e--mail.* Em minha experiência, a entrega foi um momento significativo, já que os autores dos diários estavam nervosos, mas também orgulhosos do seu "trabalho". Portanto, meu conselho é uma coleta presencial dos diários sempre que possível; ela também permite um momento de "conversa" ética adicional para os pesquisadores, o que pode ser valioso para tópicos muito delicados.

10) *Apresente as expectativas de contato contínuo.* Os pesquisadores podem desejar mais acesso aos participantes após a conclusão para conduzir entrevistas complementares ou discussões informais a fim de verificar e esclarecer registros de diários, algo que costuma ocorrer durante a tradução e/ou análise. Isso deve ser explicado com antecedência.

O que pode dar errado com os diários solicitados qualitativos?

Muitos dos desafios e problemas na pesquisa com diários solicitados se relacionam à ausência do pesquisador durante a produção de dados (como a redação de registros no diário). Um risco é que os participantes escrevam registros sem foco e sentido ou escrevam em formato imprevisto que não seja analiticamente útil. Em meu trabalho, todos os participantes optaram por redigir seus registros de um modo que não era cronologicamente organizado. Por exemplo, a primeira página do diário de Philani tinha estes subtítulos: "Em 19 de setembro de 2003...; Em 1998...; Em junho de 2004...; Em janeiro...; Em janeiro de 2006..." Essa sequência temporalmente aleatória refletia sua opção de foco no assunto e no tempo, assim como seu entendimento do que era o diário. Se você exigir algum formato ou foco específico nos registros, será necessário especificar.

Isso se relaciona a outro risco: registros fora do assunto. Embora eu dissesse que não existe algo como contribuição "errada" (qualquer contribuição revela *alguma coisa* sobre o participante ou a questão), alguns casos podem ocorrer em que os participantes optam por escrever sobre algo inteiramente diferente do foco do projeto. Como é usual com toda pesquisa qualitativa, registros imprevistos e fora do assunto podem ser encarados como uma oportunidade ou desafio em potencial. Os diários completos podem não conter o material esperado em termos do foco do projeto, mas, do mesmo modo, tais registros imprevistos podem ser oportunidades importantes para ampliar e repensar as perguntas de pesquisa originais ou o escopo de relevância acerca do tópico.

A forma de expressão dos participantes também pode representar alguns desafios – por exemplo, eles podem usar um jargão local que você não entenda e exija uma explicação subsequente. As contribuições podem estar vinculadas de maneira fraca, com lacunas nas histórias ou explicações, o que pode ser confuso ou até analiticamente inútil. Os registros também podem gerar relatos muito superficiais ou batidos, sem profundidade e detalhes, não atingindo portanto o núcleo da experiência ou questão que você esteja pesquisando. Todas essas questões podem ser, de certa forma, evitadas dando-se instruções bem claras, mas você não deve dar tantas instruções a ponto de o participante se sentir engessado em suas respostas. Uma outra forma de abordar isso pode ser construir uma entrevista complementar ou encontro em seu desenho de pesquisa para lidar com essas questões.

Outros riscos se relacionam ao envolvimento e à persistência. Escrever num diário toma tempo e pode ser chato e repetitivo para os participantes – existe o risco de os participantes perderem o interesse e deixarem de se envolver na tarefa de redação ou até desistirem. Algum tipo de compensação (monetária ou outra) *pode* ser eficaz para maximizar a vontade dos autores de escrever os diários, mas suscita considerações éticas, como já discutimos. Também há implicações de custo para os pesquisadores e em geral é difícil para alunos pesquisadores.

Um risco bem diferente é a possibilidade de o participante (ou até o pesquisador) perder os diários (impressos) – portanto, quanto mais cedo forem feitas cópias de segurança, melhor. Pode parecer excesso de cuidado, mas, em meu projeto com mulheres, dez diários foram perdidos trinta minutos após tê-los recebido por causa de um incidente de sequestro de carro na África do Sul. No projeto posterior, com homens, agendei a coleta dos diários num local relativamente seguro perto do assentamento dos moradores para reduzir o risco de roubo.

Finalmente, um problema um tanto diferente pode surgir quando não se calcula o tempo (ou o dinheiro) efetivamente. Se os diários forem manuscritos, você deve digitar o conteúdo, usando um programa de processamento de texto – o que é essencial se você pretender usar um software de análise de dados qualitativos assistido por computador, como o NVivo, durante a análise. Isso demora, porém é menos demorado do que a transcrição de dados em áudio, então leve isso em conta se usar diários em áudio ou vídeo. Se os diários forem escritos em outro idioma, pode ser caro traduzi-los se você precisar da ajuda de um tradutor. Em minha experiência, isso consumiu uma parte substancial do tempo e do orçamento do projeto, porque os diários estavam manuscritos em zulu, e depois foram traduzidos e transcritos para o inglês, para análise (figura 5.1). Se esses custos não forem efetivamente considerados na fase de desenho, a fase de análise será afetada – ou o projeto se arrastará além do cronograma previsto.

Quais métodos de análise se adaptam aos dados dos diários solicitados qualitativos?

Uma variedade de métodos foi usada pelos pesquisadores para analisar seus diários solicitados, inclusive análise narrativa (WILES et al., 2005), análise do discurso (MASON, 2002) e análise semiótica, que explora ausências, o estudo dos signos e as construções dos significados (CRANG, 1997 • KELLEHEAR, 1993). Em minha pesquisa, usei a análise temática, o que envolvia a leitura e releitura dos textos, buscando códigos analíticos descritivos e subsequentes, e temas mais amplos dentro do roteiro (COPE, 2003 • METH & McCLYMONT, 2009). Uma análise qualitativa como essa em geral acontece à mão, embora pacotes de software como Nudist ou NVivo possam ser usados para facilitar o processo. Achei que o NVivo ofereceu um mecanismo útil para gerenciar uma quantidade substancial de dados no projeto com os homens.

Durante a análise, é importante que os pesquisadores investiguem quais tipos de participantes – e, consequentemente, quais experiências, vidas, situações etc. – *não* estão incluídos nos dados e também quais narrativas estão ausentes nos relatos de diários individuais. Essas ausências apontam ênfases fascinantes nas interpretações que os indivíduos fazem dos eventos e podem informar a natureza das alegações de conhecimento feitas. Um exemplo do meu trabalho é que, nos diários dos participantes, a função do estado de *apartheid* raramente era mencionada, apesar de muitos autores de diários buscarem estratégias narrativas altamente históricas. Essa ausência de discussão foi intrigante, considerando a escala e a dominação da experiência com o *apartheid*. Isso sugere que os autores se concentraram em sua escala imediata (o seu bairro, a própria vida) ao buscarem indícios ou explicações para suas experiências. Como acontece com todos os métodos qualitativos, é crucial abordar a análise com um senso muito forte do contexto da pesquisa e dos relatos dos participantes. Minha abordagem à interpretação e análise dos diários exigiu uma apreciação constante da natureza subjetiva dos registros nos diários, assim como a função subjetiva desempenhada pelo(s) pesquisador(es) na formatação do material. Isso exigiu que eu reconhecesse ativamente meus próprios significados e experiências, e também os do meu assistente de pesquisa, e considerasse como eles formatavam minhas interpretações (METH & McCLYMONT, 2009).

Conclusão

Este panorama sobre diários solicitados como método para pesquisadores qualitativos descreveu benefícios e desafios do método, com base em meu uso real desta abordagem. O capítulo abrangeu considerações fundamentais, tanto práticas quanto metodológicas, para que os pesquisadores tomem decisões abalizadas sobre a propriedade deste método em seu próprio trabalho. No quadro 5.3, reflito sobre o uso deste método e como o achei benéfico.

> **Quadro 5.3** *Reflexões sobre o uso de diários solicitados*
>
> O método de diários qualitativos foi uma jornada significativa para mim e, sem querer, alimentou meu interesse em metodologia e métodos qualitativos inovadores. Minha decisão de usar o método foi relativamente arbitrária, já que eu não o havia encontrado como um método recomendado antes do meu primeiro projeto, e não estava claro para mim se os participantes o acolheriam. O envolvimento bem-sucedido dos participantes com os diários evidencia as vantagens de ser criativo num contexto de consideração da ética e também do objetivo da pesquisa em geral. Na área de geografia humana, a redação de diários se tornou uma abordagem mais popular, embora alternativa, à pesquisa de questões complexas. Nessa área, acho que os diários funcionam melhor quando combinados com outros métodos, mas, em meu trabalho, os diários são um "trunfo" se comparados a outros métodos em termos de qualidade dos dados. Como parte dos estudos de métodos combinados, eu particularmente valorizo a ideia longitudinal adicional que os diários propiciam, assim como a profundidade narrativa disponível nas contribuições dos diários. Recentemente (neste mês!) voltei a usar diários em meu trabalho seguindo minha própria avaliação crítica de alguns projetos em pequena escala que conduzi nos últimos anos. Eles simplesmente se pautavam em grupos-foco e entrevistas e acho que geravam dados mais rasos e menos instigantes. Eu não havia abandonado os diários por qualquer outro motivo que não fossem os custos; portanto, guiada pelas minhas motivações a respeito da qualidade dos dados *e* limites práticos (custos e tempo), atualmente estou testando diários escritos num período de duas semanas; minhas primeiras reflexões é que eles valem muito a pena, contendo comentários ricos que correspondem às minhas perguntas de pesquisa. Estou aliviada por ter voltado a conviver com o meu método favorito, mesmo de forma diferente!

Experimente...

Leia e reflita... Usando um site de busca (como o Google Acadêmico), busque artigos de revistas especializadas que descrevam o uso e a análise de diários qualitativos como uma técnica principal. Termos como "pesquisa com diários", "diários solicitados", "métodos qualitativos com diários" devem funcionar. Selecione um artigo de três disciplinas diferentes (p. ex., geografia, psicologia e sociologia) e baixe-os. Usando esses três artigos, identifique as seguintes características do método com diários, conforme a descrição do(s) autor(es):

1) Qual era o *objetivo* geral do projeto de pesquisa? Se disponível, quais tipos de perguntas o projeto estava buscando responder?

2) *Para que* os diários estavam sendo usados neste projeto?

3) Quais *ideias* em especial os diários ofereciam aos pesquisadores?

Usando esse panorama, reflita sobre os seus próprios interesses, objetivos e perguntas de pesquisa, e considere as semelhanças e diferenças em relação aos três projetos que você analisou. Essa reflexão sugere que o método com diários é uma ferramenta relevante de coleta de dados para você? Em caso afirmativo, por quê?

Transforme-se num participante... Testar os métodos com *você mesmo* é útil para ter ideias sobre o funcionamento do método e sobre o que os participantes podem experimentar ao se envolverem com determinado método. Trace o objetivo de redigir um diário por dia durante duas semanas. Escolha um tópico que seja realmente do seu interesse (p. ex., participação em exercícios, alegrias e tribulações da amizade, experiência com uso de mídias sociais, o que e como você come) e escreva sobre ele de maneiras diferentes. Na 1ª semana, tente registrar *os detalhes básicos* da questão que você selecionou. Por exemplo, se estiver registrando seus exercícios por uma semana, pode começar assim:

> Terça-feira: Caminhei rapidamente por 45 minutos de manhã / nada à tarde / Pilates à noite.
> Quarta-feira: Não me exercitei de manhã / caminhei 20 minutos à tarde / 1 hora de aula de dança à noite.

No fim da 1ª semana, avalie o registro no diário, perguntando a si mesmo o quanto pode aprender com seus registros e *quais tipos de perguntas* eles podem ajudar a responder. Considere o que não pode ser aprendido com eles. Reflita sobre como você, na qualidade de participante, se sentiu escrevendo os registros e revendo-os no fim da semana.

Na 2ª semana, faça registros narrativos mais completos sobre o mesmo tópico – incluindo não somente o que você fez, mas suas experiências ou descrições emocionais e outras que sejam relevantes – escreva o quanto quiser por dia. Os registros podem ser assim:

> Terça-feira: Uma caminhada adorável de manhã, o vento estava gelado, mas o dia estava claro, eu fiquei sem fôlego, mas revigorada. Fiquei sentada o dia todo, então me senti rígida e preguiçosa, mas a aula de pilates à noite me despertou, as costas doem menos agora e foi bom conversar com Claire.
> Quarta-feira: Usei muito o carro hoje, o que não é bom, mas o tempo estava horrível e me sinto cansada de novo. Caminhei um pouco à tarde e, à noite, tive aula de dança, foi divertido, mas foi meio técnico, então não deu para suar muito. O alongamento no final foi bom, me lembrou de que meu tendão ainda doía. Mesmo quando fico cansada, me sinto bem depois de me exercitar.

No fim da 2ª semana, avalie os dados do segundo diário, mais uma vez se perguntando o que pode e não pode ser aprendido com os registros. Reflita sobre as diferenças entre os dois diários em termos de conteúdo, profundidade, estilo e esforço, encarando os registros do seu diário como "dados". Considere honestamente como se sentiu redigindo esses diários – a tarefa foi penosa, estimulante e/ou alguma outra coisa? Como você poderia amenizar algumas negativas sobre a redação dos diários se fosse usar esse método?

Outros recursos: on-line

Você pode consultar uma série de vídeos, slides e documentos relativos ao uso de diários em pesquisas no Centro Nacional de Métodos de Pesquisa: www.ncrm.co.uk

Outros recursos: leituras

Com uma extensa discussão sobre diários como método de pesquisa, este livro abrange a organização de pesquisa com diários, coleta de dados e análise. O capítulo 4 contém orientações para estruturar os diários de modo a maximizar o envolvimento do participante: ALASZEWSKI, A.M. (2006). *Using diaries for social research*. Londres: Sage Publications.

Exemplo de uso dos diários solicitados na pesquisa qualitativa com participantes do sexo masculino e feminino em períodos relativamente extensos (i.e., em média 23 semanas): MILLIGAN, C.; BINGLEY, A. & GATRELL, A. (2005). Digging deep: Using diary techniques to explore the place of health and well-being amongst older people. In: *Social Science & Medicine*, 61 (9), p. 1.882-1.892.

Panorama de várias formas de diários (vídeo, áudio, diários de pesquisadores) e uso de diários como parte de uma abordagem com múltiplos métodos: METH, P. (2009). Methods: Diaries (video, audio or written). In: KITCHIN, R. & THRIFT, N. (eds.). *International encyclopedia of human geography*. Vol. 1. Oxford: Elsevier, p. 150-155.

Exemplo de uso dos diários solicitados na pesquisa qualitativa, inclusive acessando situações e espaços de difícil alcance: MORRISON, C.-A. (2012). Solicited diaries and the everyday geographies of heterosexual love and home: Reflections on methodological process and practice. In: *Area*, 44 (1), p. 68-75.

Referências

ALASZEWSKI, A.M. (2006). *Using diaries for social research*. Londres: Sage Publications.

BELL, L. (1998). Public and private meanings in diaries: Researching family and childcare. In: RIBBENS, J. & EDWARDS, R. (eds.). *Feminist dilemmas in qualitative research*: Public knowledge and private lives. Londres: Sage Publications, p. 72-86.

BRAUN, V. & CLARKE, V. (2013). *Successful qualitative research*: A practical guide for beginners. Londres: Sage Publications.

COPE, M. (2003). Coding transcripts and diaries. In: CLIFFORD, N. & VALENTINE, D. (eds.). *Key methods in geography*. Londres: Sage Publications, p. 445-460.

CRANG, M. (1997). Analyzing qualitative materials. In: FLOWERDEW, R. & MARTIN, D. (eds.). *Methods in human geography*. Londres: Longman, p. 183-196.

EIDSE, N. & TURNER, S. (2014). Doing resistance their own way: Counter-narratives of street vending in Hanoi, Vietnam through solicited journaling. In: *Area*, 46 (3), p. 242-248.

ELLIOTT, H. (1997). The use of diaries in sociological research on health experience. In: *Sociological Research Online*, 2 (2). Disponível em: www.socresonline.org.uk/2/2/7.html

GIBSON, B.; MISTRY, B.; SMITH, B.; YOSHIDA, K.; ABBOTT, D.; LINDSAY, S. & HAMDANI, Y. (2013). The integrated use of audio diaries, photography, and interviews in research with disabled young men. In: *International Journal of Qualitative Methods*, 12 (1), p. 382-402.

HAMMETT, D. & SPORTON, D. (2012). Paying for interviews? Negotiating ethics, power and expectation. In: *Area*, 44 (4), p. 496-502.

HARVEY, L. (2011). Intimate reflections: Private diaries in qualitative research. In: *Qualitative Research*, 11 (6), p. 664-682.

KELLEHEAR, A. (1993). *The unobtrusive researcher*. Sydney: Allen and Unwin.

KENYON, S. (2006). The "accessibility diary": Discussing a new methodological approach to understand the impact of Internet use upon personal travel and activity participation. In: *Journal of Transport Geography*, 14 (2), p. 123-134.

MASON, J. (2002). *Qualitative researching*. 2. ed. Londres: Sage Publications.

McDOWELL, L. (1999). *Gender, identity and place*: Understanding feminist geographies. Cambridge: Polity Press.

METH, P. (2004). Using diaries to understand women's responses to crime and violence. In: *Environment and Urbanization*, 16 (2), p. 153-164.

_____ (2003). Entries and omissions: Using solicited diaries in geographical research. In: *Area*, 35 (2), p. 195-205.

METH, P. & McCLYMONT, K. (2009). Researching men: The politics and possibilities of a mixed methods approach. In: *Social & Cultural Geography*, 10 (8), p. 909-925.

MORRISON, C.-A. (2012). Solicited diaries and the everyday geographies of heterosexual love and home: Reflections on methodological process and practice. In: *Area*, 44 (1), p. 68-75.

MUNYEWENDE, P. & RISPEL, L. (2014). Using diaries to explore the work experiences of primary health care nursing managers in two South African provinces. In: *Global Health Action*, 7, p. 1-10.

ODENDAAL, W.; HAUSLER, H.; TOMLINSON, M.; LEWIN, S. & MTSHIZANA, Y (2012). The use of audio and visual diaries to explore the adherence behaviours of HIV and TB patients: A South African study. In: *International Journal of Psychology*, 47 (S1), p. 470.

O'DONNELL, S.C.; MARSHMAN, Z. & ZAITOUN, H. (2013). "Surviving the sting": The use of solicited diaries in children and young people with oral mucosal disease. In: *International Journal of Paediatric Dentistry*, 23 (5), p. 352-358.

RENZETTI, C. (1997). Confessions of a reformed positivist: Feminist participatory research as good social science. In: SCHWARTZ, M. (ed.). *Researching sexual violence against women*: Methodological and personal perspectives. Thousand Oaks, CA: Sage Publications, p. 131-143.

ROTH, A.; HENSEL, D.; FORTENBERRY, J.; GARFEIN, R.; GUNN, J. & WIEHE, S. (2014). Feasibility and acceptability of cell phone diaries to measure HIV risk behavior among female sex workers. In: *AIDS and Behaviour*, 18 (12), p. 2.314-2.324.

WILES, J.L.; ROSENBERG, M.W. & KEARNS, R.A. (2005). Narrative analysis as a strategy for understanding interview talk in geographic research. In: *Area*, 37 (1), p. 89-99.

WORTH, N. (2009). Making use of audio diaries in research with young people: Examining narrative, participation and audience. In: *Sociological Research Online*, 14 (4). Disponível em: www.socresonline.org.uk/14/4/9.html

Parte II

Coleta de dados da mídia

6 Fazendo dados da mídia
Uma introdução à pesquisa qualitativa da mídia

Laura Favaro, Rosalind Gill e Laura Harvey

Panorama

Vivemos no mundo da mídia, e ela oferece uma excelente fonte de dados para os pesquisadores qualitativos. Este capítulo introduz a pesquisa com mídia, focando nas oportunidades e desafios que ela oferece e captando a experiência de trabalhar criticamente com formas de dados que conhecemos no cotidiano, mas raramente paramos para estudar. Ilustramos nossa discussão da área ampla da pesquisa qualitativa com mídia em relação a três tipos de dados – revistas (quadro 6.1), jornais (quadro 6.2) e as seções cada vez mais dominantes de *comentários dos leitores* de páginas de notícias on-line (quadro 6.3). Pautadas em nossas análises e conhecimentos de trabalho com esses tipos de dados, descrevemos *o que* eles são, *por que* são *importantes*, *o que* podem oferecer aos pesquisadores e *como* usá-los. Como os quadros 6.1 e 6.3 mostram, nossa pesquisa trata de um nexo de perguntas sobre gênero, sexualidade e relações íntimas – mas o potencial dos dados da mídia ultrapassa esses domínios. Há muitas vantagens nos dados da mídia – comparados com entrevistas ou grupos-foco, por exemplo: eles são ubíquos e em geral de fácil disponibilidade; são acessíveis e, normalmente, "leves" no tempo e na pesquisa – por exemplo, não requerem transcrições extensas; e têm valor considerável como dados para as ciências sociais e de saúde etc.

Introdução aos dados da mídia

A mídia domina cada vez mais nosso mundo social! Todos os dias, quase todas as pessoas no norte global terão múltiplas interações com mídias de todos os tipos: podemos acordar e conversar ou ouvir música num telefone ou rádio-despertador;

vemos jornais e revistas em toda parte e, mesmo quando não os compramos, podemos lê-los discretamente enquanto outra pessoa ao nosso lado no ônibus os lê; recebemos atualizações de notícias ou verificamos o Facebook no telefone; tweetamos, criamos blogues, fazemos vídeos no Snapchat e publicamos fotos no Instagram e no Pinterest; assistimos à televisão e vamos ao cinema. Especialmente em ambientes urbanos, até o usuário de mídia mais relutante não consegue deixar de espiar centenas de mensagens publicitárias comerciais todos os dias nos outdoors que dominam o espaço público. A vida para a maioria de nós cada vez mais é vivida na mídia e através da mídia – o que faz da mídia um tópico fascinante e uma fonte importante de dados para cientistas sociais e de saúde.

Quadro 6.1 *Estudo sobre a intimidade na mídia e o pós-feminismo*

Este estudo foi parte de um projeto mais amplo que tratou de intimidade na mídia – ou seja, as formas pelas quais diferentes tipos de relações íntimas são construídas em diferentes mídias e tecnologias da comunicação e informação. Nós exploramos conselhos sobre sexo e relacionamentos numa conhecida revista feminina. A *Glamour* é a revista mensal feminina mais vendida no Reino Unido, comercializando cerca de 600.000 cópias e recebendo oito milhões de acessos por mês em seu website, na época da análise. Artigos sobre sexo e relacionamentos são uma parte fundamental de seu sucesso, além de moda, beleza e notícias sobre celebridades. Todos os meses, esse "cardápio" é proeminentemente exibido na capa, com títulos como "Você é boa na cama? Homens revelam o que seu parceiro não diz" e "Chegamos para salvar o seu sexo! Não fique mais entediada na cama". O objetivo da análise era entender os tipos de mensagens divulgadas sobre sexo e relacionamentos e fazer perguntas sobre as ideias e pressuposições relativas a sexo, gênero e sexualidade nas quais se pautavam. Foram identificados três grandes repertórios interpretativos (POTTER & WETHERELL, 1987; cf. a seção "Análise"): o repertório do "empreendimento íntimo", baseado em linguagem de objetivos, planos e estratégias, e uma "profissionalização" da vida íntima; a "homenologia" se organizava em torno da ideia de que as mulheres precisam estudar e aprender sobre as necessidades e desejos dos homens; e "transformando o eu", que exortava as mulheres a "transformar" não simplesmente o corpo e as práticas sexuais, mas também a vida emocional – a fim de se tornarem confiantes e sexualmente aventureiras. Nossa discussão se concentrou especialmente na natureza pós-feminista dos conselhos, em que ideias pré-feministas, feministas e antifeministas estão emaranhadas, e políticas feministas são repudiadas por serem consideradas desnecessárias e obsoletas nos dias atuais. Isso torna as ideologias de gênero – entendidas como "as formas pelas quais o significado é mobilizado para a manutenção de relações de dominação" (THOMPSON, 1984: 5) – perniciosas e difíceis de contestar.

Fonte: GILL (2009).

Os pesquisadores usam a mídia como dados para estudar todos os tipos de perguntas e questões, como as dimensões políticas de jogos de guerra no computador (MACHIN & VAN LEEUWEN, 2007), a "sexualização" da cultura (ATT-

WOOD, 2009), a representação de grupos socialmente marginalizados (HALL, 2000) e muitos outros. A análise da mídia pode ser poderosa e fidedigna; pode ser expressivamente usada para fazer a diferença no mundo, enfatizar problemas na sociedade e impulsionar mudanças. Por exemplo, relatórios mostrando a sub-representação de mulheres em funções importantes na mídia jornalística – como âncoras de telejornais, produtoras ou comentaristas – foram usados para pressionar as emissoras a contratar ou promover mais mulheres (MACHARIA; O'CONNOR & NDANGA, 2010). A análise da mídia também pode ser uma ferramenta essencial para ativistas, destacando, por exemplo, a parcialidade na cobertura sobre mudança climática (McKEWON, 2012), racismo nas reportagens sobre assassinatos de negros por policiais brancos (NOBLE, 2014) ou a ausência de representações na mídia de pessoas lésbicas, gays, bissexuais, transgêneros, queer ou em questionamento (FISHER; HILL & GRUBE, 2007).

> **Quadro 6.2** *Estudo sobre a conjugalidade cotidiana*[1]
>
> Como parte de um projeto maior intitulado "Amor duradouro? Relacionamentos de casais no século XXI" (www.open.ac.uk/researchprojects/enduringlove), nós examinamos sistematicamente histórias sobre relacionamentos de casais em revistas, tabloides e jornais tamanho *standard* de ampla circulação no Reino Unido dirigidos a vários públicos. O objetivo do projeto era descobrir como os relacionamentos de casais eram representados em vários tipos de mídia durante um período especificado. Os dados consistiam em todas as histórias e narrativas sobre relacionamentos de casais nas publicações e divulgações selecionadas de 10 de novembro a 7 de dezembro de 2012. De um total de 273 publicações e episódios, 1.430 artigos e narrativas foram incluídos nas amostras. Adotando uma abordagem socioconstrucionista, a análise está em andamento. A análise que conduzimos até agora examinou como histórias sobre a vida de celebridades, páginas onde os leitores relatam seus problemas, colunas de aconselhamento e comentários sobre o último escândalo político orientam o leitor em direção às fronteiras da conjugalidade normativa – as histórias sociais falavam quais tipos de relacionamentos de casais eram "normais". Isso inclui a representação de um mundo onde os casais devem estar atentos e não devem perdoar a infidelidade, onde relacionamentos nobres são situados como "comuns" num momento de crescente austeridade e onde a fertilidade e o cuidado com as crianças permanecem como indicadores centrais da conjugalidade contemporânea.

Há uma variedade enorme de mídia, e seus tipos estão proliferando o tempo todo. No século XX, a pesquisa com mídia – ou pesquisa com comunicação

---

1. O estudo sobre "conjugalidade cotidiana" (quadro 6.2) foi conduzido como parte do projeto *Amor duradouro? Relacionamentos de casais no século XXI*, patrocinado pelo Conselho de Pesquisa Econômica e Social (ESRC RES-062-23-3056). Gostaríamos de agradecer aos colaboradores da lista de endereços da MeCCSA (Associação de Estudos Culturais, de Comunicação e Mídia) pela proveitosa discussão sobre direitos autorais e seção de comentários de páginas de notícias.

de massa, como era às vezes chamada – se concentrava na televisão (e um pouco menos no rádio), no cinema, em jornais e revistas, além da mídia no espaço público, como outdoors publicitários. Hoje nosso entendimento de mídia é muito mais amplo e inclui YouTube, Facebook, Twitter, Instagram, jogos de computador, a blogosfera etc. (cf. tb. o cap. 8). A revolução digital não somente gerou tipos inteiramente novos de mídia, como também transformou e multiplicou a mídia existente e estabelecida. Antigamente, uma análise de um programa de televisão – por exemplo, *Doctor Who* – teria sido um estudo de transmissão de um programa ou série de programas. Hoje, o escopo dessa análise poderia ser expandido, incluindo vários outros materiais: cortes, erros de gravação, entrevistas e apresentações especiais que acompanham o DVD; as páginas do programa no Facebook, comentários no Twitter; e o vasto aparato intertextual que cerca seus atores famosos. É provável que os pesquisadores do *Doctor Who* conseguissem encontrar centenas de roteiros on-line e acessassem muitos comentários, assim como todo um universo de homenagens, paródias e fanfics em sites como o YouTube. Estudar *Doctor Who* agora não apenas envolveria a gravação e a análise dos programas; envolveria também a participação em uma multiplicidade de produções inter-relacionadas da mídia, tudo o que molda como e o que entendemos de *Doctor Who*. Para o pesquisador, isso representa uma riqueza de material, mas também produz perguntas difíceis sobre a definição das fronteiras ao redor do que estuda: Revistas, brinquedos, batatas fritas e biscoitos – ou "somente" o programa? Em outras palavras, os pesquisadores da mídia precisam fazer escolhas sobre *o que contará como dados*. Para ilustrar, descrevemos nossas escolhas sobre os dados nos estudos ilustrativos: revistas, jornais e comentários on-line dos leitores.

Hoje as *revistas* assumem muitas formas. As revistas tradicionais impressas em papel brilhante que vemos nas prateleiras das lojas e nas salas de espera de consultórios médicos ainda existem, mas as revistas são cada vez mais vendidas em formatos digitais para laptops ou tablets e em versões on-line que apresentam não somente o conteúdo editorialmente controlado, mas também uma enorme gama de fóruns dos leitores que costumam ser vívidos e animados (FAVARO, no prelo). Até nas versões impressas, há tipos vastamente variados de conteúdo, oferecendo coletas ricas para os pesquisadores: capas, artigos de todos os tipos, anúncios, cartas dos leitores e páginas onde os leitores relatam os seus problemas foram todos tópicos de interesse considerável antigamente (McCRACKEN, 1993). Em nosso estudo sobre os conselhos a respeito de sexo e relacionamentos da revista *Glamour* (quadro 6.1), identificamos vários tipos de textos – por exemplo, conselhos sobre "como fazer", testes, artigos com a "voz do homem" (que pretendem explicar aos leitores o que os homens realmente querem/sentem), reportagens sobre pesquisas realizadas pela revista (p. ex., na *Glamour*, a pesquisa sobre sexo ou pesquisas sobre atitudes em relação à pornografia), além dos ar-

> **Quadro 6.3** *Estudo sobre a "nação castradora"*
>
> Este estudo analisou construções de homens e masculinidade em discussões on-line sobre a campanha feminista britânica *"Lose the Lads" Mags* (LTLM). O objetivo da LTLM era retirar das prateleiras dos principais pontos de venda revistas masculinas como a *Zoo*, *Nuts* e *Loaded*, alegando que são misóginas e objetificam as mulheres, estimulando atitudes e comportamentos sexistas. A campanha foi amplamente debatida em toda a mídia britânica e on-line, tornando-se parte de uma conversa nacional relativa à representação das mulheres no espaço público e preocupações constantes com a "sexualização" e a "cultura do macho". Nosso conjunto de dados abarcou mais de 5.000 comentários de leitores on-line sobre reportagens a respeito da campanha LTLM e as reações dos vendedores. Esses comentários foram reunidos a partir de vários websites de notícias de massa nacionais, sendo aqueles publicados na BBC e na Yahoo UK responsáveis por mais da metade (56%). A análise explorou o foco repetido nos homens e na masculinidade "atacados", "ameaçados", "vitimizados" ou "demonizados" no que foi descrito como uma sinistra nova ordem de gênero. Especificamente, identificamos quatro "repertórios interpretativos" (POTTER & WETHERELL, 1987; cf. a seção "análise") usados pelos comentaristas em suas publicações: "padrões duplos de gênero" na campanha, mídia e vida pública; "sexualidade masculina ameaçada", referindo-se especialmente ao desejo heterossexual; "a guerra contra o cara normal", que construía os homens britânicos heterossexuais brancos e seu modo de vida como odiados e sitiados; e "tirania feminista", em que o feminismo era apresentado como uma ameaça iminente tanto para os homens individualmente quanto para o Reino Unido, de maneira mais ampla. Ao longo da análise, ficamos atentos ao uso de estratégias retóricas, figuras de linguagem e imagens importantes que animavam o sentido de homem ameaçado – por exemplo, metáforas de guerra ou uma conjuração de noções de extremismo, fascismo e totalitarismo. Sugerimos que o volume e a natureza dos comentários sobre "homens como as novas vítimas" ou "recém-oprimidos" exercem uma função ideológica significativa e podem ser utilmente entendidos em relação a uma revolta rearticulada contra o aumento atual do ativismo e das ideias feministas.
>
> Fonte: GARCÍA-FAVARO & GILL (2016).

tigos característicos. Isso destaca os diferentes gêneros de redação encontrados até nas revistas impressas, e levando em conta somente o conteúdo direcionado a sexo e relacionamentos! Outro ponto a observar é a crescente semelhança entre mensagens comerciais e conteúdo de autoria da editora, o que pode dificultar a distinção. Assim como ocorre com toda seleção de dados, é preciso desenvolver critérios claros de inclusão e exclusão, mas é melhor determiná-los após identificar o espectro completo de dados potenciais.

Os *jornais* também passaram por uma transformação radical nas últimas décadas e multiplicaram a gama de dados que os pesquisadores podem explorar. Antes os jornais *impressos* eram uma fonte importante de informações de comunicação em massa, mas os desenvolvimentos nas tecnologias digitais e de transmissão, e a globalização da mídia, geraram mais plataformas de notícias, muitas das quais podem ser acessadas gratuitamente. Esses novos formatos transformaram a natureza do jornalismo, juntamente com o conteúdo dos próprios jornais (CURRAN & SEATON, 2009). Alguns estudiosos da mídia, por exemplo, argumentaram que um declínio contínuo nas vendas de jornais gerou um aumento na concorrência e no sensacionalismo (ROWE, 2011). Como as revistas, os jornais oferecem um amplo espectro de dados potenciais, incluindo o texto de matérias e artigos editoriais, fotografias e outros recursos visuais, como gráficos ou diagramas, cartas dos leitores e uma variedade de anúncios. Os pesquisadores também devem considerar o posicionamento e o relacionamento *entre* esses elementos, que podem ser de importância crucial. Por exemplo, na reportagem sobre o assassinato do adolescente negro Michael Brown por um policial branco nos Estados Unidos em agosto de 2014, o uso de imagens diferentes gerou implicações para o significado da história, inclusive justificativas ou críticas implícitas à sua morte. Compare o uso da fotografia de formatura de Michael Brown com a gravação da CCTV que o mostrava furtando numa loja de bairro no mesmo dia em que foi morto. Assim como a maioria da mídia impressa, agora os jornais também estão disponíveis em formatos *digitais* que podem ser baixados ou estão on-line, com conteúdo interativo, como transmissões de jornalistas em mídias sociais e seções de comentários dos leitores.

Comentários dos leitores on-line. Há muito tempo os jornais oferecem um canal para o discurso público na forma de cartas ao editor. Com o advento da Web 2.0, a mídia de notícias on-line expandiu essa oportunidade para o envolvimento do público com componentes interativos, notadamente a possibilidade de comentar imediatamente sobre artigos específicos e sobre os comentários das outras pessoas (cf. tb. o cap. 9). As seções de comentários dos leitores agora são ubíquas e valorizadíssimas pelos públicos de notícias on-line, que cada vez mais publica comentários em resposta tanto aos artigos dos editoriais quanto às publicações dos outros leitores. Essas seções dão a um número ilimitado de usuários, em geral separados por tempo e lugar, um espaço para manifestar suas visões e/ou participar de debates sobre tópicos específicos. Além disso, apesar de serem gerados apenas por um número pequeno de pessoas quando comparados ao total de visitantes da página, os comentários exercem uma função influente na formatação das atitudes do público: são amplamente lidos e, ademais, geralmente vistos pelos leitores como uma ilustração da opinião pública (HENRICH & HOLMES, 2013). Para comentar e avaliar os comentários de outras pessoas, geralmente os usuários devem se registrar, informando um endereço de e-mail válido e um nome de usuário, o que pode apresentar um "rosto" anônimo. De fato, ao trabalhar com esse tipo de conteúdo gerado pelo usuário, é importante ter em mente que o anonimato (relativo) da Internet induz a um grau de liberdade de expressão inibido em outros espaços e isso pode significar que os fóruns de discussão on-line são espaços de alta carga afetiva (JENSEN & RINGROSE, 2014). Embora os *threads* de comentários costumem ser encerrados após um tempo, a capacidade de arquivamento da Internet permite que eles raramente desapareçam, permanecendo disponíveis para visualização – e análise! Assim como o conteúdo editorial e das reportagens, as publicações dos leitores se tornam parte da paisagem discursiva do site e da web, de forma mais geral. Além disso, elas impactam o trabalho jornalístico, sendo usadas como gatilhos para a revisão do conteúdo, como a correção de erros (ROBINSON, 2010) e fontes de ideias para histórias futuras. Em geral, as seções de comentários dos leitores em páginas de notícias parecem ser um elemento cada vez mais importante do jornalismo de notícias, assim como um espaço para a deliberação pública – portanto, uma fonte fascinante de dados.

Há distinções notáveis na produção de mídias diferentes e, consequentemente, nos dados que podem gerar. O conteúdo de revistas e jornais em geral (mas nem sempre) é produzido por processos profissionais de múltiplas camadas de jornalismo e controle editorial. O conteúdo da televisão, do mesmo modo, resulta do trabalho de toda uma equipe envolvida no roteiro, na edição, apresentação e produção; até a programação de "realities" tem um processo complexo de produção, apesar da sua apresentação declaradamente "sem roteiro". Isso contrasta com as discussões on-line – e o conteúdo gerado por usuários em geral. Com a chamada nova mídia, os usuários desfrutam cada vez mais um controle sobre o conteúdo (mas ainda limitado e altamente vigiado), e interagem, fazem contato, compartilham informações e criam com outros usuários.

Diferentes dados de mídia também envolvem diferentes relações entre texto e público (quadro 6.4). Essa relação é debatida há muito tempo em estudos culturais e da mídia. Alguns estudiosos (p. ex., HALL, 1997 • MORLEY & BRUNSDON, 2005) afirmam convictamente que, em vez de consumir a mídia passivamente, os públicos negociam ativamente seu significado. Por exemplo, existe uma tradição forte na pesquisa feminista de mostrar que meninas e mulheres não apenas leem criticamente, mas também transformam ativamente os significados de textos comerciais, como revistas, em modos criativos, transgressores e resistentes (DURHAM, 2004 • McROBBIE, 1991). As comunicações e tecnologias digitais e da Internet complicam ainda mais essa relação, desafiando cada vez mais a própria ideia de uma distinção clara entre consumo e produção. Isso gerou um vocabulário totalmente novo – por exemplo, noções como *produser* (produtor/consumidor; BRUNS, 2008) e *Pro-Am* (profissional/amador; LEADBEATER & MILLER, 2005) – para tentar captar a ideia de que as pessoas simultaneamente *consomem e produzem* conteúdo (JENKINS, 2006, sobre "cultura participativa" e "convergência da mídia"). As rápidas mudanças que estamos vendo na área de mídia (digital e on-line) a tornam um foco realmente interessante para os pesquisadores qualitativos com muitas perguntas de pesquisa diferentes.

Quadro 6.4 *E o público da mídia?*

Embora o foco deste capítulo seja o *conteúdo* da mídia, é importante que os pesquisadores de mídia não se esqueçam do público. A relação entre público e textos é um tópico contínuo de debates. Isso fica mais aparente na emissão de "efeitos da mídia" – se, e como, nosso consumo da mídia afeta nossas visões, entendimentos, práticas etc. Há posturas polarizadas entre aqueles que sugerem que a mídia implica diretamente a origem de determinados comportamentos ou transformações (BANDURA; ROSS & ROSS, 1961 • DWORKIN, 1981) e aqueles que apontam as atitudes ativas de telespectadores/leitores/consumidores e sua capacidade de resistir até a mensagens dominantes (BUCKINGHAM & BRAGG, 2004).

Agora reconhece-se amplamente que os "efeitos" de determinada mensagem ou tipo de conteúdo da mídia não podem ter a leitura "excluída" de uma análise daquela mídia e, além disso, que não há um significado fixo e unitário a ser descoberto pelo analista da mídia. Ao contrário, há múltiplas maneiras de ler ou interpretar um texto da mídia. A maioria dos estudiosos da mídia diria, porém, que certas leituras são "dominantes" ou "preferidas" (HALL, 1980). Por exemplo, em sua pesquisa sobre o *reality show* de televisão *Wife Swap*, Wood e Skeggs' (2011) constataram que, na exibição de determinados episódios a pessoas diferentes, as mesmas emoções seriam frequentemente expressas nos mesmos pontos – por exemplo, uma seção provocaria raiva, outra causaria lágrimas nos telespectadores etc. O programa não *forçava* ninguém a reagir de uma forma em especial, mas pode-se dizer que as reações eram fortemente "preferidas" por características do programa, como repetição, tomadas fechadas ou trilha sonora.

Ao trabalhar com dados da mídia, os pesquisadores também podem explorar proveitosamente quem é o leitor, telespectador ou ouvinte ideal ou suposto (LITOSSELITI, 2006). Uma técnica útil pode ser perguntar "Quem este texto pensa que eu sou?" para revelar as suposições sobre (p. ex.) raça, classe, idade, gênero ou capacidade física que podem estar no texto. Outra estratégia valiosa pode ser encenar "reversões". Por exemplo, ver um anúncio e, mentalmente, trocar o gênero das pessoas envolvidas – "Sabe aquela mulher seminua deitada sobre aquele carro ou acariciando aquele frasco de perfume com um dedo? Você consegue imaginar um homem numa pose assim?" Esses tipos de perguntas críticas podem revelar algumas das ideias subestimadas que podem subjazer a um texto da mídia, além dos tipos de identidades sociais, relações e modos de ser/agir no mundo que podem (implicitamente) promover. Os estudiosos que adotam uma abordagem crítica provavelmente questionarão como isso se relaciona a questões de pobreza e desigualdade.

De modo geral, a análise textual e visual de dados da mídia *nada pode* nos dizer sobre o consumo real e as leituras do público – ou as intenções dos produtores: para isso, é preciso pesquisar o público ou a recepção, ou um estudo baseado na produção. Ao mesmo tempo afirmamos, de uma perspectiva socioconstrucionista, que as *representações importam* (GILL, 2007) e que o espectro de leituras possíveis de um texto da mídia é limitado pelas normas e ideias dominantes em determinados contextos históricos e socioculturais.

O que os dados da mídia oferecem ao pesquisador qualitativo?

Os dados da mídia oferecem uma fonte extraordinariamente valiosa de informações para pesquisadores sociais, da saúde e muitos outros. Mais do que em qualquer outro momento na história, vivemos vidas influenciadas pela mídia – cada vez mais criamos e comunicamos o significado através de sites e tecnologias da mídia. De modo mais direto, mídias sociais como Facebook, Snapchat ou Twitter se tornaram fundamentais a todos nós que nos relacionamos com outros seres humanos. De maneira mais difusa, mídias de todos os tipos – antigas e novas – educam, informam, movimentam e moldam quem somos e o que sabemos (GILL, 2007). Esse "impacto" da mídia envolve nosso eu mais íntimo – moldando ou mediando nossos entendimentos de amor, sexualidade, casamento, amizade etc. Ao analisar histórias sobre relacionamentos de casais, o projeto "Conjugalidade cotidiana" (quadro 6.2) destacou como apenas algumas formas específicas de conjugalidade são representadas na mídia jornalística como "normais" (p. ex., monógamas, sexuais, envolvendo filhos). Também identificou o papel central da cultura de celebridades como uma área de expressão de julgamentos sobre relacionamentos, com, por exemplo, muitas linhas de uma coluna dedicadas a contos de moralidade sobre "traições" de celebridades.

O estudo de dados da mídia pode nos ajudar a entender muitos fenômenos, práticas e crenças sociais. Suponhamos que quiséssemos compreender por que a taxa de condenação para crimes de estupro é tão baixa quando comparada a outros crimes. A exploração de mensagens de circulação repetida sobre crimes sexuais, suas vítimas e perpetradores na mídia proveria um foco valioso para incrementar nossas ideias sobre o problema. Uma análise amplamente orientada pelo construcionismo poderia destacar criticamente a culpabilização dominante da vítima (como se a mulher convidasse ou provocasse o estupro, vestindo roupas "sensuais" ou andando sozinha em algum lugar), o mito de que as mulheres inventam o estupro, a tendência de trivializar ou tornar invisível a experiência de ataque vivida pela mulher e a construção dos estupradores como movidos pela luxúria, ou "estranhos dementes" ou "monstros" que são diferentes de todos os outros homens (GILL, 2007).

A mídia on-line oferece várias possibilidades adicionais. Comentários on-line dos usuários, por exemplo, podem sugerir ideias sobre as opiniões do público (perspectivas ou reações) a respeito de histórias, figuras públicas e tópicos específicos etc. Nosso estudo sobre comentários on-line publicados em resposta a artigos de notícias que abordavam a campanha feminista *"Lose the Lads" Mags* ilustra como essa investigação social pode ser interessante e esclarecedora. Além dos nossos objetivos diretos (quadro 6.3), o que emergiu como mais significativo foi uma construção poderosa e dominante de *homens como vítimas de uma nova ordem de gênero* – em que as mulheres comandam, e os homens, a masculinidade e "todo o nosso modo de vida", estão ameaçados. Em outras palavras, esses dados nos permitiram investigar a expressão da opinião pública "espontânea", intocada pela pauta do pesquisador. De fato, toda a mídia constitui proveitosamente dados "naturalistas" ou "de ocorrência natural" (GIVEN, 2008; e também os cap. 7-9).

Uma vantagem final dos dados da mídia é que sua pesquisa é relativamente leve. Grandes volumes de materiais contemporâneos ou históricos (arquivados) em geral podem ser acessados de modo barato, fácil e relativamente rápido, e sem sair do escritório ou da sala de aula! Isso se torna especialmente importante num momento de cortes no financiamento da pesquisa acadêmica – quando queremos conduzir pesquisa de alta qualidade, mas o tempo e o dinheiro para a pesquisa são cada vez mais escassos. Nesse sentido, pode ser valioso também para os alunos. Dito isso, embora o acesso possa ser de pesquisa razoavelmente leve, a *análise* rigorosa de dados da mídia, como toda análise qualitativa, consome tempo, é laboriosa e precisa de um tempo apropriado reservado a ela.

Quais perguntas de pesquisa se adaptam aos dados da mídia?

Há muitos tipos diferentes de perguntas de pesquisa qualitativa que podem ser feitas aos dados da mídia; elas se relacionam intrinsecamente às perspectivas epistemológicas e ontológicas que norteiam sua pesquisa. Em termos gerais, é útil fazer uma distinção entre abordagens realistas e construcionistas ao se usar os dados da mídia. No primeiro caso, é sustentada a noção de uma "realidade" experimentada por todos que é independente e objetivamente passível de ser descoberta, o que, portanto, serve como um ponto de comparação com representações da mídia. Um pesquisador que adote uma postura realista estará interessado em: perguntas sobre a disjunção entre realidade e representação, por exemplo, de grupos sociais (mães de adolescentes, p. ex.) e eventos (como uma demonstração nacional); perguntas sobre estilos de descrição e interação; e perguntas sobre a opinião pública (como aquela expressa on-line), entre outras. Estudos que destacam a representação limitada de pessoas com deficiências na televisão em relação à sua existência na população mais ampla (CUMBERBATCH; MAGUIRE; LYNE & GAUNTLETT, 2014) são um exemplo dessa pesquisa de mídia realista.

Por outro lado, a pesquisa de mídia que adota uma perspectiva construcionista despreza alegações sobre uma realidade supostamente sem a influência da mídia e como as representações da mídia se relacionam a ela. Em vez disso, ela considera a mídia como uma fonte de ofertas de poderosas construções – em vez de reflexões – do mundo. Os pesquisadores se interessam pelas *construções da mídia por si mesmas*. Nos três estudos de caso apresentados aqui (quadros 6.1, 6.2 e 6.3), nossas perguntas foram pautadas numa postura construcionista feminista e num interesse pela natureza (cada vez mais influenciada pela mídia) da vida psicológica e social. A preocupação com a dinâmica do poder, desigualdade e opressão também permeia nossos exemplos. Mais especificamente, nossas perguntas de pesquisa foram animadas pelo desejo de entender como as construções culturais se conectam ao funcionamento (e podem ajudar a mantê-lo) do sexismo e como isso cruza outros eixos de opressão, como racismo, preconceito de classe, de idade ou heterossexismo. No estudo sobre "intimidade na mídia e pós-feminismo" (quadro 6.1), por exemplo, isso significou perguntar: Como os relacionamentos sexuais são construídos nessa revista? Quais suposições são feitas sobre orientação sexual ou o que é "normal"? Como as experiências de mulheres e homens são representadas de modo diferente (se é que são)? Essas representações podem funcionar de modo a sustentar relações desiguais de gênero e outras desigualdades e injustiças sociais? Em caso afirmativo, como?

Desenho, amostragem e questões éticas

Questões éticas

A ética é essencial à pesquisa – amplamente regida pela noção de que não se deve "fazer mal" (ISRAEL & HAY, 2006). Os códigos de prática ética para os pesquisadores qualitativos tratam de questões como anonimato e confidencialidade, consentimento informado e o direito de participantes se retirarem, além de considerarem questões de poder dentro do processo de pesquisa (RAMAZANOGLU & HOLLAND, 2002). À primeira vista poderia parecer que os dados da mídia apresentam menos desafios éticos do que outras formas de reunião de dados, como etnografia, entrevistas ou levantamentos. O fato de serem dados "de ocorrência natural" que podem ser reunidos sem impactar ou perturbar os participantes de algum modo pareceria lhes atribuir vantagens sobre outros tipos de dados. Porém, há várias questões éticas importantes a considerar nos dados da mídia, especialmente material on-line: desafios e controvérsias sobre a definição de "público" e "privado", "sujeito" e "autor"; proteção do anonimato; e mais (cf. tb. os cap. 8 e 9).

O uso de conteúdo on-line gerado pelo usuário como dados necessariamente exige o envolvimento com os desafios únicos da ética de pesquisa na Internet, que estão mudando consistentemente à luz dos rápidos desenvolvimentos nas tecnologias, capacidades, uso e atividades de pesquisa na Internet; e são considerados cada vez mais complexos pela diluição das fronteiras convencionais em ambientes influenciados pela mídia digital. De fato, as considerações éticas relativas ao uso das discussões on-line, como em salas de chat, fóruns da web, redes sociais, assim como sites de notícias, na qualidade de dados para a pesquisa qualitativa, estão sujeitas a constantes e acalorados debates, especialmente quando o método analítico selecionado requer citações diretas. Uma questão ética complexa muito discutida surge (SNEE, 2013 • SVENINGSSON ELM, 2009) quando tentamos avaliar o que caracteriza o material on-line como público ou privado em vista das mutantes percepções culturais e do caráter multifacetado e que não para de evoluir das inter/ações on-line. Essa tarefa é especialmente complicada pela mídia social da Web 2.0, além de divergências entre a acessibilidade dos sites e a percepção do que é público pelos usuários. Para tratar de territórios em mutação como esses, os autores convocaram um entendimento de privado/público como um *continuum*, e não dois pontos discretos (SVENINGSSON ELM, 2009) e desenvolveram princípios éticos, como o de "privacidade percebida" (MARKHAM & BUCHANAN, 2012), que leva os pesquisadores a considerar as expectativas de privacidade dos usuários referentes às suas comunicações/atividades no ambiente específico em estudo.

Outro debate crucial questiona se os pesquisadores estão trabalhando com "textos e autores" ou "participantes humanos" (SNEE, 2013). Os primeiros implicam lidar com questões de autoria e direitos autorais, enquanto os segundos se concentram na proteção da privacidade – e a garantia do anonimato e a obtenção de consentimento informado dos participantes emergem como medidas éticas importantes a considerar. Entretanto, obter consentimento em geral não é possível ou garantido na "pesquisa eletrônica", e a dinâmica distinta que emerge ao tratar de dados on-line (especialmente a rastreabilidade, a possibilidade de localizar inscrições usando mecanismos de busca e outros mecanismos digitais) complica o anonimato (BEAULIEU & ESTALELLA, 2012). Nesse contexto, a Associação de Pesquisadores da Internet (AoIR) defende uma abordagem à ética de pesquisa na Internet que seja dialógica e adaptável, indutiva e pautada nos casos, em que o senso ético se baseie na avaliação detalhada e situada do objeto específico, circunstâncias e contexto de um estudo (MARKHAM & BUCHANAN, 2012). Além de consultar diretrizes da prática ética na pesquisa qualitativa em geral (ISRAEL & HAY, 2006), a disciplina individual (Sociedade Psicológica Britânica, 2014, para a psicologia no Reino Unido) e em ambientes mediados pela Internet (AoIR), um exame crítico de estudos existentes sobre espaços ou dados on-line similares pode ser um recurso útil para estimular a reflexão e desenvolver respostas a enigmas éticos (cf. o cap. 9 e conheça outras discussões sobre esses temas).

Como isso ocorre na prática? Em nosso estudo sobre comentários dos leitores publicados em resposta a artigos de notícias sobre a campanha *"Lose the Lads"*

Mags (quadro 6.3), abordamos sites de notícias convencionais on-line de acesso aberto como espaços *públicos*. Consideramos razoável supor que os participantes também perceberiam esse ambiente e suas contribuições como públicos, assim como situariam a natureza do conteúdo/tópico nas extremidades "público" e "não delicado" do espetro. Assim, julgamos eticamente aceitável coletar e usar os dados sem o consentimento informado de quem comentava. Ao mesmo tempo, fundamentados no entendimento de que o conteúdo havia sido criado para um público e contexto diferentes dos fóruns acadêmicos, consideramos mais eticamente sensato privilegiar a adoção de medidas de anonimato em vez de atribuir créditos autorais. Portanto, além dos critérios de acessibilidade aberta, decidimos apenas reunir dados de sites de notícias que permitissem comentários anônimos através do uso de pseudônimos. Os pseudônimos (e outros nomes) *não* foram incluídos no relatório final a fim de desidentificar ainda mais os colaboradores, porque podem ser uma parte importante da reputação e identidade on-line das pessoas. Ademais, os comentários não eram, *no momento da resenha*, rastreáveis por meio de mecanismos de busca. Contudo, os dados digitais cada vez mais são arquivados, sujeitos a busca e rastreáveis. Os pesquisadores devem se lembrar disso.

Embora os usos e tecnologias de mídia emergentes apresentem desafios e tensões novos e únicos à prática ética, a pesquisa da mídia partilha princípios fundamentais com outras formas de investigação acadêmica. Elas incluem o entendimento de que diferentes julgamentos muitas vezes também podem ser eticamente legítimos e sensatos e que a ética deve ser abordada como um *processo deliberativo*, envolvendo a avaliação de questões contínuas e emergentes durante cada conjuntura de um projeto de pesquisa (MARKHAM & BUCHANAN, 2012). Todos os pesquisadores precisam garantir que as decisões éticas – além de escolhas metodológicas, de modo mais amplo – sejam sensíveis ao contexto, bem informadas, reflexivamente interrogadas, rigorosamente expostas nos relatórios e em relação dialética próxima às perguntas de pesquisa.

Desenho e amostragem

Para conduzir uma boa pesquisa com a mídia, é necessário ser meticuloso e sistemático no que concerne ao número de áreas e fases. Basicamente, isso envolve as seguintes fases principais no desenho e amostragem: (1) formular a(s) sua(s) pergunta(s) de pesquisa; (2) desenhar a sua amostra; e (3) reunir os seus dados:

1) *Formular a(s) sua(s) pergunta(s) de pesquisa*. Esta primeira fase define o escopo do seu projeto – e demarca todas as fases seguintes. A escolha da(s)

sua(s) pergunta(s) de pesquisa é uma questão de interesse pessoal e intelectual. Como já discutimos, os dados da mídia podem ser interrogados em um número potencialmente infinito de projetos com perguntas muito diferentes. Considere, por exemplo, uma página aberta a problemas dos leitores num jornal ou revista como a *Dear Deirdre*, no *The Sun* – um tabloide do Reino Unido. Os problemas dessas páginas se concentram quase exclusivamente nas dificuldades dos relacionamentos íntimos. Para alguns pesquisadores, o interesse será em questões sobre sexualidade: Por que relações entre pessoas do mesmo sexo são tão ausentes e silenciadas nesses espaços? Por quais mecanismos o desejo pelo mesmo sexo é depreciado ou invisível? Essas perguntas foram fundamentais no estudo "Conjugalidade cotidiana" (quadro 6.2). Outros estarão interessados em traçar a *natureza* dos problemas apresentados nessas páginas e como eles mudam com o passar do tempo. Para outros, ainda, o conteúdo é menos interessante do que o *estilo interacional* entre a colunista conselheira e os autores das cartas, e o que diz sobre autoajuda ou o nosso relacionamento mutável para os "especialistas" (BARKER; GILL & HARVEY, no prelo).

2) *Desenhar a sua amostra*. Após identificar a(s) pergunta(s) precisa(s) que você deseja responder, considere com atenção quais dados você precisará coletar para respondê-la(s). Algumas perguntas especificam o(s) texto(s) a analisar (como "construções da sexualidade em páginas abertas aos problemas dos leitores"), enquanto outras deixam isso em aberto (p. ex., "a representação da masculinidade na mídia"). Grande parte dos dados da mídia pode ser relativamente direta e rápida de adquirir – sem precisar de transcrição, meramente precisando ser localizada, selecionada e reunida, e depois organizada num conjunto de dados utilizável. Porém, para alguns dados (como vídeos ou transmissões de rádio), a transcrição de dados é necessária e pode consumir muito tempo, especialmente se a pessoa estiver tentando captar aspectos visuais, musicais *e* orais ao mesmo tempo (QUIC, 2015a). Às vezes, transcrições de programas estão disponíveis on-line, sendo em geral possível obter programas de gravações via serviços de gravação on-line como o Box of Broadcasts, do Reino Unido, ou até o YouTube.

Embora o conteúdo on-line possa oferecer um modo eficiente e econômico de coletar dados, os pesquisadores às vezes optam por coletar publicações impressas. Foi o caso do projeto "Conjugalidade cotidiana" (quadro 6.2), já que o objetivo da pesquisa era analisar as matérias e os artigos "famosos" ou principais de jornais e revistas, o que pode ser muitas vezes identificado pela sua inclusão na edição impressa. Estávamos interessados na linguagem usada para descrever relacionamentos de casais e, então, coletamos itens de notícias, partes de comentários, matérias, entrevistas, colunas de aconselhamento, obituários e anúncios em que relacionamentos de casais eram o foco central. Não incluímos anúncios, pois estávamos interessados somente em textos de autoria editorial. Não importa o que você esteja estudando, é crucial ser claro e coerente em sua seleção de gêneros e tipos de mídia. Independentemente da natureza dos seus dados, a amostragem *sempre* será um tema crucial – necessária para assegurar rigor e robustez, e construir um conjunto de dados administrável.

Existem maneiras diferentes de obter amostras de dados qualitativos da mídia (DAVIES & MOSDELL, 2006). Uma é selecionar determinada fonte da mídia e obter a amostra por um período. Foi o que fizemos no estudo com a revista *Glamour* (quadro 6.1). Coletamos inicialmente três anos de edições mensais, resultando num total de trinta e seis edições. Isso produziu *mais de 150.000 páginas* – muito mais do que um pesquisador é capaz de tratar num período curto. Para abreviar o processo, selecionamos apenas algumas edições durante o período, mas precisamos ter o cuidado de garantir que fossem publicações ao longo do ano, já que as edições têm sabores e tons distintos, e queríamos que nosso conjunto de dados final refletisse essa variedade. Após selecionar a amostra das revistas, uma outra questão era selecionar *de dentro* das revistas – traçar limites em torno dos artigos que pudessem ser considerados "sobre" sexo e relacionamentos. Queríamos evitar afundar em um número enorme de artigos que fossem pequenas críticas a filmes ou sugestões de receitas simplesmente por dizerem "o seu namorado vai adorar esse maravilhoso molho à bolonhesa" ou "ótimo filme para ver com ELE". Por outro lado, não queríamos excluir dados relevantes e interessantes. Uma boa prática é fazer anotações sobre os critérios de amostragem à medida que eles surjam, desenvolver um conjunto robusto de critérios que norteiem quais dados devem ou não ser considerados, e manter uma *abordagem consistente* ao que "deve ser considerado" em seu estudo – por exemplo, não incluir algumas receitas ou críticas a filmes como dados, e ignorar outros.

Outra abordagem à amostragem é selecionar mídia em determinado momento, como no estudo "Conjugalidade cotidiana" (quadro 6.2), o que incluiu jornais, revistas e novelas. A amostra de jornais, por exemplo, abrangeu os quatro jornais diários tamanho standard e tabloides de maior circulação (segunda-feira a sábado) e os quatro maiores jornais de domingo. Decidimos incluir todas as edições num cronograma definido de um mês para obter uma amostra representativa da cobertura de notícias convencionais cotidianas do período. Os dados incluíam todos os artigos e narrativas sobre relacionamentos de casais nas publicações selecionadas, de 10 de novembro a 7 de dezembro de 2012, gerados através de uma verificação cuidadosa de cada edição e uma coleta daqueles textos que correspondessem aos critérios de seleção. Isso produziu um conjunto de dados relativamente extenso para uma pesquisa qualitativa: 1.161 artigos de 208 edições de jornais. Os jornais também podem gerar amostras usando funções de *busca* nas versões on-line e através de bancos de dados como o LexisNexis para publicações impressas.

Obter amostragem de mídia que cubra determinado evento é outra abordagem possível. Em nosso estudo "Nação castradora" (quadro 6.3), estreitamos o nosso foco, concentrando-nos na reportagem sobre a decisão do Cooperative Group – um dos maiores varejistas de revistas britânico – de apenas vender "revistas masculinas" entregues a lojas em malotes individualmente lacrados escondendo as capas. Esse anúncio (28-29 jul./2013) e sua implementação (9 set./2013) foram amplamente cobertos pela mídia e provocaram muitos debates públicos nos espaços on-line – decidimos, portanto, analisar as discussões e reações do público. O conjunto de dados foi gerado através de três buscas no mecanismo de buscas *Google.co.uk* – usamos a frase de busca "Reflexões pessoais sobre o uso de entrevistas via Skype revistas Co-op" seguida por cada uma das datas principais mencionadas no histórico da campanha. Em vista da grande quantidade de dados potenciais que essas pesquisas geraram, a busca por páginas da web relevantes se restringiu aos vinte primeiros resultados obtidos ou "acessos" para cada busca. Dezesseis artigos de treze diferentes páginas de notícias do Reino Unido e todos os comentários dos leitores que os acompanhavam foram coletados: um total de 5.140 publicações.

Observe que os conjuntos de dados discutidos aqui são relativamente extensos, especialmente para projetos de alunos. O desenvolvimento de um projeto de pesquisa viável envolve o início com uma pergunta que possa ser investigada usando o tempo e os recursos disponíveis para você! O volume final do seu conjunto de dados também dependerá do seu método de análise (discutido a seguir) – um pesquisador que esteja analisando jornais, usando uma abordagem detalhada e linguisticamente orientada à análise do discurso, por exemplo, pode explorar apenas uns poucos artigos.

3) *Reunir os seus dados*. Como já observamos, pode ser uma tarefa de compilação razoavelmente direta ou envolver um pouco mais de trabalho. O que você precisa para a análise são os dados reunidos de modo que você possa trabalhar com eles de maneira completa, imergir neles, fazer anotações e achar coisas facilmente. Por exemplo, no estudo "Nação castradora", todos os comentários dos leitores foram copiados e colados num documento do Word. Depois importamos esse documento no NVivo, um pacote de software de análise de dados qualitativos assistido por computador (CAQDAS) que usamos para facilitar a análise. Outras

formas possíveis de coletar material on-line incluem a conversão de páginas da web em arquivos PDF; capturar a tela e usar outras ferramentas de software, como o NCapture, extensão para navegador da web do NVivo. De certa forma, sua maneira de compilar dados depende do modo de analisá-los: à mão ou usando CAQDAS. Os métodos e as ferramentas de análise de dados são discutidos adiante.

O que pode dar errado com os dados da mídia?

Apesar das oportunidades interessantes para a pesquisa qualitativa com mídia, você pode se deparar com desafios, dificuldades e problemas ao usar dados da mídia. Esta seção destaca essas dificuldades e as formas de reduzir sua probabilidade. Uma consideração vital para a pesquisa com a mídia é entender e evitar infração a *direitos autorais*. Para tanto, os pesquisadores precisam conhecer a legislação nacional de direitos autorais, os termos e as condições da mídia ou empresas da Internet em estudo, além das diretrizes e/ou política das instituições onde a pesquisa for conduzida. Se o material for usado para uma pesquisa não comercial ou estudo privado, podem existir exceções legais permitindo a reprodução (limitada) de obras com direitos autorais sem permissão do titular dos direitos, por exemplo, sob os termos de "negociação justa" em muitos países da Comunidade Europeia, ou "uso justo" nos Estados Unidos (para o contexto do Reino Unido, p. ex., cf. GOV.UK, 2014).

Não desenhar e não selecionar uma amostra apropriada é algo crucial que pode dar errado para os pesquisadores. Selecionar textos da mídia sem um raciocínio claro pode dificultar a resposta às suas perguntas de pesquisa – por exemplo, se os dados não forem diretamente relevantes às perguntas, ou se o conjunto de dados for grande ou pequeno demais, ou amplo ou estreito demais para permitir uma análise rigorosa. Comum a todos os tipos de análises de dados da mídia – e à pesquisa em geral – é a necessidade de *rigor*. Isso envolve ser transparente, disciplinado e consistente em todos os aspectos do processo de pesquisa, desde a seleção de dados, amostragem e codificação, análise e resenha. Em relação à amostragem, o rigor inclui: identificar a paisagem ampla da mídia relevante (p. ex., a mídia que trata de relacionamentos de casais) e os gêneros e tipos de mídia específicos dentro disso (p. ex., jornais; depois jornais tamanho standard e tabloides; depois artigos e colunas de aconselhamento etc.); pensar em qual deles será a melhor fonte de informações necessárias para responder a sua pergunta; e considerar todas as informações disponíveis para ajudar em sua decisão. Por exemplo, se estiver interessado na representação de notícias convencionais, analisar as estatísticas de circulação ou visualização pode ajudar a identificar as fontes de maior consumo.

Mais uma vez, o rigor é crucial em relação à *análise* dos dados da mídia, assim como a resenha. Na prática, para muitos pesquisadores qualitativos a "resenha" é uma parte essencial da formatação da "história" que sua pesquisa conta – parte do processo analítico, e não algo subsequente a ele. Pode ser tentador fazer uma seleção tendenciosa dos materiais mais intrigantes ou expor as citações "mais suculentas", mas é absolutamente essencial aderir às práticas descritas anteriormente para garantir que a "história" analítica seja sustentada pelos indícios – e, além disso, que conheça *todos* os dados sob consideração, não apenas os fragmentos que sejam os melhores ou mais dignos de citação. Isso é necessário para todos os pesquisadores, mas talvez seja ainda mais evidente para aqueles que usem a mídia como forma de dados, já que isso muitas vezes é menosprezado (cf. discussão no quadro 6.6). Também vale observar que o analista da mídia é *tanto pesquisador quanto público*. Assim, podemos dizer que sua "leitura" (análise) é uma entre possíveis interpretações – sendo, portanto, aberta ao debate. Isso significa que as análises devem sempre ser garantidas por uma atenção detalhada ao material sob estudo e desenvolvidas a partir da aplicação de determinadas ferramentas analíticas e estruturas teóricas associadas, que devem ser claramente articuladas nos relatórios e acompanhadas de certa reflexividade. O objetivo é explanar e esclarecer as suposições da pessoa, e os motivos para determinada interpretação.

Analisando dados da mídia

Por fim, exploramos brevemente algumas questões a considerar quando você estiver pronto para começar a analisar os dados que coletou e destacar outras *coisas que podem dar errado* nesta fase. Após as fases de desenho e amostragem, a análise envolverá os seguintes processos principais: imersão nos dados (leitura intensa; codificação dos dados); desenvolvimento da análise profunda e resenha.

Para começar, pode parecer que é falar o óbvio, mas conhecer os seus dados de mídia é uma fase *crucial* na análise: assistir, ler, ouvir e fazer anotações detalhadas sobre características marcantes. Na pesquisa com entrevistas, o próprio pesquisador costuma conduzir as entrevistas e possivelmente as transcrições, então frequentemente tem ótima familiaridade com o conjunto de dados no início do processo analítico. Pode não ser o caso no trabalho com dados da mídia, então a fase de imersão é absolutamente essencial para começar a formar ideias e fazer anotações críticas – embora possa parecer "perda de tempo" (e muitas outras pessoas vão apontar isso, tentando ajudar!). Acredite em nós: não é; é vital!

Independentemente de sua abordagem analítica, o trabalho com dados da mídia inevitavelmente envolverá codificação: um processo de identificar (e marcar) material ou tópicos nos dados que se relacionam à sua pergunta de pesquisa, como um passo para organizar seu material. Alguns pesquisadores fazem isso "à mão" e o consideram uma habilidade artesanal que faz parte da imersão no material; cada vez mais os pesquisadores usam pacotes de software CAQDAS, como Atlas.ti ou NVivo, durante a codificação (QUIC, 2015b). Eles originalmente permitiam a codificação e as anotações em dados textuais; agora também funcionam para dados em vídeo, imagem, som e de redes sociais. Antes de decidir usar algum, vale a pena considerar as suposições conceituais embutidas nesses pacotes, que são sujeitas a debates (SOLIMAN & KAN, 2004).

Uma experiência comum no princípio é gerar muitos ou poucos códigos. Em nossa análise acerca dos comentários em páginas de notícias sobre a campanha *"Lose the Lads" Mags* (quadro 6.3), inicialmente codificamos o grande volume de publicações sobre "homens como vítimas" sob um único título. Subsequentemente refinamos nossa codificação para refletir nuances distintas nos argumentos apresentados – por exemplo, alguns se relacionavam especificamente à sexualidade, outros à percepção de um ataque ao "nosso modo de vida" e outros ainda estavam organizados em torno da construção do feminismo como uma ameaça à sociedade. Desenvolvemos subcódigos para tratar do número altíssimo de publicações sobre o tópico, assim como dar um sentido mais claro e rico à diversidade e padronização em nossos dados. Porém, se poucos códigos podem ser um problema, códigos demais também podem! Todos nós tivemos a sensação de que cada item individual precisa de seu próprio código para, de algum modo, captar sua singularidade: em geral não capta! Às vezes pode parecer difícil saber "quando parar" a codificação – pode parecer possível prosseguir *ad infinitum*, cavando cada vez mais fundo as características de cada categoria. Para evitar isso, tenha em mente a ideia da *padronização* dos dados. E também retorne à(s) sua(s) pergunta(s) e objetivos de pesquisa – Lançar luz em tais níveis de complexidade é necessário? Às vezes é útil parar alguns dias e depois voltar à codificação com "novos olhos".

A codificação é vista como precursora ou como os estágios iniciais da análise – dependendo da abordagem analítica adotada. Os dados da mídia podem ser analisados de muitas formas, e a abordagem que você adotar estará relacionada aos seus compromissos teóricos e pergunta(s) de pesquisa particular(es) – e a abordagem adotada formatará necessária e fundamentalmente a análise produzida. Métodos analíticos qualitativos adequados podem incluir a semiologia, desenvolvida na linguística para analisar os significados da linguagem e das imagens (PENN, 2000) e a semiótica social multimodal, que explora como aspectos particulares da comunicação – como imagens e som – funcionam *socialmente* para produzir entendimentos compartilhados da realidade (KRESS & VAN LEEUWEN, 2006). Os dados da mídia também podem ser analisados usando a análise temática (BRAUN & CLARKE, 2006), a qual abrange uma série de abordagens que exploram a padronização do significado nos textos. Alguns pesquisadores que adotam uma perspectiva socioconstrucionista optam por conduzir formas de análise do discurso (GILL, 2017), como a análise crítica do discurso (MACHIN & MAYR, 2012), conectando o uso da linguagem a padrões mais amplos de poder e desigualdade, a análise retórica (BILLIG, 1996), que explora como formas diferentes de fala são usadas para reclamar, argumentar e persuadir, ou análises do discurso abalizadas em estruturas pós-estruturalistas – que podem ser exemplificadas pelo estudo de Nixon (1996) inspirado em Foucault sobre representações do corpo masculino. Os estudiosos da mídia também analisam dados usando crítica marxista e psicanalítica, entre outras coisas, respectivamente analisando a relação entre a mídia e grupos sociais poderosos, e empregando conceitos psicanalíticos como o inconsciente (para introduções, cf. BERGER, 2012).

Os estudos "A intimidade na mídia e o pós-feminismo" (quadro 6.1) e "Nação castradora" (quadro 6.3) usaram uma abordagem analítica do discurso que se pautou amplamente no método e perspectiva elaborados por Wetherell e Potter (1992) nas ciências sociais, às vezes conhecidos como psicologia discursiva (crítica). Uma unidade fundamental de análise é o "repertório interpretativo" (POTTER & WETHERELL, 1987), que se refere a uma "rotina reconhecível de argumentos, descrições e avaliações distinguidos por clichês conhecidos, lugares-comuns, figuras de linguagem e caracterizações de atores e situações" que se tornam evidentes através da repetição em um conjunto de dados (EDLEY & WETHERELL, 2001: 443). Os quadros 6.1 e 6.3 discutem resumidamente os repertórios interpretativos que identificamos. Em geral, cada método de análise tem seus próprios preceitos e passos práticos, níveis e unidades de análise; portanto, também estratégias e ferramentas cuja elaboração vai além do escopo deste capítulo – eles não são amplamente discutidos aqui.

Uma observação final: a pesquisa nem sempre "acaba" na resenha – como exploramos no quadro 6.5, quem produz análises críticas pode enfrentar outra série de desafios após a publicação.

> **Quadro 6.5** *Depois da publicação...*
>
> A maioria dos livros sobre pesquisa termina com a "resenha": a publicação de um livro ou artigo ou a apresentação de uma dissertação é considerada como o sinalizador do fim do envolvimento com os dados. Bom trabalho – acabou! Porém, para muitos pesquisadores, especialmente aqueles que assumem uma perspectiva crítica, como uma abordagem feminista ou queer, a publicação pode marcar o início de uma série de experiências diferentes – principalmente numa era de mídia social em que as universidades estão ávidas por ver sua pesquisa "causar impacto". Às vezes isso pode ser positivo – quando a pesquisa parece saltar do papel e realmente fazer diferença no mundo. Mas, em outras situações, o "impacto" e o "envolvimento" do público podem ser experiências difíceis (PHIPPS, 2014). A experiência de Finding é um exemplo. Quando era doutoranda na LSE, ela escreveu uma crítica contundente à série de comédia britânica *Little Britain*, alegando ser racista, cheia de ideias opressoras a classes sociais e homofóbica. Seu artigo foi publicado pela primeira vez como parte de uma série de trabalhos na LSE e poderia haver sumido relativamente no esquecimento se um assessor de imprensa ávido não tivesse enxergado seu potencial de gerar publicidade; o *The Guardian* logo pediu a Deborah para escrever um artigo. Em princípio lisonjeada, os sentimentos de Deborah logo se transformaram em horror e angústia, já que seu artigo atraiu uma torrente de discursos de ódio impugnando seu intelecto, atratividade e direito de falar/escrever. Discutindo a experiência, ela criou um "personagem" que fala em primeira pessoa sobre tudo o que as pessoas lhe disseram:
>
>> Oi, meu nome é Deborah e sou uma pateta estúpida e sem humor; uma analista política asinina que provoca vômitos nas pessoas; uma reclamona politicamente correta com tempo de sobra; uma burra imprestável sem metade do cérebro; uma acadêmica monótona, amarga, de mente estreita que faria de tudo para virar celebridade... e uma vadia arrogante sem vida que não sabe porcaria nenhuma (FINDING, 2010: 273).
>
> Editamos e reproduzimos o texto parcialmente, mas ele fala enfaticamente sobre alguns dos desafios que podem ser enfrentados ao fazer pesquisa que desafie o *status quo*. Do mesmo modo, porém, como mostramos neste capítulo, a pesquisa pode ser usada para lançar luz sobre novas questões, desafiar desigualdades e, de forma bem literal, despertar atenção para novos padrões ou questões. Os três estudos relatados aqui são exemplos excelentes disso.

Conclusão

Baseadas em três estudos de caso que analisaram revistas, jornais e comentários de leitores em websites de notícias como dados qualitativos, oferecemos uma introdução ao trabalho com dados da mídia – destacando o espectro amplo e em constante expansão de materiais disponíveis sob o termo "dados da mídia" no ambiente contemporâneo em rede, interativo, digital e on-line, além dos potenciais e desafios que oferecem. A mídia fornece uma fonte rica, valiosa e importante de dados para a pesquisa qualitativa, em várias disciplinas. Talvez isso ocorra hoje em dia como nunca, à luz da ubiquidade crescente das representações, tecnologias e uso da mídia, assim como a natureza da vida social e psicológica, cada vez mais influenciada pela mídia.

> **Quadro 6.6** *Reflexões pessoais sobre o uso de dados da mídia*
>
> Conduzir análise da mídia pode ser um trabalho fascinante. Nossa pesquisa nos permitiu explorar padrões na mídia que nos confrontam todos os dias e fazer intervenções na produção de significado. Porém, a pesquisa da mídia muitas vezes também pode ser situada como "não trabalho" ("Você só estava assistindo à televisão!") ou algo trivial e efêmero. Os estudiosos podem ser identificados como a suposta "banalidade" do seu objeto de estudo, como se fosse inerentemente menos válido em termos intelectuais do que uma análise, por exemplo, de um texto histórico ou uma obra de ficção literária. Até mesmo em estudos culturais e da mídia podem existir hierarquias de valor acadêmico em formas ou gêneros particulares, como reality shows ou programas românticos, às vezes apresentados como menos "válidos" para a pesquisa do que, por exemplo, a mídia de notícias. Estudiosos feministas há muito tempo desafiam essas distinções – apresentando em primeiro plano como a mídia associada a grupos mais marginalizados socialmente tende a ocupar uma posição inferior na academia (WOOD & SKEGGS, 2011).
>
> Tais avaliações sobre os estudos da mídia podem dificultar uma conversa sobre as dimensões emocionais da pesquisa pelo temor de que as análises possam ser percebidas como menos "sérias" ou "científicas". Pesquisadores feministas alegam, entretanto, que considerar as emoções no processo de pesquisa é crucial e pode gerar ideias ricas e importantes; elas são parte integrante da metodologia feminista (RYAN-FLOOD & GILL, 2010). Por exemplo, em nosso estudo "Nação castradora" (quadro 6.3), os dados estavam encharcados de raiva. Enfrentamos uma avalanche de comentários misóginos, sexistas e xenofóbicos, além de descrições ferozmente hostis de feministas e feminismo. Como estudiosas e ativistas feministas, o trabalho com esses dados foi uma experiência intensa e desafiadora. Nós negociamos isso graças à nossa convicção de que o trabalho acadêmico pode surtir efeitos sociais emancipatórios, e assim nos concentramos em conduzir análises de alta qualidade e a apresentação de argumentos fortes e bem fundamentados. Nosso apoio e discussões mútuos também foram fundamentais. De fato, essa experiência de pesquisa é um exemplo do grande valor do trabalho colaborativo – intelectualmente, politicamente e afetivamente.

De uma perspectiva construcionista, pesquisar a mídia também é um empreendimento que vale a pena, já que a mídia não é vista simplesmente como um meio neutro de refletir a "realidade", mas como um ponto para a construção – e contestação – do mundo social. Os dados da mídia podem ser utilizados para explorar perguntas de pesquisa variadas, inovadoras e interessantes, e a pesquisa crítica da mídia tem o potencial de identificar problemas *e possíveis soluções* que podem exercer um impacto social positivo. No cenário de uma paisagem da mídia em constante desenvolvimento e imprevisibilidade, trabalhar com dados da mídia é uma atividade fascinante e importante para os pesquisadores qualitativos!

Experimente...

Identifique os benefícios e desafios de um dos tipos de dados da mídia descritos no capítulo. Depois escreva uma pergunta de pesquisa viável que possa ser respondida a partir da análise desse tipo de dado da mídia. A seguir:

1) Invente uma amostra dos dados da mídia para responder essa pergunta. Pense *onde*, *quando* e *como* você pode coletar esses dados.

2) Identifique qual seria o *método de análise* mais apropriado para usar na resposta à sua pergunta. Por que você identificou essa abordagem? Escreva uma curta reflexão explorando essa questão.

3) *Colete uma pequena amostra* dos dados da mídia identificados.

4) Leia e releia para *imergir* no conjunto de dados; comece a identificar coisas que possam ser relevantes para sua pergunta de pesquisa.

Outros recursos: on-line

Para saber mais informações sobre o projeto "Conjugalidade cotidiana", acesse www.enduringlove.co.uk

As Diretrizes Éticas da Associação de Pesquisadores da Internet podem ser encontradas aqui: http://aoir.org/reports/ethics2.pdf

O site ReStore oferece material relacionado à avaliação e ao desenvolvimento de novos métodos para a análise de conteúdo da mídia: http://www.restore.ac.uk/lboro/

Outros recursos: leituras

Leia mais a respeito do estudo de caso sobre intimidade influenciada pela mídia: GILL, R. (2009). Mediated intimacy and postfeminism: A discourse analytic examination of sex and relationships advice in a women's magazine. In: *Discourse & Communication*, 3 (4), p. 1-25.

Para ler mais sobre o estudo ilustrativo *"Lose the Lads" Mags*, cf. GARCÍA-FAVARO, L. & GILL, R. (2016). "Emasculation nation has arrived": Sexism rearticulated in online responses to "Lose the Lads" Mags campaign. In: *Feminist Media Studies*, 16 (3), p. 379-397.

Para conhecer métodos de pesquisa para a análise da mídia, leia o capítulo 15 nesta acessível introdução aos estudos da mídia: BRANSTON, G. & STAFFORD, R. (2010). *The media student's book*. 5. ed. Londres: Routledge.

Foco na análise da mídia de uma perspectiva de gênero; leia especialmente o capítulo 2: GILL, R. (2007). *Gender and the media*. Cambridge: Polity Press.

Discussão a respeito de algumas perspectivas teóricas sobre Internet e pesquisa em comunicações: RICE, R.E. & FULLER, R.P. (2013). Theoretical perspectives in the study of communication and the Internet. In: DUTTON, W.H. (ed.). *The Oxford handbook of Internet studies*. Oxford: Oxford University Press, p. 353-377.

Referências

ATTWOOD, F. (2009). *Mainstreaming sex*: The sexualisation of Western culture. Londres/Nova York: IB Tauris.

BANDURA, A.; ROSS, D. & ROSS, S.A. (1961). Transmission of aggression through the imitation of aggressive models. In: *Journal of Abnormal and Social Psychology*, 63 (3), p. 575-582.

BARKER, M.J.; GILL, R. & HARVEY, L. (no prelo). *Mediated intimacy*: Sex advice in media culture. Cambridge: Polity Press.

BEAULIEU, A. & ESTALELLA, A. (2012). Rethinking research ethics for mediated settings. In: *Information, Communication & Society*, 15 (1), p. 23-42.

BERGER, A.A. (2012). *Media analysis techniques*. 4. ed. Thousand Oaks, CA: Sage Publications.

BILLIG, M. (1996). *Arguing and thinking*: A rhetorical approach to social psychology. 2. ed. Cambridge: Cambridge University Press.

BRITISH PSYCHOLOGICAL SOCIETY (2014). *Code of human research ethics*. Leicester, Reino Unido: British Psychological Society.

BRAUN, V. & CLARKE, V. (2006). Using thematic analysis in psychology. In: *Qualitative Research in Psychology*, 3 (2), p. 77-101.

BRUNS, A. (2008). *Blogs, Wikipedia, second life, and beyond*: From production to produsage. Nova York: Peter Lang Publishing.

BUCKINGHAM, D. & BRAGG, S. (2004). *Young people, sex, and the media*: The facts of life? Basingstoke, Reino Unido: Palgrave Macmillan.

CUMBERBATCH, G.; MAGUIRE, A.; LYNE, V. & GAUNTLETT, S. (2014). *Diversity monitoring*: The top TV programmes. Birmingham: Creative Diversity Network. Disponível em: http://creativediversitynetwork.com/wp-content/uploads/2014/08/CDN-diversity-portrayal-pilot-2014.pdf

CURRAN, J. & SEATON, J. (2009). *Power without responsibility*. Londres: Routledge.

DAVIES, M.M. & MOSDELL, N. (2006). *Practical research methods for media and cultural studies*: Making people count. Edimburgo: Edinburgh University Press.

DURHAM, M.G. (2004). Constructing the "new ethnicities": Media, sexuality, and diaspora identity in the lives of South Asian immigrant girls. In: *Critical Studies in Media Communication*, 21 (2), p. 140-161.

DWORKIN, A. (1981). *Men possessing women*. Londres: The Women's Press.

EDLEY, N. & WETHERELL, M. (2001). Jekyll and Hyde: Men's constructions of feminism and feminists. In: *Feminism & Psychology*, 11 (4), p. 439-457.

FAVARO, L. (no prelo). Postfeminist sexpertise on the "porn and men issue": A transnational perspective. In: HARRISON, K. & OGDEN, C. (eds.). *Pornographies*: Critical positions. Chester, Reino Unido: University of Chester Press.

FAVARO, L.& GILL, R. (2016). "Emasculation nation has arrived": Sexism rearticulated in online responses to "Lose the Lads" Mags campaign. In: *Feminist Media Studies*, 16 (3), p. 379-397.

FINDING, D. (2010). "Living in the real world?" What happens when the media covers feminist research. In: RYAN-FLOOD, R. & GILL, R. (eds.). *Secrecy and silence in the research process*: Feminist reflections. Londres: Routledge, p. 273-290.

FISHER, D.A.; HILL, D.L. & GRUBE, J.W. (2007). Gay, lesbian and bisexual content on television: A quantitative analysis across two seasons. In: *Journal of Homosexuality*, 52 (3-4), p. 167-188.

GILL, R. (2017). Discourse analysis in media and communications research. In: KEARNEY, M.-C. & KACKMAN, M. (eds.). *The craft of media criticism*: Critical media studies in practice. Nova York: Routledge.

_____ (2009). Mediated intimacy and postfeminism: A discourse analytic examination of sex and relationships advice in a women's magazine. In: *Discourse & Communication*, 3 (4), p. 1-25.

_____ (2007). *Gender and the media*. Cambridge: Polity Press.

GIVEN, L.M. (ed.) (2008). *The Sage encyclopedia of qualitative research methods*. Thousand Oaks, CA: Sage Publications.

GOV.UK. (18/nov./2014). *Exceptions to copyright*. Intellectual Property Office. Disponível em: www.gov.uk/exceptions-to-copyright

HALL, S. (2000). Racist ideologies and the media. In: MARRIS, P. & THORNHAM, S. (eds.). *Media studies*. Nova York: New York University Press, p. 271-282.

_____ (ed.) (1997). *Representation*: Cultural representations and signifying practices. Londres: Sage Publications.

_____ (1980). Encoding/decoding. In: HALL, S.; HOBSON, D.; LOWE, A. & WILLIS, P. (eds.). *Culture, media language*: Working papers in cultural studies. Londres: Hutchinson, p. 128-138.

HENRICH, N. & HOLMES, B. (2013). Web news readers' comments: Towards developing a methodology for using online comments in social inquiry. In: *Journal of Media and Communication Studies*, 5 (1), p. 1-4.

ISRAEL, M. & HAY, I. (2006). *Research ethics for social scientists*: Between ethical conduct and regulatory compliance. Londres: Sage Publications.

JENKINS, H. (2006). *Convergence culture*: Where old and new media collide. Nova York: New York University Press.

JENSEN, T. & RINGROSE, J. (2014). Sluts that choose vs doormat gypsies: exploring affect the postfeminist, visual moral economy of My Big Fat Gypsy Wedding. In: *Feminist Media Studies*, 14 (3), p. 369-387.

KRESS, G. & VAN LEEUWEN, T. (2006). *Reading images*: The grammar of visual design. 2. ed. Londres: Routledge.

LEADBEATER, J. & MILLER, P. (2004). *The Pro-Am revolution*. Londres: Demos.

LITOSSELITI, L. (2006). *Gender and language*: Theory and practice. Londres: Hodder Arnold.

MACHARIA, S.; O'CONNOR, D. & NDANGAM, L. (2010). *Who makes the news?* Global media monitoring project 2010. Londres: World Association for Christian Communication.

MACHIN, D. & MAYR, A. (2012). *How to do critical discourse analysis*: A multimodal introduction. Londres: Sage Publications.

MACHIN, D. & VAN LEEUWEN, T. (2007). *Global media discourse*: A critical introduction. Londres: Routledge.

MARKHAM, A.N. & BUCHANAN, E.A. (2012). *Ethical decision-making and Internet research (versão 2.0)*. Recommendations from the AoIR Ethics Working Committee. Chicago: Association of Internet Researchers. Disponível em: http://aoir.org/reports/ethics2.pdf

McCRACKEN, E. (1993). *Decoding women's magazines*. Basingstoke, Reino Unido: Macmillan.

McKEWON, E. (2012). Talking points ammo: The use of neoliberal think tank fantasy themes to deligitimise scientific knowledge of climate change in Australian newspapers. In: *Journalism Studies*, 13 (2), p. 277-297.

McROBBIE, A. (1991). *Feminism and youth culture*: From "Jackie" to "Just Seventeen". Basingstoke, Reino Unido: Macmillan.

MORLEY, D. & BRUNSDON, C. (2005). *The nationwide television studies*. Londres: Routledge.

NIXON, S. (1996). *Hard looks*: Masculinities, spectatorship and contemporary consumption. Londres: UCL Press.

NOBLE, S.N. (2014). Teaching Trayvon: Race, media and the politics of spectacle. In: *The Black Scholar*, 44 (1), p. 12-29.

PENN, G. (2000). Semiotic analysis of still images. In: BAUER, M.W. & GASKELL, G. (eds.). *Qualitative researching with text, image and sound*. Thousand Oaks, CA: Sage Publications, p. 227-245.

PHIPPS, A. (04/dez./2014). The dark side of impact. In: *Times Higher Education*. Disponível em: www.timeshighereducation.co.uk/comment/opinion/the-dark-side-of-the-impact-agenda/2017299.article

POTTER, J. & WETHERELL, M. (1987). *Discourse and social psychology*: Beyond attitudes and behaviour. Londres: Sage Publications.

QUIC (2015a). Qualitative innovations in CAQDAS: Analysing audiovisual data using NVivo. Disponível em: www.surrey.ac.uk/sociology/research/researchcentres/caqdas/support/analysingvisual/analysing_audiovisual_data_using_nvivo.htm

_____ (2015b). Qualitative innovations in CAQDAS: Support. Disponível em: www.surrey.ac.uk/sociology/research/researchcentres/caqdas/support/index.htm

RAMAZANOGLU, C. & HOLLAND, J. (2002). *Feminist methodology*: Challenges and choices. Londres: Sage Publications.

ROBINSON, S. (2010). Traditionalists *versus* convergers: Textual privilege, boundary work, and the journalist-audience relationship in the commenting policies of online news sites. In: *Convergence: The International Journal of Research into New Media Technologies*, 16 (1), p. 125-143.

ROWE, D. (2011). Obituary for the newspaper? Tracking the tabloid. In: *Journalism*, 12 (4), p. 449-466.

RYAN-FLOOD, R. & GILL, R. (eds.) (2010). *Secrecy and silence in the research process*: Feminist reflections. Londres: Routledge.

SNEE, H. (2013). Making ethical decisions in an online context: Reflections on using blogs to explore narratives of experience. In: *Methodological Innovations Online*, 8 (2), p. 52-67.

SOLIMAN, J. & KAN, M. (2004). Grounded theory and NVivo: Wars and wins. In: *Proceedings of QualIT 2004* (24-26/nov./2004). Brisbane, Austrália. Disponível em: https://opus.lib.uts.edu.au/research/bitstream/handle/10453/7157/2004001837.pdf?sequence=1

SVENINGSSON ELM, M. (2009). How do various notions of privacy influence decisions in qualitative Internet research? In: MARKHAM, A.N. & BAYM, N.K. (eds.). *Internet inquiry*: Conversations about method. Thousand Oaks, CA: Sage Publications, p. 69-88.

THOMPSON, J. (1984). *Studies in the theory of ideology*. Cambridge: Polity.

WETHERELL, M. & POTTER, J. (1992). *Mapping the language of racism*: Discourse and the legitimation of exploitation. Hemel Hempstead, Reino Unido: Harvester-Wheatsheaf.

WOOD, H. & SKEGGS, B. (eds.) (2011). *Reality television and class*. Londres: Palgrave Macmillan.

7 "O grande nivelador de Deus"
Rádio falado como dados qualitativos

Scott Hanson-Easey e Martha Augoustinos

Panorama

O rádio falado (RF) oferece aos pesquisadores qualitativos um ótimo potencial para analisar a vida social. Pode ser usado para responder uma série de perguntas de pesquisa, usando inúmeras abordagens qualitativas. Em nossa pesquisa analítica do discurso, constatamos que o RF proporciona ideias ricas relativas às características da conversa leiga e política, já que é usado para reclamações sobre grupos "minoritários" e para justificar argumentos preconceituosos e racistas (quadro 7.1). Neste capítulo, apresentamos um guia passo a passo para os pesquisadores qualitativos usarem o RF como fonte de dados em sua pesquisa. Primeiramente apresentamos uma introdução breve que contextualiza o RF e depois discutimos algumas abordagens teóricas relevantes e perguntas de pesquisa. Partindo de nossa pesquisa (HANSON-EASEY & AUGOUSTINOS, 2010, 2011, 2012), esclarecemos os processos e estágios distintos envolvidos no uso do RF como dados.

Introdução ao rádio falado

O rádio falado é um formato de rádio internacionalmente popular que depende de telefonemas dos ouvintes para discutir certos temas. O RF inclui uma série de tópicos, inclusive esportes (talkSPORT, p. ex.), vida contemporânea (*Life Matters*, ABC Radio National – Austrália), jardinagem (*Gardeners' Question Time*, BBC Radio 4), saúde e questões do consumidor (*You&Yours*, BBC Radio 4). Muitos programas de rádio usam a plataforma do RF para discursos de orientação política, incluindo questões delicadas e politizadas como relações sociais, imigração e "raça". Nos Estados Unidos, o rádio falado conservador ("right talk") e o rádio falado liberal (Air America, p. ex.) são exemplos conhecidos. Os telefonemas dos ouvintes são combinados com comentários, entrevistas e monólogos dos apresentadores (p. ex., *The Rush Limbaugh Show*).

> **Quadro 7.1** *A construção discursiva no rádio falado de refugiados sudaneses na Austrália*
>
> De uma perspectiva discursiva, usamos o RF para explorar como os ouvintes construíam linguisticamente "narrativas" sobre eventos locais envolvendo refugiados sudaneses. Nosso interesse era no modo como os ouvintes desenvolviam essas narrativas em sua fala e criticavam implicitamente esse grupo em dimensões comportamentais e morais. Através do veículo dessas narrativas, argumentamos que tais mensagens têm o potencial de sustentar diretrizes sociopolíticas com sérias implicações negativas para os refugiados sudaneses. O rádio falado foi uma fonte de dados muito apropriada para responder a nossa pergunta de pesquisa, porque o programa convidava as pessoas através de telefonemas para discutir qualquer coisa que tivessem em mente, fosse ela relacionada a doenças ou alguma reclamação contra o comportamento e as práticas culturais dos vizinhos. Achamos que a pesquisa qualitativa que emprega dados do RF é adequada a uma abordagem socioconstrucionista, porque detalha a natureza interativa e contingente da fala quando utilizada na construção de identidades e fenômenos.

Ao dar voz a questões, opiniões e visões "cotidianas", argumenta-se que o RF desempenha uma função democratizadora na sociedade (TURNER, 2009). Apelidado por um dos seus antigos produtores como o "grande nivelador de Deus" (BODEY, 2007: 15), o rádio falado, por sua ubiquidade, mesclou-se aos fundamentos da fala percebidos como democráticos e participativos, popularizando significativamente o formato (TURNER, 2009 • WARD, 2002). Embora o RF permita ao público geral participar parcialmente de sua preparação, ele também compartilha muitas das características "elitistas" de outros formatos de mídia: o apresentador e o produtor são os que detêm o poder de selecionar os ouvintes participantes com quem desejam falar e o poder de deixar esperando (às vezes indefinidamente) aqueles com quem não querem falar. Na versão mais crua e populista do RF, apresentadores grosseiros zombam de ouvintes que telefonam para fazer denúncias e dos quais discordam, provocando e ridicularizando suas opiniões para entreter e irritar os ouvintes. A fala grosseira não está interessada na imparcialidade; ao contrário, alimenta a opinião, o confronto e a "personalidade" populista do apresentador (TURNER, 2009).

O rádio falado pode ter consequências sociopolíticas além do contexto imediato, especialmente se a discussão estiver em consonância com a ansiedade preexistente da comunidade. Questões políticas muitas vezes podem "ganhar força quando destacadas no rádio: de vez em quando, isso prolonga a vida e estende a procedência da história" (TURNER, 2009: 421). Não surpreende, portanto, que o RF tenha exercido influência significativa nas decisões do governo. Por exemplo, a longevidade do governo conservador de Howard na Austrália (1996-2007) muitas vezes foi atribuída ao monitoramento cuidadoso que Howard fazia da opinião pública expressa no RF, e à sua participação matutina de costume em programas de alcance amplo e popular (LEE, 2007).

O que o rádio falado oferece ao pesquisador qualitativo?

O rádio falado oferece oportunidades interessantes aos pesquisadores qualitativos que desejem compreender como as pessoas "entendem" seus mundos sociais. Ele proporciona um fórum para as pessoas "representarem" seus mundos sociais de várias maneiras, participando de debates que (p. ex.) descrevam grupos sociais de determinadas formas, justifiquem certos tipos de crenças e ações sociais ou permitam que as pessoas administrem ou expressem determinados aspectos de suas identidades (e dos outros) (HANSON-EASEY & AUGOUSTINOS, 2012). Por esse motivo, o RF assume uma posição singular que proporciona ideias importantes aos pesquisadores qualitativos a respeito dos processos de representação; como as pessoas "analisam, comentam e fabricam filosofias espontâneas e não oficiais" (MOSCOVICI, 1984: 30) sobre os seus mundos sociais.

O rádio falado oferece vantagens especiais aos pesquisadores interessados na *linguagem* – como é o caso da nossa pesquisa sobre construções e representações dos refugiados sudaneses na Austrália (quadro 7.1). O RF é um contexto conversacional único e constantemente fluido em que questões sociais são apresentadas, opiniões listadas e defendidas, e as experiências subjetivas dos ouvintes são descritas de maneiras interessantes. Assim, ele oferece um grande potencial para entender o *discursivo* – ou seja, como os falantes usam recursos culturais e linguísticos específicos para construir *versões* do mundo e quais ações essas versões apresentam em contextos locais e globais (BILLIG, 1987 • EDWARDS & POTTER, 1992 • WETHERELL & POTTER, 1992). Por exemplo, as nossas análises dos telefonemas no RF proporcionam ideias importantes sobre o modo pelo qual os ouvintes do RF constroem os refugiados sudaneses como "problemáticos", e de que maneira tais construções justificam o apoio a várias práticas discriminatórias contra esse grupo (HANSON-EASEY & AUGOUSTINOS, 2010, 2012).

A natureza inerentemente interativa do RF também oferece um ótimo potencial para pesquisadores (principalmente discursivos e analíticos conversacionais) interessados na *fala-como-interação* – a fala produzida na interação social. Por exemplo, os pesquisadores analisam como a interação entre apresentadores e ouvintes no RF está organizada em sequências ou estágios específicos (HUTCHBY, 1991), como discussões e controvérsias no RF se desdobram e são administradas (HUTCHBY, 1992, 1996) e como os ouvintes de programas do RF usam e demonstram a identidade de modos estratégicos (HANSON-EASEY & AUGOUSTINOS, 2012 • HUTCHBY, 2001 • THORNBORROW, 2001). Essas análises sugerem muitas ideias sobre as construções que os falantes fazem das realidades sociais e atividades comunicativas, e suas orientações a contextos sociais e relações de identidade. Como exemplo, considere o seguinte excerto que mostra como uma ouvinte do RF administra a questão delicada de não parecer abertamente "racista", enquanto, ao mesmo tempo, reclama de um grupo de refugiados (cf. tb. no quadro 7.2 um exemplo de uma ouvinte do RF que falha completamente a esse respeito):

1) APRIL: ...então, veja... nós, eles são muitos em nossa área, e por mais

2) que se isolem. Vemos muito – tem crianças vindo de todas as partes do

3) Sudão, as crianças sudanesas estão, sabe como é, em toda parte, e são

4) crianças bonitas – mas acho que, de certa forma, precisam ser mais

5) educadas.

Podemos dizer que a ouvinte desse trecho está respondendo à oportunidade que o RF apresenta para abordar suas preocupações: consternação com as crianças do seu vizinho e, por associação, com seus pais. O que chamou nossa atenção em princípio, ao analisar esse material, foi o modo pelo qual a ouvinte mescla avaliações negativas e positivas das crianças sudanesas. O excerto destaca uma das características mais interessantes do *racismo moderno*: a norma contra parecer abertamente racista (VAN DIJK, 1991). A descrição que April faz do seu problema, como muitos argumentos no mundo social, aponta para vários riscos e problemas em potencial. Por exemplo, a avaliação das crianças sudanesas estando "em toda parte" e sendo "bonitas" é especialmente reveladora. Por que ela de uma só vez sugere que existem crianças sudanesas demais em sua ("nossa") área e depois proclama que são "bonitas"? Consideramos que a função dessa fala é amenizar sua reclamação, mitigando o risco de ser entendida como racista. Em nossa pesquisa, raramente ouvimos os falantes castigarem abertamente os refugiados sudaneses sem apresentarem raciocínios (às vezes elaborados) para tanto. Isso enfatiza a natureza complexa e flexível da "fala da raça", assim como as formas pelas quais as pessoas organizam estrategicamente sua fala para evitar potenciais críticas que possam impactar adversamente sua identidade (BILLIG, 1988). O rádio falado está saturado desse tipo de *fala-em-interação*, tornando-se uma fonte de dados atraente para pesquisadores que desejem tentar entender o modo pelo qual a fala é produzida e organizada socialmente.

O rádio falado possivelmente pode prover acesso mais fácil a opiniões e visões controversas do que pode ser encontrado em outros contextos. Isso porque o RF é um domínio onde o que é controverso pode ser mais aceitável do que seria em outros contextos (especialmente para versões "grosseiras" do RF). Por exemplo, no decurso da nossa pesquisa, alguns ouvintes do RF, assim suspeitamos, ficavam relativamente mais dispostos a articular suas visões sobre tópicos controversos quando se afiliavam ao apresentador, supondo que ele concordaria com suas visões – até mesmo quando esse tipo de fala é socialmente precária, em outros contextos, como o ambiente de trabalho. Alguns ouvintes deixaram isso aparente ao iniciar seu telefonema elogiando o apresentador ou anunciando que eram seus "grandes fãs". Outros "pinçavam" um tópico discutido antes e o tom usado para fundamentar seu telefonema – por exemplo, "você estava falando sobre os sudaneses antes". Esse padrão de fala nos levou a afirmar que os ouvintes podem haver falado assim porque tinham alguma "licença" para isso – parecia que "pensavam igual" – ou que simplesmente estavam estendendo o tema tratado inicialmente pelo apresentador.

Para pesquisadores que desejem coletar *dados naturalistas*, o RF oferece uma fonte de dados rica (e relativamente acessível). Os dados do RF são *naturalistas* ou *de ocorrência natural* porque o pesquisador não os gerou – eles ocorreram por motivos alheios ao pesquisador. Isso diferencia o RF de muitas outras formas de coleta de dados qualitativos (como grupos-foco ou entrevistas) que dependem da criação de oportunidades específicas para gerar dados, guiadas pelos interesses do pesquisador. Esses interesses muitas vezes são removidos da vida cotidiana dos participantes e exigem que eles façam coisas (como conversar com o pesquisador) que não fariam normalmente no decurso da sua vida normal. Os dados naturalistas, por outro lado, são *dados socialmente contextualizados* – a fala das pessoas (e, portanto, o comportamento) pode ser observada no contexto em que ocorre. Em termos simples, o benefício de observar a fala num cenário naturalista é a confiança de que o pesquisador não está influenciando os dados "crus" – as visões, crenças e versão dos falantes no RF são criações deles. Isso não quer dizer que o conhecimento que adquirimos com os dados do RF permaneça "objetivo" ou intocado pelas mãos do pesquisador; os interesses, cultura e formação histórica do pesquisador inevitavelmente atravessam a observação naturalista (BURR, 1999). Além disso, é importante notar que, embora o pesquisador não esteja envolvido em censurar, gerar, silenciar ou recrutar seletivamente os participantes, os telefonemas são mediados pela estação e pelo apresentador. De fato, é lugar-comum que os produtores e o apresentador dos programas de RF selecionem ativamente os ouvintes que acreditem proporcionar "valor de entretenimento", e deixem esperando aqueles que achem que não. Porém, a natureza naturalista do RF oferece aos pesquisadores ideias que seriam difíceis de replicar usando outros métodos de coleta de dados (como entrevistas ou grupos-foco).

O rádio falado propicia um cenário proveitoso para a "expressão de experiências cotidianas" (LUNT & STENNER, 2005: 63). De fato, argumenta-se que o RF fornece um contexto em que as pessoas podem se sentir mais à vontade ao compartilhar as próprias experiências – especialmente para grupos socialmente isolados ou marginalizados, para quem o RF pode prover um sentido valioso de conexão com a comunidade (EWART, 2011). Esses cenários, e especialmente estações de tópicos específicos (como a *Health Radio*) ou programas de aconselhamento (como Anna Raeburn na estação de rádio *Capital Radio*, do Reino Unido), dependem criticamente de criar uma percepção de uma "comunidade" aberta e acolhedora de ouvintes onde as pessoas são calorosamente convidadas a compartilhar as próprias experiências. Para os pesquisadores qualitativos, portanto, o RF pode ser um contexto fértil para obter um entendimento profundo de determinados aspectos das preocupações e experiências vividas pelas pessoas nos muitos e variados tópicos que podem ser encontrados nesse domínio (cf. em KANG & QUINE, 2007, uma análise das preocupações de jovens com o sexo no RF).

Finalmente, o RF também pode propiciar uma janela única para a função da mídia de afetar e refletir a opinião pública (cf. tb. o cap. 6). Um dos exemplos mais marcantes do potencial do RF de manipular o debate e a opinião popular foi sua função na "Revolta de Cronulla", na Austrália. Em dezembro de 2005, mais de 5.000 "anglo-australianos" (australianos que se identificam como possuidores de ascendência britânica) atacaram fisicamente qualquer pessoa que identificassem como "do Oriente Médio" em Cronulla, subúrbio litorâneo no sul de Sydney. A violência da multidão foi declarada numa briga entre um grupo de salva-vidas e um grupo de jovens australianos-libaneses que ocorreu na praia uma semana antes. Alan Jones, o apresentador de RF mais ouvido de Sydney, leu para o público uma das muitas mensagens de texto inflamatórias que circularam amplamente após a briga, suplicando aos anglo-australianos que "viessem a Cronulla para se vingar" (POYNTING, 2006: 87). Havia inúmeros fatores causais que levaram aos eventos genocidas em Cronulla, e o RF pode ser apenas parcialmente implicado. Porém, há indícios de que, quando a mídia jornalística e o RF se envolvem no que Perry (2001) chamou de fala com "permissão para odiar", isso transmite uma mensagem de tolerância aos que desejam perpetrar violência e vilipêndio racial (POYNTING; NOBLE; TABAR & COLLINS, 2004). O que a rebelião de Cronulla destacou foi o poder do RF de magnificar, cristalizar e transformar eventos sociais (muitas vezes emergentes) em "pânicos morais" significativos (COHEN, 2002). O RF, especialmente através do foco em eventos assim, pode oferecer aos pesquisadores qualitativos muitas ideias sobre a função poderosa que a mídia desempenha na formatação dos nossos valores políticos e crenças sociais, das nossas ideologias sobre nós mesmos e sobre os outros, e da constituição da vida social cotidiana.

Quais perguntas de pesquisa se adaptam aos dados do rádio falado?

O rádio falado pode ser usado para abordar uma série de tipos diferentes de perguntas de pesquisa empíricas. De fato, um ponto forte fundamental do RF é a diversidade de tópicos, visões e retórica que permeiam essa mídia. Isso, por sua vez, cria oportunidades interessantes para os pesquisadores fazerem perguntas de pesquisa provenientes de uma ampla variedade de áreas, disciplinas e interesses de pesquisa. Ademais, o pesquisador qualitativo pode fazer sua escolha a partir de uma série de lentes teóricas – do essencialismo ao socioconstrucionismo –, dependendo da natureza da pesquisa e da pergunta de pesquisa.

Como discutimos, o RF é particularmente adequado a perguntas sobre como a interação entre linguagem e conversa é socialmente (e estruturalmente) organizada e administrada (FITZGERALD & HOUSLEY, 2002 • HUTCHBY, 1992, 1996 • LIDDICOAT; DOPKE & BROWN, 1994 • THORNBORROW, 2001). Portanto, pode ser usado para abordar uma série de perguntas de pesquisa sobre as atividades comunicativas que acontecem entre apresentador e ouvintes. Isso pode incluir estas perguntas: Como os ouvintes são posicionados e apresentados pelos apresentadores? (HUTCHBY, 1991) Como é organizado o controle da interação entre ouvintes e apresentadores? (FITZGERALD & HOUSLEY, 2002 • HUTCHBY, 1996) Como os ouvintes se apresentam e se posicionam como testemunhas "autênticas" com base em seu conhecimento e experiências? (HUTCHBY, 2001).

O rádio falado tende a ser uma incubadora para debates (geralmente controversos) sobre questões sociopolíticas, inclusive discussões sobre políticas governamentais e temas políticos atuais, assim como debates mais amplos sobre raça, religião, gênero, sexualidade, terrorismo etc. Por isso se encaixa especialmente em perguntas de pesquisa que se concentrem em modos de entender (ou transmitir, debater, discutir etc.) temas sociopolíticos de "eleitores comuns" (ou até políticos e outras elites políticas). Também é adequado a perguntas sobre como determinados grupos sociais são construídos e posicionados através desses debates, por exemplo, "refugiados" (HANSON-EASEY & AUGOUSTINOS, 2012), minorias raciais (McMILLAN, 2005 • POYNTING, 2006 • TRIGGER, 1995), "mulheres"

(WEATHERALL; STUBBE; SUNDERLAND & BAXTER, 2010) ou "homossexuais" (NYLUND, 2004). Além disso, é um cenário proveitoso para perguntas de pesquisa sobre identidade. Por exemplo, como as pessoas usam e administram estrategicamente as próprias identidades sociais e as identidades sociais dos outros. Ou como o RF (p. ex., RF esportivo) está envolvido na produção e manutenção de determinados tipos de identidades normativas (p. ex., formas tradicionais de masculinidade; cf. NYLUND, 2004).

Para o pesquisador qualitativo crítico, a natureza sociopolítica do rádio falado pode ser usada para uma investigação ideológica e, especialmente, para perguntas sobre poder. Por exemplo, podemos fazer perguntas assim: Como os indivíduos e a mídia interagem para gerar e reproduzir representações de grupos sociais em relações subordinadas de poder a outros grupos para perpetuar o *status quo*? (GILL, 1993). Ou, no caso da Revolta de Cronulla, poderíamos possivelmente perguntar: Como os australianos muçulmanos foram posicionados como "não pertencendo" à Austrália? (DUE & RIGGS, 2008) Como "recursos discursivos" historicamente constituídos foram evocados no RF para incitar e legitimar o ódio racista e a violência para reivindicar o controle da Praia de Cronulla para os australianos "brancos"? (POYNTING, 2006).

O objetivo do RF é, sobretudo, ser um fórum para participação pública; portanto, espera-se que seus ouvintes manifestem suas opiniões *pessoais* em vários tópicos, como saúde, finanças, questões judiciais ou temas de interesse público (THORNBORROW, 2001). Portanto, o RF pode ser usado para abordar várias perguntas de pesquisa cujo objetivo seja mensurar opiniões ou perspectivas pessoais sobre determinados fenômenos (KANG & QUINE, 2007). Além disso, é mais provável que algumas opiniões políticas sejam expressas em programas políticos específicos do rádio falado, como *The Rush Limbaugh Show*, nos Estados Unidos, conhecidos por apoiar visões políticas conservadoras (BARKER & KNIGHT, 2000). Tais programas proveem efetivamente uma amostra concentrada de opinião política, proporcionando uma fonte fértil de dados a pesquisadores qualitativos interessados nesse tipo de pensamento.

Desenho, amostragem e questões éticas

A consideração mais premente sobre o desenho de pesquisa é determinar se o RF é um reservatório de dados adequado para abordar sua pergunta de pesquisa. As perguntas de pesquisa podem ser amplas e exploratórias, ou estreitas e de tópico específico – como a nossa pergunta de pesquisa: "Como se fala sobre os australianos sudaneses em termos essencialistas no RF?" (HANSON-EASEY;

AUGOUSTINOS & MALONEY, 2014). O tipo de pergunta de pesquisa que você fizer precisará ser concebido juntamente com considerações de amostragem; p. ex.: O RF propiciará o cenário onde esse tópico ou processo de pesquisa provavelmente ocorrerá? Para determinar isso, uma investigação preliminar deve ser conduzida para saber se o seu tópico de interesse está representado em telefonemas suficientes e em profundidade adequada para garantir mais investigações – portanto, ouça um pouco o RF, casualmente, "ao vivo" (on-line ou no rádio tradicional) ou em podcast, para sentir de modo geral o que está disponível no RF. Se o assunto ou tema do seu interesse for socialmente tópico e receber a atenção da mídia convencional, também é provável que esse tema tenha sido discutido em algum momento no RF.

Vejamos mais uma vez, por exemplo, nossa pesquisa que abordou como os refugiados sudaneses estavam sendo representados no contexto de eventos sociais e políticos controversos e em destaque na Austrália (HANSON-EASEY & AUGOUSTINOS, 2011, 2012). Como esse tema havia recebido ampla atenção da mídia, o que foi confirmado pela busca no Factiva (um banco de dados da mídia impressa) com termos-chave que incluíam "refugiados sudaneses", estávamos razoavelmente confiantes de que o tópico estava sendo discutido no RF – nossa experiência sugere que a "fertilização cruzada" de tópicos de discussão entre a mídia jornalística e o RF é comum. Tópicos que tenham recebido menos atenção podem ter sido pouco mencionados num período específico, o que pode ser problemático para coletar dados suficientes e satisfazer as exigências metodológicas de sua pesquisa.

Infelizmente, não há um jeito infalível de determinar quais dados potenciais existem no domínio se você não ouvir a rádio e garimpar uma impressão sobre quais tópicos prevalecem. A busca de podcasts de programas do RF no website da respectiva estação, ou num website de rádio da Internet, como o TuneIn, é outra opção eficaz. Nossa abordagem usou um banco de dados de monitoramento da mídia (iSentia) para buscar telefonemas tópicos em certas estações durante um intervalo em que sabíamos que a questão estava recebendo a atenção dos jornais e da televisão. A desvantagem de usar um serviço de monitoramento de mídia (como discutiremos melhor mais tarde) é que em geral ele requer uma conta para acessar o banco de dados da mídia ou o pagamento por telefonema.

As decisões relativas à amostragem dependerão da metodologia que você escolher e das suas considerações pertinentes ao tamanho adequado da amostra. Em boa parte da pesquisa qualitativa, questões quantitativas sobre a exigência de uma grande amostra "representativa" fica em segundo plano diante do imperativo de coletar dados que se prestem a uma análise detalhada (FLYVBJERG, 2006). O que importa, entretanto, é que a amostra – seu tamanho e suas características – seja consonante com seus objetivos de pesquisa e prioridades metodológicas (SEALE, 2012 • SILVERMAN, 2005). Por exemplo, se a sua pesquisa usar uma metodologia qualitativa de estudo de caso, seria perfeitamente justificável selecionar um pequeno número de casos (telefonemas ou partes de telefonemas) de modo que uma descrição rica e detalhada desses dados possa ser gerada. Nesse exemplo, a seleção de telefonemas seria determinada menos pela obtenção de determinado tamanho da amostra do que pela probabilidade de os telefonemas gerarem ideias adequadas sobre o tópico relevante. Para pesquisadores qualitativos da graduação, um telefonema razoavelmente extenso (cinco minutos ou mais) pode fornecer dados ricos o bastante para uma análise profunda. De fato, inúmeros estudos qualitativos clássicos se pautaram totalmente num único caso (WOOLGAR, 1981). Para pesquisadores da pós-graduação, uma amostra de um telefonema mais longo pode ser necessária a fim de explorar perguntas de pesquisa mais complexas e extensas.

Na pesquisa qualitativa, a pergunta "Quando devo parar de procurar dados?" – o que às vezes é chamado de "saturação de dados" – é contestada e controversa (MORSE, 1995). Não há diretrizes rigorosas sobre o que constitua um tamanho de amostra adequado na pesquisa qualitativa. Porém, o que parece ser amplamente aceito é que a *quantidade* de casos não é tão importante quanto o grau de interesse ou a inovação de determinado caso. Achamos que as decisões sobre amostras sempre devem ser ajustadas flexivelmente à melhor maneira de responder a sua pergunta de pesquisa ou desenvolver um argumento ou teoria que emerja do processo de pesquisa.

Uma das vantagens de usar os dados do RF é que eles existem em *domínio público*. Assim, uma proposta ética de pesquisa humana raramente é necessária, porque a pesquisa não envolve participação humana propriamente dita (mas as exigências locais variam muito, então verifique as suas antes de coletar os dados). Ao contrário, os dados foram gerados no decurso do debate público, num fórum acessível ao público e ao pesquisador, sendo improvável que a análise subsequente desses dados apresente riscos sérios aos falantes. Vale ressaltar, contudo, que o fato de a pesquisa com RF não envolver ativamente o recrutamento de participantes no sentido tradicional não significa que os pesquisadores possam se eximir de todas as considerações éticas (cf. tb. o cap. 6). Os princípios éticos, como respeito pelos participantes, seriam uma referência para bons estudos; para cumprir esse princípio na prática, é essencial manter o objeto de análise focado no entendimento dos falantes e não em críticas especulativas à personalidade ou orientação moral dos falantes. Por exemplo, em nossa pesquisa discursiva, muitas vezes ficamos exasperados com algumas das visões promulgadas pelo RF. Algumas opiniões dos apresentadores e ouvintes sobre grupos de refugiados humanitários eram realmente nocivas e perturbadoras. Porém, foi importante não deixar nossas reações emocionais aos dados minarem o foco da nossa análise – era necessário analisar a *fala*, não o falante (cf. tb. ANTAKI; BILLIG; EDWARDS & POTTER, 2002). Essa distinção pode ser traiçoeira, mas é importante. Uma análise que pareça ao leitor motivada por críticas pessoais pode ser facilmente desprezada, por ser considerada pejorativa ou sem rigor acadêmico (Sociedade Psicológica Britânica, 2014). A maioria dos comitês de ética em pesquisa humana das universidades orienta os pesquisadores que usam dados disponíveis em domínio público, e nós recomendamos que eles sejam consultados antes que você inicie sua pesquisa.

Passos para usar o rádio falado

1) *Decida quais estações de rádio serão o seu alvo.* Na seção anterior, mencionamos algumas considerações de amostragem gerais que precisam ser observadas antes de você contemplar a fase de coleta de dados. Felizmente, como parte integrante da tarefa de ouvir inúmeros programas do RF, ficará mais fácil identificar os tipos de estações de rádio que apresentam programas adequados às necessidades da sua pesquisa. Se não for o caso, até uma busca rápida em websites de estações de rádio pode indicar quais tópicos normalmente são abordados, e qual gênero de RF pode ser esperado, como polêmico, "terapêutico" (p. ex., com uma consultora sentimental) ou humorístico.

Por exemplo, em nossa pesquisa discursiva sobre representações leigas dos refugiados sudaneses, queríamos um contexto de RF em que os falantes pudessem se sentir menos óbvios ao fazerem reclamações potencialmente preconceituosas ou pejorativas sobre os refugiados sudaneses. Ao mesmo tempo, queríamos analisar como eventos locais em Adelaide eram entendidos pelos moradores. Isso nos levou ao conhecido (em Adelaide) *Bob Francis Show*, transmitido pela FIVEaa. A FIVEaa é uma estação de rádio comercial popular que atende a região de Adelaide e apresenta uma mistura de programas falados "interativos", notícias e esportes. Quando selecionamos esse programa em especial para a amostragem, sabíamos que o conjunto de dados captaria somente determinado espectro de visões sobre o tópico dos refugiados sudaneses em Adelaide. Traçar um espectro de opiniões cruzando o meio social não era o objetivo da pesquisa; em vez disso, nosso interesse era: Como um grupo social recém-chegado à sociedade australiana era representado por participantes de um fórum que ostensivamente lhes permitia "falar o que quisessem" contra uma norma prevalente de não parecerem abertamente preconceituosos?

2) *Decida onde buscar os dados do RF e como construir uma amostra.* Como já discutimos, as gravações do RF podem ser acessadas rapidamente e sem

custo simplesmente ouvindo o programa diretamente ou através de serviços de rádio on-line, como TuneIn. Os dados podem, então, ser registrados num gravador digital ou em dispositivo móvel de função similar. Algumas estações de rádio agora têm podcasts dos seus programas em seus websites, alguns dos quais incluem sessões faladas sobre determinado tópico. Geralmente são grátis e podem ser baixados e salvos para análise. Mas se você estiver interessado em apenas uma transmissão de telefonema, é possível que ela tenha sido baixada em outra plataforma de mídia social, como o YouTube. Se estiver trabalhando no setor universitário, algumas bibliotecas ou departamentos têm acesso a serviços de rastreamento de mídia, como o iSentia. Os serviços de monitoramento de mídia, como o nome sugere, rastreiam e gravam mídias de notícias, programas de televisão e rádio. Para reunir dados do RF, é necessário pensar sobre potenciais depósitos de telefonemas que podem ser buscados com palavras ou termos específicos (p. ex., "refugiados sudaneses"). Nossa abordagem discursiva precisava de gravações que pudessem ser descritas minuciosamente, permitindo uma análise detalhada da fala dos ouvintes de RF. O que o estudo também exigia, idealmente, era uma série de telefonemas que tivessem um espectro de formas diferentes de falar sobre certo tópico. Com esses critérios em mente, identificamos um serviço de monitoramento de mídia que conseguia prover gravações do RF reais – essas gravações poderiam ser transformadas em transcrições detalhadas para análise. Nessa pesquisa, a decisão sobre o que é uma amostra adequada foi muito pragmática, norteada pela nossa estrutura teórica, recursos para custear telefonemas e o modo de os telefonemas elaborarem alguma característica da pergunta de pesquisa que estávamos buscando. Inicialmente, nosso foco de pesquisa era exploratório – nosso único guia era nosso interesse em como políticos e leigos representavam e relatavam os refugiados sudaneses, especialmente em termos de uma controvérsia política amplamente divulgada, centrada na redução da quota humanitária de refugiados sudaneses e no assassinato de um jovem sudanês-australiano. Essas duas controvérsias originaram "preocupações" com a adequação dos sudaneses-australianos na sociedade australiana. Os parâmetros para a busca realizados através da empresa de monitoramento de mídia foram bem próximos às datas reais dos eventos sociais ou políticos nos quais o nosso programa de pesquisa estava focado, terminando na data em que solicitamos a busca. A empresa de monitoramento de mídia tinha os chamados "resumos de telefonemas" (pequenas descrições do telefonema e seu conteúdo). Nossa primeira busca envolveu a procura por termos-chave nesses resumos. Inicialmente buscamos todos os telefonemas que incluíssem a frase "refugiado(s) sudanês(sudaneses)".

Uma segunda fase de amostragem avaliou a relevância dos resumos de telefonemas aos nossos dois interesses de pesquisa: (a) entrevistas políticas com o Ministro da Imigração sobre o tópico da admissão de refugiados sudaneses e (b) telefonemas sobre o comportamento dos refugiados sudaneses em Adelaide num programa do RF. Os telefonemas eram simplesmente incluídos ou omitidos tendo essa base e, nesse ponto, eram comprados da empresa de monitoramento de mídia para mais análise. Diferentes empresas de monitoramento da mídia impõem regras diferentes a esse processo. Algumas empresas exigem pagamento integral por telefonemas que correspondam às palavras ou frases da busca antes de disponibilizarem os resumos de telefonemas. Isso, obviamente, gera implicações para o custo-benefício de usar o RF como fonte de dados.

O objetivo do nosso procedimento de amostragem era construir um conjunto de dados de RF que fornecesse uma base empírica a partir da qual pudéssemos explorar qualquer número de componentes da fala das pessoas sobre os refugiados sudaneses. Assim, o mais importante não era o tamanho da amostra propriamente dito, mas se o corpus poderia fornecer dados suficientes para *padrões* discursivos e retóricos a observar: padrões em termos de consistência ou variação (POTTER & WETHERELL, 1987). A amostra precisaria ter ao menos telefonemas suficientes para permitir que esses processos analíticos essenciais acontecessem, permitindo-nos construir uma teoria sobre como esses padrões funcionavam nos telefonemas e que efeitos produziam.

3) *Classificação dos "resumos de telefonemas" para a análise principal.* Em nossa pesquisa, vinte e três "resumos de telefonemas" (sinopses) satisfizeram nossos primeiros critérios de amostragem ("refugiados sudaneses"). Como nossa principal questão era como os refugiados sudaneses são construídos no contexto australiano, uma outra leitura dos telefonemas foi executada para omitir telefonemas que: (a) somente se referissem *en passant* aos refugiados sudaneses ou discutissem esse grupo em outros países que não fossem a Austrália; ou (b) fossem considerados sem detalhes adequados para a análise. Por fim, quinze telefonemas foram selecionados para uma análise completa. Mais uma vez, esse passo se baseou no que poderia ser identificado a partir dos resumos de telefonemas. Esses resumos tinham variedade e profundidade diversas, por serem escritos por "monitores" contratados pela agência de monitoramento de mídia para ouvir múltiplos telefonemas e resumi-los. Portanto, os detalhes desses resumos dependiam inevitavelmente dos métodos adotados pelos monitores individuais, levando à ênfase ou ao desprezo de algumas partes do telefonema. É óbvio que isso não é um exercício preciso, e desconfiamos de que alguns telefonemas que atendiam aos nossos critérios

podem ter sido perdidos. Para os pesquisadores que usam esse método de coleta de dados, a natureza desse processo deve ser reconhecida, e as implicações para a amostragem de dados devem ser admitidas. Porém, como cada gravação completa representava um custo significativo para o projeto, uma "linha decisória" foi definida. Por fim, nossa decisão de parar a coleta de dados em quinze telefonemas pautou-se numa análise preliminar do material dos dados, a qual indicava que existiam variação e complexidade adequadas nos telefonemas que permitiam uma análise detalhada e discursiva de como os falantes representavam os refugiados sudaneses no RF. Um segundo raciocínio para interromper a coleta de dados em quinze telefonemas foi menos teórico: o custo de quinze telefonemas quase extrapolou o orçamento.

4) *Preparação dos dados para análise.* Os arquivos de áudio devem ser guardados em segurança num computador onde possam ser acessados e exportados para um reprodutor de áudio configurado para transcrição, como o software de várias plataformas Audacity, que é gratuito. Sempre é sensato fazer alguns arquivos duplicados e guardá-los em locais diferentes; perder dados caros e essenciais por causa de uma pane no computador seria uma experiência lamentável.

Com sorte, algumas características dos dados já podem ter começado a se destacar nos resumos dos telefonemas. Alguns dos aspectos interessantes de analisar o RF são a capacidade de ouvir dados expressos em tempo real e a oportunidade de ouvir novamente a gravação original quantas vezes você quiser. A transcrição e a análise caminham juntas nesta fase, e o processo pode ser uma fase fundamental da sua investigação.

O que pode dar errado com o rádio falado?

Existem algumas armadilhas em potencial ao usarmos os dados de RF, mas elas muitas vezes podem ser evitadas com um desenho de pesquisa atento. Primeiro, um possível problema de amostragem que os pesquisadores usando RF enfrentam é não encontrar dados suficientes para responder sua pergunta de pesquisa. Isso é especialmente problemático se a sua pesquisa abordar especificamente um problema que pode não ter recebido muita atenção no RF. Isso pode ser evitado iniciando sua pesquisa a partir de uma posição "exploratória" (indutiva) – ou seja, manter seu foco ou pergunta de pesquisa *flexível* até encontrar dados suficientes para apurar sua investigação até chegar a um aspecto específico do fenômeno do seu interesse.

Segundo, embora a coleta de dados não exija necessariamente um serviço de monitoramento de mídia, seguir esse caminho pode acabar sendo um empreendimento caro. Quando conduzimos o nosso estudo, sabíamos que não poderíamos ampliar demais os parâmetros da amostra por motivos de custo. Comparado com outras formas de dados da mídia (como os jornais; cf. o cap. 6), o custo associado ao acesso de dados de RF dessa forma *pode* constituir uma limitação séria. Um grau razoável de risco também se associa ao pagamento de telefonemas antes que eles possam ser totalmente verificados segundo um critério de amostragem, e você pode acabar ficando com telefonemas que não são relevantes à sua pergunta de pesquisa. Os custos com a coleta de dados não são exclusivos dos métodos que usam RF. A pesquisa científica social tradicional, empregando questionários ou grupos-foco, é inerentemente dispendiosa em termos do tempo de pesquisa gasto recrutando e atendendo participantes, pagando honorários etc. Em nossa experiência, os potenciais custos associados ao RF valem a pena, especialmente se considerarmos a riqueza contextual dos dados.

Quais métodos de análise se adaptam aos dados do rádio falado?

Uma ampla gama de métodos qualitativos se adapta à análise de dados de RF. De fato, eles funcionam bem em abordagens como a análise temática (BRAUN & CLARKE, 2006), que se concentra na identificação de temas e padrões amplos, e abordagens analíticas mais detalhadas, como a análise da conversa (AC) (HUTCHBY & WOOFFITT, 2008) e várias formas de análise discursiva (WETHERELL; TAYLOR & YATES, 2001) e análise narrativa (RIESSMAN, 1993). Como já comentamos, o RF se adapta especialmente à AC (HERITAGE, 2005). A AC é uma abordagem de pesquisa que estuda a organização da conversa, analisando minuciosamente gravações e transcrições de interações sociais. Por exemplo, a AC explorou proveitosamente como as pessoas criam "identidades" no RF (ATKINSON & KELLY-HOLMES, 2011 • FITZGERALD & HOUSLEY, 2002) e como os apresentadores do RF costumam usar a sua posição – em virtude de serem os primeiros a fazer uma pergunta num telefonema – para extrair argumentos dos ouvintes (HUTCHBY, 1992).

O rádio falado como *gênero da mídia* tem recebido muita atenção acadêmica, especialmente pela sua função de determinar a opinião social (BARKER & KNIGHT, 2000); ainda assim, além da pesquisa analítica do discurso e da conversa, análises empíricas de dados de telefonemas reais são muito menos comuns. No quadro 7.2, apresentamos um exemplo ilustrativo do nosso trabalho, mostrando o que um método (a análise discursiva) é capaz de conseguir com o RF. Como a análise no quadro 7.2 tenta elucidar, o RF pode dar ideias razoavelmente novas sobre a dinâmica da argumentação quando praticada *in situ*. Valores normativos sobre o que pode ser dito e não dito, sobre grupos sociais na esfera pública, podem ser discernidos e elaborados.

Quadro 7.2 *Um exemplo ilustrativo de uma análise discursiva do rádio falado*

A seguinte análise ilustra como os dados do RF podem ser proveitosamente empregados como um meio de analisar como determinadas visões e atitudes são usadas na conversa. Em especial, o que é claramente demonstrado aqui é como algumas atitudes são agora consideradas descompassadas em relação ao que poderia ser considerado uma fala aceitável. O excerto do RF analisado neste quadro foi retirado do *The Bob Francis Show*, da FIVEaa. Dee telefonou por concordar com o editorial anterior do apresentador sobre o esfaqueamento que matou um jovem refugiado sudanês, crime cometido por um colega da vítima no Distrito Comercial Central de Adelaide. O excerto foi transcrito de acordo com as convenções de transcrição simplificadas de Jefferson (JEFFERSON, 2004). Em suma, as palavras sublinhadas são enfatizadas pelos falantes, e as PALAVRAS EM LETRAS MAIÚSCULAS são quase gritos.

DEE: ...Não tem assistentes suficientes para me levar para outro lugar.

FRANCIS: Ah, que pena.

DEE: Sim, mas não liguei para falar de mim.

FRANCIS: Tudo bem, por que você telefonou?

DEE: Quando eu vim para cá em sessenta e quatro...

FRANCIS: Sim...

DEE: Ah, eu achava que Adelaide era uma cidadezinha encantadora...

FRANCIS: Heh heh heh...

DEE: Desculpe, não posso mais achar que é uma cidadezinha encantadora...

FRANCIS: É meio como Chicago, não é?

DEE: O que está acontecendo, Bob?

FRANCIS: Não é meio como a sangrenta Chicago?

DEE: Eu ouvi você falar, antes de ligar, sobre os sudaneses...

FRANCIS: Sim...

DEE: Olha só, eu não sou racista, mas...

FRANCIS: Mas...

DEE: Acho que eles todos deveriam ser reunidos e enviados de volta...

FRANCIS: Ah, veja bem, é um comentário totalmente racista...

DEE: Me... me desculpe...

FRANCIS: COMENTÁRIO ABSOLUTAMENTE RACISTA...

DEE: Desculpe, mas...

FRANCIS: BURRO PRA CARAMBA E RACISTA...

DEE: Bob, não precisamos deles aqui...

FRANCIS: VOCÊ É BURRA POR DIZER ISSO...

DEE: Ah, não me chame de burra...

FRANCIS: VOCÊ É BURRA POR DIZER ISSO, VÁ ESTUDAR UM POUCO DE HISTÓRIA E POR QUE PESSOAS ASSIM VÊM PARA ESTE PAÍS, E DÊ A ELAS UMA CHANCE DE FICAR AQUI...

DEE: Mas eles não...

FRANCIS: Uma criança fez algo errado e você disse algo que é absolutamente ridículo...

DEE: Bob, os italianos e os gregos vieram e logo ficaram bem...

FRANCIS: Ah, eu aposto que você deve ter tido a mesma ideia sobre os italianos e os gregos quando eles chegaram!

DEE: Não tive...

FRANCIS: Não, não estou interessado em falar com você. Acho que as suas atitudes... você é uma burra.

De modo análogo a muitos inícios dos telefonemas do nosso corpus de RF, este começa com uma conversa amistosa sobre questões pessoais; nesse caso, sobre a recente lesão na perna do apresentador e os problemas de saúde da ouvinte. O apresentador demonstra empatia pelos problemas de Dee, falando "ah, que pena", e Dee continua até chegar ao seu tópico principal: o esfaqueamento e "os sudaneses". Dee começa, reclamando da mudança na natureza social de Adelaide, afirmando que quando "veio para cá em sessenta e quatro", "achava que Adelaide era uma cidadezinha encantadora". Mas, sem enunciar explicitamente, ela sugere que um esfaqueamento foi um exemplo do motivo de as coisas agora serem diferentes, e por que, portanto, ela "não pode mais achar que é uma cidadezinha encantadora". Francis, usando um tom jocoso, concorda e replica: "Não é meio como a sangrenta Chicago?".

Até esse ponto, o telefonema transcorreu sem problemas, já que os dois falantes compartilham e concordam com representações similares sobre Adelaide ter se tornado um lugar perigoso, como "Chicago". O próximo comentário da ouvinte se relaciona a um segmento anterior do programa de Francis que apresentou o tópico do esfaqueamento, em seguida ela usa uma ressalva, "eu não sou racista, mas". Essa ressalva foi muito observada na literatura de fala racista (HEWITT & STOKES, 1975 • VAN DIJK, 1984, 1995 • WETHERELL & POTTER, 1992), que funciona como uma defesa contra inferências de que o falante está motivado por um preconceito profundamente guardado. O que vale ressaltar é como esse recurso retórico *falha* dramaticamente na mitigação planejada. Antes mesmo de a ouvinte ter a oportunidade de finalizar a sua vez de falar, Francis se apropria do que vem a seguir e ambos os falantes enunciam "mas". Como Francis previu corretamente, Dee faz uma sugestão que de fato poderia ser entendida como racista: "Acho que eles todos deveriam ser reunidos e enviados de volta".

A partir daí, Francis se opõe, ridicularizando e acusando Dee de enunciar um "comentário totalmente racista" e duvidando da sua inteligência, afirmando que ela é "burra por dizer isso". Ademais, Francis repreende Dee por generalizar um evento (o esfaqueamento) de forma preconceituosa, recomendando que "todos" os sudaneses deveriam ser removidos da Austrália. Francis está reagindo à falta de nuance de Dee ao atribuir um sentido causal ao esfaqueamento e à sua proposta cruamente formulada: "Acho que eles todos deveriam ser reunidos e enviados de volta". O que geralmente funciona nesses momentos para lubrificar a interação, como um reconhecimento de que aquilo que está prestes a ser dito poderia ser entendido como "racista", e um "eu não sou racista, mas" antecipado usado para evitar uma potencial crítica (HEWITT & STOKES, 1975), não está presente.

É a falta de delicadeza que sinaliza Dee como uma pessoa que demonstra antipatia pelos refugiados sudaneses que Francis considera tão inaceitável – ou, pelo menos, é considerada uma oportunidade para dar a sua bronca grosseira –, a sua marca registrada. Ao contrário de outros telefonemas do corpus do RF, não há esboços de encontros pessoais com "os sudaneses" ou alguma teoria sociológica leiga explicando por que esse grupo está enfrentando problemas para "se encaixar" na sociedade australiana e, portanto, por que deve ser expulso. Esse telefonema é o único no corpus do RF que demonstra a opinião direta da ouvinte e a completa rejeição de Francis. Além disso, Francis está orientado por uma noção de (in)tolerância em seu ataque a Dee e, em especial, quando ela categoriza ou estereotipa grosseiramente todos os "sudaneses" com base num único evento (o esfaqueamento). Suspeitamos que sem uma formulação suavizante para administrar o risco de essa reclamação ser entendida como motivada pelos próprios interesses de Dee, ou disposição (ou seja, sua personalidade irracional), Dee fica exposta a uma série de afirmativas acusatórias porque suas visões são entendidas como profundamente intolerantes.

Conclusão

O rádio falado é um reservatório subutilizado de potenciais dados qualitativos que podem ser analisados por uma ampla gama de métodos. É um gênero da mídia firmemente plantado em domínio público, dando às pessoas oportunidades de verbalizar suas opiniões, contar suas histórias e participar da "conversa pública". Representa um fórum para debates públicos, políticos e ideológicos e, em algumas instâncias, pode desempenhar a função de agitador para a mudança social. O rádio falado propicia aos pesquisadores qualitativos acesso relativamente fácil, muitas vezes com gastos mínimos de recursos, a uma série diversa de tópicos de dados às vezes difíceis de acessar usando métodos alternativos. Achamos que o RF é uma interessante encarnação do comportamento social que ocorre *in situ* e é bastante promissor para as investigações qualitativas (quadro 7.3).

Quadro 7.3 *Reflexões pessoais sobre o uso do rádio falado*

Como escrevemos neste capítulo, é interessante refletir sobre o que nos atraiu no RF, para começar, e quais desafios se apresentaram ao trabalharmos com o que era, na época, um método muito desconhecido de coletar e trabalhar com dados. A releitura dos excertos em nossos artigos de revistas usando RF nos lembrou da natureza relativamente orgânica, naturalista (i.e., não fabricada para as necessidades específicas de um projeto de pesquisa, mas ocorrendo "naturalmente" no mundo social) desses dados e sua utilidade para questionar como os falantes moldam a linguagem para atingir fins situados (conversacionais) e globais (ideológicos e sociais). Em outras palavras, os dados de RF se mostraram adequados a uma análise detalhada da conversa (HUTCHBY, 1996) e à construção de reclamações e representações que consideramos consonantes com narrativas mais amplas que ocorrem na comunidade.

Além disso, ao refletirmos sobre essa antiga pesquisa com RF, lembramos o quão interessante e, na falta de uma palavra melhor, *agradável* é analisar esses tipos de dados para os pesquisadores qualitativos. Em parte, isso pode ser atribuído à natureza da fala das pessoas enquanto se manifesta na comunicação em tempo real e aos modos infinitamente fascinantes em que os falantes formulam e adaptam sua fala, dependendo da interação em questão. Ademais, e de forma mais geral, analisar e interpretar os dados de RF pode ser uma experiência profundamente envolvente, já que propicia uma janela única para as visões, percepções e crenças das pessoas enquanto lutam com problemas diários que as afetam de um modo ou de outro. Para nós, as ideias garimpadas em tal análise nos aproximam da compreensão da "experiência vivida" pelas pessoas e, assim, é uma pesquisa interessante e importante.

Por fim, um dos aspectos mais persuasivos do RF é que ele reflete as condições sociais e políticas mais amplas experimentadas atualmente pelos grupos sociais. Em nosso trabalho, isso nos deu a oportunidade única de observar "a sociedade pensante" (MOSCOVICI, 1984), já que seus membros afirmavam quais grupos sociais eram considerados aceitáveis, quais não eram, e por que seus julgamentos eram justificáveis. Em outras palavras, o RF nos permitiu analisar minuciosamente a *lógica* que as pessoas usavam para construir seus argumentos e expor sua postura particular sobre um tema. Para o pesquisador qualitativo crítico ou politicamente orientado, o RF é um contexto analítico intrigante que descostura a lógica de argumentos que visam sustentar a ordem social e política.

Experimente...

Alguns estudiosos descrevem o RF como um meio público através do qual os cidadãos podem acentuar sua participação cívica, tendo sua voz ouvida (TURNER, 2009). Ao menos na Austrália, o rádio falado também se tornou um meio preferencial através do qual os políticos podem testar e fazer propaganda de suas políticas para um público extenso (LEE, 2007). O que também é cada vez mais comum, o rádio falado se tornou uma plataforma de comunicação para profissionais disseminarem conhecimentos sobre saúde e bem-estar. Isso inclui profissionais que trabalham com disciplinas da psicologia e oferecem consultoria e conhecimentos científicos sobre saúde mental, relações pessoais e familiares, maternidade e paternidade etc.

Escolha um programa do rádio falado de alcance amplo e popular e baixe o podcast referente a uma ou duas semanas. Salve os arquivos de áudio do podcast em seu computador e passe algum tempo analisando o conteúdo, as questões e os tópicos transmitidos durante esse período. Use um software de áudio como o Audacity para ouvir, selecionar e compilar tópicos de interesse (como participações e deliberações políticas; comunicação e disseminação de conhecimentos científicos). Construa uma amostra de dados contendo esses segmentos selecionados para mais análises. Esses segmentos podem incluir telefonemas de ouvintes, entrevistas feitas pelo apresentador do programa com políticos ou especialistas, ou comentários do editorial pelo apresentador. Ouça várias vezes os arquivos selecionados e comece a fazer algumas perguntas sobre a natureza dos dados que você coletou. Perguntas como estas:

- Como certos tópicos ou fenômenos sociais são representados na fala das pessoas? Quais descrições, categorias, metáforas e "mudanças de frases" são usadas?
- Como os participantes racionalizam e justificam as suas visões?
- Como e quando "fatos" são mobilizados na fala das pessoas?
- Existem padrões argumentativos notáveis recorrentes?
- Como o apresentador lida com visões contrárias, e visões discordantes têm o mesmo tempo no ar?

É claro que, para responder essas perguntas academicamente, você precisaria transcrever seus dados. Dependendo dos tipos de perguntas que você deseja fazer, das suas preferências epistemológicas e abordagem analítica, isso pode exigir o uso de um sistema de transcrição como o "sistema de Jefferson" (JEFFERSON, 2004), que usa uma série de símbolos para representar não apenas o que é dito, mas também como as coisas são ditas, e é amplamente usado em análise da conversa e algumas formas de análise do discurso (como a psicologia discursiva).

Outros recursos: on-line

A TuneIn é um website de rádio da Internet que permite a busca por podcasts de certos programas de RF. É uma boa maneira de encontrar dados ou sentir como é o RF: http://tunein.com

Outros recursos: leituras

Leia mais sobre o estudo ilustrativo: HANSON-EASEY, S. & AUGOUSTINOS, M. (2010). Out of Africa: Accounting for refugee policy and the language of causal attribution. In: *Discourse & Society*, 21 (3), p. 295-323. Cf. tb.: HANSON-EASEY, S. & AUGOUSTINOS, M. (2012). Narratives from the neighbourhood: The discursive construction of integration problems in talkback radio. In: *Journal of Sociolinguistics*, 16 (1), p. 28-55.

Conheça uma análise crítica sobre como os homens negociam a masculinidade no RF: NYLUND, D. (2004). When in Rome: Heterosexism, homophobia, and sports talk radio. In: *Journal of Sport & Social Issues*, 28 (2), p. 136-168.

Leia uma análise fascinante sobre a função do RF na Revolta de Cronulla: POYNTING, S. (2006). What caused the Cronulla riot. In: *Race & Class*, 48 (1), p. 85-92.

Leia mais sobre a influência do RF na política da Austrália: TURNER, G. (2009). Politics, radio and journalism in Australia: The influence of "talkback". In: *Journalism*, 10 (4), p. 411-430.

Referências

ANTAKI, C.; BILLIG, M.; EDWARDS, D. & POTTER, J. (2002). Discourse analysis means doing analysis: A critique of six analytic shortcomings. In: *DAOL Discourse Analysis Online*, 1 (1). Disponível em: https://extra.shu.ac.uk/daol/articles/open/2002/002/antaki2002002-paper.html

ATKINSON, D. & KELLY-HOLMES, H. (2011). Codeswitching, identity and ownership in Irish radio comedy. In: *Journal of Pragmatics*, 43 (1), p. 251-260.

BARKER, D. & KNIGHT, K. (2000). Political talk radio and public opinion. In: *Public Opinion Quarterly*, 64 (2), p. 149-170.

BILLIG, M. (1988). The notion of "prejudice": Some rhetorical and ideological aspects. In: *Text*, 8 (1-2), p. 91-110.

_____ (1987). *Arguing and thinking*: A rhetorical approach to social psychology. Cambridge: Cambridge University Press.

BODEY, M. (19/abr./2007). Four decades of "God's Great Equaliser". In: *The Australian*. Disponível em: www.theaustralian.com.au%2Fbusiness%22Fmedia%2Ffour-decades-of-gods-great-eq&Horde=18db92b40dbf4eb796fca720e492bc17

BRAUN, V. & CLARKE, V. (2006). Using thematic analysis in psychology. In: *Qualitative Research in Psychology*, 3 (2), p. 77-101.

BRITISH PSYCHOLOGICAL SOCIETY (2014). *Code of human research ethics*. Leicester, Reino Unido: British Psychological Society.

BURR, V. (1999). The extra-discursive in social constructionism. In: NIGHTINGALE, D.J. & CROMBY, J. (eds.). *Social constructionist psychology*: A critical analysis of theory and practice. Buckingham, Reino Unido: Open University Press, p. 113-126.

COHEN, S. (2002). *Folk devils and moral panics*: The creation of the mods and rockers. Londres: Psychology Press.

DUE, C. & RIGGS, D.W. (2008). "We grew here you flew here": Claims to "home" in the Cronulla riots. In: *Colloquy*, 16, p. 210-228.

EDWARDS, D. & POTTER, J. (1992). *Discursive psychology*. Londres: Sage Publications.

EWART, J. (2011). Therapist, companion, & friend: The under-appreciated role of talk-back radio in Australia. In: *Journal of Radio & Audio Media*, 18 (2), p. 231-245.

FITZGERALD, R. & HOUSLEY, W. (2002). Identity, categorization and sequential organization: The sequential and categorial flow of identity in a radio phone-in. In: *Discourse & Society*, 13 (5), p. 579-602.

FLYVBJERG, B. (2006). Five misunderstandings about case-study research. In: *Qualitative Inquiry*, 12 (2), p. 219-245.

GILL, R. (1993). Justifying injustice: Broadcasters accounts of inequality in radio. In: BURMAN, E. & PARKER, I. (eds.). *Discourse analytic research*. Londres: Routledge, p. 75-93.

HANSON-EASEY, S. & AUGOUSTINOS, M. (2012). Narratives from the neighbourhood: The discursive construction of integration problems in talkback radio. In: *Journal of Sociolinguistics*, 16 (1), p. 28-55.

_____ (2011). Complaining about humanitarian refugees: The role of sympathy talk in the design of complaints on talkback radio. In: *Discourse & Communication*, 5 (3), p. 247-271.

_____ (2010). Out of Africa: Accounting for refugee policy and the language of causal attribution. In: *Discourse & Society*, 21 (3), p. 295-323.

HANSON-EASEY, S.; AUGOUSTINOS, M. & MOLONEY, G. (2014). "They're all tribals": Essentialism, context and the discursive representation of Sudanese refugees. In: *Discourse & Society*, 25 (3), p. 362-382.

HERITAGE, J. (2005). Conversation analysis and institutional talk. In: FITCH, L. & SANDERS, E. (eds.). *Handbook of language and social*. Londres: Psychology Press, p. 103-147.

HEWIT, J.P. & STOKES, R. (1975). Disclaimers. In: *American Sociological Review*, 40 (1), p. 1-11.

HUTCHBY, I. (2001). "Witnessing": The use of first-hand knowledge in legitimating lay opinions on talk radio. In: *Discourse Studies*, 3 (4), p. 481-497.

_____ (1996). *Confrontation talk*: Arguments, asymmetries and power on talk radio. Nova Jersey: Lawrence Erlbaum Associates.

_____ (1992). The pursuit of controversy: Routine scepticism in talk on "talk radio". In: *Sociology*, 26 (4), p. 673-694.

_____ (1991). The organization of talk on talk radio. In: SCANNELL, P. (ed.). *Broadcast talk*. Londres: Sage Publications, p. 119-137.

HUTCHBY, I. & WOOFFITT, R. (2008). *Conversation analysis*. Cambridge: Polity Press.

JEFFERSON, G. (2004). Glossary of transcript symbols with an introduction. In: LERNER, G.H. (ed.). *Conversation analysis*: Studies from the first generation. Amsterdam: John Benjamins Publishing Company, p. 13-31.

KANG, M. & QUINE, S. (2007). Young people's concerns about sex: Unsolicited questions to a teenage radio talkback programme over three years. In: *Sex Education*, 7 (4), p. 407-420.

LEE, C. (2007). Mornings with radio 774: Can John Howard's medium of choice enhance public sphere activity? In: *Media International Australia*, 122 (1), p. 122-131.

LIDDICOAT, A.; DOPKE, S. & BROWN, A. (1994). Presenting a point of view: Callers' contributions to talkback radio in Australia. In: *Journal of Pragmatics*, 22 (2), p. 139-156.

LUNT, P. & STENNER, P. (2005). The Jerry Springer Show as an emotional public sphere. In: *Media, Culture & Society*, 27 (1), p. 59-81.

McMILLAN, K. (2005). Racial discrimination and political bias on talkback radio in New Zealand: Assessing the evidence. In: *Political Science*, 57 (2), p. 75-91.

MORSE, J.M. (1995). The significance of saturation. In: *Qualitative Health Research*, 5 (2), p. 147-149.

MOSCOVICI, S. (1984). The phenomenon of social representations. In: FARR, R.M. & MOSCOVICI, S. (eds.). *Social representations*. Cambridge: Cambridge University Press, p. 3-69.

NYLUND, D. (2004). When in Rome: Heterosexism, homophobia, and sports talk radio. In: *Journal of Sport & Social Issues*, 28 (2), p. 136-168.

PERRY, B. (2001). *In the name of hate*: Understanding hate crimes. Nova York: Routledge.

POTTER, J. & WETHERELL, M. (1987). *Discourse and social psychology*: Beyond attitudes and behaviour. Londres: Sage Publications.

POYNTING, S. (2006). What caused the Cronulla riot. In: *Race & Class*, 48 (1), p. 85-92.

POYNTING, S.; NOBLE, G.; TABAR, P. & COLLINS, J. (2004). *Bin Laden in the suburbs*: Criminalising the Arab other. Sydney: Sydney Institute of Criminology.

RIESSMAN, C.K. (1993). *Narrative analysis*. Newbury Park, CA: Sage Publications.

SEALE, C. (ed.) (2012). *Researching society and culture*. Londres: Sage Publications.

SILVERMAN, D. (2005). *Doing qualitative research*: A practical handbook. Londres: Sage Publications.

THORNBORROW, J. (2001). Questions and control: The organisation of talk in calls to a radio phone-in. In: *Discourse Studies* 3 (1), p. 119-143.

TRIGGER, D. (1995). "Everyone's agreed, the West is all you need": Ideology, media and Aboriginality in Western Australia. In: *Media Information Australia*, 75, p. 102-122.

TURNER, G. (2009). Politics, radio and journalism in Australia: The influence of "talk-back". In: *Journalism*, 10 (4), p. 411-430.

VAN DIJK, T.A. (1995). Elite discourse and the reproduction of racism. In: SLAYDEN, R.K. & SLAYDEN, D. (eds.). *Hate speech*. Newbury Park, CA: Sage Publications, p. 1-27.

_____ (1991). *Racism and the press*. Londres: Routledge.

_____ (1984). *Prejudice in discourse*. Amsterdã: John Benjamins.

WARD, I. (2002). Talkback radio, political communication, and Australian politics. In: *Australian Journal of Communication*, 29, p. 21-38.

WEATHERELL, M. & POTTER, J. (1992). *Mapping the language of racism*: Discourse and the legitimation of exploitation. Nova York: Harvester Wheatsheaf.

WEATHERALL, M.; TAYLOR, S. & YATES, S.J. (eds.) (2001). *Discourse as data*: A guide for analysis. Londres: Sage Publications.

WEATHERALL, A.; STUBBE, M.; SUNDERLAND, J. & BAXTER, J. (2010). Conversation analysis and critical discourse analysis in language and gender research: Approaches in dialogue. In: HOLMES, J. & MARRA, M. (eds.). *Femininity, feminism and gendered discourse*: A selected and edited collection of papers from the Fifth International Language and Gender Association Conference (IGALA5). Cambridge, Reino Unido: Cambridge Scholars Publishing, p. 213-243.

WOOLGAR, S. (1981). Discovery: Logic and sequence in a scientific text. In: KNORR-CETINA, K. & MULKAY, M. (eds.). *Science observed*: Perspectives on the social study of science. Londres: Sage Publications, p. 239-269.

8 Arquivos do cotidiano
O uso de blogues na pesquisa qualitativa

Nicholas Hookway

Panorama

Este capítulo se concentra nos blogues – as atuais "figuras ilustres" da Web 2.0 – e nas oportunidades e desafios que oferecem ao pesquisador qualitativo. Partindo de um projeto de pesquisa que usou blogues para examinar experiências e entendimentos cotidianos de moralidade (quadro 8.1), o capítulo apresenta os blogues como "documentos da vida" multimídia contemporânea. Afirmo que os blogues permitem aos pesquisadores qualitativos um acesso único a relatos textuais do cotidiano em primeira pessoa. Ademais, fornecem grandes quantidades de dados instantâneos que são globais, arquivados, buscáveis e de recursos relativamente leves. Perguntas de pesquisa e passos adequados para conduzir a pesquisa com blogues são discutidos, além de questões éticas envolvidas no manuseio dos dados de blogues. Depois passo a considerar problemas e soluções envolvidos nas metodologias dos blogues e métodos adequados de análise, antes de concluir com algumas reflexões pessoais sobre o uso que faço dos dados de blogues no estudo sobre moralidade cotidiana (quadro 8.2).

Introdução à pesquisa com blogues

Nos últimos dez anos, a Web 2.0 assistiu ao desenvolvimento de uma série de gêneros digitais gerados pelos usuários, nos quais estes podem produzir e consumir conteúdo ao mesmo tempo em que se comunicam e interagem entre si (BEER & BURROWS, 2007; cf. tb. os cap. 6 e 9). Essas novas formas participativas da Internet incluem redes sociais (como Facebook e MySpace), serviços de armazenamento de favoritos (Delicious e Bundlr), sites de compartilhamento de vídeos e fotos

(YouTube e Instagram) e serviços de blogues e microblogues (Blogger e Twitter). Esses desenvolvimentos na cultura da Internet não somente remodelaram drasticamente a vida social, como também mudaram e desafiaram fundamentalmente o modo de "fazer" pesquisa dos cientistas sociais e da saúde (FIELDING; LEE & BLANK, 2008 • LIAMPUTTONG & EZZY, 2005). Neste capítulo, falo sobre o uso de um desses aplicativos da Web 2.0, o "weblogue" ou "blogue", num estudo que explora experiências e entendimentos cotidianos de moralidade.

Quadro 8.1 *Explorando a moralidade cotidiana*

Os blogues ofereceram uma série específica de vantagens para minha pesquisa qualitativa sobre as moralidades cotidianas australianas. O objetivo desse projeto era "descrever densamente" (GEERTZ, 1973) como os indivíduos fazem seus mundos morais cotidianos existirem, "escrevendo-os" e "falando-os", partindo de suas próprias perspectivas. O estudo se baseou numa análise qualitativa de quarenta e quatro blogues australianos, combinada com vinte e cinco entrevistas profundas on-line (cf. os cap. 10-13 sobre entrevistas virtuais). Os blogues foram usados na amostra através de uma combinação de busca, investigação e solicitação. A faixa etária final dos quarenta e quatro blogueiros usados na amostra foi de dezenove a cinquenta e três anos, com idade média de trinta e um anos. Vinte e cinco dos blogueiros eram do sexo feminino e, dezenove, do sexo masculino. A principal questão metodológica para esse projeto de pesquisa foi *como* captar empiricamente a realidade moral do cotidiano. Os blogues ofereciam uma lente empírica original através da qual foi possível investigar a produção contemporânea da moralidade e individualidade na modernidade tardia. Os blogues foram selecionados como uma forma de registro da vida pessoal (THOMAS & ZNANIECKI, 1958 [1918]) que permitia acesso a relatos espontâneos do cotidiano refletindo o que era importante para o blogueiro sem a intervenção de um pesquisador. Os blogues foram usados na amostra a partir do website de hospedagem de blogues LiveJournal devido à capacidade de realizar buscas por localização e idade, e a reputação de hospedar blogues de estilo pessoal e reflexivo. Os blogues selecionados continham ao menos dois incidentes, momentos, descrições ou experiências que lançassem luz sobre as construções e práticas morais cotidianas do blogueiro (p. ex., pedido de desculpas a um ex-namorado; ajuda a uma pessoa desabrigada; reflexão sobre moralidade sem uma estrutura religiosa). A coleta de dados dos blogues foi composta de duas fases principais: uma fase de investigação passiva e uma fase ativa de solicitação dos blogues, através de anúncios colocados nas comunidades do LiveJournal. Os dados gerados pelos blogues foram complementados por vinte e cinco entrevistas profundas on-line para melhor desenvolver e explorar mais temas importantes identificados nos relatos textuais. A principal descoberta foi que os blogueiros construíam a moralidade como um projeto *faça-você-mesmo* ativamente criado, não conformista e autônomo que enfatizava a significância ética de individualidade, corpo, emoções e ideais de autenticidade (HOOKWAY, 2014, 2015).

O ano de 1999 será lembrado como o ano do blogue. Nesse ano, os blogues se tornaram um componente significativo da cultura on-line, guiados pelos motores de aplicativos para blogues gratuitos e fáceis de usar, como o Blogger e o

LiveJournal, e pela exposição na mídia global de blogueiros célebres, como Salam Pax (também conhecido como o "Blogueiro de Bagdá") e o ator Wil Wheaton (BLOOD, 2002a • SERFARTY, 2004). A popularidade dos blogues pode ser relacionada a uma mudança cultural mais ampla (celebridades, reality shows, talk shows e culturas confessionais) em que o sentimento privado veio a colonizar a esfera pública (BAUMAN, 2000 • BEER & BURROWS, 2007). A narrativa pública da vida pessoal se tornou tão proeminente que alguns teóricos até sugerem que agora habitamos uma sociedade "auto/biográfica" (PLUMMER, 2001) ou "da entrevista" (ATKINSON & SILVERMAN, 1997). Como se diz popularmente, "todo mundo tem uma história para contar".

Evan Williams, cocriador do conhecido programa de blogues Blogger, afirma que as características que definem os blogues são "frequência, brevidade e personalidade" (apud TURNBULL, 2002: 82). De modo mais formal, um "blogue" se refere a um website que contém uma série de publicações frequentemente atualizadas, em ordem cronologicamente inversa numa página da web comum, geralmente escrito por um único autor (HOOKWAY, 2008). Em algum ponto entre a página da web pessoal concentrada no indivíduo e a interatividade de redes sociais, os blogues são caracterizados por: publicações gráficas/textuais instantâneas; um arquivo mensal; retorno através de "comentários"; a expectativa de se conectar a outros blogues e fontes on-line; e um estilo de redação pessoal e franco (HOOKWAY, 2008).

Os blogues são formas textuais, mas também interativas e multimídia (SCHEIDT & WRIGHT, 2004). Eles encorajam não apenas a expressão escrita pessoal, mas também visual e outras formas de expressão via design e customização do estilo, embutindo conteúdo on-line como imagens, vídeos, áudios e links de outros blogues (figura 8.1). Como afirma Badger (2004: 1), "se pensarmos nos blogues como páginas que vestimos, então são os elementos visuais que costuram o traje para vestir o indivíduo". A figura 8.1 mostra o modelo e os componentes visuais básicos de um blogue do Blogger.

Se, por um lado, o formato é relativamente consistente, o conteúdo dos blogues é amplo e diversificado. Rebecca Blood (2002b: xii), autora do blogue pioneiro *Rebecca's Pocket*, capta tal diversidade:

> Blogues são o lugar para histórias diárias, reações ardorosas, detalhes mundanos e assuntos gerais. São tão variados quanto os seus mantenedores e estão criando uma geração de cidadãos envolvidos e fervorosos, e seres humanos articulados e observadores.

A diversidade de conteúdo significa que há uma variedade de gêneros de blogues, desde blogues "de mamães", militares e de celebridades, até blogues sobre comida, viagens, educação, profissão, empresas e pornografia. Porém, os blogues costumam assumir a forma de diários on-line ou narrativas da vida, em que um conteúdo privado e íntimo é publicado em fragmentos diários, mensais ou anuais (HOOKWAY, 2008). O diário on-line é um tipo de blogue geralmente leve em links, tendo como foco o "drama" (GOFFMAN, 1959) das interações, individualidades e situações cotidianas. Enquanto as novas mídias sociais, como Facebook e Twitter, são caracterizadas pela brevidade da "atualização de status" ou do "tweet", o formato do blogue incentiva um envolvimento mais profundo com a individualidade, expressão pessoal e comunidade (MARWICK, 2008).

Figura 8.1 *Exemplo de publicação em blogue do Blogger*

Os blogues podem ser situados como um "documento da vida" contemporânea (PLUMMER, 2001). Plummer define documentos da vida como os artefatos pessoais de experiências vividas que são produzidos como parte do cotidiano. Por exemplo, diários, cartas, biografias, auto-observação, anotações pessoais, fotografias e filmes. Para o pesquisador qualitativo, documentos da vida sugerem ideias sobre como as pessoas entendem e experimentam o mundo, e as formas criativas pelas quais expressam esses entendimentos e experiências.

O que os blogues oferecem ao pesquisador qualitativo?

Os blogues proporcionam uma série de benefícios práticos e metodológicos ao pesquisador qualitativo, além de oferecerem um método discreto para captar narrativas não solicitadas e naturalistas não adulteradas pelo escrutínio de um pesquisador. Os blogues dão acesso a narrativas geradas espontaneamente que dão ideias e acesso à própria linguagem, reflexões e histórias dos participantes. Ademais, os blogues captam experiências e entendimentos situados no cotidiano, convergindo formas autorreflexivas tradicionais de dados, como diários, cartas, biografia, auto-observação, anotações pessoais, imagens, fotografias e vídeo, num arquivo multimídia e interativo do cotidiano.

Existe um paradoxo construído na atividade de escrever blogues: a maioria dos blogueiros que não são celebridades são anônimos ou relativamente não identificáveis, mas, ao mesmo tempo, estão tipicamente escrevendo para um público e estão, portanto, potencialmente envolvidos num tipo de "trabalho de imagem" (GOFFMAN, 1959). Essa tensão entre visibilidade e invisibilidade pode atribuir aos blogues uma qualidade reveladora ou confessional, em que uma individualidade menos polida e até "mais feia" pode ser verbalizada. A pessoa pode expressar suas culpas, contratempos – qualquer coisa que possa ser difícil de contar quando "estamos na presença dos outros" (GOFFMAN, 1959: 1). Como refletiu um blogueiro em minha pesquisa: "O objetivo do meu blogue é ter um espaço na minha vida onde eu possa ser anônimo e expressar meu eu 'real', ainda que seja feio ou briguento" (sexo masculino, vinte e oito anos, LIVEJOURNAL, 2009).

Além de permitirem acesso a relatos espontâneos e francos do cotidiano, os blogues podem ajudar a evitar alguns problemas associados à coleta de informações delicadas via métodos de entrevistas ou grupos-foco (ELLIOT, 1997). Como diários "off-line" (cap. 5), os blogues captam um "presente que não cessa de mudar" (ELLIOT, 1997: 3), onde há uma união estreita entre a experiência cotidiana e o registro dessa experiência (TOMS & DUFF, 2002). Essa proximidade entre evento e registro significa que os blogues são menos suscetíveis a problemas de reconstrução e memória retrospectivas do que entrevistas e grupos-foco, o que pode ser importante se o objetivo da pesquisa for captar a "verdade" externa (VERBRUGGE, 1980).

Um dos principais pontos fortes de usar blogues é que eles são uma técnica instantânea, publicamente disponível e barata para coletar documentos da vida. Os blogues permitem a criação de textos imediatos sem a intensidade de recursos de gravadores e transcrições (LIAMPUTTONG & EZZY, 2005). E, como outros métodos de pesquisa on-line, os blogues permitem o acesso de populações geográfica ou socialmente distantes do pesquisador (HESSLER et al., 2003). A natureza arquivística dos blogues também os torna favoráveis para analisar processos sociais com o passar do tempo; portanto, podem ser úteis para conduzir formas longitudinais de pesquisa.

Em minha pesquisa qualitativa sobre as moralidades australianas cotidianas, os blogues ofereceram uma forma única de analisar as fontes, estratégias e experiências da tomada de decisões morais modernas. Os blogues ajudaram a vencer problemas metodológicos relativos ao estudo da normatividade leiga, usando métodos qualitativos tradicionais como entrevistas presenciais. Como Phillips e Harding (1985: 93) apontam, questionar diretamente as pessoas sobre as suas ações e crenças morais é difícil e provoca problemas de validade e sensibilidade. Por exemplo, as pessoas podem não estar dispostas a partilhar detalhes morais íntimos com um pesquisador numa entrevista, já que se conformam com "a própria obrigação e vantagem de sempre aparecer sob uma luz moral correta" (GOFFMAN, 1959: 244). Em vez disso, as pessoas podem estar inclinadas a se descrever como possuidoras de qualidades desejadas, como "boas", "morais", "gentis", "normais" e "respeitáveis". Também existe a dificuldade de contextualizar o tópico de um modo significativo para os informantes num cenário de entrevistas. Em relação à minha pesquisa, minha preocupação era o quão desafiante seria para os participantes de entrevistas presenciais falarem de improviso com um estranho sobre as suas vidas morais, sem alguma forma de enquadramento e incentivo concretos.

Os blogues podem vencer algumas das dificuldades associadas a encontrar ou solicitar relatos biográficos cotidianos (através de diários, p. ex.; cf. o cap. 5) graças à sua localização em domínio público. Como já observei, eles me ofereceram a vantagem de não estarem "contaminados" pelos interesses do pesquisador. Além disso, permitiram fácil acesso a informantes dos principais centros urbanos da Austrália.

Quais perguntas de pesquisa se adaptam aos dados dos blogues?

Há dois tipos amplos de perguntas de pesquisa aos quais os dados dos blogues se adéquam: (1) projetos com foco na análise de blogues e criação de blogues como um fenômeno e como isso está implicado numa série de práticas e comportamentos; e (2) projetos com foco no uso de blogues para analisar um aspecto ou característica da vida "off-line". O primeiro tipo de pergunta de pesquisa tipicamente envolve projetos que investigam as qualidades e características da criação de blogues, e seus usos e implicações em áreas amplas da vida social, desde construção de identidade e comunidade, educação, saúde e viagens, até comércio, negócios e publicidade. Por exemplo, Hodkinson (2007) investigou a significância simbólica e a prática de jornais on-line para jovens, Sanford (2010) explorou blogues sobre perda de peso como uma ferramenta de apoio para pessoas diagnosticadas como "obesas mórbidas" e Sharman (2014) analisou blogues como uma fonte de contestação para a ciência climática convencional.

Tabela 8.1 *Exemplos de pesquisas com blogues*

Autores	Tópico	Pergunta de pesquisa	Amostra
Clarke e Van Amerom (2008)	Depressão	Investiga e compara como homens e mulheres que se identificam como deprimidos descrevem suas experiências em seus blogues.	Cinquenta blogues (vinte e cinco mulheres; vinte e cinco homens) usados nas amostras, utilizando a frase de busca "blogues sobre depressão".
Leggatt-Cook e Chamberlain (2012)	Perda de peso em mulheres	Explora como blogueiras do sexo feminino da área de perda de peso negociam discursos sobre gordura e representam seus corpos e sua identidade on-line.	Dez blogues femininos sobre perda de peso usados nas amostras a partir de uma análise de 180 blogues sobre perda de peso. As fontes dos blogues foram listas de blogues (como "os 100 maiores blogues sobre perda de peso"), sites de blogues relevantes (BlogHer.com), blogrolls (links de blogues similares) e blogues conhecidos sobre perda de peso (watchmybuttshrinking.com).
Dart (2009)	Finais da Copa do Mundo de 2006	Analisa a extensão na qual fãs do futebol na Alemanha usaram a Internet para contar em blogues suas experiências na Copa do Mundo.	Usou mecanismos de busca genéricos na Internet, além de mecanismos de busca específicos de blogues (Feedster; Blogdigger) para identificar blogues de futebol da Copa do Mundo a partir de blogues independentes, organizacionais e corporativos. Não foi informado o tamanho da amostra dos blogues.
Enoch e Grossman (2010)	Mochilagem	Investiga o discurso cosmopolita entre mochileiros israelenses e dinamarqueses que visitaram a Índia.	Vinte e nove blogues de mochileiros (quinze israelenses e quatorze dinamarqueses) escritos de 2003 a 2008. Não foram dadas informações sobre a forma de coletar a amostra dos blogues.
Snee (2013)	Turismo de ano sabático	Explora debates sobre cosmopolitismo contemporâneo usando narrativas de ano sabático de jovens britânicos.	Trinta e nove blogues de viagem foram usados nas amostras, utilizando a frase de busca "ano sabático" em mecanismos de busca de blogues e plataformas de hospedagem.
Bakker e Paris (2013)	Religiosidade e perda parental	Analisa o impacto de natimortos e morte neonatal na religiosidade parental.	Uma amostra de 148 blogues parentais (253 entradas) foi retirada do website *Glow in the Woods*.

O segundo tipo de pergunta de pesquisa está mais focado em blogueiros, tanto como observadores quanto como informantes do cotidiano (TOMS & DUFF, 2002). O projeto sobre moralidade cotidiana é um exemplo desse tipo de análise de blogues. Outros exemplos são blogues usados para analisar saúde e doença (CLARKE & VAN AMEROM, 2008), perda de peso (LEGGATT-COOK & CHAMBERLAIN, 2012), eventos esportivos globais (DART, 2009), cosmopolitismo, viagem e turismo (ENOCH & GROSSMAN, 2010 • SNEE, 2013) e luto e religião (BAKKER & PARIS, 2013) (tabela 8.1).

Desenho e amostragem: passos para fazer pesquisa com blogues

A tabela 8.2 descreve os principais passos envolvidos na condução de pesquisa com blogues. Não é um modelo prescritivo, mas uma tentativa de oferecer uma série de orientações a pesquisadores iniciantes na pesquisa com blogues. Aqui discuto esses passos mais detalhadamente:

Tabela 8.2 *Resumo dos passos de pesquisas com blogues*

Passos	Ação
1) Desenvolva critérios de seleção	Use pergunta(s) de pesquisa para determinar a seleção do tipo e conteúdo de blogue, e as características do blogueiro pretendido.
2) Conduza a coleta dos dados do blogue usando "busca", "investigação" e/ou "solicitação"	Gere a amostra do blogue através de uma plataforma de blogues ou busca baseada na web, "investigando" de acordo com parâmetros definidos ou solicitação "ativa" via anúncios on-line e off-line.
3) Estabeleça uma presença on-line	Configure o website de pesquisas para disseminar informações relevantes do projeto (como a folha de informações), forneça um site para "encontrar o pesquisador" e legitime a identidade do pesquisador.
4) Conduza a análise do blogue	Converta os blogues da amostra em arquivos de texto para análise textual em programa de processamento de texto ou para codificação em software de análise de dados qualitativos.

1) *Desenvolva critérios de seleção.* O primeiro passo para o pesquisador de blogues é determinar os critérios de seleção para nortear a amostragem. É importante que os pesquisadores definam orientações e parâmetros de busca cuidadosos para a coleta de dados na fase dos critérios de seleção. Pode ocorrer uma compulsão na busca por blogues; um sentido irracional de que a pró-

xima publicação ou o próximo blogue será uma "mina de ouro", o que pode acabar desperdiçando tempo e sendo ineficaz. É importante desenvolver critérios de seleção claros, não somente em termos de satisfação dos objetivos da pesquisa, mas também como meio de poupar tempo e evitar frustrações.

2) *Conduza a coleta dos dados do blogue usando "busca", "investigação" e/ou "solicitação".* Existem três formas principais de gerar amostras com blogues e eu usei todas elas em minha pesquisa. Gerei amostras com blogues do LiveJournal, o qual tem uma quota significativa do mercado mundial de blogues, afirmando hospedar mais de vinte e um milhões de contas, das quais mais de dois milhões são consideradas ativas (LiveJournal.com, 2009). Tomei essa decisão não somente para limitar a coleta de dados a um aplicativo de blogues e simplificar o processo, mas também porque o LiveJournal tem inúmeras vantagens, que incluem: (1) interface fácil de usar; (2) um mecanismo de busca sistemática que permitiu a identificação de blogues por localização (país, estado e cidade) e idade; (3) uma quota de tamanho considerável do mercado de blogues na Austrália; e (4) reputação de site puramente voltado a diários on-line. A *busca de blogues* envolve o uso de um mecanismo de busca específico para blogues (como o descontinuado Google Blog Search) e/ou um mecanismo de busca de hospedagem de blogues (como a busca do LiveJournal) para identificar publicações relevantes em blogues (p. ex., buscando "anos sabáticos"; "voluntariado"; "dietas"; "depressão" etc.). Eu entrei para o LiveJournal como proprietário de conta paga para poder usar as ferramentas de busca avançadas. O LiveJournal não permitia a busca por gênero ou etnia, então eu precisei coletar amostras manualmente de blogueiros por gênero e etnia para captar uma diversidade de experiências. Isso foi difícil, já que os blogueiros australianos do LiveJournal parecem ser predominantemente anglo-australianos e muitas vezes apenas temos sinais visuais para guiar a identificação étnica.

Mecanismos de busca de plataformas (como a busca do LiveJournal) e websites de blogues específicos (p. ex., sites de blogues sobre perda de peso, como "Os 100 blogues mais inspiradores sobre perda de peso") são úteis para projetos com foco na análise de um tipo definido de experiência ou processo, como aqueles apresentados em blogues sobre viagens, perda de peso ou pais. Porém, os pesquisadores de blogues precisam ter cuidado porque, mesmo usando mecanismos de busca, um grau de "seleção" de blogues é necessário, já que essas buscas produzem não apenas uma série de resultados irrelevantes, mas também blogues spam, blogues falsos, blogues descartados, blogues de acesso restrito e blogues não tradicionais (como blogues hospedados em websites de notícias ou redes sociais; cf. SNEE, 2012).

A *investigação de blogues* envolve a identificação de um conjunto de blogueiros por uma série de características particulares (como local e idade), usando um mecanismo de busca de plataformas, e depois lendo esse grupo selecionado em busca de publicações relevantes à pesquisa (p. ex., sobre decisões morais cotidianas, como romper um relacionamento romântico ou optar por não comer carne). A fase de investigação da coleta dos meus dados envolveu a análise de blogues do LiveJournal de Sydney e Melbourne, dentro de faixas etárias diferentes, em busca de incidentes concretos de decisões morais ou discussões mais abstratas de pensamento moral. Eu lia as duas ou três primeiras publicações para determinar as informações de origem. Se esse conteúdo contivesse material indicando algum conteúdo moral reflexivo, então o último ano de publicações era lido atentamente.

Essa abordagem "investigativa" se mostrou ineficaz em relação ao tempo e produziu resultados limitados, então adotei a solicitação de blogues como uma forma mais ativa de recrutamento. A *solicitação de blogues* envolve o convite a participantes para identificar os seus blogues ao pesquisador, usando anúncios on-line (p. ex., anunciar no LiveJournal para blogueiros que escrevam sobre questões morais cotidianas). Essa estratégia é especialmente apropriada para projetos como o meu, em que o conteúdo não está ligado a tipos explícitos de blogues (como blogues sobre perda de peso ou viagens) ou mecanismos de busca de blogues da web de fácil acesso, como o Google Blog Search.

Publiquei um convite à pesquisa (figura 8.2) para cinquenta e cinco comunidades australianas do LiveJournal. Eu pedi a permissão dos moderadores das comunidades antes de publicar o convite. Se a permissão fosse concedida, eu entrava na comunidade, porque o acesso às publicações era restrito a membros da comunidade. A publicação requer alguns conhecimentos básicos de codificação HTML, como usar um *LJ cut* (que oculta toda a publicação ou parte dela), criar um hyperlink, marcar um texto em negrito e fazer o upload de um ícone de usuário. As instruções para fazer isso foram dadas pelo serviço de ajuda do LJ, o que facilitou o processo. Fazer o "blogueiro vir até o pesquisador", e não o contrário, foi produtivo, gerando quarenta e nove respostas e mais oito recomendações para outros blogues possíveis. Embora recomendações para o tamanho da amostra dependam dos objetivos e abordagem analítica adotados, dez blogues seriam adequados para um projeto pequeno (como de graduação/dignidade acadêmica); vinte a vinte e cinco para um projeto médio (mestrado, doutorado profissional); e quarenta a cinquenta para projetos maiores (PhD). Para meu projeto de PhD, usei quarenta e quatro blogues na amostra; essa amostra foi combinada com vinte e cinco entrevistas on-line.

Figura 8.2 *"Frente" do convite do blogue*

Um inoportuno sociólogo de blogues	15 de fevereiro de 2006 @ 18:57
Como você toma decisões morais no seu cotidiano? Você escreveu sobre isso no seu blogue? Se tiver escrito, eu adoraria ler a respeito como parte da minha pesquisa de doutorado em Sociologia. *publicado com a permissão dos moderadores. (Leia mais...)	Sobre este item nicholas8976 Comente Link permanente

3) *Estabeleça uma presença on-line.* Para minha pesquisa, a criação de um website de pesquisa básico e de um blogue no LiveJournal foi útil para estabelecer uma presença on-line, legitimar minha identidade, disseminar materiais da pesquisa e recrutar participantes. Para os pesquisadores que façam investigação ou busca de blogues (em que não haja interação com os blogueiros), criar um website/blogue pode ser desnecessário. Meu blogue (http://nicholas8976. LiveJournal.com) incluía um breve esboço biográfico dos meus interesses de pesquisa, uma foto e um link do website da pesquisa. Também foi necessário criar um nome de usuário do blogue para acessar o componente de busca premium, que permitia buscas por local e idade. Uma folha de informações e um formulário de consentimento (para os blogueiros entrevistados) também poderiam ser baixados no website da pesquisa. Um membro do LiveJournal comentou comigo por e-mail: "Busquei você no Google e achei http://fcms. its.utas.edu.au/arts/sociology/pagedetails.asp?1personID=3035, então parece que você é legítimo".

4) *Conduza a análise do blogue.* Dados de blogues podem ser facilmente convertidos em arquivos de texto para análise ou importados por ferramentas de um software de análise qualitativa assistido por computador (CAQDAS), como NVivo ou ATLAS.ti. Considerei usar o NVivo7 para o estudo de moralidade cotidiana, mas, no fim, adotei uma abordagem "manual" à análise. Minha experiência foi que a natureza fraturada e não estruturada dos dados de blogues não permitia ser trabalhada com as demandas lineares e altamente estruturadas do software. Parecia não fazer jus à riqueza contextual das narrativas dos blogues, "minguando" os dados em códigos fragmentados (EZZY, 2000: 118) e infringindo as dimensões criativas e lúdicas da pesquisa. Contudo, outros pesquisadores sociais, como Snee (2012), usaram CAQDAS com sucesso na análise de narrativas de blogues. Projetos que tratem de tópicos mais precisamente definidos – por exemplo, anos sabáticos, perda de peso ou

depressão – podem ser mais organizáveis por CAQDAS devido à sua natureza mais focada e estruturada.

Questões éticas na pesquisa com blogues

Com o surgimento de ferramentas on-line, como os blogues, surgem dilemas éticos novos e desafiadores (KING, 1996 • WALTHER, 2002 • WASKUL & DOUGLASS, 1996), inclusive dúvidas relativas ao significado de noções convencionais sobre o que é privado e público em locais de pesquisa on-line (Sociedade Psicológica Britânica, 2013 • MARKHAM & BUCHANAN, 2012; leia também o cap. 6). Por exemplo, a permissão autoral dos blogueiros é necessária quando usamos suas publicações como dados de pesquisa? O material de blogues é um "alvo fácil" acadêmico ou é necessário um consentimento informado? Um blogue é um espaço público ou privado? (MARKHAM & BUCHANAN, 2012).

Embora não haja consenso entre os cientistas sociais (cap. 6 e 9), as respostas a uma dúvida mais ampla relativa ao que é privado e público on-line tendem a cair em uma dentre três áreas (HUTCHINSON, 2001). Primeiro, existem pesquisadores que alegam que o material arquivado na Internet está publicamente disponível, o que dispensaria o consentimento do participante (WALTHER, 2002). Essa postura muitas vezes se pauta numa analogia entre fóruns on-line e espaço público, onde o conteúdo da Internet publicamente acessível é tratado como conteúdo da televisão, uma obra de arte numa galeria pública ou cartas ao editor. Segundo, alguns pesquisadores afirmam que publicações on-line, embora publicamente acessíveis, são escritas com a expectativa de privacidade e devem ser tratadas como tal (ELGESEM, 2002 • KING, 1996). Por fim, outros alegam que a interação on-line desafia a prescrição clara de ser pública ou privada. Waskul e Douglass (1996: 131), por exemplo, afirmavam que o espaço cibernético é ao mesmo tempo "publicamente privado e privadamente público". Eles chamam a atenção dos pesquisadores on-line para não confundirem a acessibilidade pública dos fóruns on-line com a natureza pública das interações, enfatizando a necessidade de considerar como os próprios atores constroem a sua participação em ambientes on-line.

Tanto a Sociedade Psicológica Britânica ([BPS], 2013) quanto a Associação de Pesquisadores da Internet (AoIR) (MARKHAM & BUCHANAN, 2012) fornecem uma série útil de orientações para pensar sobre a significância da distinção privado/público para pesquisadores de blogues. A BPS (2013: 7), uma das poucas entidades profissionais que atualmente fornecem uma série de orientações éticas para a pesquisa on-line, sugere que, quando houver dúvida sobre a natureza pública do conteúdo on-line, os pesquisadores devem considerar um potencial risco aos participantes causado por "observação não divulgada" e se um consentimento informado é necessário. Mas, quando "provavelmente não há percepção e/ou expectativa de privacidade, o uso dos dados de pesquisa sem obter consentimento válido pode ser justificável" (BPS, 2013: 7).

As diretrizes éticas da AoIR (MARKHAM & BUCHANAN, 2012) são, de certa forma, menos prescritivas, defendendo uma abordagem que leve em conta cada caso e destacando uma série de perguntas que os pesquisadores devem fazer a respeito de diferentes locais/contextos on-line. As diretrizes da AoIR formam uma tabela útil que aborda perguntas comuns sobre a prática ética para diferentes tipos de dados e locais on-line. No que se refere a "blogues/espaço pessoal", a AoIR encoraja os pesquisadores a considerar: se a análise, publicação ou disponibilidade de conteúdo além dos limites do local poderiam causar riscos aos participantes; "redes pessoais de conexão delicada"; o conteúdo ou o local devem ser privados ou públicos; se os termos de serviço divergem dos princípios da pesquisa ética; e se o autor é menor de idade.

Em minha pesquisa, a tendência era adotar a postura "alvo fácil – domínio público". Os blogues que eu estava usando como amostras estavam localizados em domínio público, com pouca expectativa de privacidade e baixo potencial de risco, então considerei a dispensa de consentimento. Ademais, os blogues do LiveJournal são públicos não apenas no sentido de serem publicamente acessíveis, mas também em sua definição feita pelos usuários. Os blogues do LiveJournal interpretados pelos blogueiros como "privados" são abertos "apenas para amigos". Assim, blogues acessíveis podem ser pessoais, mas não privados. Ao afirmar isso, sou ambivalente a respeito dessa postura; isso fica evidente em minha decisão de proteger a identidade dos participantes, usando pseudônimos.

Além disso, decidi usar na amostra apenas blogueiros adultos (maiores de dezoito anos). A idade mínima de dezoito anos para a participação não apenas propiciou um ponto de corte conveniente para excluir um grupo da população que poderia explorar uma série diferente de dinâmica cultural e social relativa à construção moral, mas também foi uma decisão ética. Foi considerado potencialmente mais arriscado usar na amostra blogues de menores de idade, apesar de o conteúdo ser público. Essa postura está em consonância com as diretrizes da BPS (2013) e da AoIR (MARKHAM & BUCHANAN, 2012), as quais sugerem que os pesquisadores devem considerar com atenção potenciais riscos causados a menores de idade através da pesquisa via Internet.

A questão de preservar ou não o anonimato ou dar créditos aos blogueiros pela sua obra é outra área ética espinhosa que precisa ser considerada. Na Austrália, a Lei de Direitos Autorais (1968) estipula que os criadores de "obras" têm "direitos morais", que incluem o direito de atribuição de autoria (Conselho Australiano de Direitos Autorais, 2005). Há uma evidente tensão, portanto, entre as normas de pesquisa para a proteção da identidade dos participantes (como usar pseudônimos) e reconhecimento da autoria dos blogues (como a citação de links). Adotei uma postura de disfarce "moderado" que privilegiou a proteção da identidade dos participantes e não créditos ao autor (BRUCKMAN, 2002). Adotando a mesma postura, Snee (2012: 190) sugeriu que a citação de links dos blogues poderia expor potencialmente os participantes ao "escrutínio direto de um público não pretendido". Portanto, em minha pesquisa, pseudônimos on-line (nomes de usuários dos blogues) foram modificados e quaisquer informações potencialmente identificadoras nas citações dos blogues foram disfarçadas.

O que pode dar errado na pesquisa com blogues?

Existem quatro áreas gerais às quais os pesquisadores devem estar atentos ao decidir usar blogues em sua pesquisa. As duas primeiras áreas se relacionam às dificuldades de corresponder os objetivos da pesquisa ao conteúdo dos blogues e analisar grandes volumes de conteúdo de blogues multimídia. As duas segundas se relacionam a possíveis problemas com a "representatividade" das populações dos blogues e ao grau de autenticidade ou confiabilidade das contas dos blogues, o que é especialmente preocupante em pesquisas que busquem algum tipo de "verdade" externa. Esta seção esclarece que essas questões não são estáveis ou sem solução, mas sim moldadas pelo desenho e objetivos de pesquisa específicos de determinada pesquisa.

A correspondência dos blogues aos objetivos da pesquisa

Um dos maiores desafios de conduzir pesquisa com blogues é o volume extremo de dados de blogues disponíveis, o que dificulta a correspondência do conteúdo dos blogues aos objetivos da pesquisa. Isso representou um problema importante para o projeto sobre moralidade cotidiana. Durante a fase de investigação da coleta de dados, li aproximadamente 200 blogues, que se traduziam em um número incalculável de publicações e comentários individuais. Desses, apenas onze blogues foram considerados relevantes aos objetivos do projeto. Parte da luta em identificar blogues relevantes se deveu à minha inexperiência e desconhecimento cultural do mundo dos blogues, mas também por causa da natureza do conteúdo buscado. Encontrar blogues que refletissem "questões morais cotidianas" foi como "procurar uma agulha num palheiro".

Identificação e análise de grandes volumes de textos multimídia

Usar dados de blogues na amostra produz grandes volumes de texto multimídia, o que pode gerar desafios aos pesquisadores no que tange à análise dos dados. No projeto sobre moralidade cotidiana, usei na amostra uma coleta amplamente variada de encontros, momentos, descrições e reflexões morais que foi organizada num arquivo eletrônico. Isso produziu um volume substancial de dados – mais de 100.000 palavras e 200 páginas. Os dados do blogue foram combinados com o texto produzido a partir de vinte e cinco entrevistas on-line, perfazendo um total de 350.000 palavras. Isso é pouco se comparado a outras pesquisas com blogues. Por exemplo, Snee (2012) relata uma contagem final de palavras dos blogues em um milhão de vocábulos! O volume do material textual e, no meu caso, a natureza altamente fragmentada dos dados, representou um trabalho analítico desafiador e assustador. Eu tinha centenas de exemplos de reflexões e decisões morais – desde pessoas refletindo sobre a ética do rompimento de um relacionamento, optando por serem veganas e sendo "leais" aos colegas de trabalho, até as perspectivas de viver uma vida moral como ateu. Como eu poderia entender esse material e qual era a história a ser contada? Decidi desenvolver esferas de análise (como individualismo moral; amor e moralidade; moralidade e animais) e conduzir uma análise temática dentro dessas áreas discretas. Esses "campos de pesquisa" foram desenvolvidos por serem as áreas dominantes de decisões morais refletidas nos blogues que usei na amostra. Essa questão da fragmentação dos dados é menos preocupante quando pesquisamos um tópico mais focado em blogues específicos (como blogues sobre perda de peso; blogues de "mamães"; blogues sobre corridas).

A natureza multimídia e interativa do "texto" dos blogues também pode ser desafiadora para a análise de dados. Uma publicação típica de blogue pode conter uma entrada de texto, imagens, clipes de vídeo e áudio, memes, hyperlinks, resultados de questionários e anúncios. Cada publicação também contém uma seção de comentários, onde os autores podem comentar e interagir com os leitores. Além disso, os blogues têm uma qualidade "viva" (SNEE, 2012: 183), em que o conteúdo pode mudar diariamente e entre públicos, dependendo do que o blogueiro tiver decidido editar e disponibilizar aos leitores. A qualidade multimídia, interativa e viva dos blogues representa desafios analíticos para o pesquisador. No que concerne ao projeto sobre moralidade cotidiana, decidi focar somente em textos escritos captados em data e horário específicos, e somente incluir comentários interativos se complementassem ou agregassem à postura moral desenvolvida na publicação original. Certamente há escopo para os pesquisadores tirarem mais proveito das qualidades multimídia dos blogues, por exemplo, através de métodos visuais de análise (SNEE, 2012). Contudo, os pesquisadores precisam equilibrar o apelo dessas dimensões não textuais dos blogues com questões pragmáticas e metodológicas sobre tempo, custo e a melhor forma de cumprir os objetivos do projeto.

Homogeneidade da população dos blogues

Outra questão que merece a atenção dos pesquisadores é a natureza relativamente homogênea da população dos blogues. Pesquisas sugerem que os blogueiros tendem a ser jovens (54% têm menos de trinta anos) e do sexo feminino (HENNING, 2003 • LENHART & FOX, 2006). A própria estatística do LiveJournal (2009) confirma esse quadro, mostrando que mais mulheres (65%) do que homens (35%) fazem blogues e que a maioria dos blogueiros tem menos de trinta anos. Esses dados estão em ampla consonância com minhas próprias experiências de amostragem do LiveJournal, e com a pesquisa de Lenhart e Fox (2006: 14), a qual mostra que o LiveJournal é o aplicativo de blogues mais popular entre jovens mulheres quando comparado a outras plataformas de blogues, como Blogger ou Xanga, que atraem uma população um pouco mais velha.

A concentração de blogueiros jovens e do sexo feminino no LiveJournal gerou um problema para o projeto sobre moralidade cotidiana. O objetivo do projeto era captar uma série mais ampla e diversificada de experiências morais do que aquelas articuladas por jovens mulheres. Um jeito de contornar a questão da homogeneidade de blogueiros foi usar o mecanismo de busca do LiveJournal para criar amostras de blogueiros mais velhos e selecionar manualmente blogueiros do sexo masculino (o mecanismo de busca avançada do LiveJournal não permite buscas por gênero).

Embora o mecanismo de busca tenha me permitido gerar uma amostra de um espectro mais diversificado de experiências, os blogueiros incluídos no estudo não captam, de forma alguma, a extensão e diversidade da população australiana mais ampla. A amostra gerada era altamente homogênea e incluía predominantemente profissionais jovens, de classe média, em sua maioria com formação superior, urbanos e brancos. Não blogueiros, especialmente aqueles de origens sociais menos privilegiadas, podem articular a moralidade e a individualidade de maneiras bem diferentes. Então, os pesquisadores precisam considerar as limitações das populações de blogueiros quando pensarem em empregar metodologias com blogues e as implicações causadas para cumprir os objetivos e metas da pesquisa.

Autenticidade on-line e verificação da origem

A questão da confiabilidade da expressão dos blogues foi uma dúvida típica dos colegas quando apresentei o estudo sobre moralidade cotidiana. Tais preocupações com a confiabilidade dos dados de blogues precisam ser contextualizadas em termos de pesquisas antigas na Internet, que enfatizavam um "jogo de identidades" on-line (TURKLE, 1995) e o recente "pânico moral" referente ao potencial predatório do "estranho" na rede. Algo comum a esses relatos é a ideia de que a Internet suscita uma apresentação on-line experimental ou lúdica do indivíduo com implicações distintas para a autenticidade e a credibilidade.

Uma resposta a essa questão sobre autenticidade on-line é: "Isso realmente importa?" Ainda que os blogueiros não digam a "verdade", essas "fabricações" nos dizem algo sobre a maneira pela qual ideias sociais e culturais específicas sobre a moralidade são construídas. O que está em jogo aqui não são questões relativas à "verdade", visto que a ênfase está no modo pelo qual os elementos constitutivos dos blogues funcionam para produzir "efeitos particulares" (SILVERMAN, 2001: 122). A questão do engano pode, entretanto, ser uma consideração importante para um pesquisador que deseje ler realidades externas a partir dos dados textuais – por exemplo, o pesquisador que busque relatos autênticos sobre perda de peso ou paternidade/maternidade.

Uma outra consideração em relação à autenticidade on-line são questões relativas à verificação da identidade dos blogueiros (SNEE, 2013). A maioria dos autores de blogues declaram explicitamente sua idade e gênero. Essas informações geralmente podem ser encontradas na página de perfil ou através da leitura das primeiras publicações. Porém, não há garantia de que essas informações de origem sejam confiáveis ou precisas, o que pode representar um problema para pesquisadores que estejam buscando tirar conclusões, por exemplo, sobre a posição social dos participantes em relação à área de estudo escolhida. A validade da pergunta "Isso importa?" depende, portanto, de o pesquisador estar observando como os blogues funcionam na produção de determinados efeitos ou como os blogues correspondem a uma realidade "off-line".

Uma estratégia para aliviar preocupações com autenticidade é suplementar dados de blogues com entrevistas. Essa abordagem foi adotada no estudo sobre moralidade cotidiana. Como os blogues estavam limitados a qualquer coisa que o autor tivesse optado por registrar, as entrevistas propiciaram um meio de buscar esclarecimento, explorar ausências e significados implícitos, e contextualizar representações on-line em termos de articulações da experiência off-line. Por esses motivos, o material de entrevistas permitiu um relato mais profundo e matizado de como os blogueiros entendiam e praticavam sua vida moral cotidiana.

Quais métodos de análise se adaptam aos dados dos blogues?

Embora o foco da maioria das análises de blogues seja o texto, alguns pesquisadores investigaram os aspectos visuais. Por exemplo, Scheidt e Wright (2004) exploraram as tendências visuais em blogues, e Badger (2004) investigou como imagens e ilustrações moldam a construção e a recepção dos blogues. Os aspectos visuais dos blogues – fotos, vídeos, imagens – fornecem aos pesquisadores uma "largura de banda" mais ampla onde captar identidades e experiências fora do texto. Em minha experiência, o conteúdo visual também funciona para conectar o pesquisador ao blogueiro. Todavia, os pesquisadores precisam considerar se elementos não textuais, como imagem, vídeo e música, integram os objetivos do projeto, e como essas dimensões devem ser melhor incorporadas à análise. Como escreve Snee (2012: 183), existe uma "necessidade de equilibrar o potencial dos dados de blogues e o que é metodologicamente interessante com questões pragmáticas". É fácil se animar com os elementos visuais dos blogues, mas, na prática, analisar conteúdo não textual pode ser difícil e consumir tempo.

Em termos de análise de texto, métodos qualitativos convencionais de análise textual, como análise narrativa, análise do discurso, análise de conteúdo qualitativa e análise temática, são todos adequados para analisar dados de blogues. O foco da investigação narrativa, por exemplo, é como os participantes usam histórias para interpretar sua experiência biográfica, criar significado e construir a identidade (RIESSMAN, 1993). O sequenciamento cronológico da experiência biográfica que define os blogues – cada publicação do blogue é um acréscimo a um relato sequencial de individualidade e experiência – torna as práticas de redação de blogues favoráveis a modos diferentes de investigação narrativa. Um exemplo da aplicação da análise narrativa aos blogues é dado por Tussyadiah e Fesenmaier (2008: 303), que analisaram histórias de viagens de blogues de acordo com a caracterização da história (p. ex., herói ou heroína), dimensão temporal (manhã, tarde e noite), organização relacional (por que e como o personagem agiu daquele modo) e categorização de espaço (marcação espacial de atrações e lugares).

Contemplei o uso da análise narrativa em minha pesquisa, mas a natureza segmentada dos blogues não parecia se prestar a uma forma de análise pautada em analisar como as partes de um passado biográfico são "contadas em histórias", formando um todo significativo e coerente (RIESSMAN, 1993). Os blogues usados na amostra exemplificaram narrativas de individualidade, mas tenderam a se desenvolver como uma "narrativa de banco de dados" (LOPEZ, 2009: 738), em que fragmentos de individualidade publicados são desconexos entre si. A análise narrativa pode valer mais a pena em determinados tipos de blogues organizados em torno de experiências ou fenômenos específicos (como blogues de viagens, perda de peso etc.), em que as publicações são menos fraturadas sequencial e tematicamente.

Outros pesquisadores de blogues empregaram abordagens baseadas em padrões, como a análise de conteúdo qualitativa e a análise temática. A análise de conteúdo qualitativa é popular na análise qualitativa de blogues sobre viagens, usada para decifrar os significados subjetivos que os blogueiros incluem em suas experiências de viagens e como eles podem diferir de relatos oficiais (ENOCH & GROSSMAN, 2010). A pesquisa com blogues sobre anos sabáticos, de Snee (2013), e meu projeto sobre moralidade cotidiana, são exemplos do uso da análise temática (que pode ser muito similar à análise qualitativa de conteúdo) para identificar conceitos e temas gerais em dados de blogues. De natureza amplamente indutiva, meu uso da análise temática abriu espaço para a construção de teoria de acordo com padrões e temas novos que foram desenvolvidos a partir dos próprios dados (LIAMPUTTONG & EZZY, 2005) e me permitiu desenhar os modos pelos quais a moralidade cotidiana é formulada e praticada na blogosfera.

Conclusão

Os blogues são um método de pesquisa interessante e inovador, oferecendo benefícios práticos e metodológicos para desenvolver ideias qualitativas numa série de experiências, processos e práticas. Com ciência dos problemas que a pesquisa com blogues pode apresentar e tendo uma estratégia clara para navegá-los, os blogues oferecem um potencial considerável a pesquisadores interessados em acessar relatos de experiências em primeira pessoa e sem mediação. Ao mesmo tempo, os pesquisadores podem se beneficiar das vantagens práticas gerais da pesquisa on-line, inclusive economia de custo e tempo, e a existência de textos instantâneos e o acesso estendido a eles. Em suma, os blogues são uma forma poderosa de fazer pesquisa "ascendente", gerando dados naturalistas que não são "contaminados" nem provocados por um pesquisador.

Experimente...

1) Desenvolva uma pergunta de pesquisa adequada à pesquisa com blogues.

2) Usando os componentes de busca básicos de uma plataforma de blogues (LiveJournal, p. ex.), ou um mecanismo de busca que permita buscar por tipo de website (como blogues), faça uma busca sobre um tópico de pesquisa relevante.

3) Gere a amostra com 1-2 publicações de blogues relevantes, de dois a três blogueiros diferentes.

4) Identifique três principais ideias analíticas nos dados em relação à sua pergunta de pesquisa.

> **Quadro 8.2** *Reflexões pessoais sobre a pesquisa com blogues*
>
> Como sociólogo, usar blogues para o estudo sobre moralidade cotidiana às vezes parecia um cálice envenenado. Quando comecei o doutorado, fui um dos primeiros pesquisadores de sociologia a usar blogues em pesquisa social. Os blogues acenavam com a promessa de acessar narrativas morais espontâneas que são difíceis de acessar através de métodos tradicionais, além da conveniência do texto instantâneo e acesso a blogueiros geograficamente distantes de mim. Porém, os blogues apresentaram desafios importantes tanto na fase de coleta de dados quanto de análise de dados. Muitos desses problemas estavam relacionados à pouca familiaridade com o ambiente de pesquisa. Entrar na blogosfera como um "novato" dos blogues foi como contemplar um labirinto escuro e tortuoso. As trilhas e caminhos de hyperlinks da blogosfera, infinitos e atravessando o espaço, eram avassaladores e confusos. Os blogues ofereciam ideias sociologicamente ricas sobre a natureza da experiência e autoidentidade contemporâneas, mas era frustrante corresponder blogues relevantes aos objetivos de pesquisa. Com poucos precedentes de pesquisa para guiar o desenho de pesquisa, muitas vezes eu achava que estava inventando tudo ao longo do processo – e *estava* mesmo. Um grande avanço aconteceu quando eu passei a solicitar blogueiros através de anúncios nas comunidades do LiveJournal. Isso resolveu o problema da "agulha digital no palheiro", quando eu passava longos períodos investigando e buscando na vã esperança de encontrar publicações relevantes.
>
> Acho que muitas das dificuldades que enfrentei na busca de blogues se relacionaram aos meus objetivos de pesquisa, e não à pesquisa com blogues propriamente dita. Como já discuti neste capítulo, pesquisadores de blogues concentrados num tipo específico de blogue/experiência (como blogues de viagens, perda de peso, blogues de "mamães" etc.) não devem enfrentar tantas dificuldades para encontrar conteúdo de pesquisa relevante. Entretanto, os pesquisadores ainda precisam encarar problemas relativos ao volume de dados dos blogues, assim como o modo de analisar textos de blogues multimídia/interativos e negociar questões éticas em torno de consentimento, anonimato e autoria. A novidade dos métodos com blogues também significa que a mídia propriamente dita pode prevalecer no momento de compartilhar as descobertas da pesquisa, e que os pesquisadores precisam estar preparados para justificar o método que escolheram (talvez mais do que aconteceria com o uso de um método tradicional!).
>
> Metodologias com blogues podem desempenhar uma função modesta na resposta a alegações de "crise iminente da sociologia empírica" (SAVAGE & BURROWS, 2007). Essa crise se refere aos cientistas sociais perderem seu monopólio na pesquisa empírica à medida que novas formas de dados embutidos em múltiplas tecnologias da informação, e os dados transacionais usuais de organizações (como Facebook, dados de telecomunicações, cartões de crédito, dados de cartões-fidelidade, transações on-line etc.) ultrapassem as capacidades e recursos empíricos dos pesquisadores. O acolhimento a novas tecnologias "confessionais", como blogues, faz parte da atitude de "repensar os repertórios da sociologia empírica" (SAVAGE & BURROWS, 2007: 895) e permitir que a pesquisa penetre na natureza "líquida" (BAUMAN, 2000) e fluida das individualidades, identidades e relações contemporâneas.

Outros recursos: on-line

A Associação de Pesquisadores da Internet (AoIR) tem um website útil onde pesquisadores podem se inscrever e ter acesso gratuito e aberto a uma lista de correio, baixar documentos da conferência anual da associação e acessar o Guia AoIR da Pesquisa On-line Ética: http://aoir.org

The Blog Analysis Toolkit é o Programa de Análise de Dados Qualitativos da Universidade de Pittsburgh – um sistema on-line gratuito para pesquisadores captarem, arquivarem e compartilharem publicações de blogues: www.ibridgenetwork.org/university-of-pittsburgh/blog-analysis-toolkit

O recurso da web ReStore fornece recursos de treinamento on-line para pesquisadores. A seção "recursos para alunos" (www.restore.ac.uk/orm/learnerresources/) é especialmente valiosa, apresentando panoramas de grandes revistas e textos na área de pesquisa on-line, um glossário, links, FAQs e bibliografias sobre métodos de pesquisa on-line, inclusive blogues (cf. a seção de Bibliografia "futuros metodológicos on-line": www.restore.ac.uk/orm/learnerresources/bibliography.htm): MADGE, C.; O'CONNOR, H. & SHAW, R. (2006). *Exploring online research methods in a virtual training environment*: www.restore.ac.uk/orm/

Outros recursos: leituras

Panorama dos pontos fortes e fracos do uso de blogues na pesquisa científica social, especialmente como estratégia de acesso a relatos do cotidiano: HOOKWAY, N. (2008). "Entering the blogosphere": Some strategies for using blogs in social research. In: *Qualitative Research*, 8 (1), p. 91-103.

Um excelente panorama das oportunidades e desafios que os blogues oferecem aos pesquisadores no contexto de um estudo sociológico sobre as narrativas de anos sabáticos feitas por jovens: SNEE, H. (2012). Youth research in Web 2.0: A case study in blog analysis. In: HEATH, S. & WALKER, C. (eds.). *Innovations in youth research*. Basingstoke, Reino Unido: Palgrave, p. 178-194.

Os dois artigos a seguir são do meu projeto sobre moralidades cotidianas e sugerem ideias sobre uso e apresentação dos dados dos blogues num projeto de pesquisa qualitativa: HOOKWAY, N. (2014). Tasting the ethical: Vegetarianism as modern re-enchantment. In: *M/C: Journal of Media and Culture*, 17 (1). Disponível em: http://journal.media-culture.org.au/index.php/mcjournal/article/view/759 • HOOKWAY, N. (2015). Living authentic: "Being true to yourself" as a contemporary moral ideal. In: *M/C: Journal of Media and Culture*, 18 (1). Disponível em: http://journal .media-culture.org.au/index.php/mcjournal/article/viewArticle/759

Um panorama que mostra como os pesquisadores podem usar os blogues como uma ferramenta de redação reflexiva no processo de pesquisa: WAKEFORD, N. & COHEN, K. (2005). Fieldnotes in public: Using blogs for research. In: FIELDING, N.; LEE, R.M. & BLANK, G. (eds.). *The Sage handbook of online research methods*. Londres: Sage Publications, p. 307-326. (O capítulo não considera os blogues como fontes de dados, mas oferece uma introdução acessível aos blogues, literaturas relevantes e seu contexto social e cultural.)

Referências

ATKINSON, P. & SILVERMAN, D. (1997). Kundera's immortality: The interview society and the invention of the self. In: *Qualitative Inquiry*, 3 (3), p. 304-325.

AUSTRALIAN COPYRIGHT COUNCIL (2005). Information sheet: Moral rights. Disponível em: www.copyright.org.au/pdf/acc/infosheets/G043.pdf

BADGER, M. (2004). Visual blogs. In: GURAK, L.J.; ANTONIJEVIC, S.; JOHNSON, L; RATLIFF, C. & REYMAN, J. (eds.). *Into the blogosphere*: Rhetoric, community, and culture of weblogs.

BAKKER, J.K. & PARIS, J. (2013). Bereavement and religion online: Stillbirth, neonatal loss and parental religiosity. In: *Journal for the Scientific Study of Religion*, 52 (4), p. 657-674.

BAUMAN, Z. (2000). *Liquid modernity*. Cambridge: Polity Press.

BEER, D. & BURROWS, R. (2007). Sociology and, of and in Web 2.0: Some initial considerations. In: *Sociological Research Online*, 12 (5). Disponível em: www.socresonline.org.uk/12/5/17.html

BLOOD, R. (2002a). Weblogs: A history and perspective. In: RODZVILLA, J. (ed.). *We've got blog*: How weblogs are changing our culture. Cambridge, MA: Perseus Publishing, p. 7-16.

_____ (2002b). Introduction. In: RODZVILLA, J. (ed.). *We've got blog*: How weblogs are changing our culture. Cambridge, MA: Perseus Publishing, p. ix-xiii.

BRITISH PSYCHOLOGICAL SOCIETY (2013). *Ethics guidelines for Internet-mediated research*. Leicester, Reino Unido: British Psychological Society.

BRUCKMAN, A. (2002). Studying the amateur artist: A perspective on disguising data collected in human subjects research on the Internet. In: *Ethics and Information Technology*, 4 (3), p. 217-231.

CLARKE, J. & VAN AMEROM, G. (2008). A comparison of blogs by depressed men and women. In: *Issues in Mental Health Nursing*, 29 (3), p. 243-264.

DART, J.J. (2009). Blogging the 2006 FIFA World Cup finals. In: *Sociology of Sport Journal*, 26 (1), p. 107-126.

ELGESEM, D. (2002). What is special about the ethical issues in online research? In: *Ethics and Information Technology*, 4 (3), p. 95-203.

ELLIOT, H. (1997). The use of diaries in sociological research on health experience. In: *Sociological Research Online*, 2 (2). Disponível em: www.socresonline.org.yk/socresonline/2/2/7.html

ENOCH, Y. & GROSSMAN, R. (2010). Blogs of Israeli and Danish backpackers to India. In: *Annals of Tourism Research*, 37 (2), p. 520-536.

EZZY, D. (2000). *Qualitative research methods*: A health focus. Melbourne: Oxford University Press.

FIELDING, N.; LEE, R.M. & BLANK, G. (2008). *The Sage handbook of online research methods*. Londres: Sage Publications.

GEERTZ, C. (1973). *The interpretation of cultures*. Nova York: Basic Books.

GOFFMAN, E. (1959). *The presentation of self in everyday life*. Harmondsworth: Penguin.

HENNING, J. (2003). The blogging iceberg: Of 4.12 million hosted weblogs, most little seen, quickly abandoned. In: *Perseus Development Corp*.

HESSLER, R.M.; DOWNING, J.; BELTZ, C.; PELLICCIO, A.; POWELL, M. & VALE, W. (2003). Qualitative research on adolescent risk using e-mail: A methodological assessment. In: *Qualitative Sociology*, 26 (1), p. 111-124.

HODKINSON, P. (2007). Interactive online journals and individualization. In: *New Media Society*, 9 (4), p. 625-650.

HOOKWAY, N. (2015). Living authentic: "Being true to yourself" as a contemporary moral ideal. In: *M/C: Journal of Media and Culture*, 18 (1). Disponível em: http://journal.media-culture.org.au/index.php/mcjournal/article/viewArticle/759

_____ (2014). Tasting the ethical: Vegetarianism as modern re-enchantment. In: *M/C: Journal of Media and Culture*, 17 (1). Disponível em: http://journal.media-culture.org.au/index.php/mcjournal/article/view/759

_____ (2008). "Entering the blogosphere": Some strategies for using blogs in social research. In: *Qualitative Research*, 8 (1), p. 91-103.

HUTCHINSON, R. (2001). Dangerous liaisons? Ethical considerations in conducting online sociological research. In: BROWNE, C.; EDWARDS, K.; WATSON, V. & VAN KRIEKEN, R. (eds.). *TASA 2001 Conference Proceedings, The Australian Sociological Association*.

KING, S. (1996). Researching Internet communities: Proposed ethical guidelines for the reporting of results. In: *The Information Society*, 12 (2), p. 119-127.

LEGGATT-COOK, C. & CHAMBERLAIN, K. (2012). Blogging for weight loss: Personal accountability, writing selves and the weight-loss blogosphere. In: *Sociology of Health & Illness*, 34 (7), p. 963-977.

LEI AUSTRALIANA DE DIREITOS AUTORAIS (1968). *SECT 195AR*. Disponível em: www.austlii.edu.au/au/legis/cth/consol_act/ca1968133/s195ar.html

LENHART, A. & FOX, S. (2006). Bloggers: A portrait of the Internet's new storytellers. In: *Pew Internet and American Life Project*.

LIAMPUTTONG, P. & EZZY, D. (2005). *Qualitative research methods*. Melbourne: Oxford University Press.

LOPEZ, L.K. (2009). The radical act of "mommy blogging": Redefining motherhood through the blogosphere. In: *New Media & Society*, 11 (5), p. 729-747.

MARKHAM, A. & BUCHANAN, E. (2012). *Ethical decision-making and Internet research*: Recommendations from the AoIR Ethical Working Committee (versão 2.0). Chicago: Association of Internet Researchers. Disponível em: http://aoir.org/reports/ethics2.pdf

MARWICK, A. (2008). LiveJournal users: Passionate, prolific, and private. In: *LiveJournal Research Report*.

PHILLIPS, D. & HARDING, S. (1985). The structure of moral values. In: ABRAMS, M.; GERARD, D. & TIMMS, N. (eds.). *Values and social change in Britain*. Londres: Macmillan, p. 93-108.

PLUMMER, K. (2001). *Documents of life*. Londres: Allen and Unwin.

RIESSMAN, C.K. (1993). *Narrative analysis*. Newbury Park, CA: Sage Publications.

SANFORD, A. (2010). "I can air my feelings instead of eating them": Blogging as social support for the morbidly obese. In: *Communication Studies*, 61 (5), p. 567-584.

SAVAGE, M. & BURROWS, R. (2007). The coming crisis of empirical sociology. In: *Sociology*, 41 (5), p. 885-900.

SCHEIDT, L. & WRIGHT, E. (2004). Common visual design elements of weblogs. In: GURAK, L.J.; ANTONIJEVIC, S.; JOHNSON, L.; RATLIFF, C. & REYMAN, J. (eds.). *Into the blogosphere*: Rhetoric, community, and culture of weblogs.

SERFARTY, V. (2004). Online diaries: Towards a structural approach. In: *Journal of American Studies*, 38 (3), p. 457-471.

SHARMAN, A. (2014). Mapping the climate sceptical blogosphere. In: *Global Environmental Change*, 26, p. 159-170.

SILVERMAN, D. (2001). *Interpreting qualitative data*: Methods for analysing talk, text, and interaction. Londres: Sage Publications.

SNEE, H. (2013). Doing something "worthwhile": Intersubjectivity and morality in gap year narratives. In: *The Sociological Review*, 62 (4), p. 843-861.

_____ (2012). Youth research in Web 2.0: A case study in blog analysis. In: HEATH, S. & WALKER, C. (eds.). *Innovations in youth research*. Basingstoke, Reino Unido: Palgrave, p. 178-194.

THOMAS, W.I. & ZNANIECKI, F. (1958 [1918]). *The polish peasant in Europe and America*. Nova York: Dover Publications.

TOMS, E.G. & DUFF, W. (2002). "I spent 1½ hours sifting through one large box...": Diaries as information behaviour of the archives user – Lessons learned. In: *Journal of the American Society for Information Science and Technology*, 53 (4), p. 1.232-1.238.

TURKLE, S. (1995). *Life on the screen*: Identity in the age of the Internet. Nova York: Simon and Schuster.

TURNBULL, G. (2002). The state of the blog part two: Blogger present. In: RODZVILLA, J. (ed.). *We've got blog*: How weblogs are changing our culture. Cambridge, MA: Perseus Publishing, p. 81-85.

TUSSYADIAH, I.P. & FESENMAIER, D.R. (2008). Marketing place through first-person stories: An analysis of Pennsylvania Roadtripper blog. In: *Journal of Travel & Tourism Marketing*, 25 (3), p. 299-311.

VERBRUGGE, L.M. (1980). Health diaries. In: *Medical Care*, 18 (1), p. 73-95.

WALTHER, J.B. (2002). Research ethics in Internet-enabled research: Human subjects issues and methodological myopia. In: *Ethics and Information Technology*, 4 (3), p. 205-216.

WASKUL, D. & DOUGLAS, M. (1996). Considering the electronic participant: Some polemical observations on the ethics of on-line research. In: *The Information Society*, 12 (2), p. 129-139.

9 Fóruns de discussão on-line
Uma fonte rica e vibrante de dados

David Giles

Panorama

Não importa para onde olhamos na Internet, tem discussão! Vastas regiões do espaço cibernético são dedicadas à troca de comentários sobre toda e qualquer coisa: desde tópicos extremos, como suicídio e abdução alienígena, até interesses e hobbies mais mundanos, respostas a pedidos de informação ou experiências compartilhadas, ou comentários críticos em resposta a blogues, vídeos ou artigos jornalísticos. A maioria dessas trocas é estritamente organizada em redes de *threads* e tópicos, ou temas, subtemas e temas abrangentes, agrupados numa seção discreta de um website tipicamente denominada *fórum de discussão*. Neste capítulo, discuto e descrevo o uso dos fóruns de discussão como dados na pesquisa qualitativa – uma forma de dados bem rica, mas bem específica – e reflito sobre minha experiência com o uso desses dados (quadro 9.4). Em todo o texto, parto da minha pesquisa e da pesquisa de outras pessoas para ilustrar o uso e o potencial dos dados de fóruns – inclusive um estudo de uma comunidade on-line sobre Síndrome de Asperger, que é apresentado no quadro 9.1.

Introdução aos fóruns de discussão

O fórum de discussão moderno nasceu no fim da década de 1970 em murais, que eram sistemas interativos onde os usuários podiam publicar mensagens e desenvolver discussões on-line sobre tópicos específicos. Os murais evoluíram para listas de correio eletrônicas e grupos de discussão, em que as contribuições para as discussões eram publicadas a todos os membros do grupo, e qualquer um deles podia responder, construindo portanto os agora conhecidos *threads* de interação que vemos em fóruns mais contemporâneos. Embora alguns desses grupos ainda existam, agora constituem a minoria no ambiente on-line. Em vez disso, o que predomina são fóruns de discussão (grandes) dedicados a tópicos específicos, que são hospedados por websites relevantes (o termo "mural" também é usado em alguns sites, mas de forma cada vez menos frequente).

> **Quadro 9.1** *A comunidade on-line Asperger reage ao ser reclassificada no DSM5*
>
> A cada uma ou duas décadas, a Associação Psiquiátrica Americana atualiza seu *Manual Diagnóstico e Estatístico* (DSM) de transtornos psiquiátricos. É a "bíblia" de muitos psiquiatras e outros profissionais de saúde mental, já que legitima o que pode e não pode ser diagnosticado: o que *conta* como transtorno psiquiátrico. Em 2013, a 5ª edição, o DSM5, provocou controvérsias na movimentada comunidade on-line sobre Síndrome de Asperger, diante da reclassificação desta como transtorno do espectro do autismo. Dadas as questões de identidade muito complexas envolvidas no fato de ser diagnosticado com esses rótulos diferentes (você ainda pode denominar a si mesmo como "aspie", p. ex.?), eu me interessei em entender o que a comunidade on-line tinha a dizer a respeito. Pesquisei isso visitando vários dos fóruns mais conhecidos sobre Asperger e buscando *threads* de discussão cujo título se refirisse ao DSM. Isso produziu dezenove *threads* de conversa sobre o tópico. Ao analisar as posturas retóricas que cada membro da comunidade adotou em suas contribuições para a discussão, esbocei uma lista de seis categorias que representavam os diferentes argumentos. Em geral, um terço das publicações era favorável à reclassificação do DSM5, outra terça parte era fortemente crítica, e ainda outra terça parte não tinha uma opinião formada. Mais interessantes, porém, eram algumas das trocas acaloradas que continuaram dentro dos próprios *threads* (GILES, 2014).

Os fóruns de discussão variam em termos de serem publicamente visíveis, visíveis somente a membros ou alguma combinação, como publicamente visíveis, mas com contribuições somente possíveis a membros. Isso é importante, uma vez que existem implicações éticas para acessar e reproduzir (especialmente para objetivos de pesquisa) materiais em fóruns onde o acesso é restrito de algum modo (cf. a seção "Ética"). Os fóruns também variam dependendo do grau de moderação. Alguns são pesadamente monitorados pelos proprietários do website-matriz, até mesmo com censura, palavras-tabu e termos específicos (cf. STOMMEL & KOOLE, 2010, e conheça um exemplo na comunidade de transtornos alimentares on-line). Outros são muito mais liberais. Por esse motivo, é importante estar informado sobre a ampla cultura da comunidade antes de conduzir qualquer pesquisa e permanecer sensível ao contexto no qual os dados sejam ou tenham sido produzidos.

Como os fóruns são reunidos? Não existe um único modelo, então lembre-se de que os termos seguintes são um tanto quanto flexíveis. Um *fórum* se refere a um website ou seção de um website mais geral onde as pessoas discutem coisas relacionadas a determinado tópico. Um fórum pode ser subdividido em qualquer número de *subfóruns*, cada um tratando de um tópico específico. Um *thread* se refere a uma discussão delimitada (i.e., com início e fim claros) dentro de um (sub)fórum. E, finalmente, uma *publicação* se refere a um comentário individual dentro de um *thread*.

Como isso se desenrola na prática? Vejamos os "Fóruns dos Fãs" da página oficial da cantora Taylor Swift (http://taylorswift.com) como um exemplo de fórum de discussão – sugiro que você conheça a página (http://taylorswift.com/forum) enquanto lê este capítulo, se puder (observe que, devido à natureza viva da Internet, talvez a página não esteja idêntica ao que era no momento em que escrevi). Um fórum de discussão típico será acessado por um link do menu da página inicial do website. O fórum de Swift é um pouco inusitado, porque não é explicitamente mencionado na página inicial – é preciso ir através do item do menu "Taylor Connect" (*era* esse o caso quando escrevi; uma característica meio irritante, mas obviamente empolgante de pesquisar a comunicação on-line, é poder garantir que alguns detalhes precisos "na época da escrita" terão mudado antes de alguma coisa ser impressa!). A página "Fóruns dos Fãs" fornece links de vinte e um subfóruns, cada um dedicado a um tópico específico – como discussões sobre o seu último álbum, turnê ou simplesmente "tudo sobre Taylor". O número total de publicações de cada fórum é registrado, além da publicação mais recente: a maioria dos fóruns na página de Taylor Swift foi publicada algumas horas depois da minha visita à página – sinal de vitalidade em qualquer fórum de discussão.

O título do fórum sugere o foco – ao menos o foco *pretendido* – de discussão. Se você se aprofundar na página do fórum, começará a ver listas de *threads*. Confira, por exemplo, o fórum "*Discussões sobre 1989*": o título indica que o objetivo do conteúdo se relaciona ao álbum mais recente de Taylor Swift, embora os *threads* deixem claro que os fãs estão usando-o para discutir detalhes da turnê e, o que é intrigante, "*conversas com fãs falsos*". A figura 9.1 reproduz as três primeiras publicações em "*conversas com fãs falsos*" (http://taylorswift.com/forum/1989_discussions/3130563) para ilustrar alguns aspectos fundamentais dos fóruns. A primeira publicação, conhecida como publicação de abertura (PA), aparece no alto da página. Aqui, ela se relaciona a uma reclamação tradicional de fãs de qualquer lugar: que outros fãs menos autênticos estão se intrometendo em seu território. Entretanto, as publicações subsequentes podem ser diferentes. Aqui, os iniciais parecem criticar a autora original, aludindo ao seu tom e idade provável, mas os seguintes desenvolvem o tema mais alinhados à PA. O *thread* acaba chegando a vinte e sete publicações ("respostas"). Há muita variação na extensão dos *threads* de discussão: alguns não têm respostas para a PA; outros têm mais de 100 publicações.

Essa variabilidade na extensão dos *threads* é típica dos fóruns de discussão. Embora a maioria dos *threads* em taylorswift.com pareça haver gerado algumas respostas, outros fóruns podem ter centenas de PAs que lá permanecem sem resposta até o moderador se compadecer e exterminar sua breve existência. Outros atraem algumas respostas iniciais e depois morrem porque a PA faz uma pergunta simples e uma primeira resposta satisfaz ou porque a(s) resposta(s) inicial(iniciais) não consegue(m) estimular interesse suficiente para alguém prolongar a conversa. Contudo, em outros casos, os *threads* podem permanecer num fórum por meses ou até anos e gerar centenas de publicações, às vezes ficando quietos por meses e depois sendo reativados. Como isso pode acontecer? O exemplo de um tipo diferente de website, www.badmintoncentral.com, uma comunidade de jogadores de badminton do mundo todo para promover torneios e discutir os detalhes do esporte, sugere algumas ideias. Mais uma vez, veja-o enquanto lê.

O item "Fóruns de discussão" aparece no menu da página inicial da badmintoncentral.com, numa série de tópicos suspensos que variam de "Torneios" a "Regras e técnicas" (ou pode ser acessado via www.badmintoncentral.com/forums/index.php). A organização do site é, em termos gerais, similar ao fórum de Taylor Swift, embora existam consideravelmente mais subfóruns e, à primeira vista, parece ser mais ativa – com muito mais publicações – do que em taylorswift.com. Se selecionarmos a opção "Equipamento" e depois "Cordas" no menu suspenso, encontramos mais de *100 páginas* de *threads* sobre o tópico a respeito de cordas de badminton. Clicando no *thread* que está no alto (quando escrevi, "*Vamos responder juntos: Qual é a tensão ideal?*"; cf. www.badmintoncentral.com/forums/index.php?*threads*/lets-together-answer-what-is-the-ideal-tension.12569/), descobrimos que é uma questão de muita história: a PA remonta a 2003; as publicações continuam em vinte e seis páginas, e a discussão ainda gera tópicos com contínuas publicações recentes. Claramente, ainda existe um amplo desacordo sobre o assunto da tensão das cordas do badminton! Um ponto final a notar sobre a estrutura dos fóruns é que este é um *thread* que os moderadores da página consideraram *prioritário*. Os *threads prioritários* de um (sub)fórum aparecem *no topo* da lista de *threads*. Vale a pena conhecer essas práticas, porque elas nos revelam os valores e prioridades da comunidade, quais tópicos são considerados importantes e por que são priorizados em relação a outros tópicos.

Figura 9.1 *Reprodução de texto das três primeiras publicações no thread "Conversas com fãs falsos"* (disponível em: http://taylorswift.com/forum/1989_discussions/3130563)

Publicação de abertura (do fã xcswift)
CONVERSAS COM FÃS FALSOS
segunda-feira, 11 de maio de 2015, às 19:15
Eu conheço mais de 15 pessoas que só gostam da Taylor por causa de *1989*.
Perguntei a uma garota: se eu não tivesse ingressos para a turnê e ela tivesse para ela e mais um sobrando, para quem daria? A resposta? Provavelmente para Skylar, porque ela tem um pôster e o álbum *1989*, e ela é a maior fã da Taylor Swift que eu conheço. Ela sabe mais do que você.
Perguntei: Ela sabe onde ela mora?
Resposta dela: Sim. Nova York.
Eu: Algum outro lugar?
Ela: Não. Ah... Você não é a maior *swiftie* que eu conheço.
Ela deve me trazer. POR SORTE TENHO INGRESSOS INFERIORES. HAHA PARA ELA.
~A luz reflete a corrente no seu pescoço~

Resposta 1 (do fã MiddleOfstartingOver)
RE: CONVERSAS COM FÃS FALSOS
segunda-feira, 11 de maio de 2015, às 20:19
Não vou considerar alguém que pareceu me insultar.
Odeio Diney.

Resposta 2 (do fã nooneknows)
RE: CONVERSAS COM FÃS FALSOS
segunda-feira, 11 de maio de 2015, às 22:03
Quantos anos esse pessoal tem?
...[continua com imagens, citações e links de várias mídias sociais dos fãs]

O que os fóruns de discussão oferecem ao pesquisador qualitativo?

Um livro relativamente recente sobre "netnografia" (KOZINETS, 2010) é fulminante ao desdenhar dos fóruns de discussão, referindo-se a eles como "comunidades de geeks", "oferecendo aos seus membros e leitores informações profundamente detalhadas sobre determinada série de atividades, mas sem envolver profundamente a maioria deles em relações sociais significativas" (2010: 36). Discordo. Acredito que os fóruns de discussão podem oferecer muito aos pesquisadores qualitativos, contanto que haja uma boa adequação à pergunta de pesquisa, seleção de amostras e abordagem analítica, e dependendo de como você os teoriza como dados. Eles dão acesso, de modo razoavelmente "direto", às visões e experiências das pessoas em torno de um tópico de interesse sem que um pesquisador pergunte a respeito. Como psicólogo discursivo, acho que oferecem exemplos interessantes de comunidades interagindo, exibindo todas as complexas negociações entre indivíduos e grupos que os psicólogos sociais vêm tentando recriar desesperadamente em laboratório há décadas. Também oferecem aos pesquisadores um local maravilhoso para explorar a articulação de *identidade* e associação em grupos. Por exemplo, podemos ver como as *identidades* são "trabalhadas" nas publicações: a autora da PA na figura 9.1 se refere a si mesma como *swiftie* – presumivelmente um rótulo reconhecível para os fãs de Taylor Swift; a identidade etária também é relevante na resposta 2. Isso pode parecer um tanto quanto arcano, mas, para algumas comunidades, a associação em grupo é uma questão muito *importante* – tanto para a coesão da comunidade quanto para o bem-estar de membros individuais. De fato, nas comunidades Asperger que discuti no quadro 9.1, havia muita tensão em torno da identidade de "aspie" (portador da Síndrome/Transtorno de Asperger). Alguns membros achavam que o termo *aspie* deveria incluir qualquer um no espectro do autismo, ainda que se autoidentificasse como "de baixo funcionamento": a diferenciação entre rótulos era considerada elitista. Outros achavam que uma identidade assim ampla era inútil e deturpadora. Traçar os debates e argumentos deles dá ao pesquisador acesso a um espectro de coisas: ideias valiosas relativas à função das comunidades on-line; a enorme importância da identidade de grupo na saúde mental; assim como o espectro e variação nas identidades – ou experiências ou perspectivas – expressos dentro da comunidade.

Quais perguntas de pesquisa se adaptam aos dados dos fóruns de discussão?

Os pesquisadores que usam os fóruns de discussão na pesquisa qualitativa podem fazer todos os tipos de perguntas, desde tentar entender as visões e perspectivas dos indivíduos até uma investigação sobre os modos em que a interação da linguagem é estruturada ou cumpre certas funções! Esta última visão dos dados é mais micro e discursiva, e se concentra na natureza dos próprios dados dos fóruns de discussão, em vez de tratar os dados da linguagem como indícios de outra coisa. Ofereço quatro ilustrações de perguntas que podemos responder com dados de fóruns. A primeira ilustra um modo pelo qual podemos ler os dados de fóruns como indícios das opiniões dos usuários... Eu me concentro no que as pessoas pensam; também poderia ser usada para entender o que as pessoas *fazem* ou acessar entendimentos coletivos (ou contestados) compartilhados de um tópico. As outras três ilustram os tipos de perguntas que podemos fazer se tratarmos os dados de fóruns mais discursivamente.

Tipos de perguntas de pesquisa mais "diretas": foco no conteúdo

Se você estiver interessado no modo pelo qual um grupo social específico realmente *pensa sobre* um tópico (as visões, experiências etc. que expressam), então uma fonte publicamente acessível de diálogo naturalmente existente, como um fórum, parece oferecer um bom local para ganhar acesso a isso. De fato, ele dá acesso "secreto" a dados não impactados pelo pesquisador – não pedimos as opiniões das pessoas num grupo-foco, por exemplo! *Threads* de discussão sobre o tópico relevante podem dar acesso à diversidade de visões expressas pelos membros de certas comunidades on-line e aos tipos de discussões que ocorrem. Cuidado, porém, para não superinterpretar ou superestimar o que representam os dados de fóruns de discussão: um fórum *"pró-ana"*, por exemplo, é uma comunidade de indivíduos "de opinião similar" que defendem uma perspectiva antirrecuperação em transtornos alimentares. Portanto, o fórum de discussão capta as visões desse grupo, mas não consegue captar as visões de "pessoas com anorexia" com clareza. Há limites sobre a extensão do que você coletou como amostra, partindo de um fórum em direção a toda uma população, on-line e off-line.

Você também pode explorar as experiências relatadas por pessoas em torno de determinado tópico, como é discutido num fórum. Por exemplo, um fórum dedicado à *recuperação de um "transtorno alimentar"* pode conter discussões sobre as práticas que os membros relatam exercer para desenvolver melhores relacionamentos com a comida e as práticas alimentares. Mas repito: tome cuidado com o que você acha que os dados significam – qualquer mapeamento de dados de fóruns para pressuposições sobre comportamentos da vida real precisa ser efetuado com cautela e uma estrutura teórica sólida.

Perguntas mais discursivas: interrogando o funcionamento dos próprios fóruns

Os pesquisadores concentrados na quantidade de dados de fóruns que podem ser mapeados em relação a práticas ou significados da vida real muitas vezes voltam seu foco para a natureza dos próprios fóruns e uma orientação mais discursiva em sua(s) pergunta(s) de pesquisa. Através de perguntas como "De que forma as discussões dos fóruns continuam?", "Como as comunidades usam os fóruns para promover normas e valores dos grupos?" e "Como os membros gerenciam os conflitos?", o foco da pesquisa está firmemente voltado para dentro, para a natureza dos próprios fóruns – o que é importante, já que a vida social cada vez mais acontece on-line. Agora vou mostrar ilustrações da pesquisa que aborda essas perguntas.

Como as discussões continuam?

A PA num *thread* de discussão é de especial interesse para os pesquisadores, porque exerce uma função substancial de moldar as discussões subsequentes (HORNE & WIGGINS, 2009), podendo, portanto, "dar vida" a um *thread* ou "matá-lo". O "sucesso" de um *thread* é importante ou não? Num fórum de interesse geral, provavelmente não! Todavia, organizações como prestadores de serviços de saúde e governos locais cada vez mais usam fóruns de discussão como formas eficazes de comunicação com os usuários de seus serviços, e é importante para eles conseguir maximizar o próprio potencial.

Os pesquisadores identificaram certos *formatos* de PAs. O estudo de Horne e Wiggins (2009) sobre *threads* num fórum sobre suicídio classificou as PAs de acordo com seu formato: mais da metade apresentava algum tipo de narrativa pessoal; alguns continham uma ameaça imediata de suicídio, e um número pequeno fazia um pedido explícito de experiência compartilhada. Vayreda e Antaki (2009), estudando um fórum de transtorno bipolar, identificaram um tema mais comum às PAs nesse fórum: os membros revelavam o seu diagnóstico, descreviam a sua situação e finalizavam com um pedido geral de ajuda. Também constataram que a maioria das primeiras respostas fornecia as mesmas informações acompanhadas de conselhos (que nem sempre eram bem recebidos pelo autor da publicação original). Um tipo diferente de padrão pode ser observado no quadro 9.2, que contém a PA de um *thread* intitulado "*Raiva é normal?*" de um dos meus estudos que analisavam um fórum relacionado à depressão (GILES & NEWBOLD, 2013). Nesse estudo, a primeira resposta consistia numa resposta direta um tanto quanto tangencial, e não especialmente receptiva (quadro 9.2). Somente após a terceira resposta, uma mensagem mais empática acompanhada de muita aurorrevelação, o autor da publicação original retornou ao *thread* para continuar a discussão.

Embora o *estilo* da PA seja importante para moldar a discussão, a diferença entre sucesso e fracasso de um *thread* pode (também) ter algo a ver com a própria comunidade on-line e a propriedade do tópico sobre o qual se publica. No exemplo do quadro 9.2, é como se o autor da publicação original exigisse apenas o tipo certo de resposta de alguém para manter a continuação do *thread*. Em respostas a PAs publicadas por "novatos" em comunidades estabelecidas, muito do trabalho envolve a comunidade decidir que tipo de pessoa é e se vale a pena travar um diálogo com ela, assim como qualquer grupo social apresentado a um novo indivíduo. Isso enfatiza o funcionamento social do "grupo".

> **Quadro 9.2** *Thread de uma publicação de abertura... e primeira resposta*
>
> 1 Oi... Me inscrevi agora nesta página. Eu queria saber... a raiva é um efeito
> 2 normal da depressão? Eu sempre fui pavio curto, mas parece que isso se
> 3 multiplicou com a depressão.
> 4 Qualquer coisinha de repente me irrita, como deixar alguma coisa cair ou
> 5 um item faltar numa loja ou apertar o botão errado do controle remoto.
> 6 Além disso, quando acontece alguma coisa, fico pensando muito mais o dia todo e
> 7 elas crescem na minha mente até eu chorar de frustração e acabar
> 8 batendo as portas e xingando muito. Só acontece comigo?
>
> 1 É difícil dizer o que é normal. Eu sempre fui muito irritada em geral. Acho que
> 2 simplesmente significa que você está prestando atenção a um mundo f****o.
>
> Fonte: GILES & NEWBOLD (2013).

Como as comunidades usam os fóruns para promover normas e valores dos grupos?

Uma das características mais fascinantes dos fóruns é seu uso por comunidades como forma de estabelecer e reforçar os valores normativos do grupo. Isso é vitalmente importante para o grupo ser bem-sucedido e solidário, especialmente quando os membros percebem uma ameaça à coesão ou até à existência do grupo (GILES, 2006). A respeito da questão sobre o que torna um *thread* bem-sucedido, entender tais preocupações, e sua resolução ou prevenção, pode ser crucial para a sobrevivência da iniciativa de uma comunidade em, por exemplo, serviços de saúde ou governo local.

A comunidade "pró-ana" mostra um bom exemplo (GILES, 2006) para explorar como os membros do fórum mantêm um grau de coesão do grupo, estabelecendo normas e valores claros. Como muitas pessoas eram, e são, hostis ao pró-ana como um conceito, é essencial para esse fórum que os membros da comunidade sejam unidos em suas crenças e valores. O que vemos na página são membros do fórum de discussão pró-ana "policiando" suas fronteiras – identificando pessoas que não pertencem àquele fórum por serem abertamente críticas (*haters, trolls*) ou porque não atendem critérios essenciais para a associação ao grupo (como "aspirantes"). A publicação razoavelmente típica no quadro 9.3 destaca a forma pela qual a identidade dos membros é escrutinada e desafiada.

> **Quadro 9.3** *Um exemplo de contestação de identidade no site pró-ana*
> 1 tem uma pessoa neste site que dá para perceber que NÃO tem
> 2 transtorno alimentar. Eu sei que não dá para saber na web,
> 3 mas dá, sim, pelos comentários e publicações estúpidas dela
> 4 sobre os assuntos etc. Muita gente do meu msn que visita
> 5 este site também falou dela em várias ocasiões, então tenho
> 6 certeza de que não sou a única que percebeu...
>
> Fonte: GILES (2006).

Comunidades de fãs são outro tipo de fórum especialmente preocupado em estabelecer as normas do grupo. Em outro estudo, explorei as tensões dinâmicas na comunidade de fãs on-line do cantor Morrissey (GILES, 2013). Centenas de fãs estavam "abandonando o navio" do tradicional site Morrissey-solo.com em virtude do que era percebido como um tom exageradamente crítico em relação às gravações mais recentes de Morrissey e várias declarações controversas que ele tinha dado à imprensa, na época, incluindo uma rejeição comprovada ao próprio Morrissey-Solo. Os apoiadores da página Morrissey-Solo defenderam o dono e sua política de permitir o diálogo irrestrito: alguns até alegaram que um "verdadeiro" fã de Morrissey deveria estar decepcionado com a queda da qualidade do seu trabalho recente. Enquanto isso, um novo website havia aparecido, All You Need Is Morrissey, que impunha restrições muito mais rígidas aos tipos de comentários que eram tolerados a fim de criar um clima mais cordial.

As normas são importantes nas comunidades de fãs, porque as identidades dos fãs se entrelaçam com as identidades do objeto dos fãs e com o que significa ser um fã daquele objeto. No estudo de Bennett (2011) sobre a comunidade on-line do grupo de rock norte-americano REM, ela cita os próprios integrantes da banda descrevendo seus fãs como "inteligentes" e compartilhando visões liberais e tolerantes. Mas, quando o fórum on-line introduziu estratégias explícitas para reforçar essas normas (p. ex., um sistema de classificação de publicações), houve forte resistência dos membros. Estratégias explícitas para reforçar comportamentos normativos, assim alegaram, eram contra o *éthos* liberal da comunidade.

Como os membros gerenciam os conflitos?

As discussões on-line são muito mais abertas e desinibidas do que a maioria das discussões que ocorrem off-line, onde os frágeis relacionamentos formais e informais não suportam tanta pressão. Protegidos pela distância física e, em alguns casos, pelo anonimato, os comentaristas on-line parecem despreocupados em ferir os sentimentos dos outros usuários e reagem sem pensar (KAYANY, 1998). Sobretudo por serem comunidades, os fóruns não sofrem exatamente o mesmo grau de abuso aberto encontrado nas redes sociais, como o Twitter, ou em sequências de comentários abertos encontrados em páginas como o YouTube e jornais on-line. Porém, mesmo em comunidades tradicionais e organizadas, argumentos mordazes de vez em quando surgem, o que representa um material rico para os analistas, especialmente aqueles que desejem explorar as estratégias usadas para vencer uma discussão ou defender uma postura conhecida.

A questão dos conflitos em comunidades on-line foi examinada em certa profundidade por Weber (2011), que descreveu a "luta de quem é da comunidade" que pode ocorrer durante um *thread* de discussão. Weber identificou três critérios para distinguir uma "luta de quem é da comunidade": 1) os dois "combatentes" obviamente se conhecem da comunidade (e podem haver se desentendido antes); 2) usam emoticons para demonstrar brincadeiras; e 3) são educados com outros membros no mesmo *thread*. A característica que mais se destaca nessas "lutas" é que eles não atrapalham (muito) a interatividade do *thread* – não permitem um desvio muito grande do tópico – e não são considerados pelos outros usuários como pessoas que estão atrapalhando o objetivo do *thread*.

A análise de conflitos em comunidades on-line pode revelar muito sobre a organização social da comunidade. Até as disputas mais acaloradas podem construir coesão, como pareceu acontecer no estudo de Weber (2011) – embora uma das coisas que o pesquisador pode querer explorar aqui seja a prática do *bullying*. Na comunidade Asperger que pesquisei (quadro 9.1), uma briga entre dois membros antigos e especialmente opiniáticos descambou para insultos pessoais por parte de um membro, que estava tentando jogar a opinião do fórum *contra* o seu rival. Parte desse processo envolveu a acusação de *bullying* contra o outro – embora esse termo poderia muito bem ter sido empregado em relação ao comportamento dele mesmo! De fato, o rival foi efetivamente silenciado, abandonando o *thread* após o último ataque e não retornando. O estudo de conflitos em fóruns mostra que banir membros críticos ou fora do padrão pode, mais uma vez, ser outro jeito de obter a coesão do grupo e estabelecer normas de reforço. Os moderadores dos fóruns desempenham uma função aqui, sendo capazes de entrar e intervir se acharem que um membro está sendo tratado injustamente (isso não aconteceu no caso Asperger).

Como ilustrei aqui, as perguntas de pesquisa que podem ser abordadas usando dados de fóruns variam de amplas e/ou tópicas, muitas vezes focadas conceitualmente nas pessoas que fazem as publicações, ou podem ser mais microfocadas, observando o texto no exato contexto local do próprio fórum. Cada pergunta requer um raciocínio conceitual e teórico diferente – ponto que ilustro melhor adiante neste capítulo.

Desenho, amostragem e questões éticas

O que conta como um bom desenho ao pesquisar dados dos fóruns? Muita da consideração do desenho se relaciona à amostragem, e isso também retoma o foco da sua pergunta de pesquisa. Se o seu interesse nos fóruns for explorar opiniões expressas, a sua estrutura de amostragem precisará cobrir um prazo amplo o suficiente e será necessário garantir que você obtenha uma amostra suficientemente relevante do(s) fórum(uns) selecionado(s) em relação ao tópico. Se o seu maior interesse for estudar a interação em grau "microanalítico" (usando algo como análise da conversa [AC] ou análise do discurso [AD]), aconselho que trabalhe com o próprio *thread* como os seus dados primários (ou talvez uma seleção de *threads*), usando mais uma abordagem de estudo de caso.

Como coletar dados de fóruns: cinco passos de amostragem

1) *Selecione o seu fórum.* Esta questão não é assim tão direta como pode parecer. Você quer que o seu fórum seja típico de determinada comunidade on-line (pró-ana, p. ex.) ou quer que seja indicativo de uma população muito *maior* (p. ex., pessoas com anorexia, pessoas com transtornos alimentares em geral)? Se for o primeiro caso, é preciso traçar uma definição de trabalho clara sobre o que é uma página pró-ana típica porque, na prática, você pode descobrir que os websites são bem diversos. Se for o segundo caso, um website pró-ana não seria o lugar ideal, especialmente porque o pró-ana é um fenômeno muito peculiar à Internet – ainda que alguns dos argumentos tenham uma história mais longa – e as alegações feitas por membros de comunidades pró-ana provavelmente não serão endossados por indivíduos em "recuperação" ou com tipos muito diferentes de transtorno alimentar. Se tiver alguma dúvida sobre a tipicidade do seu fórum para o fenômeno de interesse, é sempre uma boa ideia obter amostras em mais de um fórum para construir um banco de dados indicativo.

2) *Identifique um período.* Limite seu conjunto de dados, especificando um período dentro do qual você selecionará os seus dados. A extensão desse período pode ser determinada pela sua pergunta de pesquisa (p. ex., você está analisando respostas a um evento específico), mas, na maioria dos casos, isso dependerá totalmente do nível de atividade da comunidade e da prevalência

do tópico. Uma página como a Mumsnet (www.mumsnet.co.uk), website britânico tremendamente influente sobre cuidados com filhos, é tão movimentado que, exceto se estiver pesquisando um tópico relativamente obscuro, você conseguirá obter amostras em poucos dias. Outras páginas são bem menos ativas e você poderá precisar de períodos de quase um ano. Uma boa ideia de atividade do fórum pode ser obtida observando o número de publicações associadas a cada *thread*. Uma página de baixa atividade terá, em sua maioria, *threads* únicos, enquanto uma página de alta atividade, como a Mumsnet, terá vários *threads* em cada subfórum, chegando a mais de 1.000 publicações.

3) *Selecione o(s) seu(s) thread(s)*. Como analisar um *thread* que consiste em 1.000 publicações? Ou *threads* múltiplos com centenas de publicações? Esse cenário poderia ser o sonho de um conjunto de dados ricos de um analista... ou um pesadelo por estar soterrado por dados demais! A quantidade de materiais *necessários* dependerá enormemente do escopo do seu projeto, da sua pergunta de pesquisa e do seu método de análise. Se estiver fazendo uma análise detalhada da interação, talvez usando técnicas de AC ou AD (GILES; STOMMEL; PAULUS; LESTER & REED, 2015), talvez seja possível pautar seu estudo em torno de um *thread* único, curto, mas muito interessante. Se adotar uma abordagem que analisa amplamente os padrões do conjunto de dados, por exemplo, usando um método como a análise temática (AT) (BRAUN & CLARKE, 2006), será necessário garantir que sua seleção de *threads* cubra um escopo adequadamente amplo, levando em conta tempo (dependendo do nível de atividade da comunidade) e tópico do subfórum. As orientações sobre os tamanhos das amostras ainda não estão bem estabelecidas, mas algumas sugestões em geral podem ser encontradas em Braun e Clarke (2013).

4) *Download e formato*. Este passo é pragmático, já que os fóruns existem somente no ambiente on-line, e você precisa extrair os dados com o objetivo de analisá-los. Na maioria dos casos isso é uma tarefa simples, talvez laboriosa, de copiar e colar textos do navegador num documento off-line (como um arquivo do Microsoft Word). Porém, é preciso tomar decisões sobre informações não textuais, porque os fóruns cada vez mais permitem aos usuários incluir todos os tipos de links, emoticons e imagens em suas publicações. De fato, uma publicação individual pode consistir em nada mais do que um link ou emoticon. Esse material é analisável? Mais uma vez, depende do nível da análise. Num estudo microanalítico, será valioso, mas, numa AT ampla, pode ser seguramente descartado, a menos que você esteja codificando figuras tematicamente, assim como texto.

5) *Selecione materiais relevantes para uma análise mais profunda.* Se você obtiver muitas amostras de um fórum movimentado, certamente acabará tendo muito mais dados do que é necessário para sua análise. Você precisa considerar o que deseja fazer com esses dados e o que é preciso para responder a sua pergunta de pesquisa. Se a sua análise for ampla/temática, seu processo de codificação identificará exaustivamente todos os aspectos relevantes do conjunto de dados. Uma orientação mais micro ou discursiva é bem diferente. Como exemplo, em um estudo explorei o modo pelo qual os usuários de um fórum de saúde mental on-line construíam listas de "características" em torno de "condições" de saúde mental diferentes – membros da comunidade com "emetofobia" (medo de vomitar), por exemplo, descreviam como carregavam uma série de objetos de apoio que funcionavam como uma estratégia de tolerância para lhes dar confiança se realmente ficassem enjoados quando saíssem com os amigos. Optei por focar em *apenas dois threads*, visto que, apesar de uma pergunta de pesquisa muito ampla, a análise precisava de um escrutínio muito cuidadoso das PAs e das respostas para mostrar *o grau de cuidado* que os membros da comunidade tinham com esse trabalho discursivo (GILES & NEWBOLD, 2013).

Questões éticas

A ética da pesquisa com os dados de fóruns é um território de muita contestação – um dos mais contestados na pesquisa qualitativa contemporânea! Nos primeiros dias da minha pesquisa sobre comunidades pró-ana, muitas vezes eu me irritava porque os outros acadêmicos pareciam mais interessados na ética de descrever dados dos fóruns do que no fenômeno propriamente dito. Era como se eu estivesse espionando quartos de adolescentes munido de um gravador e divulgando suas conversas pessoais. Contudo, há uma crescente aceitação pelos usuários da Internet de que os dados de fóruns desprotegidos estão em domínio público e são livremente acessíveis a bilhões de usuários da web (JOWETT, 2015). É óbvio que aquilo que alguém *diz* sobre os dados é uma outra questão, e por esse motivo é essencial considerar qual "condição" os dados têm, já que foram extraídos da sua fonte on-line e reproduzidos como parte de uma publicação acadêmica.

Existem muitas orientações para pesquisadores que usam material on-line. Elas se inspiram em considerações éticas tradicionais da pesquisa off-line, em que a gravação sub-reptícia de conversas, participação "secreta" etc. são consideradas infrações de etiqueta e invasão de privacidade. A Sociedade Psicológica Britânica ([BPS] 2013) publicou uma série de diretrizes que faz uma abordagem cautelosa considerando o uso rotineiro de dados autênticos da web em artigos de pesquisa. Ela recomenda aos pesquisadores considerar a possibilidade de que a exposição de um fórum num estudo pode constituir "risco" à comunidade: "Até a ênfase aparentemente não problemática na mera existência de um fórum de discussão num canto tranquilo em algum lugar da web pode não ser bem-vinda pelos seus usuários" (BPS, 2013: 16). Por fim, contudo, tanto a BPS quanto a Associação de Pesquisadores da Internet ([AoIR] 2012) concordam que a abordagem "tamanho único" nas diretrizes éticas (off-line) tradicionais não funciona bem com os dados on-line, onde o contexto é soberano, e julgamentos éticos precisam ser feitos analisando cada caso. É claro que isso nada facilita aos pesquisadores!

A classe dos dados de fóruns

A *classe* dos dados de fóruns – e com isso quero dizer exatamente como os conceituamos – é muito importante, tanto de uma perspectiva ética, relativa ao modo de obter e descrever esses dados, quanto num sentido epistemológico. Isso nos obriga a considerar o que achamos que o estudo de dados de fóruns pode nos dizer sobre sociedade, comportamento ou natureza do tópico específico em discussão. Há duas posturas divergentes sobre isso (é claro que posturas entre esses polos também são possíveis).

A primeira trata os dados essencialmente como propriedade privada dos *indivíduos* que publicam num fórum, e o pesquisador efetivamente como um "espião", espionando os assuntos de outra pessoa em lugar secreto. Essa é uma linha bem tradicional seguida por acadêmicos cuja preocupação principal é a invasão de privacidade e o anonimato dos indivíduos envolvidos na pesquisa. Qualquer forma de diálogo on-line é tratada do mesmo modo que e-mails pessoais ou até cartas escritas à mão. Em termos da classe dos dados, essa postura sugere que eles representam a voz autêntica dos colaboradores do site (e, de certa forma, do público geral, da população que seria tipicamente recrutada para pesquisa social científica via levantamentos, entrevistas, experiências etc.). Nesse sentido, muitas vezes são considerados como a representação "do que as pessoas realmente pensam" sobre um tópico.

A segunda postura encara a discussão on-line como informações públicas disponíveis para análise como qualquer outro conteúdo da *mídia* – as transcrições de transmissões de televisão ou rádio, artigos de jornais e revistas ou, de fato, outros materiais on-line publicamente disponíveis, como blogues e artigos de websites (cap. 6-8). A preocupação dos pesquisadores aqui não é com a privacidade dos indivíduos envolvidos no fórum, que raramente contribuem sob as suas identidades off-line. Em vez disso, eles se concentram em explorar os materiais culturais ricos produzidos pelos usuários da Internet nessas páginas, e teorizam esses materiais como textos que contêm e transmitem significado culturalmente localizado, esquivando-se da questão de serem uma expressão das "reais crenças" de seus autores.

Você pode ver essas duas posturas como o reflexo dos interesses dos pesquisadores de disciplinas diferentes ou tradições intelectuais distintas: os espiões estão se comportando exatamente do mesmo modo esperado de certos psicólogos, objetificando indivíduos, estudando o comportamento, inferindo motivos e disposições internas; os pesquisadores dos "fóruns como mídia" ignoram a pessoa e focam nos dados como "textos" a analisar, focam em significado, representação, cultura e prática linguística, orientações mais conhecidas da sociologia, estudos culturais/ de mídia e comunicações. Os psicólogos Gavin, Rodham e Poyer (2008: 326), por exemplo, afirmam que "o relativo anonimato e a falta de consequências sociais podem permitir que os indivíduos expressem com mais destreza aspectos do seu 'verdadeiro eu' enquanto se comunicam on-line". Em contraste, White (2006), estudioso da comunicação, comparou o usuário do computador a um espectador em frente a um filme ou tela de televisão, e argumentou que os pesquisadores precisam considerar se eles realmente estão estudando textos ("representações") ou "pessoas". Essa distinção cruza com a ética: no último caso, eu não teria mais receios éticos em reproduzir literalmente a discussão de um fórum do que, por exemplo, citar – e até nomear – os participantes de um reality show da televisão. Entretanto, como já observamos, as visões sobre isso são muito divergentes, dependendo da classe atribuída aos dados (cf. tb. discussões sobre esse tema no cap. 6).

Lidando com os tomadores de decisão éticos

Não obstante sua perspectiva disciplinar ou teórica sobre dados de fóruns, o problema pode sair do seu controle ao apresentar sua proposta de pesquisa a uma banca de ética. Ao se depararem com a descrição de um projeto que envolve um pesquisador visitando um fórum, lendo discussões e depois copiando-as e colando-as num arquivo separado, as bancas acostumadas a deliberar sobre a ética de experiências, levantamentos e entrevistas podem fazer perguntas sobre "as pessoas" cujas discussões estiverem sob escrutínio. Elas consentiram na retirada das suas contribuições do fórum, que depois foram fragmentadas por um pesquisador e reproduzidas literalmente nos artigos da pesquisa? Elas poderiam sofrer algum "risco" por essas informações se tornarem públicas? Um leitor poderia simplesmente inserir suas palavras num mecanismo de busca para rastrear suas origens? Os colaboradores poderiam ser identificados até pelos nomes de usuário anônimos? Sobretudo, eles poderiam *se opor* ao que você fala deles?

Até esses tipos de perguntas (difíceis) serem remoídas, é comum que as bancas de ética insistam na absoluta proteção das identidades, enunciados e fontes on-line de todas "as pessoas" cujos dados serão usados na pesquisa. A prática alinhada a essas preocupações éticas pode ser vista em toda a literatura atual sobre comunidades on-line. Os pesquisadores tipicamente relatam que entraram em contato com os "guardiões" do website envolvido em busca de permissão para "espionar" os fóruns, unicamente para copiar e colar as discussões (MULVEEN & HEPWORTH, 2006). Alguns até dizem que não podem apresentar citações diretas do fórum por causa de uma possível "rastreabilidade" (MARKHAM, 2012). Em toda a literatura, detalhes sobre as fontes, como o título dos websites matrizes, seus endereços URL e a descrição minuciosa dos diferentes sites (no mínimo detalhes suficientes para estabelecer o tipo de fenômeno sob investigação) fazem parte dos interesses de questões éticas sobre violações de privacidade. Como resultado, os leitores recebem detalhes mínimos acerca da natureza dos fóruns ou até sobre os websites que os hospedam, que dirá qualquer sentido do contexto no qual as discussões ocorrem (admito ter feito isso em minha pesquisa – cf. GILES, 2006). Isso significa que os leitores muitas vezes precisam confiar, mesmo sem provas, que os fóruns envolvidos são típicos de determinada categoria de website. Durante a pesquisa sobre transtornos alimentares, por exemplo, é comum que os autores se refiram a "websites pró-ana" e evitem dar detalhes sobre eles para proteger tanto a comunidade vulnerável quanto leitores que sejam teorizados como vulneráveis à sedução de tais páginas. Acho problemático. O termo "websites pró-ana" abarca um acervo enormemente diverso de material on-line, desde páginas iniciais únicas até websites independentes de grande escala, e o próprio domínio é sempre incerto: até o termo pró-ana foi rejeitado pela maioria dos sites até o início dos anos 2000. Sem detalhes dos websites analisados, pode ser muito difícil julgar a qualidade das alegações feitas.

Apesar das informações limitadas muitas vezes fornecidas por estudos de discussões on-line, alguns pesquisadores defendem *mais* limites ao que é relatado e ao modo de relatar. Markham (2012), experiente e conhecida pesquisadora da Internet, recentemente recomendou que os pesquisadores realmente *fabriquem* dados (i.e., inventem dados fictícios), em vez de citá-los literalmente de websites, a fim de prover uma "cor ilustrativa" aos relatórios analíticos. É uma postura controversa que provocou debates acalorados dentro da disciplina de Comunicação e em outras áreas (LIVINGSTONE & LOCATELLI, 2014). Isso suscita todos os tipos de dúvidas sobre autenticidade (dos dados; da análise) e o que é aceitável como documento de pesquisa em ciências sociais (Por que não escrever romances?). As objeções de Markham pautam-se amplamente na necessidade de proteger usuários vulneráveis da Internet de, entre outras coisas, investigações criminais. Ela cita o exemplo de um estudo de adolescentes suecos que fabricaram seus relatos sobre atividades ilegais (consumo de drogas etc.) para que observadores intrometidos não usassem as citações como forma de rastrear a fonte e, portanto, os indivíduos em questão. Contudo, muito da pesquisa discutida por Markham e outros envolve situações em que os pesquisadores intervêm – ou seja, *geram* dados on-line em vez de analisar dados que já existam, ou dados produzidos sem o estímulo do pesquisador, como os dados dos fóruns.

Minha posição é que as restrições éticas devem ser aplicadas somente no caso de fóruns protegidos por senha. Nesse caso, devemos entrar em contato com os proprietários e membros do site a fim de obter sua permissão para fazer citações usando-o como fonte (AoIR, 2012). Entretanto, quando os fóruns oferecem acesso público irrestrito, é nosso dever de pesquisadores descrever os dados com os máximos detalhes necessários para que o leitor seja capaz de entender os dados, considerando seu contexto cultural. Não basta simplesmente afirmar que os dados vêm, por exemplo, de "um website pró-ana". Em vez disso, defendo o tipo de "descrição densa" mais comumente associada à etnografia (GEERTZ, 1973), que leva em conta a natureza midiática do material que estamos usando. Isso pode incluir informações como nomes de usuários, que há muito tempo são problemáticas na pesquisa on-line devido a preocupações com a "rastreabilidade" (MARKHAM, 2012). Um bom caso para fazer isso está no capítulo de abertura de *Convergence culture*, de Jenkins (2006), no qual ele descreve minuciosamente a interação em certo fórum dedicado a determinada série reality show da televisão, em que um usuário de um fórum específico havia ficado famoso por farejar as locações da série subsequente. Esse usuário era tão conhecido pelos membros do fórum que pareceria tosco tratá-lo como anônimo simplesmente por motivos de "proteção" – e ele claramente estava adorando sua condição de celebridade on-line local.

Basicamente, a ética da pesquisa com dados de fóruns é algo que deve ser decidido de acordo com cada caso, tanto pelos pesquisadores quanto pelos responsáveis pela aprovação ética (AoIR, 2012; BPS, 2013). Suas decisões sobre o quanto divulgar dos detalhes da interação nos fóruns dependerão de vários fatores: a natureza e o foco do fórum e a comunidade que o constitui; o nível de divulgação dos autores das publicações, a sua pergunta de pesquisa; e, obviamente, o valor agregado à pesquisa citando-se dados reais. Mas, não importa o que você decidir, será necessário apresentar argumentos consistentes às autoridades éticas. As informações que forneci devem nortear você a apresentar bons argumentos a uma banca ética, não somente por conduzir pesquisa usando dados de fóruns, mas também contra a necessidade de anonimato, se essa for a sua postura.

O que pode dar errado com os fóruns de discussão?

Após imergir na festa de dados gloriosamente ricos que são oferecidos pelo Mumsnet ou outros fóruns altamente ativos, é tentador crer que foi descoberta a fonte de dados perfeita para uma vida inteira de pesquisas – e uma carreira de pesquisa gloriosa com pouquíssimos obstáculos e falhas... Quem dera! Os dados de fóruns não respondem todas as perguntas e problemas da pesquisa, de modo algum. Mas oferecem, sim, uma fonte de dados razoavelmente fácil de usar. De modo geral, se você seguir todas as boas orientações em torno do desenho, pautar sua pesquisa em considerações teóricas e éticas coesas, e analisar os dados de maneira rigorosa e robusta, muito pouco pode *dar errado* ao usar dados de fóruns. Um jeito certo de dar errado é se houver uma falta de correspondência entre a pergunta de pesquisa (p. ex., querer estabelecer alguma teoria do tipo causa e efeito) e o que os dados dos fóruns podem oferecer; outro é entre as metas ou objetivos da pesquisa (p. ex., querer generalizar algo como de certa [sub]população) e o acesso permitido pelos dados. Uma questão mais pragmática que você pode encontrar é um fórum inativo ou de pouca atividade – se quiser coletar dados *prospectivamente* (e não retrospectivamente), pode ser problemático. Então, assegure-se de pesquisar páginas com fóruns potenciais e escolha um (ou mais) que tenha(m) atividade suficiente *e* relevância para seu tópico/pergunta de pesquisa, onde você possa coletar os dados necessários e justificar bem a seleção de amostras. Finalmente, a pesquisa com fóruns pode ser problemática se contrariar boas práticas éticas – por exemplo, se você ocupar múltiplas funções em relação a um fórum (como moderador, colaborador, pesquisador), será necessário pensar com cuidado nas considerações éticas – e garantir que qualquer influência indevida originada de funções em conflito seja evitada.

Quais métodos de análise se adaptam aos dados dos fóruns de discussão?

A *análise temática* é a abordagem mais útil se você tiver uma pergunta de pesquisa muito ampla ou extensamente descritiva, e seu foco principal for o *conteúdo* do que é expresso pelos autores das publicações. Uma abordagem com a AT busca identificar e entender padrões de significado em todo o conjunto de dados. Por exemplo, Attard e Coulson (2012) estavam interessados no *conteúdo* amplo dos fóruns de discussão usados pelas pessoas com Doença de Parkinson (DP), porque queriam saber se esse tipo de comunicação era positivo ou negativo. Eles coletaram o máximo possível de dados nos quatro fóruns que identificaram: um total de 1.013 mensagens publicadas por um período de sete anos, excluindo somente mensagens que não foram claramente publicadas pelos portadores de DP (parentes, amigos, profissionais de saúde etc.). Usando o procedimento analítico temático de Braun e Clarke (2006), eles identificaram seis temas: três positivos (troca de experiências; sentido de vínculo/amizade; e otimismo/esperança) e três negativos (falta de informação; frustração porque a interação era somente on-line; e falta de retorno não verbal).

A *análise do discurso* se adéqua a perguntas cujo interesse forem práticas linguísticas e construção da realidade, em âmbito local ou maior. Existem muitos tipos diferentes de AD, desde a amplamente orientada (PARKER, 1992) até a micro (POTTER & WETHERELL, 1987), e qualquer uma é adequada à análise dos dados de fóruns (isoladamente ou combinadas). Minhas análises dos fóruns são amplamente discursivas, mas eu também me pauto em outros métodos analíticos, como a análise de categorização de associação (STOKOE, 2012) ou a análise retórica (BILLIG, 1987). Por exemplo, no estudo sobre Asperger descrito no quadro 9.1, eu estava especificamente interessado no modo pelo qual os membros da comunidade organizavam seus argumentos a favor e contra as mudanças propostas ao DSM. Para responder, codifiquei as mensagens em termos da sua função retórica – como elas *construíam um caso* a favor ou contra as mudanças. Assim consegui organizar suas posições em "a favor", "contra" ou "neutro" e analisar mais detalhadamente os argumentos precisos que articulavam.

Para os interessados num grau ainda mais micro, a *análise da conversa* (AC) pode ser uma ferramenta fundamental. A análise de Stommel e Koole (2010) sobre um website de transtornos alimentares, por exemplo, descreve técnicas para explorar coisas como a identificação dos destinatários pretendidos de cada mensagem. A análise da conversa é, contudo, um método de certa forma controverso de fazer análise on-line: alguns "puristas" da AC alegam – na maioria das vezes extraoficialmente – que sua metodologia é incompatível com qualquer coisa que não seja uma *conversa* real (e "naturalmente produzida"). Para tentar superar algumas dessas restrições e apresentar um modo de usar os elementos de AC para oferecer ideias importantes sobre a estrutura e organização das "conversas" on-line, desenvolvemos uma versão de AC específica para uso com esses dados (GILES et al., 2015).

Conclusão

Os fóruns de discussão oferecem aos pesquisadores uma arca do tesouro de interação e informação textual (quadro 9.4). Talvez você esteja interessado nos *tópicos* discutidos ali e/ou *como* funcionam como comunicação. De qualquer modo, eles sugerem ideias sobre a atividade humana em grupos de "ocorrência natural" – grupos não reunidos por pesquisadores! Eles nos permitem identificar e analisar os tipos de discussões e argumentos articulados sobre tópicos na sociedade contemporânea, desde o aparentemente arcano até o socialmente importante. Se decidir pesquisar usando fóruns como dados, tente jamais perder de vista o seu contexto público e mediado: você não está espionando um chat privado e eles não são conversas produzidas fora de seu contexto.

> **Quadro 9.4** *Reflexões pessoais sobre fóruns de discussão*
>
> Já discuti sobre a questão ética de analisar *pessoas* ou *textos* ao fazer esse tipo de análise. Embora eu mesmo seja adepto da postura dos "textos", é difícil evitar o fato óbvio de que existe um autor de carne e osso por trás de cada publicação e, ao estudar fóruns sobre saúde mental, esse autor muitas vezes está claramente num estado de considerável aflição mental. É claro que não há nada a fazer a não ser observar, embora às vezes seja muito tentador se inscrever na comunidade e dar conselhos que julgamos úteis! Os antropólogos se referem a esse dilema como "virar nativo" (TRESCH, 2011) – quando um pesquisador fica imergido demais na área e acaba integrando a sociedade que está estudando. Ainda não me aconteceu...

Experimente...

Siga estes passos para conduzir um estudo em duas partes sobre o tópico de um fórum da sua preferência:

1) Selecione um tópico com base em seus próprios *interesses*. Pode ser um tópico cultural (p. ex., música ou esportes) sobre o qual você encontre um ou dois fóruns – preferencialmente com ângulos levemente diferentes sobre o tópico. Selecione um subfórum que apareça em cada página e identifique uma pergunta de pesquisa baseada no conteúdo geral dos dois subfóruns. Selecione uma amostra de 10-20 *threads* em cada subfórum (dependendo da extensão de cada um) que abordem a pergunta de pesquisa. Conduza uma análise temática para identificar as questões mais importantes para a comunidade como um todo.

2) Faça uma abordagem mais micro. Selecione *um thread* de cada um dos subfóruns que ilustre um dos temas que você identificou na parte um. Que tipo de estrutura tem o *thread*? Quais membros participam do *thread*? Como interagem entre si? Como os desacordos são resolvidos (ou não)? Compare os dados selecionados dos dois subfóruns diferentes – eles compartilham um consenso amplo sobre as questões que estão discutindo, ou você consegue identificar grupos distintos de normas e valores para cada página? Como

você pode caracterizar cada página a alguém que esteja pensando em participar de um fórum on-line dedicado ao seu tópico selecionado?

3) Reflita sobre o que você ganha – e perde – adotando essas abordagens analíticas diferentes aos dados do fórum.

Outros recursos: on-line

O website MOOD: A Microanálise de Dados On-line é uma rede internacional de pesquisadores de várias disciplinas que usam métodos como análise da conversa e do discurso para conduzir "microanálise" de dados on-line, incluindo coisas como mídia social, assim como fóruns de discussão: http://moodnetwork.ruhosting.nl/

Outra rede de estudos mais recente que oferece uma orientação mais linguística à análise do discurso: http://adda.blogs.uv.es/

Outros recursos: leituras

Para saber mais sobre o estudo apresentado no quadro 9.1, cf. GILES, D.C. (2014). "DSM-V is taking away our identity": The reaction of the online community to the proposed changes in the diagnosis of Asperger's disorder. In: *Health*, 18 (2), p. 179-195.

Conheça um estudo usando análise temática para explorar relatos masculinos de infertilidade num fórum: MALIK, S.H. & COULSON, N.S. (2008). The male experience of infertility: A thematic analysis of an online infertility support group bulletin board. In: *Journal of Reproductive and Infant Psychology*, 26 (1), p. 18-30.

Estudo que exemplifica uma perspectiva da psicologia discursiva aplicada a dados de fóruns: HORNE, J. & WIGGINS, S. (2009). Doing being "on the edge": Managing the dilemma of being authentically suicidal in an online forum. In: *Sociology of Health & Illness*, 31 (2), p. 170-184.

Estudo combinando elementos de análise da conversa com "análise de categorização de associação": GILES, D.C. & NEWBOLD, J. (2013). "Is this normal?" The role of category predicates in constructing mental illness online. In: *Journal of Computer-Mediated Communication*, 18 (4), p. 476-490.

Referências

ASSOCIATION OF INTERNET RESEARCHERS (AoIR) (2012). *Ethical Decision-Making and Internet Research*: Recommendations from the AoIR Ethics Working Committee (versão 2.0). Chicago: Association of Internet Researchers. Disponível em: http://aoir.org/reports/ethics2.pdf

ATTARD, A. & COULSON, N.S. (2012). A thematic analysis of patient communication in Parkinson's disease online support group discussion forums. In: *Computers in Human Behavior*, 28 (2), p. 500-506.

BENNETT, L. (2011). Delegitimizing strategic power: Normative identity and governance in online R.E.M. fandom. In: *Transformative Works and Cultures*, 7. Disponível em: http://journal.transformativeworks.org/index.php/twc/article/view/281/226

BILLIG, M. (1987). *Arguing and thinking*: A rhetorical approach to social psychology. Cambridge: Cambridge University Press.

BRAUN, V. & CLARKE, V. (2013). *Successful qualitative research*: A practical guide for beginners. Londres: Sage Publications.

_____ (2006). Using thematic analysis in psychology. In: *Qualitative Research in Psychology*, 3 (2), p. 77-101.

BRITISH PSYCHOLOGICAL SOCIETY (2013). *Ethics guidelines for Internet-mediated research* [INF206/1.2013]. Leicester, Reino Unido: British Psychological Society.

GAVIN, J.; RODHAM, K. & POYER, H. (2008). The presentation of "pro-anorexia" in online group interactions. In: *Qualitative Health Research*, 18 (3), p. 325-333.

GEERTZ, C. (1973). *The interpretation of cultures*: Selected essays. Nova York: Basic.

GILES, D.C. (2014). "DSM-V is taking away our identity": The reaction of the online community to the proposed changes in the diagnosis of Asperger's disorder. In: *Health*, 18 (2), p. 179-195.

_____ (2013). The extended self strikes back: Morrissey fans' reaction to public rejection by their idol. In: *Popular Communication*, 11 (2), p. 116-129.

_____ (2006). Constructing identities in cyberspace: The case of eating disorders. In: *British Journal of Social Psychology*, 45 (3), p. 463-477.

GILES, D.C. & NEWBOLD, J. (2013). "Is this normal?" The role of category predicates in constructing mental illness online. In: *Journal of Computer-Mediated Communication*, 18 (4), p. 476-490.

_____ (2011). Self- and other-diagnosis in user-led online mental health communities. In: *Qualitative Health Research*, 21 (3), p. 419-428.

GILES, D.C.; STOMMEL, W.; PAULUS, T.; LESTER, J. & REED, D. (2015). The microanalysis of online data: The methodological development of "digital CA". In: *Discourse, Context & Media*, 7, p. 45-51.

HORNE, J., & WIGGINS, S. (2009). Doing being "on the edge": Managing the dilemma of being authentically suicidal in an online forum. In: *Sociology of Health & Illness*, 31 (2), p. 170-184.

JENKINS, H. (2006). *Convergence culture*: Where old and new media collide. Nova York: New York University Press.

JOWETT, A. (2015). A case for using online discussion forums in critical psychological research. In: *Qualitative Research in Psychology*, 12 (3), p. 287-297.

KAYANY, J.M. (1998). Contexts of uninhibited online behavior: Flaming in social newsgroups on Usenet. In: *Journal of the American Society for Information Science*, 49 (12), p. 1.135-1.141.

KOZINETS, R.V. (2010). *Netnography*: Doing ethnographic research online. Londres: Sage Publications.

LIVINGSTONE, S. & LOCATELLI, E. (2014). Ethical dilemmas in qualitative research with youth on/offline. In: *International Journal of Learning and Media*, 4 (2), p. 67-75.

MARKHAM, A. (2012). Fabrication as ethical practice. In: *Information, Communication & Society*, 15 (3), p. 334-353.

MULVEEN, R. & HEPWORTH, J. (2006). An interpretative phenomenological analysis of participation in a pro-anorexia Internet site and its relationship with disordered eating. In: *Journal of Health Psychology*, 11 (2), p. 283-296.

PARKER, I. (1992). *Discourse dynamics*: Critical analysis for social and individual psychology. Londres: Routledge.

POTTER, J. & WETHERELL, M. (1987). *Discourse and social psychology*: Beyond attitudes and behaviour. Londres: Sage Publications.

STOKOE, E. (2012). Moving forward with membership categorisation analysis: Methods for systematic analysis. In: *Discourse Studies*, 14 (3), p. 277-303.

STOMMEL, W. & KOOLE, T (2010). The online support group as a community: A micro-analysis of the interaction with a new member. In: *Discourse Studies*, 12 (3), p. 357-378.

TRESCH, J. (2011). On going native: Thomas Kuhn and anthropological method. In: *Philosophy of the Social Sciences*, 31 (3), p. 302-322.

VAYREDA, A. & ANTAKI, C. (2009). Social support and unsolicited advice in a bipolar disorder online forum. In: *Qualitative Health Research*, 19 (7), p. 931-942.

WEBER, H.L. (2011). Missed cues: How disputes can socialize virtual newcomers. In: *Language@Internet*, 8, art. 5. Disponível em: www.languageatinternet.org/articles/2011/Weber

WHITE, M. (2006). *The body and the screen*: Theories of internet spectatorship. Cambridge, MA: MIT Press.

Parte III

Coleta de dados virtuais

10 "Digite a sua resposta"
Gerando dados de entrevistas por e-mail

Lucy Gibson

Panorama

As entrevistas por e-mail são um interessante desenvolvimento na coleta de dados qualitativos, oferecendo aos pesquisadores um método barato e conveniente de gerar dados qualitativos profundos. Este capítulo parte de minhas experiências com o uso de entrevistas por e-mail num estudo qualitativo e de métodos mistos sobre fãs mais velhos da música (maiores de trinta anos – cf. descrito no quadro 10.1). Descobri que as entrevistas por e-mail eram um ótimo meio de produzir relatos escritos ricos das memórias e experiências musicais dos participantes. O capítulo se concentra no funcionamento desse método *na prática*, os tipos de dados produzidos e questões relativas à coleta e à análise de dados. Além disso, reflito sobre as diferenças entre dados escritos e orais, a *praticidade* de conduzir entrevistas por e-mail, e discuto os benefícios e possíveis armadilhas ao usar as entrevistas por e-mail para coletar dados qualitativos.

Introdução às entrevistas por e-mail

Nos últimos anos, ocorreu um enorme crescimento das tecnologias da informação e comunicação e, especificamente, das tecnologias da Internet, com um aumento significativo no uso do e-mail nas searas pessoais e profissionais (BAKARDJIEVA, 2005). Esses desenvolvimentos acarretaram novas oportunidades para os pesquisadores analisarem como métodos de pesquisa tradicionais, como entrevistas, podem ser remodelados em ambientes on-line, de maneira a permitir que o pesquisador obtenha dados profundos e descritivos on-line, e adquira novos entendimentos da experiência humana (MANN & STEWART, 2000). A Internet, e especialmente a World Wide Web, "permitiu que os cientistas sociais criassem um laboratório virtual onde os dados possam ser coletados vinte e quatro horas por dia em todo o mundo... Assim como o vídeo revolucionou os métodos de observação, a Internet está mudando fundamentalmente as formas pelas quais podemos observar, mensurar e descrever a condição humana e as estruturas sociais" (HINE, 2005: 21). As entrevistas por e-mail são um desses métodos que oferecem um grande potencial ao pesquisador qualitativo, embora até hoje tenham sido usadas com menos frequência do que outras variações on-line dos métodos de coleta de dados qualitativos tradicionais (cf. tb. os cap. 11-13).

Quadro 10.1 *Entendendo os fãs da música popular e o curso da vida*

Este estudo explorou a significância, o significado e os usos sociais em longo prazo da música popular para maiores de trinta anos (GIBSON, 2010a). Usei a observação de participantes e tanto entrevistas presenciais quanto via e-mail para explorar o envolvimento em longo prazo dos fãs nestas três "cenas" musicais em especial: northern soul e rare soul, rock e dance music eletrônica. A pesquisa usou a Internet de dois modos – para recrutar participantes e coletar dados. Os dados gerados pela Internet consistiam em dois tipos: (a) entrevistas por e-mail (que são o foco deste capítulo) e (b) fóruns de discussão on-line e murais de mensagens (não abordo esses temas aqui, mas leia a respeito no cap. 9). Os participantes tinham a opção de serem entrevistados presencialmente ou por e-mail. O e-mail foi preferido pela maioria (cinquenta e cinco num total de setenta), e foi sugerido que eles preferiam sua flexibilidade e natureza discreta. Em termos de interseção de amostragem, coleta de dados e pragmatismo, decidi usar *tanto* entrevistas presenciais *quanto* por e-mail para obter as opiniões e experiências de uma ampla gama de participantes num projeto em que eu estava limitada em termos de tempo e recursos financeiros. Como usei as entrevistas por e-mail juntamente com entrevistas presenciais mais tradicionais, pude refletir sobre as diferenças nos tipos de dados produzidos usando cada uma dessas abordagens às entrevistas, o que também ajudou a perceber as vantagens e desvantagens de usar entrevistas por e-mail.

As entrevistas por e-mail têm vários nomes: entrevistas on-line, e-entrevistas, entrevistas eletrônicas e comunicação assíncrona mediada por computador. Em termos simples, as entrevistas por e-mail se referem à condução de entrevistas via e-mail, e existem dois "estilos" principais: assíncronas (a abordagem que usei; outros exemplos incluem JAMES, 2007 • RATISLAVOVÁ & RATISLAV, 2014) e síncronas (p. ex., BOWKER & TUFFIN, 2004 • MADGE & O'CONNOR, 2002). As entrevistas assíncronas por e-mail *não* são conduzidas em "tempo real": o pesquisador envia uma série de perguntas, geralmente em sequência, mas às vezes de uma vez só, a um participante via e-mail; o respondente pode responder as perguntas em seu próprio ritmo e conveniência durante um período. As entrevistas síncronas por e-mail *são* conduzidas em tempo real: pesquisador e participante acessam seus e-mails num horário conveniente aos dois; o pesquisador faz perguntas e o participante digita respostas. O foco deste capítulo está principalmente nas entrevistas assíncronas por e-mail, mas farei observações importantes entre as duas em certos momentos. As entrevistas síncronas por e-mail compartilham muitas semelhanças com as entrevistas por mensagens instantâneas (MI), então recomendo a leitura do capítulo 11 também.

O cronograma das entrevistas assíncronas por e-mail é estendido – a entrevista pode acontecer em vários dias, semanas ou *possivelmente* até meses, dependendo de como o projeto for estruturado (p. ex., OLIVERO & LUNT (2004) relataram que algumas de suas entrevistas aconteceram por mais de seis semanas e envolveram de dezessete a vinte e quatro trocas). Provavelmente você fará *múltiplas* entrevistas ao mesmo tempo. Além disso, o tempo total "coletando" dados diretamente – o que, em entrevistas por e-mail, significa fazer perguntas, ler respostas e fazer outras perguntas – *pode* de fato ser maior, no total, do que a entrevista típica presencial de uma hora e meia, mas há fatores que compensam esse tempo adicional – inclusive não precisar transcrever dados de áudio.

O que as entrevistas por e-mail oferecem ao pesquisador qualitativo?

As entrevistas por e-mail oferecem aos pesquisadores qualitativos acesso a dados que são tanto similares quanto diferentes daqueles produzidos por entrevistas presenciais, com uma ampla gama de vantagens inclusas. As vantagens para o pesquisador incluem conveniência, custo e economia de tempo, acesso a amostras mais diversificadas, redução de certas preocupações éticas, reunião de dados reflexivos e produção de um registro escrito de dados. As vantagens, do ponto de vista do participante, incluem conveniência, flexibilidade, anonimato e controle sobre o relato da história, incluindo a possibilidade de editar, revisar e refletir antes de enviar a resposta.

As entrevistas por e-mail basicamente oferecem um meio eficiente, barato e conveniente para reunir dados ricos e detalhados (MEHO, 2006). São inequivocamente flexíveis, e uma grande vantagem é que são convenientes e muitas vezes mais aceitas por pessoas que não possam, ou não queiram, participar de uma entrevista presencial – tanto para participantes quanto pesquisadores, há menos impacto de tempo, viagem e espaço (BAMPTON & COWTON, 2002). Em minha pesquisa, os participantes preferiram muito mais as entrevistas por e-mail devido à sua praticidade e facilidade. Isso sugere outro aspecto importante: as entrevistas por e-mail permitem alcançar uma população ou grupo geograficamente disperso (GIBSON, 2010b). Meus participantes foram recrutados via quadros de mensagens e fóruns on-line, e estavam em várias localidades do Reino Unido, além de países europeus e os Estados Unidos. Como as entrevistas por e-mail eram conduzidas em minha casa ou escritório, eu não precisei gastar tempo ou dinheiro viajando para as entrevistas, e consegui entrevistar pessoas de uma área geograficamente mais ampla do que aconteceria se eu estivesse coletando apenas dados de entrevistas presenciais. Portanto, as entrevistas conseguiram captar uma variedade melhor de opiniões e experiências de fãs da música, em vez de se restringirem àqueles que poderiam ser recrutados numa área local específica (embora isso também suscite algumas considerações importantes; leia o quadro 10.2). A localização virtual das entrevistas por e-mail significa que elas são convenientes para o pesquisador e o participante de várias maneiras. Em geral elas são executadas num ambiente conhecido com acesso tecnológico, e num momento adequado. Em geral também há menos interferência (física) na vida do participante, visto que normalmente não há necessidade de um encontro presencial. Ademais, esse aspecto significa que elas também podem ser consideradas menos perigosas para o pesquisador, uma vez que se elimina a possível vulnerabilidade dos locais (como a casa do participante) e horários (à noite, p. ex.) da pesquisa.

Quadro 10.2 *A origem dos seus participantes de entrevistas por e-mail pode fazer diferença*

A variação geográfica suscita, sim, dúvidas sobre a amostragem, já que não se deve simplesmente recrutar pessoas aleatórias de toda parte sem pensar no que isso significa e em suas implicações – especialmente se a sua pesquisa explorar culturas e significados locais ou tiver o objetivo de apresentar uma análise profundamente contextualizada no local. Em minha pesquisa, a amostra se baseou na autoidentificação como um fã específico de música; as pessoas eram conectadas via interesse e idade. Porém, também usei uma amostra de quotas que considerou idade, gênero e profissão, na tentativa de obter uma amostra diversificada.

Outra vantagem *prática* para o pesquisador é que as entrevistas por e-mail produzem dados textuais (BAMPTON & COWTON, 2002) – você somente precisa imprimir as respostas enviadas por e-mail para produzir um registro de dados, embora isso também possa envolver o processo de copiar e colar num formato mais fácil de usar. Considerando que o tempo não é gasto na transcrição de dados de áudio, as "transcrições" prontas criadas pelas entrevistas por e-mail dão mais tempo ao pesquisador tanto para a coleta quanto para a análise de dados (HAMILTON & BOWERS, 2006). As armadilhas típicas de transcrever dados de entrevistas gravadas em áudio, como dificuldades relacionadas à ambiguidade ou à audibilidade (POLAND, 2002), também são eliminadas; portanto, os dados analisados são exatamente os dados produzidos pelo processo de entrevista. As "transcrições" dos e-mails podem, então, ser mais "precisas" do que aquelas geradas em meio presencial (cf. tb. os cap. 5 e 13).

O uso do e-mail para entrevistas oferece vantagens relativas ao(s) seu(s) próprio(s) conhecimento(s) de pesquisa e ao tipo de informação que você pode obter, que cruza com a ética – o que muitas vezes acontece, desordenadamente, na pesquisa qualitativa. As entrevistas presenciais são um conhecimento e podem exigir dos pesquisadores qualitativos; são realmente um desafio para pesquisadores *inexperientes*, especialmente em tópicos delicados. Pesquisadores nervosos ou ansiosos não necessariamente são grandes entrevistadores e podem não conseguir deixar os participantes à vontade nem estabelecer empatia, o que costuma reduzir a profundidade e qualidade dos dados. Fazer entrevistas por e-mail pode diminuir a sensação de pressão experimentada pelos pesquisadores, e possivelmente também pelos participantes – embora as opiniões sejam diferentes em termos do que esse último ponto pode significar para a abertura e o anonimato ao usar entrevistas por e-mail (BAMPTON & COWTON, 2002), assim como suas implicações mais amplas. Por um lado, pode-se questionar eticamente que as entrevistas por e-mail (especialmente as assíncronas) permitem que os participantes se protejam de uma superexposição ou de fazerem comentários dos quais venham a se arrepender depois, porque escrevem respostas ponderadas e controlam o que enviam. Outros sugerem que é mais provável obter mais exposição em e-mails do que em entrevistas presenciais. Bampton e Cowton (2002: §17) defendem que, como as entrevistas por e-mail são menos invasivas do que as presenciais, "a falta direta de contato significa que as metodologias da Internet geralmente permitem um grau de anonimato, o que foi associado aos respondentes tenderem mais a admitir um comportamento socialmente indesejável" (cf. tb. a pesquisa feita com entrevistas por e-mail por HODGSON (2004) sobre autolesão). Em minha pesquisa, por exemplo, vários entrevistados discutiram francamente o consumo recreativo de drogas e outras atividades similares referentes à intoxicação, e isso tendeu a acontecer nos e-mails, não nas entrevistas presenciais; embora o uso de drogas tenha sido rapidamente aludido durante algumas entrevistas presenciais, geralmente acontecia depois que o gravador tinha sido desligado! A falta de interação presencial durante as entrevistas por e-mail pareceu encorajar os participantes a discutir uma vasta gama de experiências em cenas da música popular, inclusive ilícitas. Eticamente, se atividades ilegais forem expressas durante o processo de entrevista (e-mail ou presencial), os pesquisadores têm as mesmas obrigações legais de qualquer outro contexto de pesquisa: a confidencialidade dos participantes prevalece, mas, se houver a intenção de risco expresso aos participantes, a terceiros específicos ou ao público em geral, existe a obrigação de uma denúncia às autoridades (para mais detalhes, leia ethicsguidebook.ac.uk).

Os participantes de entrevistas assíncronas por e-mail podem optar por dedicarem períodos específicos a respostas (WALTHER, 1996) ou podem optar por responder as entrevistas por e-mail esporadicamente, encaixando-as à medida que e se o tempo permitir, e provavelmente escrevendo as respostas por muitos dias. Isso significa que o método permite aos participantes um alto grau de flexibilidade, e as torna especialmente úteis para pessoas ocupadas ou pessoas com agendas complicadas que não se acomodem facilmente a uma entrevista presencial no horário normal de trabalho (MADGE & O'CONNOR, 2002). Mas não espere um participante dedicado em seu computador ou tablet, digitando respostas desenvoltas a todas as perguntas. Em meu estudo, alguns participantes levavam um mês para dar respostas detalhadas, o que parecia resultar de contemplação, tempo e esforço gastos em escrever, revisar e editar suas respostas.

Essa capacidade de ler e revisar respostas é um componente fundamental dos dados de entrevistas assíncronas por e-mail, e torna os dados – assim como o *processo* – bem diferentes daqueles produzidos de outras maneiras. Em geral, as entrevistas por e-mail tendem a ser menos "espontâneas" do que as entrevistas presenciais em termos de dados produzidos – tipicamente são mais estruturadas e ponderadas, visto que o respondente é capaz de contemplar sua resposta, ler e editar sua narrativa, imediatamente e com o passar do tempo. Isso pode ser uma vantagem considerável ao pesquisarmos as experiências passadas das pessoas e basearmo-nos na memória, como fez a minha pesquisa, porque isso dá tempo para o respondente refletir e ponderar antes de compor uma resposta (cf. tb. WICKSTEED, 2000). Tempo para reflexão e edição pode permitir que os participantes criem relatos *polidos* das suas experiências, em suas próprias palavras e direção (cf. um excerto ilustrativo no quadro 10.3). Apesar do tom conversacional e das gírias ocasionais usados no excerto do quadro 10.3, o relato escrito parece estruturado e considerado com atenção; o participante reflete sobre o papel daquela música em sua vida por várias décadas.

Quadro 10.3 *Respostas escritas são cuidadosamente consideradas*

Fiquei um tempo fora de cena de 1970 até 1995 – sei que parece muito tempo, mas, em 1970, eu estava ficando cansado das noites viradas e das pílulas – eu estava começando a jogar rúgbi e também me casei e comprei uma casa, ou seja, eu não podia continuar "em cena"... A música e os eventos em que me envolvi na juventude com certeza me marcaram ao longo dos anos, mas, o que é interessante, a maioria de nós, fosse northern soul ou Ibiza sound ou punk ou qualquer coisa, pareceu dar uma pausa em algum momento. Não sei se por que precisávamos nos recuperar depois de festejar, dar um descanso, ou se outras coisas apareceram, como comprar uma casa, casar, ter filhos, ter mais responsabilidade no trabalho, não sei. Mesmo percorrendo um caminho de relacionamentos diferentes, cenas sociais diferentes e músicas diferentes, acho que ninguém esquece as "raízes" e, como percebi, depois que os filhos crescem (e você pagou para os bobocas irem para a faculdade – desculpe, Lucy) e as prestações da casa são menores ou foram quitadas e você se aposenta ou controla seu trabalho com facilidade, você descobre que tem um pouco mais de tempo para fazer o que quiser... (sexo masculino, 59, fã de northern soul).

Esse exemplo, além do exemplo da figura 10.1, demonstra a *profundidade* e a riqueza que podem ser encontradas nas respostas por e-mail. Isso também enfatiza, em comparação aos dados presenciais típicos, a natureza "articulada" dos dados de e-mails, que também são obviamente muito mais guiados pela agenda do participante, sem interrupções ou envolvimento dos pesquisadores no sentido interacional "momento a momento". Boas entrevistas presenciais tipicamente têm *interrupção* mínima do pesquisador, mas questionamentos e incentivos moldam o fluxo da discussão. Pode-se dizer que a presença do pesquisador está sempre lá *diretamente* e possivelmente impacta de modo mais direto e imediato as formas pelas quais os participantes discutem o tópico em questão, quando presencialmente. Em meu estudo, muitos participantes escreveram uma prosa eloquente e luxuosa ao registrarem suas opiniões, crenças e experiências e, dessa forma, os dados realmente variaram daqueles gerados nas entrevistas presenciais. Como pesquisadora, eu *também* tive a chance de refletir sobre as respostas dos participantes, ler nossas conversas anteriores por e-mail e depois escolher como continuar a entrevista. Isso é bem trabalhoso, mas também contribui para o formato dos dados. Também pode ser usado como ferramenta analítica, dando tempo para o pesquisador considerar possíveis direções analíticas na pesquisa que deseje considerar e, assim, as perguntas que vai fazer.

Figura 10.1 *Captura de tela do retorno positivo do participante e outras reflexões*

Sem problemas, Lucy.

Foi legal fazer e realmente me fez pensar na cena de um jeito que eu acho que sempre faço, mas não de uma vez só.

Sou vivido e vi muitas coisas acontecerem. Mas, como eu disse, é o que sempre foi, simplesmente rostos, sons e lugares vêm e vão. A única coisa que digo é que possivelmente me esqueci de mencionar que os melhores tempos para mim foram os anos de festas de house/rave (88-89/90) porque foi um conceito totalmente novo para todo mundo, de todas as raças, classes sociais se reunindo e festejando como um só. Não importava a música que você gostava, onde você morava, seu trabalho, você sabia que era parte de algo especial, um mundo secreto conhecido por poucos. Isso nunca tinha acontecido...

Em 1988, festas como Shoom, Sunrise e Energy juntavam 700-1.000 pessoas e eram consideradas gigantescas. E nós éramos os únicos lá dançando a música que tocava. As drogas tinham um papel importante, é claro, mas era algo nunca visto antes. Para ser bem honesto, eu e muita gente da minha idade estamos tentando encontrar/recriar algum lugar com uma vibração parecida com aqueles tempos, mas, caramba... isso não vai acontecer porque o principal é que era algo novo.

As entrevistas *síncronas* por e-mail geram tipos um tanto diferentes de dados, uma vez que, embora permitam que o participante considere a resposta e a leia ou edite antes de enviá-la, elas não necessariamente oferecem a mesma oportunidade de empregar tempo contemplando uma resposta, ou incluir pontos após a entrevista. Contudo, apesar de serem "em tempo real", entrevistas por e-mail que usem métodos síncronos ainda assim podem ser lentas: "A troca de perguntas e respostas foi claramente influenciada pelos conhecimentos de leitura, reflexão e digitação dos respondentes. Em algumas trocas, um bom tempo transcorreu antes de uma resposta aparecer, às vezes como resultado de falhas no computador" (DAVIS; BOLDING; HART; SHERR & ELFORD, 2004: 947). Respostas atrasadas poderiam indicar tempo gasto com reflexões: do mesmo modo, poderiam indicar distração e múltiplas tarefas (cf. tb. o cap. 11).

Considerando que uma "linha de comunicação" é estabelecida nas entrevistas por e-mail, essa abordagem também oferece aos participantes um meio estabelecido de comunicação contínua, se assim desejarem – o que, em minha experiência, pode acontecer de duas formas. Alguns participantes enviaram por e-mail informações adicionais referentes às suas experiências, opiniões e pensamentos, após sua primeira resposta – isso parecia acontecer quando eles se lembravam de algo adicional ou pensavam em pontos que desejavam compartilhar, mas não haviam mencionado (cf. um exemplo na figura 10.2). É uma vantagem em relação às entrevistas presenciais tradicionais, em que pesquisador e participante muitas vezes podem pensar em questões que gostariam de haver mencionado, mas não têm a oportunidade de fazê-lo. Mesmo se um participante enviar por e-mail informações adicionais após uma entrevista presencial, a forma dos dados está fora do contexto do processo de produção de dados, e qualquer conclusão precisaria ser considerada com atenção. Nas entrevistas por *e-mail*, esse tipo de reflexão tardia se encaixa no processo e na lógica da coleta de dados; elas podem ser facilmente incorporadas ao conjunto de dados. Isso destaca o ponto anterior de que precisamos considerar os dados das entrevistas por e-mail como efetivamente reflexivos ou "com múltiplas camadas", em vez de narrativas espontâneas.

Uma outra maneira pela qual essa comunicação ocorre é através do retorno após a entrevista que os participantes dão – esse ponto final também se relaciona à experiência "emocional" dos participantes. Em sua análise de etnografia virtual, Crichton e Kinash (2003) afirmaram que seus participantes apreciaram o processo de serem entrevistados on-line e muitas vezes tiveram dificuldade para concluir suas interações com o pesquisador. De modo similar, em meu estudo, um número reduzido de participantes manteve um interesse ativo no processo de pesquisa, enviando e-mails ocasionais para saber sobre o progresso da pesquisa

Figura 10.2 *Captura de tela do comentário e reflexões adicionais do participante*

> Bom dia, Lucy!
>
> Só quero incluir algumas coisas que esqueci ontem à noite!
>
> Eu ainda ia aos concertos e comprava cd's e coletâneas – mesmo se eu não estivesse trabalhando no lado da distribuição. Não vejo mais os brindes mesmo LOL! Então por esse lado – sim, as coisas mudaram muito. Os negócios da música não são mais tão bons – os downloads estão fazendo MUITO mal.
>
> Mas, por outro lado, a Internet pode ajudar a promover mais entre os fãs – e-groups e sites de fãs etc.
>
> Quando saí do ensino médio, não sabia bem o que queria fazer. Precisava de um emprego e, bem – tudo se ajustou. Muitos altos e baixos. Sem muito dinheiro, mas mesmo assim gosto do meu trabalho. Espero ainda trabalhar com isso por um tempo.
>
> Lembre, COMPRE – não faça só downloads! ☺
>
> De volta ao trabalho,
>
> Bom trabalho.

e as constatações do estudo. Em geral, acho que os participantes gostaram da experiência de escrever suas próprias histórias de envolvimento e experiências com a música, e documentar seus gostos, obtendo um sentido de prazer em "serem os autores" das suas experiências de vida – alguns enviaram um e-mail para mim e me falaram diretamente sobre isso, após o fim das entrevistas. Alguns também expressaram gratidão pela oportunidade de documentar suas opiniões e experiências, e declararam que gostaram do processo de responder perguntas via e-mail (a figura 10.2 mostra um exemplo).

Quais perguntas de pesquisa se adaptam às entrevistas por e-mail?

Assim como ocorre com a maioria dos métodos de coleta de dados, as entrevistas por e-mail se adaptam melhor a certos tópicos e perguntas de pesquisa do que outros. As entrevistas por e-mail são uma forma ótima de gerar relatos escritos ricos das *experiências e memórias* dos participantes. Elas se adequaram especialmente à minha pesquisa, já que os fãs puderam se lembrar de seu longo envolvimento nas cenas musicais, e se adequariam igualmente a outras perguntas de pesquisa tratando de experiências antigas, memórias e lembranças. Perguntas de pesquisa com foco em *percepções, experiências* ou que explorem *tópicos delicados* servem bem nas entrevistas por e-mail. Também podem ser usadas por quem estiver interessado no modo de construção de significado ou experiência: foram usadas com sucesso para explorar tópicos como experiências do processo de luto em mulheres checas após perda perinatal (RATISLAVOVÁ & RATISLAV, 2014), associações entre busca de sexo na Internet e risco de transmissão de HIV (DAVIS et al., 2004) e a construção de identidades acadêmicas (JAMES, 2007).

Além de experiências e memórias, eu também estava interessada nas *visões* de vários grupos de interesse de especialistas que tinham um entusiasmo antigo por culturas musicais específicas; minha pergunta de pesquisa explorou como os gostos musicais são formados e mantidos durante a vida. O tópico da música poderia ser facilmente trocado por outras formas de consumo cultural: atividades de lazer ou cultura de fãs parecem adequadas às entrevistas por e-mail, em que as pessoas são incentivadas a participar e refletir sobre a própria participação, significado relacionado e sentido de identidade associado. As entrevistas por e-mail também se adéquam bastante a perguntas de pesquisa vinculadas ao entendimento de grupos geograficamente dispersos ou outros grupos que possam não desejar participar da pesquisa presencial tradicional (p. ex., participantes tímidos; aqueles com atividades ilegais ou socialmente penalizados). Tais perguntas e tópicos poderiam incluir uma amostra de pessoas que tenham experimentado determinadas circunstâncias ou compartilhem interesses similares, mas não vivem no mesmo local, como o processo que busca informações dos cientistas sociais (MEHO & TIBBO, 2003) ou as experiências de jovens com paralisia cerebral (ISON, 2009).

Desenho, amostragem e questões éticas

O ambiente on-line possivelmente requer novas formas de pensar fora das fronteiras da pesquisa tradicional (GAISER & SCHREINER, 2009), e as entrevistas por e-mail suscitam várias questões sobre desenho, amostragem e ética (JAMES & BUSHER, 2007). Algumas delas são metodológicas – por exemplo, o método produzirá tipos de dados apropriados à sua pergunta de pesquisa? Algumas são práticas – por exemplo, você tem *tempo* suficiente para coletar dados assim? Os participantes da pesquisa podem levar períodos relativamente longos para responder as perguntas por e-mail, especialmente e às vezes até se limites claros de resposta não forem definidos. Decisões de desenho mais específicas relativas ao desenho e à realização de uma entrevista por e-mail estão indicadas na seção seguinte, "Passos para usar entrevistas por e-mail".

Participantes, amostragem e recrutamento

Muitas das questões associadas à amostragem e ao recrutamento se relacionam às preocupações encontradas em abordagens de pesquisa qualitativa mais tradicionais (HOOLEY; MARRIOTT & WELLENS, 2012), mas, no que tange às entrevistas por e-mail, existem considerações importantes relativas a *quem* são os seus participantes. Pedir aos respondentes para redigir relatos extensos – o que esse método faz – gera perguntas fundamentais: Quem se sente à vontade para escrever relatos? Quem tem tempo para se dedicar a descrições extensas? E quem é capaz de fazê-lo? Hunt e McHale (2007: 1.417), por exemplo, identificaram que "para populações prisionais, grupos com incapacidades ou crianças, há questões que o pesquisador deve considerar antes de decidir se deve usar a entrevista por e-mail". As entrevistas por e-mail possivelmente favorecem os mais articulados e quem é seguro com a própria redação, e normalmente pensa-se que se adéquam melhor a participantes jovens. Em meu estudo, as entrevistas foram populares com participantes de todo o espectro de idades, de trinta a sessenta e dois anos. A idade dos participantes, entretanto, precisa ser considerada – as entrevistas por e-mail não *necessariamente* se adéquam a crianças muito pequenas ou idosos, mas considere esse ponto com cuidado. Na Grã-Bretanha, por exemplo, embora o grupo de "maiores de 65 anos" seja a menor proporção de uso diário da Internet em geral, o número de participantes no uso diário da Internet está crescendo, e o envio/recebimento de e-mails é a atividade on-line mais popular para todos os grupos etários (Departamento de Estatísticas Nacionais, 2013). Embora algumas populações de crianças pequenas e idosos se sintam à vontade usando e-mails, os pesquisadores precisam considerar com cuidado se as entrevistas por e-mail seriam o método mais apropriado, e não presumir (falta de) conforto no uso. Nas entrevistas por e-mail, ainda é necessário que os participantes tenham acesso a computadores e se sintam seguros em usá-los, o que também não pode ser presumido. É importante ainda considerar se os participantes estarão *à vontade* e/ou seguros escrevendo relatos de suas experiências: os respondentes do meu estudo gostaram desse processo, mas isso não se enquadra em todos os projetos.

Os pesquisadores precisam considerar a estratégia de recrutamento mais apropriada ao seu tópico; isto se conecta à preparação e à localização da amostra também. Pode ser difícil acessar uma amostra ampla da população da pesquisa se ela estiver geograficamente dispersa. Também pode ser complicado recrutar certas populações "de difícil alcance", exceto se você for parte delas (BRAUN & CLARKE, 2013). Em meu estudo, em que a amostra era diversa, mas também conectada a determinados locais do mundo real e virtual, criei folhetos de recrutamento para distribuir a possíveis entrevistados por e-mail em eventos musicais e afixei cartazes em locais relevantes. Decidi que folhetos e cartazes ofereciam um meio razoavelmente rápido e eficiente de ser vista por um grande número de possíveis participantes, e também minimamente invasivo (ao contrário do contato direto!). Os pesquisadores também podem recrutar usando métodos on-line, como quadros de mensagens, fóruns e grupos da Internet relacionados ao tópico da pesquisa. Isso pode ser menos invasivo do que outras abordagens: meu recrutamento presencial atrapalhava as atividades de lazer dos fãs, o que pode tê-los afastado. Abri contas em quadros de mensagens relevantes e criei nomes de usuários que diferiam do meu nome real – prática comum ao usar quadros de mensagens – e o meu nome real somente foi revelado àqueles que me contatavam expressando interesse. Usar seu nome real *pode* ser mais apropriado num estudo universitário formal para que os possíveis participantes possam buscar você antes de entrar em contato. O ponto importante sobre recrutamento é que qualquer abordagem tem vantagens e desvantagens, e precisa ser considerada em relação ao tópico e à população de potenciais participantes de interesse.

Na pesquisa on-line, onde não há contato presencial e indicadores visíveis de características de identidade ou sociais, a verificação da identidade é tida como uma preocupação – algo que é partilhado com métodos de pesquisa sociais e de saúde mais tradicionais, como questionários postais (BAMPTON & COWTON, 2002). Se isso for uma consideração vital (e nem sempre é), estratégias de recrutamento e amostragem podem superar a questão. Uma forma poderia ser recrutar presencialmente antes de começar a entrevista – isso oferece alguma informação sobre identidade. Em meu recrutamento presencial, avaliei a idade dos frequentadores e abordei pessoas que pareciam ter mais de trinta anos – uma tarefa potencialmente problemática e uma preocupação ética, já que as pessoas podem ser melindrosas quanto à idade – embora ninguém tenha tido uma reação negativa! Usei, então, o método da bola de neve, pedindo aos interessados na pesquisa para apresentarem amigos e conhecidos das cenas onde estivessem envolvidos. Teria sido difícil fingir a identidade na minha pesquisa e isso possivelmente é verdade em qualquer pesquisa qualitativa que peça aos participantes para retransmitir experiências e memórias profundas. Seria difícil fabricar relatos convincentes sobre ser um fã da música antigo e comprometido, considerando a quantidade de detalhes sobre locais, eventos e músicos incluídos.

Em geral, os tamanhos das amostras para estudos de entrevistas por e-mail parecem aqueles de estudos com entrevistas presenciais, cruzando a abordagem analítica dos dados e estrutura geral de pesquisa. Portanto, siga orientações relevantes para selecionar uma amostra que seja apropriada (BRAUN & CLARKE, 2013).

Questões éticas

Os pesquisadores devem sempre trabalhar dentro das estruturas e orientações éticas da instituição e/ou patrocinador sob os quais o estudo estiver sendo conduzido. Certas instituições têm políticas referentes a confidencialidade e pesquisa on-line que levam em consideração o potencial de invasões, proteção da privacidade e minimização de riscos para os participantes. O documento de orientações éticas da Sociedade Psicológica Britânica (2013) para "pesquisa mediada pela Internet", por exemplo, abrange tais questões em detalhes. Ele faz uma distinção entre pesquisa on-line executada em domínio privado e público; as entrevistas por e-mail são consideradas relativamente privadas, já que os dados não são extraídos de fóruns públicos (cf. tb. os cap. 6, 8 e 9). Devido à natureza privada designada dos dados por e-mail, a confidencialidade das respostas para o pesquisador e os participantes deve ser considerada – notadamente devido à ansiedade com hackers e à possível fraude que pode ocorrer em contas de e-mail. Esse anonimato muitas vezes citado como uma vantagem importante das entrevistas por e-mail (BAMPTON & COWTON, 2002) destaca uma complexidade ética: a relação entre pesquisa e participante pode ser "anônima", mas o risco de invasão, assim como a possível identificação pelo endereço IP, significam que ela não pode ser considerada verdadeiramente anônima. Outra consideração ética essencial é a proteção da privacidade dos participantes durante as interações (JAMES & BUSHER, 2007). A ética da pesquisa on-line é uma área viva e em evolução. Eu aconselho a consulta de recursos como a wiki da Associação de Pesquisadores da Internet, onde você pode debater questões relativas ao uso de métodos on-line na pesquisa (HOOLEY et al., 2012) – e garantir que seu processo esteja alinhado ao atual pensamento ético.

Finalmente, em relação à segurança dos dados, é crucial garantir que você tenha uma conta de e-mail a *mais segura* possível e considerar proteção com senha ou criptografia de arquivos salvos em computadores – algumas autoridades éticas *podem* até exigir isso como o mínimo. Você também pode pensar em criptografar os próprios e-mails. Softwares gerais para criptografia de e-mails estão disponíveis (como o produzido pela McAfee) ou os pesquisadores podem usar um software especificamente designado para cooperar com seu programa de e-mails. Uma busca no Google por "software de criptografia de e-mails para Outlook", por exemplo, leva a vários programas de software que podem ser usados para criptografar e-mails. Vários artigos críticos on-line avaliam esses softwares e explicam como podem ser usados eficazmente para proteger dados de e-mails. Finalmente, as senhas devem ser mudadas regularmente para evitar invasões: as fortes usam uma combinação de letras maiúsculas e minúsculas, e números/símbolos.

Passos para usar as entrevistas por e-mail

É preciso tomar várias decisões antes e durante um estudo que use entrevistas por e-mail – agora passo a descrever dez passos/decisões importantes:

1) *Escolha um formato para a troca de e-mails.* As perguntas e as respostas podem ser enviadas *no* e-mail (como o próprio texto), anexas ao e-mail como um documento individual processado em palavras, ou às vezes uma combinação de ambos. Cada um tem vantagens e desvantagens. Documentos anexos em Word tornam os dados das entrevistas por e-mail mais fáceis de administrar, analisar e reproduzir. Mas é importante considerar os diferentes dispositivos que as pessoas usam hoje para e-mails (como tablets ou smartphones), o que pode tornar um formato de anexo difícil ou impossível para alguns participantes. O formato de envio de perguntas/respostas diretamente nos e-mails é mais fácil de administrar quando se usa um tablet ou telefone (ou para responder em dispositivos diferentes durante a entrevista), mas eles possivelmente dificultarão seu trabalho de administrar e preparar os dados para análise. Usei uma combinação de documentos anexos e texto incorporado nos e-mails. Um grupo de perguntas iniciais era enviado através de um anexo; as perguntas complementares eram enviadas incorporadas no e-mail. Seja qual for a sua abordagem, os participantes precisam de instruções claras sobre o modo de resposta – incorporar as respostas nos e-mails ou escrevê-las num documento anexo e enviá-lo de volta. Isso ajuda a evitar qualquer confusão para o participante e aumenta as chances de um estilo coeso de dados em todo o conjunto de dados.

2) *Escolha uma conta de e-mail.* Vale a pena configurar uma conta de e-mail exclusiva do projeto, com um endereço que reflita o tópico da pesquisa. Uma conta exclusiva significa que a pesquisa e os dados estão contidos em um só espaço livre de qualquer outro tráfego de e-mails. Isso facilita a administração da coleta dos dados e dos próprios dados, especialmente se sua caixa de entrada for parecida com a da maioria dos acadêmicos. Usei uma conta do Gmail e achei útil, já que ela agrupa todas as sequências de e-mail de envio e recebimento em ordem cronológica, criando um *thread* da conversa. A função *rótulo* permitiu um agrupamento fácil dos e-mails em grupos particulares e a identificação de e-mails relevantes. Em geral, achei fácil usar e navegar. Mas observe: às vezes as instituições éticas preferem ou exigem o uso de uma conta *institucional*, então verifique!

3) *Decida como recrutar.* Considerando o espectro de opções disponíveis (já discutido), selecione as mais apropriadas para sua amostra e tópico.

4) *Elabore um guia de entrevistas.* Siga as instruções usuais para a elaboração de perguntas de entrevistas (BRAUN & CLARKE, 2013), com alguns ajustes. As perguntas precisam ser direcionadas ao fornecimento de dados que respondam a pergunta de pesquisa *geral* e prover informações ricas sobre o

tópico. As perguntas funcionam melhor quando são abertas e exploratórias (p. ex., me fale sobre..., você pode descrever como...) e especificam que o participante deve responder com o máximo possível de detalhes. Também é vital que sejam redigidas em formato claro e acessível, porque há menos chance de esclarecer qualquer mal-entendido do que em entrevistas presenciais. Um jeito útil de verificar a viabilidade das suas perguntas de entrevista no que tange à geração dos tipos de dados que você deseja, e a sua clareza, é conduzir um pequeno estudo de teste (talvez isso somente possa ocorrer *após* a aprovação ética). O teste também pode ajudar a informar sobre questões práticas de desenho, como o número de perguntas a enviar de uma só vez, e se é melhor enviá-las como um anexo ou no próprio e-mail.

5) *Busque aprovação ética.* Depois que o estudo estiver conceitualizado e desenhado, busque aprovação ética na instituição local relevante. Observe que pode levar algum tempo, então inclua essa etapa no cronograma, no caso de projetos com tempo limitado.

6) *Comece a recrutar os participantes.* Este passo pode ser uma mistura de ativo e passivo, dependendo da sua estratégia de recrutamento – muitos dos nossos modos de recrutar envolvem algum tipo de anúncio e distribuição de informações, então é um jogo "espere e veja" se alguém entra em contato. Porém, é bom avaliar regularmente a viabilidade das nossas estratégias de recrutamento e mantê-las ativas – por exemplo, fazer novas publicações em fóruns, espalhar folhetos novos – se o recrutamento estiver vagaroso. Se o recrutamento não funcionar, reavalie suas estratégias (o que pode exigir outra solicitação de aprovação ética). Para quem manifestar interesse, forneça todas as informações relevantes sobre o estudo e a participação (como cronograma do estudo; tempo reservado para iniciar as entrevistas) – geralmente na forma de folha de informações do participante – e lhes dê a oportunidade de esclarecer dúvidas.

7) *Obtenha consentimento.* Uma prática ética padrão é obter o consentimento informado dos participantes antes de começar as entrevistas por e-mail. Dependendo da ética local, a folha de informações do participante e o formulário de consentimento muitas vezes podem ser anexos a um e-mail durante a interação inicial (se você não encontrar os participantes pessoalmente) e depois assinados e devolvidos antes da participação. Os participantes, entretanto, precisam ter a oportunidade de fazer perguntas nesse momento. Os formulários de consentimento geralmente precisam especificar claramente os parâmetros de participação e saída, assim como o uso aceito dos dados – mas as exigências locais podem variar; portanto, confira especificamente,

p. ex., www.ethicsguidebook.ac.uk/Consent-72. Depois de receber o consentimento, você estará livre para começar.

8) *Comece a entrevista e colete os seus dados.* Em comparação com as entrevistas presenciais, as entrevistas por e-mail permitem a apresentação de uma introdução razoavelmente detalhada e estruturada ao tópico, se você desejar. Ela deve ser enviada a todos os participantes da mesma maneira, orientando-os sobre a pesquisa e a tarefa em questão. Depois, passe para a distribuição das perguntas. É importante não sobrecarregar os participantes – então é necessário decidir quantas perguntas devem ser enviadas inicialmente. Embora uma de cada vez possa parecer lógico, enviar três ou quatro ao mesmo tempo pode encorajar respostas maiores e detalhadas (HUNT & MCHALE, 2007). Inicialmente enviei aos participantes, independentemente da sua afiliação musical, uma lista de *quinze* perguntas abertas num documento anexo ao e-mail. Os participantes foram solicitados a respondê-las em seu próprio ritmo e conveniência. Também tentei enviar uma ou mais perguntas de uma só vez, e isso propiciou um estilo mais conversacional e produziu dados mais ricos e detalhados. Todas as vezes em que eu recebia uma resposta de um participante, eu respondia com mais perguntas: esclarecendo suas respostas, pedindo mais informações sobre algo que havia mencionado e/ou fazendo novas perguntas do meu guia de entrevistas, ou outras totalmente novas, para avaliar mais detalhes sobre suas experiências. Esse processo geral continua até você achar que abrangeu todos os tópicos do seu guia de entrevistas e quaisquer (novos) pontos complementares que as respostas dos participantes tenham gerado.

Em geral, recomendo a especificação de um prazo para a resposta e um acompanhamento se você não tiver recebido uma resposta dos participantes – no "fim" do prazo ou enviando um lembrete um ou dois dias antes. Alguns dos meus entrevistados enviavam as respostas no mesmo dia, enquanto outros levavam dias ou semanas para responder. Aqueles que demoravam mais tendiam a me avisar sobre sua intenção de redigir respostas detalhadas devagar, então os e-mails de acompanhamento eram desnecessários.

9) *Finalize a coleta dos dados.* Em entrevistas presenciais, os pesquisadores conseguem fechar a entrevista e se despedir dos participantes ao perceberem que a conversa chegou a um fim natural, e dados suficientes foram reunidos. Nas entrevistas por e-mail, as conversas on-line poderiam, teoricamente, continuar por muito mais tempo, já que tanto participante quanto pesquisador podem continuar a enviar mais pensamentos, reflexões ou perguntas por um período indefinido. Isso torna importante o esclarecimento

sobre o ponto de encerramento. Determinar – e respeitar – um cronograma rígido para a coleta de dados de cada indivíduo pode ser útil aqui; os participantes devem ser avisados sobre esse cronograma e quaisquer prazos. Dito isso, a flexibilidade do formato de entrevista por e-mail permite leniência com transtornos cotidianos que atrapalham a conclusão da entrevista. O que não deve acontecer, porém, é ainda não ter concluído alguma entrevista meses depois de começá-la!

10) *Compile dados para análise.* O passo final antes de "mergulhar" na análise é preparar e compilar os seus dados. Em geral, a compilação envolverá a produção de uma "transcrição" cronológica para cada participante, claramente rotulado e possivelmente identificado anonimamente. Se você conhecer o foco especial da análise (ou parte dele), talvez também possa desejar compilar todos os dados relevantes de cada tópico/questão referentes a todos os seus participantes ou agrupar os participantes em certos tipos. Em meu estudo, o Gmail foi usado para rotular entrevistas e agrupá-las de acordo com gênero e gosto musical dos participantes. Depois, eu conseguia selecionar facilmente dados relacionados, por exemplo, aos fãs de northern soul do sexo masculino sem precisar pesquisar todas as minhas "transcrições". A decisão de pré-agrupar ou não uma seleção de dados depende da sua abordagem analítica. Depois que os seus dados estiverem compilados, você estará pronto para a análise!

O que pode dar errado com as entrevistas por e-mail?

Embora as entrevistas por e-mail tenham certas vantagens distintas em relação às entrevistas presenciais e ofereçam uma série de benefícios de custo e tempo, também há desafios práticos e metodológicos quando as usamos. O sucesso das entrevistas por e-mail depende de tecnologia disponível e confiável, e competência tanto do pesquisador quanto do participante (BAMPTON & COWTON, 2002), sem mencionar vontade e compromisso em participar com o passar do tempo. A tecnologia pode falhar ou enguiçar; os dados podem se perder. Não planejar sobre os múltiplos dispositivos que as pessoas hoje usam para acessar e-mails (smartphones, tablets, computadores) pode frustrar e, portanto, alienar os participantes. Isso também oferece risco à qualidade dos dados – é preciso ser claro se você esperar mais em termos de respostas que possam provavelmente ser "digitadas" num smartphone. Os participantes precisam ser tecnologicamente proficientes e ter acesso regular à Internet para participar de entrevistas por e-mail. E seus cronogramas precisam ser flexíveis para lidar com possíveis falhas tecnológicas. O backup dos dados precisa ocorrer regularmente.

A perda de interesse e envolvimento dos participantes é um risco real nas entrevistas assíncronas por e-mail (HUNT & McHALE, 2007), mas um pouco menor nas síncronas. Há dois possíveis riscos: diminuição da qualidade dos dados ou abandono total do participante, deliberadamente ou avisando você, ou simplesmente deixando de fazer contato com o pesquisador. Para combater possível fadiga, tédio e declínio de compromisso por parte dos participantes, você pode definir expectativas de tempo para as respostas. Essa expectativa pode ser definida durante o ajuste da participação, antes de começar a entrevista. Você também pode reduzir o risco, construindo uma sintonia com os participantes. Essa sintonia pode ser estabelecida de várias maneiras nas entrevistas por e-mail, incluindo contato síncrono e chats à medida que a entrevista por e-mail seja ajustada, comece e até progrida, ou enviando aos participantes, de forma assíncrona, atualizações da pesquisa e lembretes gentis para encorajá-los a manter o interesse no estudo. O contato on-line regular pode ajudar os participantes a se envolverem ativamente nas perguntas.

Alguns consideram a perda de inflexões vocais e outras características não linguísticas como uma limitação adicional das entrevistas por e-mail síncronas e assíncronas – alguns sugerem um declínio na qualidade dos dados (BAMPTON & COWTON, 2002 • CRICHTON & KINASH, 2003). Outros, todavia, sugerem que as entrevistas por e-mail produzem dados ricos e de alta qualidade que não são, de modo algum, inferiores àqueles de outros formatos de entrevista (MADGE & O'CONNOR, 2002 • MCCOYD & KERSON, 2006). Nas entrevistas por e-mail, existe o risco de dados de baixa qualidade serem gerados devido à falta de envolvimento, e uma interpretação equivocada ocorrer durante a análise devido aos dados textuais, ao contrário dos dados orais. Mas essa desvantagem pode ser – e muitas vezes é – contraposta, já que "emoticons criados com caracteres normais do teclado são comumente usados para injetar um grau de personalidade no e-mail (p. ex., " ☺ " ou "smiley" para indicar humor) ou esclarecer o modo pelo qual determinada frase deve ser interpretada" (BAMPTON & COWTON, 2002: §16). Inúmeros participantes da minha pesquisa usaram "smileys" e outros símbolos tipográficos para transmitir significado, tom e humor nas respostas (como na figura 10.2). Coloquialismos e linguagem relativamente fora do padrão, como abreviaturas, muitas vezes são usados na tecnologia móvel e comunicação on-line. Esse linguajar pode ser usado normalmente pelos respondentes, refletindo o mundo social do qual participam, assim como gírias ou jargão típicos do tópico. Você deve avisar aos participantes que essas normas da comunicação eletrônica são aceitáveis, ou eles podem tratar a entrevista por e-mail de modo mais "formal", e respostas localmente relevantes e típicas podem ser excluídas. Você pode esclarecer o significado pretendido se estiver inseguro. Em minha pesquisa, por exemplo, experiências anteriores e atuais com o uso de drogas foram descritas por alguns usando nomes de "ruas" e abreviaturas textuais – algo que poderia ser mal entendido pelo pesquisador não familiarizado com certa área. Ademais, os nomes de "ruas" para as drogas variavam entre as diferentes cenas musicais! Fóruns on-line e dicionários urbanos podem ajudar você a se "atualizar" sobre algo que possa não ser conhecido; você também pode pedir aos participantes para esclarecer/confirmar, se necessário.

Finalmente, a natureza incorpórea das entrevistas por e-mail pode ocasionar problemas. A separação entre entrevistador e entrevistado abre uma possibilidade maior de mal-entendidos em comparação às entrevistas presenciais (BAMPTON & COWTON, 2002), ou ao menos mal-entendidos que não são identificados e resolvidos com relativa rapidez. Como pesquisador e participante não estão juntos durante o processo de entrevista por e-mail, os participantes podem fazer pressuposições ou ler as perguntas equivocadamente – o que depois causa impacto nas respostas; e pode acontecer o mesmo com o pesquisador! Em contraposição a essa limitação nas entrevistas assíncronas por e-mail, os pesquisadores podem estimular os participantes a verificar se algo não está claro – isso cria uma sequência de e-mails que pode ajudar a esclarecer alguma ambiguidade, além de ser útil para a análise. O mesmo se aplica aos pesquisadores, que devem esclarecer ambiguidades ou incertezas nas respostas dos participantes. Em meu estudo, eu configurei o projeto de modo que os participantes soubessem que eu poderia lhes enviar e-mails solicitando esclarecimentos, e que eles também poderiam enviar e-mails para pedir esclarecimentos ou mais informações para ajudar na interpretação precisa de perguntas e respostas. Como as entrevistas síncronas por e-mail acontecem em "tempo real", elas são mais parecidas com as entrevistas presenciais tradicionais, e tal esclarecimento pode ocorrer à medida que a entrevista e a conversa progridam.

Quais métodos de análise se adaptam aos dados das entrevistas por e-mail?

Os métodos de análise adequados ao uso com dados gerados por entrevistas por e-mail são similares àqueles para a análise de muitas outras formas de dados qualitativos, e especialmente outras formas de dados de entrevistas. Em minha pesquisa, dados de entrevistas presenciais e por e-mail foram analisados usando a análise temática (BRAUN & CLARKE, 2006), usando categorias do guia de tópicos da entrevista, incluindo "descrições do gosto musical em mutação", "envolvimento na juventude", "experiências de gênero" e "mudanças no uso de álcool/drogas", para identificar os significados padronizados. Métodos de análise qualitativa, como a análise narrativa (CHASE, 2005) e certas versões da análise do discurso (SILVERMAN, 2005) também seriam adequados para analisar relatos de entrevistas por e-mail. Cada um oferece algo diferente. A análise narrativa, por exemplo, pode enfatizar as histórias complexas dos participantes; a análise do discurso pode mostrar como as pessoas constroem suas experiências e cotidianos no contexto da linguagem usada para discutir o tópico da pesquisa; a análise temática pode propiciar um meio de explorar padrões mais óbvios nas experiências dos participantes ou interrogá-las criticamente. Se for apropriado, um software de análise de dados qualitativos assistida por computador, como NVivo, Atlas.ti ou HyperResearch, pode ser usado para facilitar a codificação dos dados; senão, esse processo é feito à mão. Considere a compatibilidade entre seus conhecimentos, sua pergunta de pesquisa, seus dados e abordagem analítica, e pesquise tais tecnologias antes de começar a usá-las.

Conclusão

As entrevistas por e-mail são um modo altamente conveniente e barato de gerar dados ricos e valiosos (quadro 10.4). Uma vantagem fundamental é que elas permitem acesso a um grupo geograficamente disperso ou a pessoas que, de outro modo, não estariam dispostas a participar de entrevistas presenciais – e, ainda assim, geram narrativas pessoais ricas e profundas. Se você pensa em usar as entrevistas por e-mail, é preciso conhecer suas limitações, como podem ser superadas e as questões éticas que esse método pode gerar. Os pesquisadores também podem considerar a *combinação* de entrevistas por e-mail com métodos de pesquisa mais tradicionais, como métodos de entrevistas presenciais, e não substituí-las – mas boas razões devem justificar essa opção, como, por exemplo, um meio de obter uma amostra diversa de participantes na pesquisa.

Experimente...

Usando uma das perguntas de pesquisa a seguir (ou sua própria pergunta de pesquisa), considere se as entrevistas por e-mail podem ser um método de pesquisa apropriado e identifique as implicações práticas de usar esse método para abordar a pergunta de pesquisa com o grupo da população em questão:

Pergunta de pesquisa 1: Qual é o impacto de iniciativas de apoio à amamentação para mulheres que são mães pela primeira vez?

Pergunta de pesquisa 2: Por que os estudantes usam as mídias sociais?

Pergunta de pesquisa 3: Como o uso da maconha é percebido por adolescentes com problema de saúde mental?

Considere as seguintes questões específicas, além de quaisquer outras que possam ocorrer a você:

• As entrevistas por e-mail são um método de pesquisa adequado a essa pergunta? Em caso afirmativo, que *modo* de entrevista por e-mail você escolheria? Por que as entrevistas por e-mail funcionariam ou não?

• Quem seriam seus participantes?

• Existem problemas tecnológicos específicos aos participantes que você precisaria considerar?

• Quais problemas éticos em especial poderiam surgir se você usasse as entrevistas por e-mail?

• Como você recrutaria os participantes para o projeto? Existem fóruns/grupos on-line que você poderia usar para recrutar?

• Quais problemas de retenção você pode enfrentar?

• Como as entrevistas por e-mail se comparam a outros métodos de coleta de dados qualitativos sobre o tópico? Você acha que as entrevistas por e-mail devem ser usadas em colaboração com outro método de pesquisa ou isoladamente? Por quê?

Quadro 10.4 *Reflexões pessoais sobre o uso de entrevistas por e-mail*

As entrevistas por e-mail são um ótimo modo de coletar dados, mas eu sempre pensaria em combiná-las com métodos presenciais e oferecer aos participantes a escolha do método de entrevista. Gerenciar dados via uma conta de e-mail é relativamente fácil, e não precisar transcrevê-los é definitivamente uma vantagem importante. Embora a literatura existente tenda a comparar os dados de entrevistas por e-mail com os dados de entrevistas presenciais, seria melhor, em minha opinião, comparar os dados de entrevistas por e-mail com relatos de diários ou diretivas de observação em massa, já que ambos contêm dados escritos, não orais.

Outros recursos: on-line

O Guia de Ética em Pesquisa é um recurso para os pesquisadores das ciências sociais; para os alunos, ajuda na redação de uma proposta de pesquisa ou solicitação ética e no tratamento de dilemas éticos: www.ethicsguidebook.ac.uk

A Sociedade Psicológica Britânica oferece instruções éticas para pesquisas mediadas pela Internet: www.bps.org.uk/&/inf206-guidelines-for-Internet-mediated-research.pdf

Outros recursos: leituras

Comparação entre entrevistas presenciais, por telefone e e-mail: McCOYD, J.L.M. & KERSON, T.S. (2006). Conducting intensive interviews using email: A serendipitous comparative opportunity. In: *Qualitative Social Work*, 5 (3), p. 389-406.

Comparação útil entre entrevistas presenciais e por e-mail, com foco em questões relativas a tempo, espaço e tecnologia: BAMPTON, R. & COWTON, C.J. (2002). The e-interview. In: *Forum Qualitative Sozialforschung/Forum: Qualitative Social Research*, 3 (2), art. 9. Disponível em: http://nbn-resolving.de/urn:nbn:de:0114-fqs020295

Discussão útil de vários benefícios práticos e questões éticas sobre entrevistas por e-mail para pesquisadores e participantes (especialmente aqueles com incapacidades): BOWKER, N. & TUFFIN, K. (2004). Using the online medium for discursive research about people with disabilities. In: *Social Science Computer Review*, 22 (2), p. 228-241.

Trabalho que explora as entrevistas por e-mail entre outros métodos de pesquisa on-line e se baseia em três projetos de pesquisa durante dez anos para sugerir que as entrevistas interativas textuais on-line devem ser consideradas na pesquisa: CRICHTON, S. & KINASH, S. (2003). Virtual ethnography: Interactive interviewing online as method. In: *Canadian Journal of Learning and Technology*, 29 (2), Spring/Printemps. Disponível em: www.cjlt.ca/index.php/cjlt/article/view/40/37

Discussão sobre abrangência nas entrevistas por e-mail, mostrando como elas podem ser usadas para facilitar a participação na pesquisa de pessoas com deficiência na comunicação verbal: ISON, N. (2009). Having their say: Email interviews for research data collection with people who have verbal communication impairment. In: *International Journal of Social Research Methodology*, 12 (2), p. 161-172.

Discussão sobre alguns desafios das entrevistas por e-mail: JAMES, N. (2007). The use of email interviewing as a qualitative method of inquiry in educational research. In: *British Educational Research Journal*, 33 (6), p. 963-97.

Referências

BAKARDJIEVA, M. (2005). *Internet society*: The Internet in everyday life. Londres: Sage Publications.

BAMPTON, R. & COWTON, C.J. (2002). The e-interview. In: *Forum Qualitative Sozialforschung/Forum: Qualitative Social Research*, 3 (2), art. 9. Disponível em: http://nbn-resolving.de/urn:nbn:de:0114-fqs020295

BOWKER, N. & TUFFIN, K. (2004). Using the online medium for discursive research about people with disabilities. In: *Social Science Computer Review*, 22 (2), p. 228-241.

BRAUN, V. & CLARKE, V. (2013). *Successful qualitative research*: A practical guide for beginners. Londres: Sage Publications.

_____ (2006). Using thematic analysis in psychology. In: *Qualitative Research in Psychology*, 3 (2), p. 77-101.

BRITISH PSYCHOLOGICAL SOCIETY (2013). *Ethics guidelines for Internet-mediated research*. Leicester, Reino Unido: British Psychological Society.

CHASE, S.E. (2005). Narrative inquiry: Multiple lenses, approaches and voices. In: DENZIN, N.K. & LINCOLN, Y.S. (eds.). *The Sage handbook of qualitative research*. 3. ed. Thousand Oaks, CA: Sage Publications, p. 651-679.

CRICHTON, S. & KINASH, S. (2003). Virtual ethnography: Interactive interviewing online as method. In: *Canadian Journal of Learning and Technology*, 29 (2). Disponível em: www.cjlt.ca/index.php/cjlt/article/view/40/37

DAVIS, M.; BOLDING, G.; HART, G.; SHERR, L. & ELFORD, J. (2004). Reflecting on the experience of interviewing online: Perspectives from the Internet and HIV study in London. In: *Aids Care*, 16 (8), p. 944-952.

GAISER, T.J. & SCHREINER, A.E. (2009). *A guide to conducting online research*. Londres: Sage Publications.

GIBSON, L. (2010a). *Popular music and the life course*: Cultural commitment, lifestyles and identities. Manchester, Reino Unido: Universidade de Manchester [Tese de Doutorado não publicada].

_____ (2010b). *Using email interviews to research popular music and the life course* ["Realties" toolkit, ESRC National Centre for Research Methods (NCRM)].

HAMILTON, R.J. & BOWERS, B.J. (2006). Internet recruitment and e-mail interviews in qualitative studies. In: *Qualitative Health Research*, 16 (6), p. 821-835.

HINE, C. (ed.) (2005). *Virtual methods issues in social research on the Internet*. Oxford: Berg Publishers.

HODGSON, S. (2004). Cutting through the silence: A sociological construction of self-injury. In: *Sociological Inquiry*, 74 (2), p. 162-179.

HOOLEY, T.; MARRIOTT, J. & WELLENS, J. (2012). *What is online research?* Using the Internet for social science research. Londres: Bloomsbury.

HUNT, N. & McHALE, H. (2007). A practical guide to the email interview. In: *Qualitative Health Research*, 17 (10), p. 1.415-1.421.

ISON, N. (2009). Having their say: Email interviews for research data collection with people who have verbal communication impairment. In: *International Journal of Social Research Methodology*, 12 (2), p. 161-172.

JAMES, N. (2007). The use of email interviewing as a qualitative method of inquiry in educational research. In: *British Educational Research Journal*, 33 (6), p. 963-976.

JAMES, N. & BUSHER, H. (2007). Ethical Issues in online educational research: Protecting privacy, establishing authenticity in email interviewing. In: *International Journal of Research & Method in Education*, 30 (1), p. 101-113.

MADGE, C. & O'CONNOR, H. (2002). Online with e-mums: Exploring the Internet as a medium for research. In: *Area*, 34 (1), p. 92-102.

MANN, C. & STEWART, F. (2000). *Internet communication and qualitative research*: A handbook for researching online. Londres: Sage Publications.

McCOYD, J.L.M. & KERSON, T.S. (2006). Conducting intensive interviews using email: A serendipitous comparative opportunity. In: *Qualitative Social Work*, 5 (3), p. 389-406.

MEHO, L.I. (2006). E-mail interviewing in qualitative research: A methodological discussion. In: *Journal of the American Society for Information Science and Technology*, 57 (10), p. 1.284-1.295.

MEHO, L.I. & TIBBO, H.R. (2003). Modelling the information-seeking behaviour of social scientists: Ellis's study revisited. In: *Journal of the American Society for Information Science and Technology*, 54 (6), p. 570-587.

OFFICE FOR NATIONAL STATISTICS (2013). *Internet access* – Households and individuals.

OLIVERO, N. & LUNT, P. (2004). Privacy *versus* willingness to disclose in e-commerce exchanges: The effect of risk awareness on the relative role of trust and control. In: *Journal of Economic Psychology*, 25 (2), p. 243-262.

POLAND, B.D. (2002). Transcription quality. In: GUBRIUM, J.F. & HOLSTEIN, J.A. (eds.). *Handbook of interview research*: Context and method. Thousand Oaks, CA: Sage Publications, p. 629-649.

RATISLAVOVÁ, K. & RATISLAV, J. (2014). Asynchronous email interview as a qualitative research method in the humanities. In: *Human Affairs*, 24 (14), p. 452-460.

SILVERMAN, D. (2005). *Doing qualitative research*. 2. ed. Londres: Sage Publications.

WALTHER, J.B. (1996). Computer-mediated communication, impersonal, interpersonal and hyperpersonal interaction. In: *Communication Research*, 23 (1), p. 3-43.

WICKSTEED, A. (2000). Manifestations of chaos and control in the life experiences of individuals with eating disorders: Explorations through qualitative email discourse. In: *Feminism & Psychology*, 10 (4), p. 475-480.

11 Um chat produtivo
Entrevistas por mensagens instantâneas

Pamela J. Lannutti

Panorama

Os programas de mensagens instantâneas (MI) são aplicativos da Internet que permitem às pessoas conduzir interações textuais em tempo real. Uma interação MI pode se limitar a dois indivíduos ou, dependendo do programa MI específico, permitir que grupos de pessoas interajam simultaneamente. As mensagens instantâneas oferecem aos pesquisadores uma ferramenta conveniente e barata para conduzir entrevistas com um ou mais participantes; porém, também há questões importantes a considerar. Neste capítulo, parto da minha experiência na condução de entrevistas MI sobre casamento entre pessoas do mesmo sexo nos Estados Unidos (quadro 11.1) para discutir os usos de MI nas entrevistas, assim como as vantagens e desvantagens de MI como ferramenta de entrevistas.

Introdução às entrevistas por mensagens instantâneas

As entrevistas qualitativas como método de pesquisa dependem da criação de sintonia do entrevistador com um participante, e perguntas que o estimulem a compartilhar experiências usando as próprias palavras. Kvale (1996) descreveu esse tipo de entrevista qualitativa como "viagem", com um participante que pode ser entendido como um habitante local do "território" sendo explorado, e o entrevistador como o viajante que faz perguntas ao guia local para entender melhor o "território". Como o uso da Internet e seus aplicativos se tornou parte das interações diárias para muita gente, os pesquisadores têm usado as ferramentas on-line de formas inovadoras para conduzir sua pesquisa (JANKOWSKI & VAN SELM,

2005; cf. tb. os cap. 10, 12 e 13). O uso de programas MI em entrevistas também tem aumentado nas ciências sociais (JAMES & BUSHER, 2009).

Os programas de mensagens instantâneas permitem que as pessoas usem um chat textual numa conversa exclusiva e simultânea on-line. Entrevistas via MI atraem os pesquisadores por muitos motivos, inclusive pela habilidade de conduzir interações síncronas (em tempo real) com os participantes. Contudo, considerando algumas características das interações MI, discute-se a utilidade de MI como ferramenta de entrevistas (MANN & STEWART, 2000). Por exemplo, a interação via MI elimina muitos dos sinais não verbais que nos ajudam a entender a autoapresentação de outra pessoa em interações presenciais, além de coisas como sinais relacionados a idade e etnia (HINCHCLIFFE & GAVIN, 2009 • JAMES & BUSHER, 2009). Alguns pesquisadores afirmam que, como resultado, o grau em que entrevistador e participante podem construir sintonia via MI é limitado (JAMES & BUSHER, 2009). Ademais, os opositores às entrevistas via MI apontam que elas não acontecem com o entrevistador e o participante compartilhando o mesmo espaço físico; portanto, o grau em que um entrevistador MI pode experimentar o mesmo "território" do participante também é limitado (SALMONS, 2010).

Quadro 11.1 *Reconhecimento legal do casamento entre pessoas do mesmo sexo nos Estados Unidos*

Dediquei boa parte da última década pesquisando como o reconhecimento legal do casamento entre pessoas do mesmo sexo e os debates em torno de casamentos entre pessoas do mesmo sexo legalmente reconhecidos impactaram gays, lésbicas, bissexuais e transgêneros (LGBT), casais do mesmo sexo e suas redes sociais nos Estados Unidos (LANNUTTI, 2014, 2013, 2011, 2008). Neste capítulo, uso dois dos meus estudos sobre casamento entre pessoas do mesmo sexo como exemplos. O primeiro estudo analisou as interações entre casais do mesmo sexo e membros das suas redes sociais estendidas (conhecidos, vizinhos, colegas de trabalho etc.) no que se refere a uma proibição ao reconhecimento legal do casamento entre pessoas do mesmo sexo em seus estados, nos Estados Unidos (LANNUTTI, 2011). Conduzi entrevistas MI com cinquenta e sete casais moradores de vários estados norte-americanos que haviam vetado o casamento entre pessoas do mesmo sexo. O segundo estudo analisou a administração da privacidade em interações entre casais do mesmo sexo e seus parentes ao discutirem o casamento e/ou os planos de casamento dos casais (LANNUTTI, 2013). Para esse estudo, conduzi entrevistas MI com quarenta e oito casais do mesmo sexo casados ou noivos.

Com base em minhas experiências com entrevistas MI e em minha revisão da literatura sobre entrevistas MI, concordo com James e Busher (2009: 19) quando alegam que "o desenvolvimento dos relacionamentos de pesquisa e as interações on-line ainda estão incorporados no cotidiano". Portanto, assim como as entrevistas presenciais, as entrevistas on-line permitem aos pesquisadores conhecer detalhes sobre as experiências dos participantes através de uma conversa que pode ser parecida com outras conversas diárias de várias formas. Além disso, pesquisas comparando métodos de coleta de dados presenciais e on-line demonstram consistentemente que esses métodos compartilham mais semelhanças do que diferenças (HINCHCLIFFE & GAVIN, 2009; cf. os cap. 10, 12 e 13). As entrevistas via mensagens instantâneas podem ser usadas para abordar perguntas e tópicos de pesquisa similares, podem usar estruturas e tipos similares de perguntas de entrevistas, e o entrevistador MI pode fazer escolhas parecidas sobre métodos de recrutamento de participantes, amostragem, análise de dados e resenha.

Dadas as semelhanças entre as entrevistas MI e as entrevistas presenciais, o entendimento dos desenhos, técnicas e problemas de pesquisa gerais nas entrevistas é um fundamento importante para o sucesso das entrevistas MI (p. ex., GUBRIUM & HOLSTEIN, 2001 • SEIDMAN, 2012). Algumas plataformas MI também permitem usar *grupos-foco* MI, nos quais muitos participantes interagem com os pesquisadores e entre si ao mesmo tempo (MANN & STEWART, 2000). Todavia, muitos dos usos, vantagens e desvantagens dos grupos-foco MI diferem daqueles das entrevistas MI com um participante ou até um pequeno grupo de participantes. Assim, o foco deste capítulo serão entrevistas MI com um participante ou um pequeno grupo de, no máximo, três participantes, não grupos-foco MI (cf. no cap. 13 uma discussão sobre os grupos-foco on-line).

O que as entrevistas por mensagens instantâneas oferecem ao pesquisador qualitativo?

A maioria das entrevistas qualitativas usa perguntas abertas e permite ao menos alguns ajustes nas próprias perguntas ou na ordem das perguntas, dependendo das informações compartilhadas durante a interação na entrevista (BAXTER & BABBIE, 2004). Ademais, as MI oferecem várias vantagens aos pesquisadores que desejam conduzir esse tipo de entrevista aberta semiestruturada ou até não estruturada. As principais vantagens que as entrevistas MI oferecem são: habilidade de vencer a distância mais facilmente; conveniência para pesquisador(es) e participantes; maior possibilidade de anonimato e confidencialidade dos dados; adequação para populações de participantes de difícil acesso; integração de coleta de dados e recrutamento na Internet; e facilidade para captar dados.

1) *Habilidade de vencer a distância mais facilmente.* Talvez a vantagem mais óbvia e importante que as entrevistas MI oferecem é não exigirem que entrevistador e participante estejam no mesmo lugar físico. Apesar de ser possível que um entrevistador viaje a vários locais para conduzir entrevistas presenciais,

ou que vários entrevistadores conduzam entrevistas presenciais em locais diferentes, raramente é possível realizar esses tipos de estudos sem consumir consideráveis recursos financeiros e tempo. Além disso, o uso de vários entrevistadores para o mesmo estudo pode aumentar o tempo necessário para treinamento dos entrevistadores e causar inconsistências nos dados gerados nas entrevistas. As entrevistas por mensagens instantâneas permitem que o pesquisador alargue consideravelmente o escopo de possíveis locais onde os participantes possam ser recrutados, com pouco ou nenhum recurso financeiro e pouco tempo adicional necessário. E a habilidade de um entrevistador conduzir todas as entrevistas ajuda a manter melhor a consistência e o controle da experiência de entrevista, se isso for importante para a pesquisa.

A facilidade com que as entrevistas MI permitem que um pesquisador vença o desafio da distância física possibilita alguns estudos que não seriam possíveis de outra forma. Por exemplo, eu desejava conduzir entrevistas com casais do mesmo sexo que morassem num estado norte-americano que houvesse recentemente efetuado uma alteração constitucional estadual proibindo o reconhecimento legal do casamento entre pessoas do mesmo sexo (LANNUTTI, 2011), mas eu não morava em nenhum desses estados, tampouco morava perto. Eu não tinha fonte de financiamento para o estudo, então não era possível viajar ou contratar um entrevistador nesses locais. O uso de MI me possibilitou concluir as entrevistas com cinquenta e sete casais que moravam em um dos sete estados, no período de três meses.

2) *Conveniência para pesquisador(es) e participantes.* Outra vantagem de MI é a conveniência que as entrevistas MI oferecem a participantes e pesquisadores. Embora o entrevistador e o participante possam morar na mesma área, isso não necessariamente significa que é fácil para eles se encontrarem no mesmo local físico. O campus da universidade do pesquisador pode não ser convenientemente acessível a todos os participantes, e pode ser dispendioso para o pesquisador alugar um espaço acessível aos participantes. Locais públicos, como bares ou parques, podem ser preocupantes a respeito de confidencialidade dos dados, sensibilidade do tópico ou interrupções e distrações. Pode ser desconfortável e/ou inapropriado conduzir uma entrevista presencial na casa do entrevistador ou do participante. Por outro lado, as entrevistas MI oferecem uma forma para que entrevistador e participante interajam enquanto cada um está em local que seja seguro, conveniente e confortável (e tranquilo!).

Além disso, as entrevistas MI podem ser mais convenientes do que outros tipos de entrevistas devido ao crescente uso e preferência pela comunicação textual mediada por computador entre alguns grupos (HINCHCLIFFE & GAVIN, 2009). Schwarcz (2011) argumenta que a comunicação interpessoal cada vez mais muda de conversas presenciais e por telefone para MI, especialmente entre os jovens, e que essa modificação está associada a mudanças nos modos pelos quais as pessoas expressam intimidade, organizam as conversas e apresentam exemplos em interações interpessoais. Kelly, Keaten, Hazel e Williams (2010) também apoiam a importância e a integração de MI em nossas interações interpessoais diárias, mostrando que MI são usadas não somente em interações comuns, mas também em interações relacionadas a situações pessoais difíceis, como a expressão de conflitos e pesar. Portanto, as entrevistas MI podem ser cada vez mais percebidas como uma forma "natural" e conveniente de interagir com um pesquisador sobre uma série de tópicos que variam em intimidade. Isso pode ser especialmente verdadeiro entre certos segmentos da população, como os adolescentes, que têm demonstrado não apenas usar cada vez mais MI, mas também confiar em MI para construir e manter relacionamentos pessoais (SCHWARCZ, 2011 • VALKENBURG & PETER, 2009).

3) *Maior possibilidade de anonimato e confidencialidade dos dados.* A proteção da privacidade é uma preocupação de todos os pesquisadores que trabalham com participantes humanos. Em entrevistas presenciais, o grau de proteção da privacidade que os entrevistadores podem oferecer é (na melhor das hipóteses) limitado à manutenção da confidencialidade dos dados, de modo que somente o pesquisador possa vincular a identidade de um participante às informações que compartilhou. Fatores como procedimentos de recrutamento de participantes e local da entrevista podem limitar a confidencialidade em entrevistas presenciais. Por exemplo, um entrevistador e um participante que se encontrem num bar ou até numa sala da universidade podem ser observados e ouvidos por outros na área. Os programas MI, ao contrário, criam um "espaço" exclusivo onde entrevistador e participante podem interagir, assim facilitando mais a proteção da confidencialidade dos dados do que muitas entrevistas presenciais.

As entrevistas por mensagens instantâneas também oferecem a possibilidade de manter o anonimato do participante, algo impossível nas entrevistas presenciais. Uma entrevista MI *completamente* anônima não é possível porque os endereços IP *podem* ser rastreados, mas, em termos do relacionamento entre entrevistador e participante, uma entrevista anônima pode acontecer se a equipe da pesquisa consistir em mais de uma pessoa, e se forem tomadas providências para proteger a identidade do participante diante do entrevistador.

Um membro da equipe de pesquisa deve agendar as entrevistas e ser o único integrante da equipe a ter acesso ao endereço de e-mail usual do participante; outro deve conduzir as entrevistas. O participante deve criar e usar um nome de usuário MI para a entrevista que não esteja relacionado à sua identidade, e ser instruído a evitar o compartilhamento de informações de identificação, como o seu nome completo. As perguntas da entrevista não devem exigir a divulgação dessas informações sobre o participante.

Uma limitação comum em pesquisas com entrevistas é que os participantes possam relutar em discutir tópicos *delicados* via entrevistas porque sua identidade estaria vinculada às informações compartilhadas (KVALE, 1996). Essa limitação pode ser vencida em parte ou totalmente pelas entrevistas MI (HINCHCLIFFE & GAVIN, 2009). Nem todos os pesquisadores, entretanto, acham as entrevistas MI apropriadas para discutir informações delicadas. Wilson (1997) defende que estar fisicamente separado da pessoa com quem se conversa on-line cria uma desconexão que pode dificultar a discussão de tópicos delicados on-line. Ademais, Davis, Bolding, Hart, Sherr e Elford (2004) argumentam que entrevistas textuais on-line podem não ser a melhor plataforma para discutir informações delicadas, em que a clareza é importante, porque o texto é potencialmente mais ambíguo do que palavras faladas. Porém, as entrevistas presenciais também são influenciadas por normas sociais e culturais que podem afetar a discussão de informações delicadas (DENZIN, 2003). Portanto, se o pesquisador decidir que as entrevistas são o melhor método para sua pesquisa, as entrevistas MI oferecem uma coleta de dados anônima e, portanto, mais privada e protegida, tornando-as uma opção atraente para a pesquisa sobre questões delicadas.

4) *Adequação para populações de participantes de difícil acesso.* Os pesquisadores muitas vezes desejam conduzir entrevistas com participantes relativamente difíceis de identificar e contatar, em comparação a outros. Essa dificuldade de encontrar e alcançar participantes pode ocorrer porque os participantes são parte de um grupo socialmente marginalizado, como membros da comunidade LGBT, ou porque os participantes são parte de um grupo muito específico e/ou relativamente pequeno, como proprietárias/chefs de restaurantes asiáticos de gastronomia mista. Como as entrevistas MI não estão limitadas por restrições físicas de tempo e espaço, elas facilitam a obtenção de amostra nesse tipo de grupo de participantes de difícil acesso, que podem estar dispersos numa área geográfica extensa (HINCHCLIFFE & GAVIN, 2009 • RIGGLE; ROSTOSKY & REEDY, 2005). Ademais, a conveniência (e maior anonimato) oferecidos pelas entrevistas MI podem encorajar mais pessoas assim a participar do estudo, especialmente se o estigma social for uma preocupação.

5) *Integração de coleta de dados e recrutamento na Internet*. As entrevistas MI também possibilitam a integração da coleta de dados e recrutamento de participantes na Internet (HINCHCLIFFE & GAVIN, 2009). O uso de MI para entrevistar participantes recrutados on-line permite que os pesquisadores tenham todas as interações com os participantes usando a mesma plataforma. Os pesquisadores não precisam arriscar perderem as vantagens conquistadas ao alcançarem participantes de difícil acesso através do recrutamento pela Internet, mudando para a coleta de dados fora da Internet. Por exemplo, se você tentasse recrutar pessoas LGBT para um estudo usando recrutamento fora da Internet, poderia recrutar através de centros comunitários, grupos de apoio e bares. Contudo, os métodos de recrutamento pela Internet oferecem oportunidades maiores porque ultrapassam locais geograficamente limitados, como centros comunitários e bares, e permitem o recrutamento de pessoas LGBT que não frequentam grupos de apoio, bares ou outras organizações da comunidade LGBT (RIGGLE; ROSTOSKY & REEDY, 2005). Além disso, os procedimentos de recrutamento via Internet podem ajudar os pesquisadores a reunir uma amostra de participantes LGBT que capte mais a diversidade (inclusive idade, classe socioeconômica, nível de "abertura") da comunidade do que métodos de recrutamento "off-line", como afixar cartazes em centros comunitários, por causa do amplo alcance do recrutamento via Internet (VAN EEDEN-MOOREFIELD; PROULX & PASLEY, 2008).

6) *Facilidade para captar dados*. Outra vantagem que as entrevistas MI oferecem aos pesquisadores é a facilidade para captar dados. Os pesquisadores tradicionalmente usam gravações em áudio e, ocasionalmente, gravações em vídeo de entrevistas (presenciais ou por telefone) para captar as informações compartilhadas pelos participantes. Embora os avanços tecnológicos tenham gerado gravadores de áudio e vídeo de alta qualidade baratos, pequenos e fáceis de usar, ainda existem possíveis dificuldades apresentadas por esses dispositivos. Ver esses aparelhos pode deixar alguns participantes nervosos ou distraí-los. Dependendo do cenário da entrevista presencial, os gravadores podem captar ruídos de fundo ou do ambiente que podem deixar a gravação confusa. E, é claro, sempre existe a possibilidade de um gravador não funcionar ou ocorrer erro do usuário, de modo que a gravação não aconteça ou aconteça parcialmente.

As entrevistas por mensagens instantâneas eliminam a possibilidade de todas essas dificuldades de gravação: a natureza textual da entrevista MI significa que a entrevista se desenrola e é simultaneamente captada pela ferramenta MI. Além da facilidade de captura dos dados, as entrevistas MI eliminam a necessidade de transcrição dos dados. Para alguns pesquisadores qualitativos, o processo de transcrição é uma parte útil para a familiarização com os dados no início da análise (KVALE, 1996). Porém, o processo de transcrição geralmente consome tempo, pode ser caro e até pequenos erros na transcrição podem alterar radicalmente o significado dos dados (POLAND, 2002). Para os pesquisadores que não desejam transcrever os dados de suas entrevistas, os dados das entrevistas MI estão prontos para análise de modo muito mais rápido, barato e preciso.

Quais perguntas de pesquisa se adaptam às entrevistas por mensagens instantâneas?

As perguntas de pesquisa que são apropriadas às entrevistas MI são aquelas apropriadas a qualquer estudo qualitativo com entrevistas, como aqueles com foco nos pensamentos, sentimentos e comportamentos dos participantes. Embora as técnicas das entrevistas MI ainda sejam relativamente novas no mundo da pesquisa científica social, as entrevistas MI já foram usadas para abordar uma ampla gama de perguntas de pesquisa, inclusive autorrelatos de uso e vício em Internet (CHOU, 2001), reações a enganos em anúncios de namoro on-line (STIEGER; EICHINGER & HONEDER, 2009) e a comunicação de pessoas com deficiência (BOWKER & TUFFIN, 2007). Em minha pesquisa, usei as entrevistas MI para investigar perguntas de pesquisa que variam de perguntas amplas: "Como casais do mesmo sexo mais velhos reagiram ao casamento entre pessoas do mesmo sexo legalmente reconhecido e aos debates sobre casamento entre pessoas do mesmo sexo legalmente reconhecido?" (LANNUTTI, 2011: 67), até as mais estreitas, como "Durante interações com parentes relativas ao casamento entre pessoas do mesmo sexo, como casais casados e noivos administram a regulação das suas informações particulares?" (LANNUTTI, 2013: 62).

Desenho, amostragem e questões éticas

Após formar perguntas de pesquisa que sejam apropriadas às entrevistas, considere se os participantes-alvo são um grupo apropriado para as entrevistas MI. Como discutido a seguir, usar MI para entrevistas pode significar que a amostra provavelmente incluirá quem tiver mais conforto financeiro, conhecimentos tecnológicos, uma boa educação e for fisicamente capaz. Essa possível limitação pode ser mais importante para alguns estudos do que para outros. Por exemplo, um pesquisador estudando os efeitos dos testes padronizados na educação pode achar as entrevistas MI mais problemáticas em termos da geração de uma amostra diversificada do que um pesquisador estudando os estilos de comunicação de presidentes de grandes empresas. Pense com cuidado no possível impacto dessas limitações de amostras em seu estudo *antes* de escolher entrevistas via MI. As questões éticas serão discutidas adiante.

Passos para usar as entrevistas por mensagens instantâneas

Se decidir que as entrevistas MI são apropriadas para sua pergunta de pesquisa e possíveis participantes, há uma série de passos que você deve seguir para conduzi-las (cf. tb. JAMES & BUSHER, 2009 • SALMONS, 2010). Agora descrevo os quatro passos que segui em minha pesquisa, como exemplo do processo:

1) *Desenhe um protocolo de entrevista apropriado.* A maioria das entrevistas MI que conduzo é semiestruturada, ou seja, um protocolo de entrevista (ou "guia") com algumas perguntas predeterminadas e a ordem das perguntas é

Quadro 11.2 *Exemplo de protocolo de entrevista via mensagens instantâneas*

1) Quantos anos vocês têm?
2) Como descrevem sua origem racial/étnica?
3) Há quanto tempo estão juntos?
4) Há quanto tempo estão comprometidos?
5) Vocês já celebraram um casamento ou realizaram uma cerimônia de compromisso?
- Descrevam a cerimônia.
- Como decidiram fazer esse tipo de cerimônia?
6) Por que decidiram se casar (ou não casar)?
- Falem mais sobre o seu processo de decisão.
- Com quem se comunicaram a respeito de sua decisão? O que aconteceu nessas interações?
7) Como o reconhecimento legal de relacionamentos em seu estado impactou seu relacionamento?
- O seu sentido de individualidade?
- A comunidade LGBT?
- A comunidade maior?
- Os seus amigos?
- A sua família?
8) Como vocês foram afetados pelas proibições a casamentos de pessoas do mesmo sexo?

Sondagem padrão: Podem me falar mais sobre isso? Podem me dar um exemplo disso? Eu gostaria de saber mais a respeito. Por quê? Vocês concordam? É assim que vocês também descreveriam o que aconteceu?

Fonte: LANNUTTI (2011).

usado em todas as entrevistas, mas cada entrevista basicamente se desenvolve em reação às respostas dos participantes (o quadro 11.2 mostra um exemplo de protocolo de entrevista). Os pesquisadores usando MI também podem usar um protocolo de entrevista não estruturada no qual tenham, no máximo, uma lista de tópicos a abranger e criem perguntas específicas espontaneamente *durante* cada entrevista individual, dependendo do fluxo da conversa. Entrevistas semiestruturadas são muito comuns e têm a vantagem de preservar um núcleo similar para todos os participantes, mas ainda assim permitir certa flexibilidade (BAXTER & BABBIE, 2004). As entrevistas não estruturadas propiciam mais flexibilidade a pesquisadores e participantes do que as entrevistas semiestruturadas, mas podem carecer de consistência no conjunto de entrevistas, o que pode complicar a análise dos dados.

2) *Interaja com os possíveis participantes: recrute e obtenha consentimento.* Primeiro, ao recrutar participantes através de vários métodos, peço que os interessados em participar do estudo me enviem um e-mail. Eu respondo, enviando um formulário de consentimento com detalhes sobre o estudo (cf. um exemplo no quadro 11.3) e peço que o preencham e devolvam. Os procedimentos para o consentimento informado variam muito – por exemplo, algumas autoridades éticas desejam uma folha de informações e formulário de consentimento *separados*; portanto, verifique as exigências locais. Depois de receber o consentimento informado do participante, eu me certifico se ele tem acesso ao programa MI. Se não tiver, envio um link para baixar um programa MI gratuito, como o Yahoo! Messenger. Depois, agendo um horário para a entrevista e compartilho suas regras básicas (quadro 11.4). Para ajudar a proteger a confidencialidade dos participantes, peço que criem um nome de usuário MI novo a ser usado exclusivamente para os objetivos da entrevista.

Quadro 11.3 *Exemplo de documento de consentimento informado*

Consentimento informado para participação na pesquisa "Casamento, casais e famílias de pessoas do mesmo sexo"

Pesquisadora: Pamela J. Lannutti, Ph.D.

Introdução: Estou solicitando sua presença num estudo de pesquisa sobre o impacto do reconhecimento de relacionamentos de pessoas do mesmo sexo e nas famílias de casais do mesmo sexo. Você foi selecionado como possível participante por ser maior de dezoito anos e viver um relacionamento romântico com outra pessoa do mesmo sexo há mais de um ano ou por ser parente de alguém que se relacione com outra pessoa do mesmo sexo. Pedimos que leia este formulário e esclareça quaisquer dúvidas antes de concordar em participar do estudo.

Objetivo do estudo: O objetivo deste estudo é entender melhor o impacto do reconhecimento do relacionamento em casais do mesmo sexo e em suas famílias.

Descrição dos procedimentos do estudo: Se você concordar em participar deste estudo, pediremos que você e seu parceiro participem de uma entrevista de quarenta e cinco a sessenta minutos com a pesquisadora, via programa de mensagens instantâneas.

Riscos/Desconfortos por estar no estudo: Não há riscos razoáveis previsíveis (ou esperados). Podem existir riscos desconhecidos.

Benefícios de estar no estudo: Não espere benefícios diretos por participar deste estudo.

Pagamentos: Você não receberá pagamento/reembolso pela participação.

Custos: Não há custos para participar deste estudo de pesquisa.

Confidencialidade: Os registros deste estudo ficarão sob sigilo. Em qualquer relatório que publicarmos, não incluiremos informações que possibilitem a identificação de um participante. As cópias impressas dos registros serão guardadas num arquivo trancado. Todas as informações eletrônicas serão codificadas e guardadas, usando um arquivo protegido por senha. O acesso aos registros ficará limitado aos pesquisadores; porém, observe que as agências reguladoras, o Conselho de Análise Institucional e os auditores internos da faculdade poderão ler os registros da pesquisa.

Participação voluntária/Saída: Sua participação é voluntária. Se optar por não participar, isso não afetará suas relações atuais ou futuras com a Universidade. Você está livre para se retirar a qualquer momento, por qualquer motivo. Não existem punições ou perda de benefícios por não participar ou interromper sua participação. Você saberá de quaisquer descobertas novas importantes que se desenvolvam durante a pesquisa e que possam fazer você decidir que deseja parar de participar.

*Afastamento do estudo: Se você não seguir as instruções que receber, será afastado do estudo.

Contatos e perguntas: A pesquisadora que está conduzindo este estudo é Pamela J. Lannutti, Ph.D. Se tiver dúvidas ou desejar mais informações referentes a esta pesquisa, você pode entrar em contato com ela. Se tiver dúvidas sobre seus direitos como sujeito de pesquisa, poderá contatar: Diretor, Departamento de Proteção da Pesquisa.

Cópia do formulário de consentimento: Você deve guardar uma cópia deste formulário como registro pessoal e referência futura.

Declaração de consentimento: Li o conteúdo deste formulário de consentimento e fui encorajado a fazer perguntas. Minhas perguntas foram respondidas. Consinto em participar deste estudo. Receberei uma cópia deste formulário.

Acordo de consentimento

Ao digitar seu nome MI e datar aqui, você consente em participar do estudo:

Nome MI: _____

Data: _____

Fonte: LANNUTTI (2013).

3) *Conduza a entrevista.* A maioria das entrevistas MI que conduzi durou de quarenta e cinco a noventa minutos. Assim como ocorre em entrevistas presenciais, a duração da entrevista deve ser determinada pelo conteúdo e objetivos do projeto de pesquisa individual. Geralmente inicio as entrevistas MI com perguntas sobre as informações demográficas dos participantes, como idade e sexo biológico, e outras informações sobre origem, como uma rápida descrição sobre trabalho, para gerar sintonia; depois passo a maior parte do tempo da entrevista discutindo as perguntas principais para meu estudo. Se você tiver pouco tempo ou achar que fazer as perguntas demográficas no início pode soar ameaçador para seu grupo de participantes, mantenha o foco da entrevista em perguntas importantes para o estudo e colete as informações demográficas fora da entrevista via formulário de informações demográficas enviado por e-mail. Uma habilidade importante que o entrevistador deve dominar, seja no formato MI ou presencial, é ser capaz de julgar quando fazer mais perguntas complementares de sondagem sobre certo tópico e quando passar para um tópico novo na entrevista. A melhor forma de dominar essa habilidade é na prática. Uma técnica que às vezes uso é perguntar diretamente ao(à) participante se ele(a) tem algo mais a dizer sobre um tópico antes de passar para o próximo.

4) *Prepare os dados para análise e apresentação.* Após o fim da entrevista MI, é fácil salvar a conversa para a análise de dados, copiando e colando num documento de processamento de texto ou salvando no próprio programa MI. Após a análise, eu costumo editar as citações das entrevistas MI para substituir quaisquer convenções linguísticas MI, como "vc" por "você", seguindo a norma culta. Por exemplo, um participante escreveu: "n sei. ela falou da gente de outro jeito. as coisas n foram iguais c minha irmã depois q a gente falou q ia casar". Eu apresentei a citação assim: "Não sei. Ela falou da gente de outro jeito. As coisas não foram iguais com minha irmã depois que a gente falou que ia casar". Eu opto por editar as citações MI usando a norma culta para que sejam mais compreensíveis a um público mais amplo de leitores. Entretanto, sempre tenho o cuidado de mencionar em minhas resenhas que essas mudanças de edição foram feitas nas convenções linguísticas MI para que o leitor entenda totalmente a representação dos dados. Cabe a você decidir se tais edições são apropriadas ao seu estudo. Um objetivo de muitas entrevistas é captar a linguagem exata que os participantes usam para descrever suas experiências, dentro do meio que usam para construir suas narrativas. Nesses casos, editar exatamente o que o participante escreve na entrevista MI não seria apropriado. Como a maioria dos pesquisadores, também uso pseudônimos para substituir os nomes dos participantes nas resenhas, protegendo suas identidades.

> **Quadro 11.4** *Exemplo de regras básicas para uma entrevista via mensagens instantâneas*
>
> Durante a entrevista, peço que você siga as seguintes regras básicas:
>
> 1) Não compartilhe informações de identificação pessoal, como nome completo, endereço etc.
> 2) O programa MI permite que você veja quando a outra pessoa está digitando. Não digite enquanto a outra pessoa estiver digitando. Espere para ver o que a pessoa escreveu antes de responder.
> 3) Se precisar dar uma pausa, digite. Não abandone o computador. Não use outros programas em seu computador durante a nossa entrevista.
> 4) Evite usar emoticons ou outros símbolos pictóricos. Você pode dizer como se sente, mas digitando.
> 5) Não há problema em usar abreviaturas comuns e taquigrafia em MI, como digitar "vc" em vez de "você". Se alguém digitar algo que não fique claro para você, peça esclarecimentos.
> 6) Quanto mais informações você puder dar, mais ajudará o projeto de pesquisa. Sei que a digitação pode ser entediante, mas é realmente importante conhecer suas experiências com o máximo possível de detalhes. Portanto, dê respostas longas.
> 7) Se não quiser responder alguma pergunta, digite "sem comentários" na resposta em vez de ignorar a pergunta.
> 8) Não há problema em discordar de outra pessoa, mas faça-o respeitosamente.
> 9) Não partilhe as informações da entrevista com outras pessoas.
>
> Fonte: LANNUTTI (2013).

O que pode dar errado com as entrevistas por mensagens instantâneas?

Muito do que poderia "dar errado" nas entrevistas MI são coisas que poderiam ser problemáticas em qualquer formato de entrevista. Todos os pesquisadores podem enfrentar dificuldades, como problemas ao recrutar participantes, participantes que não compareçam no horário agendado, participantes que relutam em responder as perguntas ou que compartilham vários pensamentos que não têm relação com as perguntas de fato feitas, e que relutam em identificar e explicar os melhores temas e categorias para descrever e relatar os dados. Existem, porém, algumas possíveis dificuldades que são *específicas* às entrevistas MI, incluindo: administrar o fluxo da entrevista; distrações e interrupções na entrevista; preocupações com a segurança dos dados; e possíveis limitações de amostragem. Considero uma de cada vez:

1) *Fluxo da entrevista MI.* Um desafio das entrevistas MI é que o fluxo de uma conversa MI é diferente daquele de uma conversa presencial por causa da

natureza textual das interações MI. Durante uma conversa presencial, as pessoas se pautam numa miríade de sinais não verbais, como contato visual e gestos, para regular os turnos da conversa, o que não está disponível numa interação MI. Assim, pode ser difícil ter algo parecido com um fluxo de conversa natural e relaxado usando MI, especialmente se os usuários não estiverem acostumados a se comunicarem via MI ou a se comunicarem entre si. O que pode resultar, então, é uma interação desconexa em que uma pessoa está digitando e publicando seus pensamentos sobre um tópico antes que a outra tenha acabado de digitar e publicar todos os seus pensamentos sobre esse ou outro tópico. Confira um exemplo (editado de acordo com a norma culta) de uma entrevista que coletei como parte de um estudo analisando conversas familiares sobre casamento entre pessoas do mesmo sexo (LANNUTTI, 2013):

> ELIZABETH: A primeira conversa com os meus pais foi realmente embaraçosa.
>
> ENTREVISTADORA: Você mesma contou a eles?
>
> ELIZABETH: Comecei pedindo que eles viessem jantar comigo. Era melhor que fosse numa noite agradável.
>
> ELIZABETH: Sim, só eu e meus pais.
>
> ENTREVISTADORA: Desculpe. Você estava falando sobre o jantar.
>
> ELIZABETH: Isso mesmo. Eu os chamei para jantar, mas não conseguia imaginar como abordar o assunto.

Esse tipo de interação desconexa pode não somente incomodar as pessoas que estão conversando, mas também ser problemática numa entrevista de pesquisa, porque as interrupções nos pensamentos do participante podem levá-lo a omitir ideias importantes, perder o fio da meada ou decidir responder usando declarações mais curtas e menos descritivas. Essas coisas podem prejudicar um objetivo da maioria das entrevistas qualitativas: obter um entendimento profundo das experiências dos participantes.

Em minha pesquisa, procurei reduzir a possibilidade de um fluxo desconexo de conversa, incluindo instruções específicas sobre a administração de turnos na entrevista MI desde o início (quadro 11.4). Uma entrevista, afinal de contas, não é uma simples conversa entre amigos. Embora possa parecer inusitado definir regras básicas para uma interação MI, descobri que fazer isso ajuda a entrevista a fluir muito melhor. Essas regras básicas incluem pedir aos participantes para esperar antes de começar a digitar quaisquer comentários até que o programa MI pare de indicar que outra pessoa na interação está digitando. Peço aos participantes para evitar usar emoticons ou representações pictóricas dos seus pensamentos e sentimentos, de modo a evitar a ambiguidade das figuras. Também peço para digitarem "sem comentários" se não quiserem responder uma pergunta ou não tiverem mais respostas para uma pergunta, em vez de simplesmente ignorarem a publicação mais recente. Embora essa regra possa agregar mais tempo à entrevista, esse ônus é compensado pelo benefício de interações MI mais fluentes.

Em interações com mais de um participante (como entrevistas com casais em meu estudo sobre interações de casais do mesmo sexo com outros a respeito de proibições ao casamento entre pessoas do mesmo sexo; cf. LANNUTTI, 2011), acredito que outra maneira de ajudar a interação MI a ser mais fluente é direcionar uma pergunta a um participante específico por vez, usando o nome de usuário do participante antes de fazer a pergunta, em vez de simplesmente digitar a pergunta. Confira este exemplo (editado de acordo com a norma culta) dos dados coletados para Lannutti (2011):

> ENTREVISTADORA: Você pode me contar mais sobre a entrevista que teve com seu vizinho?
>
> LINDA: Eu meio que cheguei no fim da conversa.
>
> SUE: Sim, fui eu que comecei a conversa, mas acho que a Linda esteva lá na maior parte do tempo. Não me lembro muito bem, mas lembro que fiquei chateada.
>
> LINDA: Ficou. Nós duas ficamos. Nosso vizinho não foi grosseiro, mas deixou claro que apoiava a proibição.
>
> ENTREVISTADORA: Sue, você se lembra de quais tipos de coisas ele falou?
>
> SUE: Disse que ia votar. Que as pessoas religiosas precisam ser ouvidas sobre a questão. É tudo o que lembro.
>
> ENTREVISTADORA: Linda, você se lembra mais do que ele disse?
>
> LINDA: Não.

Mesmo quando o fluxo de uma entrevista MI é meio desconexo no início, também acho que ele tende a melhorar depois que os participantes se adaptam às regras básicas e ao próprio ritmo da interação após algumas trocas. Algo útil é treinar, entrevistando um voluntário via MI antes de começar a coleta real dos dados.

2) *Distrações e interrupções na entrevista MI*. Algumas das distrações e interrupções que podem impactar as entrevistas presenciais também podem, dependendo do ambiente, afetar as entrevistas MI. As entrevistas presenciais que ocorrem em locais públicos ou até em residências são vulneráveis a interrupções e distrações causadas por pessoas, ruídos ou outros eventos do ambiente. Os participantes de uma entrevista MI também podem ser interrompidos ou

distraídos por esses riscos porque o simples fato de ser parte de uma conversa on-line não significa que você está completamente apartado do ambiente ao redor. Se o seu cachorro latir, querendo sua atenção, será uma distração igual a de uma conversa presencial.

Existem, todavia, alguns tipos de interrupções e distrações que *estão* associadas à tecnologia envolvida nas entrevistas MI e que provavelmente não afetam as entrevistas presenciais. Assim como ocorre com outras tecnologias da Internet, os programas MI às vezes são afetados por atrasos, congelamentos e outros enguiços que interrompem uma entrevista. Como as pessoas estão usando o programa MI em seus computadores ou outros aparelhos, também existem possíveis distrações causadas por alertas e pop-ups de outros programas, e o participante pode ficar tentado a dar uma olhada rápida nos e-mails ou abrir um jogo favorito durante a entrevista (JAMES & BUSHER, 2009 • SALMONS, 2010). Embora nem sempre seja possível impedir totalmente essas distrações e interrupções, sugiro pedir aos participantes das entrevistas MI que evitem abrir outros programas, ou peçam uma pausa na entrevista se precisarem usar outro programa, como parte das regras básicas da entrevista (quadro 11.4).

3) *Preocupações com a segurança dos dados.* Algo inerente à promessa de mais oportunidades para o anonimato e/ou confidencialidade dos dados nas entrevistas MI é a capacidade de oferecer proteção e segurança aos dados coletados durante o processo de pesquisa. Embora quase todos os programas MI propiciem um "espaço" exclusivo para a interação, as informações compartilhadas via MI são facilmente salvas e copiadas por qualquer pessoa envolvida na interação. Portanto, se mais de um participante estiver incluído na entrevista, existe o risco de um participante desrespeitar a confidencialidade e compartilhar as respostas dos outros fora da entrevista. Como parte das regras básicas, você deve pedir a quem participar de entrevistas MI em grupo para não compartilhar as informações da entrevista sem autorização, e avisar a todos os participantes os limites da segurança dos dados nessas entrevistas. Além disso, tenha o cuidado de proteger suas próprias cópias das interações. É importante ler as informações de privacidade e segurança de dados do programa MI que você deseja utilizar nas entrevistas. Assegure-se de usar um dispositivo privado protegido por senha para conduzir, salvar e guardar as entrevistas MI. Todas as entrevistas MI salvas e guardadas devem ser mantidas em arquivo protegido por senha e estar acessíveis somente aos integrantes da equipe de pesquisa. Apesar de ninguém ser capaz de garantir segurança total dos dados, essas medidas simples ajudam a garantir que você está fazendo o melhor possível para cumprir as obrigações éticas de proteção aos dados.

Quais métodos de análise se adaptam aos dados das entrevistas por mensagens instantâneas?

Em minha experiência, os métodos de análise de dados não variam para as entrevistas MI e presenciais. Existe uma ampla gama de técnicas de análise de dados que podem ser usadas para os dados de entrevistas, coletados via MI e outros métodos, inclusive a análise temática (HUSSAIN & GRIFFITHS, 2009) e a análise fenomenológica interpretativa (WHITTY; YOUNG & GOODINGS, 2011). Embora possa não ser apropriado a todos os estudos com entrevistas, a maioria dos estudos que conduzi usando as entrevistas MI usa o método indutivo da teoria fundamentada, em que a amostragem é influenciada pelo processo de análise dos dados. Nesse processo, os dados de um grupo inicial de entrevistas são analisados, usando uma abordagem guiada pelos dados, na qual os temas se desenvolvem a partir das respostas dos participantes, em vez de categorias ou temas conceituais *a priori* (BOYATZIS, 1998 • CHARMAZ, 2000). Usando os procedimentos recomendados por Strauss e Corbin (2008), meu primeiro passo na análise para as entrevistas iniciais é a codificação aberta. A codificação aberta é realizada para cada uma das respostas dos participantes às perguntas ou declarações deles mesmos durante a entrevista para identificar conceitos importantes nos dados. Em consonância com Strauss e Corbin (2008), as relações entre conceitos nos dados são, então, analisadas para formar temas.

Depois de ter um grupo de temas baseados nos dados da amostra inicial, eu conduzo entrevistas com mais participantes para garantir que as categorias da análise dos dados emergentes sejam plenamente exploradas ou "saturadas". A saturação ocorre quando dados novos não levam a novas ideias teóricas sobre categorias ou a uma relação entre as categorias (CHARMAZ, 2006 • STRAUSS & CORBIN, 2008). As respostas dos participantes no segundo grupo de entrevistas são analisadas usando a análise comparativa (STRAUSS & CORBIN, 2008). Nesse processo, os conceitos que sejam similares àqueles que já sejam parte dos temas identificados na amostra inicial são incluídos naqueles temas existentes; e os conceitos que não sejam consonantes com os temas ou parte dos temas existentes são usados para formar temas *novos*. Depois que todos os conceitos do segundo grupo de entrevistas forem codificados em temas, os conceitos da amostra inicial são analisados comparativamente para verificarmos se eles se enquadram melhor naqueles gerados primeiro a partir do *segundo* grupo de entrevistas. Portanto, todos os conceitos do conjunto de dados inteiro são comparados a todos os temas e situados em temas representativos de todo o conjunto de dados. Depois que todos os temas originados do processo de análise comparativa indutiva forem estabelecidos, conexões teóricas entre os temas são identificadas. Durante todo o processo de codificação são feitas notas para identificar citações ilustrativas das entrevistas que serão usadas para descrever os temas.

Como parte dos passos finais das entrevistas MI, também costumo verificar a confiabilidade da análise dos dados (LINCOLN & GUBA, 1985 • MILES & HUBERMAN, 1994). Na maioria dos casos, conduzo "verificações de integrantes" da minha análise de dados. Para tanto, peço a um pequeno número de participantes para ler os temas e exemplos que emergiram da análise dos dados e confirmarem se as descrições correspondem às experiências que viveram.

Conclusão

Coletar dados usando programas de mensagens instantâneas dá aos pesquisadores a oportunidade de vencer a distância e outros obstáculos para alcançar os participantes. Embora as entrevistas por mensagens instantâneas apresentem alguns desafios únicos, constatei que as vantagens do método compensam preocupações introduzidas pelo chat mediado por computador (quadro 11.5). Para quem já conhece as entrevistas ou está *começando* a usar métodos com entrevistas, as entrevistas MI expandem as ferramentas disponíveis aos pesquisadores qualitativos.

Quadro 11.5 *Reflexões pessoais sobre o uso de entrevistas via mensagens instantâneas*

Quando comecei minha carreira de pesquisadora da comunicação, métodos de coleta de dados on-line não estavam disponíveis. Portanto, aprendi a conduzir entrevistas presenciais ou por telefone. Quando as mensagens instantâneas e outras ferramentas on-line ficaram amplamente disponíveis, eu não tinha certeza se elas representariam um meio viável para entrevistar os participantes. Quando pensei pela primeira vez em usar MI nas entrevistas das pesquisas, eu temia que os participantes não se interessassem pelas interações MI e que as próprias entrevistas fossem inexpressivas e carecessem dos detalhes ricos que eu antes associava somente às entrevistas presenciais. Logo depois de começarmos a usar MI para as entrevistas, percebi que os participantes não apenas desejavam interagir comigo via MI, mas também que muitos dos possíveis participantes dos meus estudos estavam *mais* dispostos a serem entrevistados via MI do que por outro formato de entrevista. Ademais, fiquei impressionada com a qualidade de entrevista que era possível via MI. Graças às entrevistas MI, consegui entrevistar pessoas de todas as partes dos Estados Unidos sobre sua experiência com casamento entre pessoas do mesmo sexo sem gastar muito tempo e dinheiro com viagens. Como qualquer método de pesquisa, as entrevistas MI têm vantagens e desvantagens. Às vezes as conversas MI parecem mais vagarosas do que as conversas presenciais. Ocasionalmente, eu gostaria de ver o rosto dos meus participantes ou ouvir seu tom de voz para entender melhor algum comentário sem precisar pedir esclarecimentos explicitamente. Porém, constatei que as entrevistas MI são uma ferramenta de pesquisa extremamente produtiva e útil.

Experimente...

A melhor maneira de dominar a condução de entrevistas MI é pela prática. Para praticar uma entrevista MI semiestruturada, siga os seguintes passos:

1) *Preparação.* Identifique um tópico que você deseja conhecer melhor. Use esse tópico em sua entrevista. Crie uma ou mais perguntas de pesquisa relacionadas ao tópico que você deseja responder. Crie um grupo de cinco a oito perguntas principais para a entrevista, com possíveis perguntas de sondagem para usar como complementos às suas perguntas. Você também pode criar de três a cinco perguntas demográficas para incluir na entrevista ou numa folha de informações demográficas separada. Crie um documento de consentimento informado (e folha de informações do participante, se for necessário) que forneça ao participante informações sobre objetivo, procedimento, duração estimada e proteção de dados da entrevista. Crie uma série de regras básicas para a entrevista.

2) *Recrutamento e consentimento informado.* Recrute um voluntário para agir como participante de sua entrevista MI. Dê ao participante o documento de consentimento informado (e folha de informações) e obtenha seu consentimento para ser entrevistado. Partilhe suas regras básicas e informações sobre o programa MI com o participante. Marque um horário para a entrevista.

3) *Interação na entrevista MI.* Comece lembrando ao participante as regras básicas para a entrevista. Conduza a entrevista da maneira que planejou no passo 1. Salve a interação da entrevista após finalizá-la.

4) *Análise.* Busque temas entre as respostas da entrevista que se relacionem às suas perguntas de pesquisa. Identifique citações na entrevista que exemplifiquem cada tema. Você deseja traduzir a linguagem MI para a norma culta? Em caso afirmativo, faça isso agora.

5) *Reflita sobre a entrevista.* Quais desafios você enfrentou ao seguir os passos acima? Como lidou com eles? O que agradou você na condução de uma entrevista via MI?

Outros recursos: on-line

Conheça uma introdução a MI disponível em: https://en.wikipedia.org/wiki/Instant_messaging

Outros recursos: leituras

Conheça outras instruções sobre a preparação para as entrevistas síncronas on-line no cap. 6: Preparing for a live online interview. In: SALMONS, J. (2010). *Online interviews in real time*. Thousand Oaks, CA: Sage Publications.

Conheça orientações úteis para criar e manter relacionamentos significativos com os participantes em entrevistas on-line no cap. 2: Engaging with research participants online. In: JAMES, N. & BUSHER, H. (2009). *Online interviewing*. Thousand Oaks, CA: Sage Publications.

Leia mais sobre os estudos ilustrativos envolvendo entrevistas com casais: LANNUTTI, P.J. (2013). Same-sex marriage and privacy management: Examining couples' communication with family members. In: *Journal of Family Communication*, 13 (1), p. 60-75 • LANNUTTI, P.J. (2011). Examining communication about marriage amendments: Same-sex couples and their extended social networks. In: *Journal of Social Issues*, 67 (2), p. 264-281 • LANNUTTI, P.J. (2008). "This is not a lesbian wedding": Examining same-sex marriage and bisexual-lesbian couples. In: *Journal of Bisexuality*, 7 (3/4), p. 237-260.

Referências

BAXTER, L.A. & BABBIE, E. (2004). *The basics of communication research*. Belmont, CA: Wadsworth.

BOWKER, N.I. & TUFFIN, K. (2007). Understanding positive subjectivities made possible online for disabled people. In: *New Zealand Journal of Psychology*, 36 (2), p. 63-71.

BOYATZIS, R.E. (1998). *Transforming qualitative information*: Thematic analysis and code development. Thousand Oaks, CA: Sage Publications.

CHARMAZ, K. (2006). *Constructing grounded theory*: A practical guide through qualitative analysis. Thousand Oaks, CA: Sage Publications.

_____ (2000). Grounded theory: Objectivist and constructivist methods. In: DENZIN, N.K. & LINCOLN, Y.S. (eds.). *Handbook of qualitative research*. Thousand Oaks, CA: Sage Publications, p. 509-535.

CHOU, C. (2001). Internet heavy use and addiction among Taiwanese college students: An online interview study. In: *CyberPsychology & Behavior*, 4 (5), p. 573-585.

DAVIS, M.; BOLDING, G.; HART, G.; SHERR, L. & ELFORD, J. (2004). Reflecting on the experience of interviewing online: Perspectives from the Internet and HIV study in London. In: *Aids Care*, 16 (8), p. 944-952.

DENZIN, N. (2003). The cinematic society and the reflective interview. In: GUBRIUM, J.F. & HOLSTEIN, J.A. (eds.). *Postmodern interviewing*. Thousand Oaks, CA: Sage Publications, p. 141-155.

VAN EEDEN-MOOREFIELD, B.V.; PROULX, C.M. & PASLEY, K. (2008). A comparison of Internet and face-to-face (FTF) qualitative methods in studying the relationships of gay men. In: *Journal of GLBT Family Studies*, 4 (2), p. 181-204.

GUBRIUM, J.F. & HOLSTEIN, J.A. (eds.) (2001). *Handbook of interview research*: Context and method. Thousand Oaks, CA: Sage Publications.

HINCHCLIFFE, V. & GAVIN, H. (2009). Social and virtual networks: Evaluating synchronous online interviewing using instant messenger. In: *The Qualitative Report*, 14 (2), p. 318-340.

HUSSAIN, Z. & GRIFFITHS, M.D. (2009). The attitudes, feelings, and experiences of online gamers: A qualitative analysis. In: *CyberPsychology & Behavior*, 12 (6), p. 747-753.

JAMES, N. & BUSHER, H. (2009). *Online interviewing*. Thousand Oaks, CA: Sage Publications.

JANKOWSKI, N.W. & VAN SELM, M. (2005). Epilogue: Methodological concerns and innovations in Internet research. In: HINE, C. (ed.). *Virtual methods*: Issues in social research on the Internet. Oxford: Peter Lang Publishing.

KELLY, L.; KEATEN, J.A.; HAZEL, M. & WILLIAMS, J.A. (2010). Effects of reticence, affect for communication channels, self-perceived competence on usage of instant messaging. In: *Communication Research Reports*, 27 (2), p. 131-142.

KVALE, S. (1996). *Interviews*: An introduction to qualitative research interviewing. Thousand Oaks, CA: Sage Publications.

LANNUTTI, P.J. (2014). *Experiencing same-sex marriage*: Individuals, couples, and social networks. Nova York: Peter Lang Publishing.

_____ (2013). Same-sex marriage and privacy management: Examining couples' communication with family members. In: *Journal of Family Communication*, 13 (1), p. 60-75.

_____ (2011). Examining communication about marriage amendments: Same-sex couples and their extended social networks. In: *Journal of Social Issues*, 67 (2), p. 264-281.

_____ (2008). "This is not a lesbian wedding": Examining same-sex marriage and bisexual-lesbian couples. In: *Journal of Bisexuality*, 7 (3/4), p. 237-260.

LINCOLN, Y.S. & GUBA, E.G. (1985). *Naturalistic inquiry*. Newbury Park, CA: Sage Publications.

MANN, C. & STEWART, F. (2000). *Internet communication and qualitative research*: A handbook for researching online. Thousand Oaks, CA: Sage Publications.

MILES, M.B. & HUBERMAN, A.M. (1994). *Qualitative data analysis*: An expanded sourcebook. Thousand Oaks, CA: Sage Publications.

POLAND, B.D. (2002). Transcription quality. In: GUBRIUM, J.F. & HOLSTEIN, J.A. (eds.). *Handbook of interview research*: Context and method. Thousand Oaks, CA: Sage Publications, p. 629-649.

RIGGLE, E.D.B.; ROSTOSKY, S.S. & REEDY, C.S. (2005). Online surveys for BGLT research. In: *Journal of Homosexuality*, 49 (2), p. 1-21.

SALMONS, J. (2010). *Online interviews in real time*. Thousand Oaks, CA: Sage Publications.

SCHWARZ, O. (2011). Who moved my conversation? Instant messaging, intertextuality and new regimes of intimacy and truth. In: *Media, Culture & Society*, 33 (1), p. 71-87.

SEIDMAN, I. (2012). *Interviewing as qualitative research*: A guide for researchers in education and the social sciences. 4. ed. Nova York: Teachers College Press.

STIEGER, S.; EICHINGER, T. & HONEDER, B. (2009). Can mate choice strategies explain sex differences? The deceived persons' feelings in reaction to revealed online deception of sex, age, and appearance. In: *Social Psychology*, 40 (1), p. 16-25.

STRAUSS, A. & CORBIN, J. (2008). *Basics of qualitative research*: Techniques and procedures for developing grounded theory. 3. ed. Thousand Oaks, CA: Sage Publications.

VALKENBERG, P.M. & PETER, J. (2009). The effects of instant messaging on the quality of adolescents' existing friendships: A longitudinal study. In: *Journal of Communication*, 59 (1), p. 79-97.

WHITTY, M.T.; YOUNG, G. & GOODINGS, L. (2011). What I won't do in pixels: Examining the limits of taboo violation in MMORPGs. In: *Computers in Human Behaviors*, 27 (1), p. 268-275.

WILSON, M. (1997). Community in the abstract: A political and ethical dilemma. In: HOLMES, D. (ed.). *Virtual politics*: Identity & community in cyberspace. Londres: Sage Publications, p. 23-57.

12 "Não estou com você, mas estou..."
Entrevistas face a face virtuais

Paul Hanna e Shadreck Mwale

Panorama

Este capítulo trata do uso de tecnologias de chamadas por vídeo na Internet, especificamente o Skype, nas pesquisas com entrevistas. O capítulo se baseia em nossas experiências de uso do Skype para conduzir entrevistas em dois projetos de pesquisa – um sobre turismo sustentável e outro sobre o envolvimento de voluntários nos testes clínicos da Fase I (quadros 12.1 e 12.2). Neste capítulo, partimos de ideias teóricas e reflexivas referentes às nossas experiências na condução de entrevistas via Skype para mostrar que as tecnologias de chamadas por vídeo permitem que os pesquisadores qualitativos aproveitem o potencial da Internet. Também usamos excertos de entrevistas com participantes da pesquisa conduzidas via Skype para explorar as percepções deles sobre as vantagens e limitações desse método – todos são do estudo de Mwale (quadro 12.2). Descrevemos passos para usar o Skype e os desafios práticos apresentados. Finalmente, concluímos com as nossas reflexões pessoais sobre como viemos a usar o Skype e quais oportunidades ele nos propiciou.

Introdução às entrevistas por Skype

Costuma-se afirmar que a Internet está mudando a natureza da pesquisa social e de saúde devido a uma série de características, como a habilidade de se comunicar com pessoas do mundo inteiro simplesmente apertando um botão (EVANS; ELFORD & WIGGINS, 2008). Neste capítulo, partimos de dois projetos de pesquisa bem diferentes nos quais o uso do Skype para conduzir entrevistas teve o potencial de ser um benefício específico para nossa pesquisa e para os participantes da pesquisa. Agora existem alternativas ao Skype que oferecem tecnologias similares, como o FaceTime, da Apple. Porém, considerando nossa experiência, aqui nós nos concentramos no Skype como exemplo de tecnologia de chamadas por vídeo.

Quadro 12.1 *Turismo sustentável*

A pesquisa de Paul Hanna (2013a) explora como as pessoas experimentam e entendem o comportamento sustentável e pró-ambiental, como o turismo sustentável. O turismo sustentável é explicitamente rotulado de "sustentável" e "ético", mas, ao mesmo tempo, "a viagem" é geralmente entendida como o momento e o lugar para "fugir" das lutas cotidianas e descansar, e muitas vezes envolve transportes que poluem muito o ar. Hanna inicialmente conduziu dezesseis entrevistas com pessoas que se definiam como "turistas sustentáveis", mas, após refletir, decidiu que era extremamente problemático viajar distâncias vastas unicamente para coletar dados. Portanto, decidiu oferecer aos seus futuros participantes a opção de uma entrevista presencial, por telefone ou Skype. Por fim, nenhum participante localizado a mais de um raio de 8km da área local optou por uma entrevista presencial, o que sugere a importância de se oferecer aos participantes a opção entre diferentes meios de entrevistas, principalmente quando a sustentabilidade ambiental está em jogo.

Quadro 12.2 *Envolvimento dos voluntários nos testes clínicos da Fase 1*

O projeto de Shadreck Mwale (2015) investigou o envolvimento humano, especialmente as experiências de voluntários saudáveis, em testes clínicos – um regime de testes que envolve uma série de práticas exigidas antes que novas moléculas de drogas possam ser declaradas seguras e eficazes para comercialização (PACOCK, 2000). Houve inúmeros desafios envolvidos na condução dessa pesquisa. Para os voluntários saudáveis, participar de testes clínicos muitas vezes é socialmente percebido como um comportamento inconsequente e irresponsável (ABADIE, 2010); portanto, os participantes estavam muito conscientes a respeito de dividirem suas experiências face a face com um pesquisador desconhecido. Além disso, as empresas farmacêuticas envolvidas estavam preocupadas que seus voluntários pudessem ser atraídos pelos concorrentes fora de suas unidades ou que as informações sobre suas unidades dos testes clínicos fossem passadas à mídia, o que poderia lhes atribuir uma imagem negativa. A condução de entrevistas via Skype permitiu a Mwale gerenciar essas preocupações com confidencialidade e acesso.

O Skype foi lançado em 2003 e é um software gratuito que oferece comunicação em áudio e vídeo via conexão à Internet. O software está disponível em computadores (Windows e Apple Mac), Smart TVs, consoles de videogame (como o PlayStation 3) e como aplicativo em smartphones e tablets. Sugerimos que os pesquisadores usem um PC para utilizar o software de gravação disponível no Skype. O participante pode, entretanto, usá-lo através de qualquer forma de tecnologia que o suporte. O download básico do Skype é gratuito e simples de usar, exigindo somente que uma conta de usuário seja configurada. Para usar o Skype, é preciso abrir uma conta e criar um perfil; isso requer a escolha de um nome de usuário Skype, de uma imagem para seu perfil (se você desejar) e a criação de uma senha segura. Depois, seu perfil estará publicamente disponível para as pessoas acessarem. A comunicação, então, é possível de um indivíduo com outro via seus detalhes de contato do nome de usuário. Ele também tem uma plataforma para enviar mensagens que os usuários podem acessar a qualquer momento em que se conectarem.

Como o software funciona pela Internet e não "faz ligações" por uma linha de telefone convencional, a localidade de quem deseja se comunicar chamando ou enviando mensagens instantâneas de Skype para Skype é irrelevante em termos de possíveis custos de ligações. Contudo, a tecnologia inclui serviços pagos de ligações para telefones celulares e fixos, tanto locais quanto internacionais (mas em geral bem mais reduzidos quando comparados às tarifas de telefonemas convencionais). Para fazer uma chamada Skype para Skype, é necessário estar conectado com o outro usuário. Após enviar solicitações de "contato" a outros usuários do Skype, uma conexão é criada quando eles aceitam sua solicitação – ou você aceita a solicitação deles.

Salvo melhor juízo, a tecnologia não havia sido usada para fins de pesquisa até o projeto de Hanna, em 2008-2011, e a publicação subsequente, em 2012 (HANNA, 2012). A tecnologia agora parece ser prontamente usada num vasto espectro de áreas de pesquisa, com vários artigos descrevendo as constatações de pesquisas com entrevistas via Skype publicadas nos últimos anos. Por exemplo, os geógrafos britânicos Deakin e Wakefield (2014) usaram o Skype em seus projetos de pesquisa de doutorado explorando "a rede de comunicação acadêmica para aprendizagem e ensino" e "a mobilidade da localização de trabalho dos alunos na Europa", sendo o foco de ambos em participantes de dentro e fora do Reino Unido. Gkartzios (2013), um pesquisador de planejamento e desenvolvimento, usou o Skype para conduzir entrevistas profundas com participantes na Grécia a fim de explorar as formas pelas quais a recente crise econômica havia impactado a vida dos indivíduos, resultando na mudança de um estilo de vida urbano para rural e num retorno a uma dependência maior da unidade familiar estendida. Em sua pesquisa sobre assistência infantil e emoções, o pesquisador educacional australiano Yarrow (2013) usou "serviços de chamadas em vídeo da web" para conduzir entrevistas semiestruturadas com a equipe de assistência infantil (outros exemplos incluem GREEN & YOUNG, 2015 • HILL & HEMMINGS, 2015 • VAN RIEMSDIJK, 2014).

O que as entrevistas por Skype oferecem ao pesquisador qualitativo?

Como ferramenta, o Skype não oferece uma alternativa radical aos meios convencionais para coleta de dados de entrevistas. Na verdade, o que oferece é um meio *alternativo* para coletar dados que usa a Internet para superar muitas das limitações e desafios inerentes à coleta de dados presencial, como: dificuldades de agendar horário e local para o encontro; participantes que não se sentem à vontade compartilhando as próprias experiências pessoalmente; e os desafios de ruídos e interrupções se a entrevista ocorrer em espaços públicos (BRYMAN, 2004). Portanto, um software como o Skype representa mais um avanço da Internet como um meio que oferece a alternativa mais viável às entrevistas presenciais, se questões como distância, sensibilidade/anonimato, tempo e recursos financeiros forem um problema.

Constatamos cinco benefícios importantes no uso do Skype em pesquisas qualitativas com entrevistas:

1) *Facilidade e flexibilidade de agendamento.* As entrevistas via Skype são muito mais fáceis de agendar do que as entrevistas presenciais, visto que pesquisador e participante não precisam se deslocar para se encontrar. Ao contrário, a entrevista é conduzida de acordo com a conveniência do participante e, em alguns casos, o participante pode estar em casa. O Skype oferece benefícios práticos em relação ao agendamento das entrevistas e flexibilidade para mudar horários na última hora com transtornos mínimos. Isso é importante quando as pessoas têm uma vida incrivelmente ocupada e podem não ter tempo para um encontro presencial (HOLT, 2010). Ademais, o Skype contorna diferenças de fusos horários. Por exemplo, quatro entrevistas para o estudo sobre envolvimento de voluntários em testes clínicos foram realizadas com participantes do Brasil, Suécia, Índia e Estados Unidos. Os participantes consideraram os benefícios do Skype em relação a horário e espaço:

> Acho que prefiro o Skype a encontros presenciais, embora eu provavelmente escolheria um encontro presencial com um interlocutor se fosse fácil de agendar... (Participante 2).

Embora o Participante 2 tenha expressado certa ambivalência em relação à preferência por uma entrevista presencial ou via Skype, outros participantes observaram o valor agregado do Skype, ainda que *pudessem* encontrar o pesquisador fisicamente, uma vez que o software ajudou a eliminar a inconveniência do deslocamento, especialmente em cidades grandes:

> É um jeito rápido de conversar com as pessoas que possam estar distantes. Em Londres demora muito para chegar a qualquer lugar; assim, a economia de tempo e dinheiro envolvidos no deslocamento até o local do encontro é um bônus importante (Participante 4).

Eu também gosto... do fato de não ter me deslocado nem gastado dinheiro mais do que o normal por usar a Internet, e ainda assim a entrevista aconteceu (Participante 9).

Ao usar o Skype, participantes e pesquisadores não somente economizaram financeiramente, mas também pouparam o tempo que seria gasto no deslocamento para o encontro, permitindo que os participantes contribuíssem para a pesquisa com custos mínimos da parte deles.

2) *Interação virtual e visual.* Softwares como o Skype propiciam não somente interação síncrona (em tempo real) entre pesquisador e participantes, mas também interação visual. Em seu relato sobre o uso de mensagens instantâneas on-line para conduzir entrevistas, Evans et al. (2008) observaram que muitas vezes há problemas para construir sintonia e confiança (tipicamente consideradas cruciais para uma boa entrevista) entre entrevistado e entrevistador devido à falta de contato pessoal e/ou sinais visuais (cf. o cap. 11). Contudo, com retorno em vídeo e áudio ao vivo, o Skype resolve esse problema largamente. As chamadas em vídeo dão acesso a sinais (como linguagem corporal) considerados importantes em entrevistas presenciais e facilitadores na comunicação de sentimentos que não seriam articulados de outro modo (KNAPP; HALL & HORGAN, 2013).

3) *Facilidade de captura de dados.* Os pesquisadores podem gravar facilmente a transmissão em áudio e (se desejarem) vídeo da entrevista através de um software fácil de usar baixado para seu computador (como o Audacity). Embora possa parecer um benefício relativamente pequeno, isso ameniza a apreensão que sentíamos em pesquisas anteriores ao usar um gravador para captar entrevistas presenciais e seu potencial de "desastre" resultante de pilhas gastas ou arquivos corrompidos.

4) *Locais "públicos" e espaços "privados".* Alguns participantes podem achar a ideia de convidar um pesquisador para sua casa intimidadora ou desconfortável. Também podem não querer que o entrevistador os entreviste no local de trabalho e podem não ter tempo para ir até o escritório do pesquisador. O Skype oferece aos participantes um espaço que é tanto (mais ou menos) privado e conhecido *quanto* acessível ao pesquisador, o qual, todavia, permanece fora desse ambiente físico. Portanto, o Skype propicia um espaço para entrevistas que, de certa forma, é "público" e "privado" e pode amenizar sentimentos de intimidação nos participantes. As pesquisas qualitativas – até mesmo aquelas que objetivam "dar voz" aos participantes e cujo foco é o modo deles de entender as próprias experiências – podem ser entendidas como detentoras de certo grau das hierarquias e relações de poder de-

siguais associadas à pesquisa quantitativa, na qual a pesquisa é feita *sobre* pessoas, e não *com* ou *para* pessoas. Por exemplo, até mesmo em entrevistas qualitativas, o pesquisador determina o foco da pesquisa e as perguntas que norteiam a entrevista. O fato de um pesquisador "especialista" entrar na sua casa ou você ser solicitado a visitar o ambiente possivelmente desconhecido e intimidador de um campus universitário para uma entrevista pode servir para manter tais relações de poder desiguais ou, no mínimo, deixar o participante na defensiva (ELWOOD & MARTIN, 2000). O Skype tem o potencial de evitar essas preocupações e oferecer uma experiência mais empoderada ao participante da entrevista, algo considerado um objetivo fundamental da pesquisa qualitativa (RAPPAPORT & STEWART, 1997).

5) *Maior controle para os participantes.* No estudo de Hanna sobre turismo sustentável, os participantes puderam optar por uma entrevista presencial, por telefone ou Skype. Essa escolha foi considerada importante por causa do tópico da pesquisa – turismo sustentável. Conflitos poderiam ter surgido entre os princípios ecológicos dos participantes e a questão de Hanna viajar grandes distâncias para conduzir a entrevista. O fato de oferecer aos participantes mais autonomia sobre o meio em que a entrevista seria conduzida pode ter permitido aos participantes se sentirem mais à vontade para responder as perguntas, criando uma entrevista mais aberta e, possivelmente, a geração de dados mais matizados e detalhados.

No estudo sobre envolvimento de voluntários em testes clínicos, Mwale constatou que o uso do Skype deu liberdade aos participantes para escolher o meio da entrevista (chamada em vídeo ou somente de voz; esta última opção aumentou o anonimato da entrevista). Eles também tiveram a opção de concluir a entrevista a qualquer momento, simplesmente clicando no mouse e, presumidamente, sem sentirem o mesmo grau de pressão e obrigação que resultam de estar em frente a um pesquisador. Como comentou um participante:

> Gosto do fato de você... manter certo nível de privacidade, tanto em termos de informações sobre o perfil quanto do conteúdo de uma conversa, até onde sei, e quanto usar ou não do vídeo, e você pode acabar a conversa se desejar a qualquer momento, clicando num botão... (Participante 1).

É importante notar, entretanto, que o Skype tem suas limitações. Usar (somente) o Skype para conduzir suas entrevistas significa que apenas participantes que possam comprar ou acessar o equipamento necessário serão incluídos na pesquisa – preocupação abordada em estudos com a Internet de modo mais geral (EVANS et al., 2008; cf. os cap. 10, 11 e 13). Outros possíveis problemas com as entrevistas via Skype são discutidos adiante.

Quais perguntas de pesquisa se adaptam às entrevistas por Skype?

Como as entrevistas via Skype se pautam predominantemente na abordagem e nos princípios das entrevistas qualitativas de modo mais geral, as perguntas de pesquisa apropriadas às entrevistas por Skype são amplamente similares àquelas que norteiam a pesquisa com entrevistas presenciais; não há limitações inerentes à tecnologia. Os dois estudos ilustrativos discutidos neste capítulo (quadros 12.1 e 12.2) usam o Skype como método de coleta de dados para abordar questões cujo foco seja nos entendimentos, negociações, experiências e construções feitos pelos indivíduos sobre os fenômenos sociais (relativos a comportamentos sustentáveis e testes clínicos). Hanna continuou a usar o Skype como método de coleta de dados em dois outros projetos, o primeiro abordando a pergunta "Como a economia social funciona na União Europeia?" e o segundo explorando "De que formas as organizações comunitárias estão fornecendo alternativas aos serviços governamentais de saúde mental?"

Como o software oferece um modo interativo de coleta de dados situado tanto num "local público" quanto num "espaço privado", ele é especialmente adequado para abordar perguntas de pesquisa delicadas, que podem ser difíceis ou embaraçosas de serem discutidas pessoalmente. Por exemplo, a pesquisa de doutorado de Schuetz (2013) explorando as representações e experiências sobre a jornada de mulheres soropositivas à maternidade, ou o estudo de Wagemakers, Van Zoonen e Turner (2014) explorando a controvérsia em torno de dois tipos de implantes auditivos, permitiram aos participantes um grau de distância do pesquisador e a preservação da intimidade, o que não ocorreria em uma entrevista presencial.

Desenho, amostragem e questões éticas

A amostragem e a ética são um pouco diferentes na pesquisa presencial e com Skype, e será necessário abordar todas as questões éticas relevantes e as decisões de desenho associadas às entrevistas presenciais. Por exemplo, em termos de tamanho da amostra em pesquisas com entrevistas, sempre existe a questão pragmática do tamanho e escopo do seu projeto (no caso dos estudantes, em geral isso é identificado de acordo com seu nível de trabalho – graduação, mestrado, doutorado profissional ou PhD), assim como a necessidade de considerar o método de análise que você usará. Se quiser usar a análise temática (BRAUN & CLARKE, 2006) ou uma abordagem similar que se concentre em padrões amplos nos dados, normalmente recomendamos uma amostra de cinco a dez entrevistas para uma pesquisa da graduação. Porém, se estiver interessado em usar uma abordagem mais orientada ideograficamente, como a análise interpretativa fenomenológica (SMITH & OSBORN, 2008), você pode entrevistar apenas alguns indivíduos a fim de se envolver plenamente em seu "mundo de vida" (EATOUGH & SMITH, 2006).

Recrutamento

Possivelmente o maior benefício do uso do Skype para conduzir entrevistas é que o pesquisador não fica mais geograficamente restrito; portanto, a estrutura da amostragem pode ser muito ampla (DEAKIN & WAKEFIELD, 2014). Além disso, é inteiramente apropriado se o pesquisador estiver usando o Skype para coletar dados e a Internet para recrutar participantes – anunciando a pesquisa via fóruns de discussão, mídias sociais e páginas da Internet. Na pesquisa de Hanna sobre turismo ecológico, tal estratégia foi proveitosa na oferta de um espectro de participantes diversificados e disponíveis de todo o Reino Unido e até mais distantes. Hanna contatou várias empresas da Internet, fóruns, grupos de mídias sociais e listas de e-mail para buscar ajuda com os anúncios sobre o projeto de pesquisa. Esses métodos de recrutamento não somente renderam muitos participantes, como também foram gratuitos (uma consideração importantíssima para estudantes pesquisadores com pouco ou nenhum recurso) e não usaram papel (o que também significa zero custo e deixa a sua consciência ecológica tranquila!)

Quadro 12.3 *Resumo de diretrizes sobre a formulação das perguntas da entrevista*

1) Tenha uma pergunta de pesquisa clara que você deseja explorar em seu projeto de pesquisa – isso é importante para direcionar o foco do estudo e as perguntas a fazer na entrevista.

2) Tenha uma série de metas ou objetivos claros que ajudem você a focar mais o estudo e que serão a base para formular as perguntas da entrevista.

3) Comece observando seu primeiro objetivo e depois faça uma lista de duas ou três questões que pertençam ao objetivo.

4) Esboce uma ou mais perguntas que buscariam explorar (direta ou indiretamente) cada uma das questões.

5) Repita o procedimento com seus outros objetivos até chegar a uma lista de perguntas que possibilitem a abordagem de todos os seus objetivos.

6) Organize-as na ordem em que você deseja fazê-las, lembrando-se da importância de se encaminhar para perguntas mais delicadas e/ou ameaçadoras (LEECH, 2002 • CHARMAZ, 2014).

7) Pense em como essas perguntas poderiam se interligar e considere possíveis perguntas complementares (de sondagem) que possam ser necessárias para explorar ou esclarecer mais algumas questões.

8) Acrescente uma ou duas perguntas de abertura e conclusão.

9) Finalmente, teste suas perguntas quanto à sua adequação; você também pode perguntar aos participantes do seu teste o que eles acharam das perguntas. Depois, ajuste as perguntas da sua entrevista e a ordem do plano.

Desenho

Como ocorre com qualquer pesquisa com entrevistas, é vital elaborar bem as perguntas de pesquisa e ter um plano de entrevistas bem desenhado. No quadro 12.3, descrevemos uma série de passos para desenhar bons planos de entrevistas.

Os quadros 12.4 e 12.5 dão exemplos de planos de entrevistas da nossa pesquisa. Como você pode ver, cada um é estruturado de modo bem diferente: Mwale (2015) optou por uma lista de perguntas que fluíam numa ordem lógica (quadro 12.4); Hanna (2013) adotou uma abordagem mais "narrativa" às entrevistas (HOLLWAY & JEFFERSON, 2000), com perguntas organizadas em torno de início, meio e fim (quadro 12.5). Há várias maneiras de desenhar um plano de entrevistas (p. ex., cf. as abordagens discutidas em CHARMAZ, 2014 • WILLIG, 2013); a abordagem usada deve se adequar ao seu estilo de entrevistador *e* aos seus objetivos e pergunta de pesquisa.

Quadro 12.4 *Exemplo de plano de entrevista do estudo "Envolvimento dos voluntários nos testes clínicos da Fase 1"*

1) Fale-me um pouco sobre você.
2) Como soube dos testes clínicos?
3) Como se envolveu?
4) O que acha sobre o processo de recrutamento?
5) Em qual estágio você decidiu participar do teste?
6) É sua primeira vez como voluntário ou você já participou de outros testes?
   • Em caso afirmativo, há quanto tempo tem participado?
7) O que motivou você a participar deste(s) teste(s)?
8) Qual é a importância do pagamento oferecido?
9) Você acha que tem todas as informações necessárias para ajudá-lo a tomar uma decisão?
10) Qual é sua opinião sobre os riscos envolvidos em testes?
11) Você já sofreu efeitos adversos de drogas dos testes enquanto foi voluntário?
    • Em caso afirmativo, como lidou com essa situação?
12) Você acha que tem informações adequadas sobre possíveis efeitos e qual apoio você teria em caso de efeitos graves?
13) Você conhece canais de comunicação/suporte disponíveis a você se tiver algum problema durante ou após o teste clínico?
14) Se tiver alguma preocupação, como você sabe se será ouvido em caso de problemas de testes clínicos?

15) Qual é sua profissão? Atual ou anterior.
16) Como você descreve sua etnia?
17) Como você descreve sua classe social?
18) Existe algo que não perguntei e você ache que eu deveria saber para entender melhor sua experiência de voluntário saudável?
19) Você tem alguma pergunta para mim?

Você pode achar que esses exemplos parecem extremamente longos para entrevistas "semiestruturadas", mas não é o caso. É uma boa prática mapear todas as possíveis perguntas para que você possa explorar as questões que quer incluir na profundidade desejada. Um plano de entrevista não é seguido rigidamente; na verdade, é mais um *guia* para os principais elementos que você deseja ou precisa abranger. O participante pode responder a "pergunta 3", por exemplo, enquanto responde a "pergunta "1", e você deve julgar se ainda deve fazer diretamente a "pergunta 3" – talvez de modo diferente – ou simplesmente prosseguir. As habilidades para fazer tais julgamentos se desenvolvem com a prática.

Quadro 12.5 *Exemplo de plano de entrevista do estudo "Turismo sustentável"*

Parte 1 – A viagem
1) Pode descrever como reservou sua viagem – enfrentou dificuldades?
2) O que levou você a reservar esta viagem num pacote popular ou pacote turístico?
3) Você enfrentou conflitos no voo até o destino? O que fez você decidir não ir de avião?
4) Pode descrever quais eram suas expectativas para a viagem?
- O que você esperava fazer todos os dias?
- Você esperava que fosse uma viagem diferente das anteriores?
- O que atraiu você para esta viagem específica em comparação a outras?
- O que você achou atraente na agência de turismo?
5) Quais foram os destaques da sua viagem?
- Alguma experiência desagradou você?
- Podemos ver algumas fotos?
- Você fez alguma excursão ou passeios diurnos?
6) Em geral, você acha que a viagem correspondeu às suas expectativas?
7) Esta viagem foi diferente de viagens anteriores?
8) Você acha que esta viagem foi uma fonte de ideias e entendimentos sobre a cultura e meio ambiente locais?

9) Você acha que esta viagem foi diferente de uma viagem convencional/popular?

10) Mais pessoas devem ser incentivadas a fazer esse tipo de viagem?

- Mais viagens assim devem estar disponíveis?

Parte 2 – Turismo e ética (esclareça que há uma série de rótulos)

1) Como você define sua viagem particular?

2) Qual é a diferença dela para os seguintes rótulos:
- Turismo sustentável
- Turismo ético
- Ecoturismo
- Turismo verde
- Turismo responsável

3) Há outros rótulos que você ache importantes nessa área?

4) Você tem alguma preferência sobre os rótulos usados?

5) O que deixou você interessado neste tipo de turismo?

Parte 3 – Ética cotidiana

1) Em seu cotidiano geral, você acha que é consciente sobre:
- Questões ambientais?
- Questões culturais?
- Questões em torno de sustentabilidade?

2) Em sua vida geral,
- questões ambientais
- questões culturais
- questões em torno de sustentabilidade

são importantes para você?

3) Você se considera um consumidor responsável ou ético em geral?

4) Você acha que sua viagem mudou sua forma de ver o meio ambiente ou a cultura?

- Você acha que ela mudou alguma prática cotidiana? Por exemplo, fez você reciclar mais?

Comentários finais

1) Existe algo que você gostaria de acrescentar e que não tenha sido discutido?

2) Você faria esse tipo de viagem de novo?

Passos para usar o Skype nas entrevistas

1) *Desenvolva objetivos e uma pergunta de pesquisa.* Pense em algo que realmente seja do seu interesse e que ainda não tenha sido exaustivamente abordado nas pesquisas existentes, e observe o que é. A partir dessa área de interesse, tente formular uma pergunta na qual esteja especificamente interessado

e anote-a. Pense em como poderia dividir essa pergunta em uma série de três a quatro objetivos, e anote-os.

2) *Identifique seu grupo de participantes.* Com sua pergunta de pesquisa e objetivos em mente, decida quem você selecionaria para uma entrevista a fim de abordar sua pergunta e objetivos.

3) *Desenhe um plano de entrevista.* Refletindo sobre sua pergunta, objetivos e amostra de pesquisa, esboce dez perguntas cujas respostas gerariam dados apropriados para abordar seus objetivos e pergunta de pesquisa (cf. mais instruções nos quadros 12.3, 12.4 e 12.5).

4a) *Crie uma conta Skype.* Se você ainda não tiver uma conta Skype, ligue seu computador e crie uma. Para tanto, será necessário visitar www.skype.com e baixar o Skype para o seu computador. Crie uma nova conta Skype ou login através do seu e-mail ou até da sua conta do Facebook.

4b) *Familiarize-se com o Skype.* Se você não conhecer o software, faça o tour Skype para explorar suas funções e se familiarizar com o software. Acredite, nada é pior do que marcar uma entrevista que usará determinada forma de tecnologia e depois descobrir que na verdade você não sabe como fazer uma chamada, tendo que adiar a entrevista enquanto descobre como agir (não que isso tenha acontecido com um de nós, é claro...).

5) *Prepare-se para a captura de dados.* Agora é a hora de baixar o software de gravação. Nós dois usamos o Audacity, mas existe uma série de softwares parecidos (como TotalRecorder ou CamStudio) para que você grave o áudio e/ou vídeo em seu computador – escolha e baixe o que parecer mais fácil de usar e/ou seja amplamente usado na sua instituição. Não deixe de se familiarizar com esse software também para não correr o risco de fazer a entrevista e depois descobrir que não a gravou!

6) *A prática leva à perfeição.* Agora você está pronto para partir com sua pergunta de pesquisa, objetivos, plano de entrevista e conhecimento do software. Chegou a hora de testar suas habilidades de entrevistador! Recrute um amigo que você possa "entrevistar" via Skype e depois reflita sobre o seu uso e a funcionalidade do software que utilizou, e faça os ajustes necessários (em seu plano de entrevista, configurações do Skype etc.) antes de conduzir uma entrevista propriamente dita.

O que pode dar errado com as entrevistas por Skype?

O Skype somente é uma ferramenta de pesquisa eficaz quando há uma boa conexão de Internet. Conexões ruins podem ser frustrantes tanto para pesquisadores quanto para participantes; interrupções repentinas nas conversas podem impactar a sintonia e, em último caso, a qualidade dos dados coletados. A qualidade das conexões da Internet é fundamental, especialmente ao conduzir entrevistas com grupos de difícil acesso, como no estudo sobre envolvimento de voluntários em testes clínicos – cada oportunidade de conversa precisa ser aproveitada ao máximo com interrupções mínimas. Numa entrevista para o projeto de turismo sustentável, uma webcam defeituosa gerou uma situação em que Hanna era visto pelo participante, mas o participante não era visto por ele. A qualidade da conexão determina não apenas a qualidade da imagem, mas da voz também, possivelmente resultando numa oportunidade perdida se a qualidade da experiência da entrevista e os dados subsequentes forem prejudicados. Ademais, quando há conexões de má qualidade, as entrevistas podem demorar mais do que o planejado. Por exemplo, numa entrevista para o estudo sobre envolvimento de voluntários em testes clínicos, a conexão era tão ruim que uma entrevista que poderia ter durado quarenta e cinco minutos levou quase uma hora e meia. Consequentemente, ao organizar as entrevistas por Skype é importante deixar muito tempo para cada entrevista e instruir o participante a fazer o mesmo, prevendo tais interrupções.

Em outra entrevista desse estudo, a conversa não fluiu devido às falhas técnicas da conexão com a Internet, e tanto o participante quanto o pesquisador ficaram pouco à vontade com o fluxo desconexo de toda a conversa – sem mencionar o tempo extra que o participante precisou dar ao processo de pesquisa. Portanto, em alguns casos a qualidade dos dados ficou comprometida, já que a troca entre o participante e a pesquisa não teve a profundidade desejada, sendo muitas vezes difícil estabelecer e/ou manter a sintonia. Esses possíveis problemas devem ser discutidos com o participante antes da entrevista para conscientizá-lo de que, se uma situação assim surgir, outra entrevista poderá ser necessária.

Em outra entrevista de Hanna para o estudo sobre turismo sustentável, a conexão era tão ruim que foi difícil observar a etiqueta básica de telefone, como esperar a outra pessoa falar ou responder antes de fazer outra pergunta. Além disso, Hanna não conseguia ouvir nem ver o participante com nitidez e muitas vezes a conexão era desligada pelo participante. Assim, Paul não apenas perdeu dados vitais, mas também precisou *imaginar* o que o participante havia falado a fim de tentar manter algum fluxo na conversa (um elemento essencial de uma boa entrevista, cf. FLICK, 2009), em vez de pedir continuamente ao participante para repetir o que havia acabado de falar. Ademais, em certas ocasiões Hanna achava que o participante tinha acabado de falar e começava a fazer uma pergunta complementar, quando na verdade o participante ainda estava respondendo a pergunta anterior. Essas trocas não pareceram apenas amadoras, mas também resultaram numa sensação de pressa e impaciência do pesquisador em relação ao participante. Em relação a Mwale, nas ocasiões em que a conexão era interrompida, ele ficava ansioso, porque não queria perder os participantes do estudo. Também era embaraçoso recomeçar as conversas após esses cortes, já que às vezes ele e o participante tinham perdido o fio da meada. Dadas essas circunstâncias, discutir sobre a conexão e o potencial de interrupção antes da entrevista pode ser útil para administrar esse problema. Isso ainda pode ser um bom modo de começar a interação e estabelecer a sintonia com o participante. Questões em torno da qualidade da conexão também foram uma preocupação para os participantes:

> Acho que as únicas coisas que poderiam melhorar num encontro presencial seriam a nitidez do som e o fato de que eu talvez tivesse pouca consciência das pessoas da minha casa ouvindo a discussão pelo Skype (Participante 5).

Essa citação também demonstra que o pesquisador nem sempre conhece o ambiente onde o participante está e como isso pode afetar as respostas que ele pode e deseja dar. Outras pessoas por perto podem resultar em respostas constrangidas e/ou distrações para o participante que podem não ser facilmente discerníveis ao entrevistador. Assim, definir regras básicas para a entrevista antes e estar ciente dos possíveis problemas de ter pessoas perto do(a) entrevistado(a) são estratégias importantes para o pesquisador administrar tais problemas (o cap. 11 oferece um exemplo de regras básicas para entrevistas on-line).

Quais métodos de análise se adaptam aos dados das entrevistas por Skype?

O Skype e outros softwares VoIP (protocolo de voz pela Internet) – como o FaceTime – geram dados que podem ser em áudio e vídeo, e permitem uma série de abordagens e métodos analíticos. No projeto sobre turismo sustentável, Hanna transcreveu os dados das entrevistas e "experimentou" vários métodos teóricos e analíticos, inclusive a análise temática (BRAUN & CLARKE, 2006), a análise fenomenológica interpretativa (SMITH & OSBORN, 2008) e a psicologia discursiva (EDWARDS & POTTER, 1992). Embora todas essas abordagens tenham propiciado algumas descobertas interessantes na área de pesquisa, ele achou que ainda faltava algo em termos de realmente se aprofundar nas questões específicas do seu interesse. No fim, ele se pautou num método matizado da análise foucaultiana do discurso (HANNA, 2013b) para refletir o foco primário na "ética" do projeto. Embora esse não seja o modo tradicional de analisar dados num projeto de pesquisa (e certamente não é algo que recomendamos a trabalhos da graduação ou dissertações de mestrado), ele demonstra que os dados obtidos via Skype não geram questões específicas a respeito do tipo de análise que alguém pode conduzir nos dados. Em seu projeto explorando o envolvimento de voluntários em testes clínicos, Mwale adotou uma abordagem de análise temática. Esse método foi útil porque, ao contrário de outras formas de análise, como a análise do discurso, ele não está inerentemente vinculado a alguma estrutura teórica (BRAUN & CLARKE, 2006).

Apesar de nenhum de nós haver encontrado problemas específicos ao adotar um método de análise adequado a dados de entrevistas via Skype, sugerimos que, para alguns dos métodos de análise mais detalhados, que se baseiem em nuances de interação (como algumas formas de análise do discurso), uma abordagem mais cautelosa seja necessária. Por exemplo, na psicologia discursiva, a ênfase no método de transcrição ao estilo "Jefferson" (POTTER & HEPBURN, 2005) para captar sutilezas no modo de falar dos participantes (como ênfase, entonações ascendentes e descendentes, e risos interpolados em palavras), assim como o que eles falam, pode ser difícil se a conexão da Internet for problemática e a gravação não for de alta qualidade. Além disso, com os psicólogos discursivos cada vez mais se voltando para a análise da conversa e a fala "de ocorrência natural" (como FRIESEN, 2009 • WIGGINS & POTTER, 2008), foi questionada a validade de todas as formas de dados de entrevistas gerados por um pesquisador (o cap. 8 contém uma discussão sobre o mérito dos dados "naturalistas").

Conclusão

Neste capítulo, destacamos que as tecnologias de chamadas por vídeo da Internet, e especificamente o Skype, podem oferecer aos pesquisadores sociais ou de saúde iniciantes um meio através do qual podem coletar dados qualitativos de entrevistas. Após a descrição inicial do Skype, apresentamos um relato reflexivo sobre os principais benefícios de conduzir entrevistas via Skype em pesquisas sociais e da saúde. Ademais, descrevemos algumas das praticidades de usar o Skype nas entrevistas e algumas das decisões de desenho que você precisará tomar (p. ex., quais perguntas de pesquisa se adéquam às entrevistas por Skype; quais métodos de análise são adequados para analisar os dados de entrevistas por Skype). Partindo de nossa experiência com o uso dessa tecnologia, também destacamos algumas das limitações do Skype como recurso de pesquisa (como conexões ruins de Internet) e a melhor forma de administrá-las. Esperamos que, em geral, tenhamos demonstrado que as entrevistas via Skype oferecem uma série de possibilidades de pesquisa muito interessantes, as quais exploramos apenas superficialmente (quadro 12.6).

Experimente...

1) Se ainda não tiver uma conta Skype, configure uma e convide um amigo disposto a participar de uma entrevista prática para fazer o mesmo.

2) Desenvolva uma pergunta de pesquisa sobre um tópico apropriado a uma entrevista por Skype e desenhe um plano de entrevista curto.

3) Ligue para seu amigo participante e conduza sua entrevista com ele (lembre-se de acionar o seu software de gravação).

4) Ouça a entrevista; reflita sobre o processo de condução de uma entrevista por Skype levando em conta como você se sentiu e como o participante pode ter se sentido. Algum silêncio desconfortável? Alguma falha técnica?

5) Peça ao seu amigo participante para dar retorno sobre a experiência dele.

6) Reflita se é necessário mudar o plano e como você pode conduzir uma entrevista via Skype de modo diferente no futuro.

Quadro 12.6 *Reflexões pessoais sobre o uso de entrevistas por Skype*

Paul: Originalmente comecei a usar o Skype para fins não acadêmicos devido à emigração de parentes para a Austrália. Durante meu doutorado (HANNA, 2011), porém, a utilidade de ter algo similar a um encontro presencial via Internet me pareceu como um uso lógico da tecnologia para resolver alguns problemas de recrutamento e espaço que eu estava enfrentando na época. Desde que usei a tecnologia pela primeira vez em meu doutorado, eu a utilizei em uma série de outros projetos e realmente acho que ela oferece algo aos pesquisadores que não pode ser minimizado. Ela me ofereceu a chance de entrevistar pessoas do mundo inteiro sem precisar aumentar excessivamente minha pegada de carbono. Também me permitiu adotar uma abordagem flexível ao agendamento de entrevistas, em que mudanças de última hora feitas pelos participantes não mais geravam um estresse indevido para os participantes ou para mim. Também achei a possibilidade de gravar os elementos em áudio e vídeo das entrevistas uma verdadeira bênção e não preciso mais prender o fôlego todas as vezes em que conecto o ditafone no computador, rezando para que o arquivo: (a) realmente esteja no aparelho; (b) seja transferido para meu computador sem se corromper; e (c) esteja audível e não obscurecido por ruídos ou pela conversa romântica do casal na mesa ao lado, no bar. Dito isso, eu estaria mentindo se dissesse que a tecnologia é uma substituição exata dos encontros presenciais. As interações podem carecer daquela "sensação" intersubjetiva que temos quando realmente estamos no mesmo local com outra pessoa. Contudo, também há momentos em que é exatamente essa "sensação" que o participante e, às vezes, o pesquisador gostariam de evitar devido à natureza delicada do projeto de pesquisa. Em suma, a tecnologia foi muito favorável para mim e vejo um futuro bem interessante para o Skype e para a gama crescente de possibilidades que a Internet apresenta.

> *Shadreck:* Comecei a usar o Skype para fazer contato com minha família e amigos que viviam na Zâmbia. Ao desenhar minha pesquisa de doutorado (MWALE, 2015), inicialmente não considerei o uso do Skype até me deparar com uma situação em que o acesso aos meus participantes não era fácil. Na verdade, *eles* sugeriram usar o Skype quando entrei em contato com eles para marcar uma entrevista. Por causa da natureza delicada do estudo e dos locais geográficos dispersos dos possíveis participantes, usar o Skype significava que eu poderia dar a esses participantes a oportunidade de compartilhar suas experiências, e eu reuni dados valiosos que teria perdido de outro modo se tivesse insistido em usar entrevistas presenciais. Além disso, o Skype estendeu o fator tempo, que poderia ter limitado o envolvimento de alguns participantes na pesquisa, e eu consegui conduzir as entrevistas num horário que era conveniente a eles. A capacidade de aumentar o anonimato dos participantes, permitindo que eles optassem por usar transmissão em áudio e vídeo ou simplesmente a transmissão em áudio, também foi um benefício significativo das entrevistas via Skype. Entretanto, o uso do Skype também gerou suas frustrações – às vezes uma conexão de rede ruim me obrigava constantemente a enfrentar conversas interrompidas que dificultavam a manutenção do encadeamento dos meus pensamentos e do relato dos participantes. Às vezes era frustrante precisar falar mais alto do que o participante, não conseguir ler suas expressões faciais ou não saber quando interromper sem parecer amador. Ademais, as informações transmitidas pela linguagem corporal nem sempre são facilmente visíveis via Skype. Apesar dessas limitações, foi uma ferramenta muito útil que eu usaria outra vez se precisasse entrevistar participantes distantes.

Outros recursos: on-line

Skype: www.skype.com/en/

Outros recursos: leituras

Reflexão útil de dois pesquisadores de doutorado sobre as vantagens e desvantagens de usar Skype em sua pesquisa: DEAKIN, H. & WAKEFIELD, K. (2014). Skype interviewing: Reflections of two PhD researchers. In: *Qualitative Research*, 14 (5), p. 603-616.

Artigo curto que descreve os benefícios do Skype para as entrevistas qualitativas em relação a entrevistas presenciais e por telefone: HANNA, P. (2012). Using Internet technologies (such as Skype) as a research medium: A research note. In: *Qualitative Research*, 12 (2), p. 239-242.

Leia a respeito dos resultados do estudo sobre turismo sustentável no capítulo 5: Identifying what and why: Reasons for engaging with sustainable tourism. In: HANNA, P. (2013a). *Being sustainable in unsustainable environments*. Charleston, NC: Amazon.

Confira instruções mais gerais sobre as entrevistas qualitativas no capítulo 2: Crafting and conducting intensive interviews. In: CHARMAZ, K. (2014) *Cons-*

tructing grounded theory: A practical guide through qualitative analysis. 2. ed. Londres: Sage Publications.

Referências

ABADIE, R. (2010). *The professional guinea pig*: Big pharma and the risky world of human subjects. Durham, NC: Duke University Press.

BRAUN, V. & CLARKE, V. (2006). Using thematic analysis in psychology. In: *Qualitative Research in Psychology*, 3 (2), p. 77-101.

BRYMAN, A. (2004). *Social research methods*. 2. ed. Oxford: Oxford University Press.

DEAKIN, H. & WAKEFIELD, K. (2014). Skype interviewing: Reflections of two PhD researchers. In: *Qualitative Research*, 14 (5), p. 603-616.

EATOUGH, V. & SMITH, J. (2006). "I was like a wild person": Understanding feelings of anger using interpretative phenomenological analysis. In: *British Journal of Psychology*, 97 (4), p. 483-498.

EDWARDS, D. & POTTER, J. (1992). *Discursive psychology*. Londres: Sage Publications.

ELWOOD, S. & MARTIN, D. (2000). "Placing" interviews: Location and scales of power in qualitative research. In: *The Professional Geographer*, 52 (4), p. 649-657.

EVANS, A.; ELFORD, J. & WIGGINS, D. (2008). Using the Internet for qualitative research. In: WILLIG, C. & STAINTON ROGERS, W. (eds.). *The Sage handbook of qualitative research in psychology*. Londres: Sage Publications.

FLICK, U. (2009). *An introduction to qualitative research*. Londres: Sage Publications.

FRIESEN, N. (2009). Discursive psychology and educational technology: Beyond the cognitive revolution. In: *Mind, Culture, and Activity*, 16 (2), p. 130-144.

GKARTZIOS, M. (2013). "Leaving Athens": Narratives of counterurbanisation in times of crisis. In: *Journal of Rural Studies*, 32, p. 158-167.

GREEN, A.R. & YOUNG, R.A. (2015). The lived experience of visual creative expression for young adult cancer survivors. In: *European Journal of Cancer Care*, 24 (5), p. 695-706.

HANNA, P. (2013a). *Being sustainable in unsustainable environments*. Charleston, NC: Amazon.

_____ (2013b). Foucauldian discourse analysis in psychology: Reflecting on a hybrid reading of Foucault when researching "ethical subjects". In: *Qualitative Research in Psychology*, 11 (2), p. 142-159.

_____ (2012). Using Internet technologies (such as Skype) as a research medium: A research note. In: *Qualitative Research*, 12 (2), p. 239-242.

_____ (2011). *Consuming sustainable tourism*: Ethics, identity, practice. Brighton, Reino Unido: Universidade de Brighton [Tese de Doutorado não publicada].

HILL, D.M. & HEMMINGS, B. (2015). A phenomenological exploration of coping responses associated with choking in sport. In: *Qualitative Research in Sport, Exercise and Health*, 7 (4), p. 521-538.

HOLLWAY, W. & JEFFERSON, T. (2000). *Doing qualitative research differently*: Free association, narrative and the interview method. Londres: Sage Publications.

HOLT, A. (2010). Using telephones for narrative interviewing: A research note. In: *Qualitative Research*, 10 (1), p. 113-121.

KNAPP, M.; HALL, J. & HORGAN, T. (2013). *Nonverbal communication in human interaction*. 8. ed. Boston, MA: Cengage Learning.

LEECH, B. (2002). Asking questions: Techniques for semistructured interviews. In: *Political Science & Politics*, 35 (4), p. 665-668.

MWALE, S. (2015). *Risk, rewards and regulation*: Exploring regulatory and ethical dimensions of human research participation in phase I (first-in-human) clinical trials in the United Kingdom. Brighton, Reino Unido: Universidade de Sussex [Tese de Doutorado não publicada]. Disponível em: http://sro.sussex.ac.uk/55221/

POCOCK, J. (2000). *Clinical trials*: A practical approach. Chichester, Reino Unido: Wiley and Sons.

POTTER, J. & HEPBURN, A. (2005). Qualitative interviews in psychology: Problems and possibilities. In: *Qualitative Research in Psychology*, 2 (4), p. 281-307.

RAPPAPORT, J. & STEWART, E. (1997). A critical look at critical psychology: Elaborating the questions. In: FOX, D. & PRILLELTENSKY, I. (eds.). *Critical psychology*: An introduction. Londres: Sage Publications, p. 301-317.

SCHUETZ, S. (2013). *Representations and experiences of HIV-positive women on the journey to motherhood in Canada*. Alberta, Canadá: Universidade de Calgary [Tese de Doutorado não publicada].

SMITH, J. & OSBORN, M. (2008). Interpretative phenomenological analysis. In: SMITH, J. (ed.). *Qualitative psychology*: A practical guide to research methods. 2. ed. Londres: Sage Publications.

VAN RIEMSDIJK, M. (2014). International migration and local emplacement: Everyday place-making practices of skilled migrants in Oslo, Norway. In: *Environment and Planning A*, 46 (4), p. 963-979.

WAGEMAKERS, S.; VAN ZOONEN, L. & TURNER, G. (2014). Giving meaning to RFID and cochlear implants. In: *IEEE, Technology and Society Magazine*, 33 (2), p. 73-80.

WIGGINS, S. & POTTER, J. (2008). Discursive psychology. In: WILLIG, C. & STAINTON ROGERS, W. (eds.). *The Sage handbook of qualitative research in psychology*. Londres: Sage Publications, p. 73-90.

WILLIG, C. (2013). *Introducing qualitative research in psychology*. 3. ed. Berkshire, Reino Unido: Open University Press.

YARROW, A. (2013). "I'm strong within myself": Gender, class and emotional capital in childcare. In: *British Journal of Sociology of Education*, 36 (5), p. 651-668.

13 Encontros nos espaços virtuais
Conduzindo grupos-foco on-line

Fiona Fox

Panorama

Neste capítulo, documento a emergência dos grupos-foco on-line (GFOs) como método qualitativo, partindo de minhas experiências de trabalho com GFOs em tempo real (ou síncronos) e em tempo não real (ou assíncronos) com jovens portadores de condições crônicas na pele (quadro 13.1). Os grupos-foco presenciais são um método conhecido pelos pesquisadores qualitativos, oferecendo um modo de captar uma série de perspectivas e gerar dados interativos que dão ideias sobre o processo de entendimento coletivo (WILKINSON, 1998). Grupos-foco conduzidos no ambiente on-line oferecem um modo mais conveniente de participação para alguns grupos de pessoas, como jovens com questões relacionadas à aparência. Além disso, o ambiente on-line oferece uma forma alternativa de envolvimento com populações relutantes ou incapazes de participar de coleta de dados presencial. Os grupos-foco on-line podem melhorar o sentido de confiança dos participantes na experiência de participação, assim como no controle sobre ela, o que é especialmente importante ao pesquisar populações vulneráveis ou questões delicadas. Neste capítulo, considero as diferenças entre utilizar os GFOs como discussões em tempo real e em tempo não real, e reflito sobre a praticidade de desenhar, recrutar, moderar e analisar esses dois tipos de GFOs. Embora eu defenda o potencial dos GFOs para a pesquisa qualitativa, também sugiro estratégias para abordar as possíveis armadilhas desse método.

Introdução aos grupos-foco on-line

Uso o termo "grupo-foco on-line" (GFO) para descrever uma discussão em grupo que é planejada, hospedada e moderada on-line por um pesquisador, com o objetivo de coletar dados qualitativos para responder uma pergunta de pesquisa específica. Outros termos usados para descrever os GFOs incluem: grupos-foco "mediados por computador" (FRANKLIN & LOWRY, 2001) ou "virtuais" (MOLONEY; DIETRICH; STRICKLAND & MYERBURG, 2003 • MURRAY, 1997 • TURNEY & POCKNEE, 2005) e "discussões eletrônicas" (REZABEK, 2000). Os grupos-foco on-line diferem de outros tipos de fontes de dados qualitativos on-line, como os blogues (cap. 8) ou fóruns on-line (cap. 9), já que essas fontes partem de dados que ocorrem independentemente dos interesses do pesquisador e, portanto, podem ser consideradas de "ocorrência natural". Os GFOs, por sua vez, seguem mais os objetivos dos grupos-foco tradicionais, em que as discussões estão "focadas" numa atividade coletiva com o objetivo de reunir dados (ADAMS; RODHAM & GAVIN, 2005 • ADLER & ZACHRIN, 2002 • FOX; MORRIS & RUMSEY, 2007a). Os GFOs que discuto neste capítulo são textuais e não incluem um elemento visual, sendo, portanto, distintos daqueles conduzidos via tecnologia de conferência na web – cujo uso emergente foi recentemente descrito por Tuttas (2014).

Quadro 13.1 *Experiências de jovens portadores de condições crônicas na pele*

Meu doutorado investigou as necessidades de apoio de jovens portadores de condições crônicas na pele. Constatei que essas populações eram relutantes em participar de grupos-foco presenciais. Assim, através de um processo de tentativa e erro, e com algum suporte técnico, trabalhei com sete GFOs em tempo real, com três a cinco participantes em cada um, durando em média uma hora. Os participantes tinham de onze a dezenove anos e haviam sido diagnosticados com psoríase ou vitiligo. Esses GFOs em tempo real me permitiram explorar a experiência de viver e lidar com uma condição crônica na pele durante a adolescência. Os modos pelos quais os jovens se apoiavam nesses GFOs captaram meu interesse e, em coletas de dados subsequentes, explorei como os jovens buscavam e davam apoio emocional e informativo em grupos de chat on-line. Para tanto, hospedei, analisei e comparei um grupo de chat em tempo não real (com dezenove jovens com vitiligo) com uma série de grupos de chat on-line em tempo real semanais (com quatro jovens com psoríase). Esses grupos de chat não foram guiados por um plano de grupo-foco; em vez disso, os participantes eram solicitados a discutir qualquer aspecto da sua condição de pele que desejassem. A comparação entre grupos de chat em tempo real e tempo não real me permitiu refletir sobre aspectos do ambiente on-line que afetam o compartilhamento de apoio mútuo, com implicações práticas para as organizações que apoiam jovens com condições crônicas de saúde.

Discuto duas formas de GFOs neste capítulo: em tempo real (síncrono) e em tempo não real (assíncrono). Num GFO em tempo real, os participantes integram a discussão on-line ao mesmo tempo por um período definido (tipicamente em torno de 45-90 minutos) (FOX et al., 2007a). Esses GFOs geralmente ocorrem num "espaço" virtual usando tecnologia de salas de chat ou são mediados via sistemas de mensagens instantâneas (exemplos anteriores incluem O'CONNOR & MADGE, 2003 • STEWART; ECKERMAN & ZHOU, 1998 • WILLIAMS, 2003). Em contraste, os GFOs em tempo não real funcionam via fóruns ou painéis de discussão on-line, os quais podem funcionar por um período mais longo do que os chats em tempo real – várias semanas ou até meses (IM, 2006). Nos GFOs em tempo não real, participantes e pesquisadores contribuem e respondem como lhes for conveniente (exemplos anteriores incluem GAISER, 1997 • ROBSON, 1999 • WARD, 1999).

Tabela 13.1 *Extrato de dados de um GFO em tempo real com jovens portadores de psoríase*

Moderadora: Existe alguma coisa que vocês não fazem por causa da psoríase?

Emma: Você também aprende o que não fazer/usar/comer e qual creme funciona e o que vestir para esconder.

Ellie: Eu pelo menos não acho que eles fariam não tanto quanto adolescentes e crianças.

Mark: Tento não nadar muito, mas é triste porque eu adoro.

Emma: Sim!!! Vestir roupas decotadas de verão (acho que eu não usaria mesmo! lol!)

Mark: :)

Emma: Participar de um time de natação (comecei mas saí).

Moderadora: A natação irrita a pele ou é a preocupação com a aparência?

Emma: Sim – eu adoro nadar mas no verão eu e a família vamos para uma vila afastada, então eu tomo sol sem ninguém ver! O sol cura!

Mark: Principalmente por causa dos olhares.

Ellie: Não, eu vivo com isso como parte de mim, eu nunca poderia parar de nadar, comecei a fazer mergulho.

Emma: Eu não gosto de usar um biquíni com a pele e tudo exposto!

Ellie: O sol piora a minha!!!!!!!!!

Mark: Uau, parece divertido.

Emma: Sim! Definitivamente os olhares.

Mark: É verdade, eu li que só acontece em poucos casos.

Existem algumas diferenças notáveis nas características de GFOs em tempo real e em tempo não real (compare os dados nos exemplos das tabelas 13.1 e 13.2). As interações de grupos em tempo real (tabela 13.1) são frequentemente caracterizadas por dinamismo e imediatismo (O'CONNOR & MADGE, 2003 • STEWART et al., 1998 • WILLIAMS, 2003), contribuindo para uma forma de comunicação descrita como "mais oral do que literal" (STEWART & WILLIAMS, 2005), mais como uma conversa do que comunicação escrita tradicional. Os dados em tempo real muitas vezes são cheios de "oralidade" ou "representações informais da linguagem escrita" (WILLIAMS; CLAUSEN; ROBERTSON; PEACOCK & McPHERSON, 2012: 371). Isso pode incluir abreviaturas, emoticons, acrônimos populares, letras maiúsculas e marcas de pontuação, todos comunicando o tom emocional de uma contribuição. Por outro lado, as mensagens publicadas em GFOs em tempo não real costumam ser mais longas e mais reflexivas (tabela 13.2), já que os participantes podem editar as próprias mensagens antes de publicá-las (WILLIAMS et al., 2012). Os pesquisadores, portanto, têm a oportunidade de esclarecer os significados e complementar com perguntas adicionais. O grau de *interatividade* entre os participantes pode ser menor do que em GFOs em tempo não real (FOX; MORRIS & RUMSEY, 2010), e os dados resultantes podem parecer mais "formais" e menos "parecidos com chats" do que os GFOs em tempo real. Os pesquisadores devem considerar se a espontaneidade ou a reflexão dos participantes é mais importante para sua pesquisa antes de escolherem entre GFOs em tempo real e tempo não real (WILLIAMS et al., 2012; cf. tb. os cap. 10 e 11, relacionados a entrevistas por e-mail e MI).

Tabela 13.2 *Extrato de dados de um grupo de chat on-line em tempo não real com jovens portadores de vitiligo*

Floyd: Oi, todo mundo. Katie, eu quero saber há quanto tempo você usa o creme Protopic. É que ofereceram, mas estou um pouco apreensivo... os resultados compensam o custo do produto? Eu adoraria poder usar roupas decotadas com conforto e segurança...
Chelsea: Oi, pessoal... O meu médico me falou que eu tenho vitiligo. A minha tia tem e é horrível, então não estou surpresa por ter também. Não sei muito sobre isso. O médico explicou no jargão médico... vocês podem me explicar melhor??? Obrigada.
Chelsea: "Eu mesma acho que o vitiligo me deixa desconfortável e muito isolada às vezes. É muito difícil ser adolescente e precisar usar roupas longas e chapéus no verão... quando as minhas amigas usam saias curtas e biquínis". Essa publicação é antiga e preciso comentar... Concordo 100%. Os meus amigos não entendem que eu preciso ter cuidado e, quando tento explicar, eles agem como se eu tivesse uma doença contagiosa. Não é que eu escolha vestir jeans no verão ou camiseta quando entro na água. Mas é algo que preciso fazer pela minha saúde!!!
Floyd: Oi, Chelsea, não se preocupe, você não está sozinha. Eu fiz aquele comentário e fico muito isolado às vezes, e também fica extremamente quente principalmente no calor do verão. Visto roupas longas na maior parte do dia e é uma droga... principalmente quando os meus amigos usam roupas curtas e eu não :-{   Se tiver alguma dúvida sobre vitiligo, qualquer coisa que queira saber, pergunte??? Eu tenho desde pequeno, então entendo um pouco...
Chelsea: Obrigada, Floyd!!! É tão bom saber que tenho com quem conversar!!
Katie: Floyd, desculpe eu não ter retornado antes, oops! De qualquer maneira, respondendo a sua pergunta, sim, o Protopic realmente ajuda mesmo e vale o que custa! Você vai saber que está funcionando quando vir pequenas "ilhas" de manchas marrons dentro das manchas! Mas você também precisa combinar com um pouco de luz do sol.

Hayley: Oi, pessoal!
> O meu nome é Haley e acabei de fazer 16 anos uns dias atrás, e tenho vitiligo desde os quatro ou cinco anos. Primeiro a minha mãe tentava esconder com maquiagem todo dia, e eu detestava tanto que ainda me recuso a usar maquiagem até hoje. Primeiro, eram só umas manchas espalhadas nos braços, mas, quando eu cheguei ao ensino médio, apareceu em volta dos olhos, lábios, nas mãos e pernas, na barriga...
>
> [...] Quanto a eventos emocionais negativos, passei por um alguns anos atrás, quando uma garota do meu ano ficou com raiva de mim e comentou, "Pelo menos a minha pele tem uma cor só", e eu simplesmente virei os olhos como resposta. Existem idiotas no mundo e eu já estou acostumada...
>
> [...] As experiências positivas, porém, não dá para chamar exatamente de positivas, mas me ajudaram de várias maneiras. Quando as pessoas se esquivam e não sabem como reagir, o que me ajuda é ir até elas, estender a mão, sorrir e dizer, "Oi! Meu nome é Hayley e juro que não tenho uma doença contagiosa". Depois de fazer isso uma ou duas vezes, tudo parece como uma pegadinha que o universo tentou fazer com você, e você desenvolve um senso de humor para superar, como se você risse do mundo por não ter dado certo, porque você é mais forte que isso. Sem o meu vitiligo, provavelmente eu não conheceria metade das pessoas que conheço e não seria tão extrovertida como sou...
>
> [...] Sinceramente, não quero que ele suma. Sem contar o fato de queimaduras de sol serem a pior coisa do mundo, o vitiligo se tornou parte de mim e da minha vida, e eu não sei mesmo se viveria sem ele. É como se pedissem para cortar o meu braço ou a minha perna. Eu não conseguiria.

O que os grupos-foco on-line oferecem ao pesquisador qualitativo?

Os grupos-foco oferecem aos pesquisadores qualitativos a oportunidade de estudar o entendimento coletivo e permitir que os participantes gerem as próprias perguntas, desafiem ideias e respondam às experiências mútuas (KITZINGER, 1995). Os grupos-foco on-line compartilham muitas das características dos grupos-foco presenciais, mas também têm algumas outras qualidades:

1) *Os GFOs facilitam maior controle e igualdade para os participantes*. As discussões on-line têm o potencial de produzir maior igualdade de participação e defesas mais francas do que as trocas em grupos presenciais (BORDIA, 1997 • KEISLER & SPROULL, 1992). A falta de presença visual on-line pode afetar as interações, já que os participantes podem experimentar menos pressões sociais do que enfrentam em encontros sociais presenciais (REIPS, 2000). A Internet foi descrita como "uma área de lazer a respeito de atributos físicos" (WALLACE, 1999: 138); portanto, preconceitos de situação social, tendências de conveniência social e desconforto social podem ser reduzidos on-line (MANN & STEWART, 2000 • STEWART & WILLIAMS, 2005 • TIDWELL & WALTHER, 2002). Os pesquisadores devem estar atentos ao fato de que a pressão social reduzida também significa que os participantes podem se sentir capazes de interromper a própria participação antes do fim (REIPS, 2000), e que o pesquisador pode não saber os motivos da saída. Os respondentes de

GFOs em tempo não real também podem valorizar a flexibilidade e a conveniência de se conectarem em seu próprio ritmo, permitindo tempo para reflexão, respostas completas e oportunidade de mudar ou matizar a própria opinião (TATES et al., 2009).

2) *Os GFOs facilitam as revelações dos participantes.* A "invisibilidade" do ambiente on-line pode facilitar revelações de si mesmo (JOINSON, 2001 • TATES et al., 2009), já que os participantes podem se sentir menos inibidos (WILLIAMS et al., 2012) e podem acreditar que as próprias respostas são mais anônimas e seguras (DAVIS, 1999). O compartilhamento de informações mais delicadas on-line foi notado em pesquisas com adultos (FAWCETT & BUHLE, 1995 • JOINSON, 2001). Do mesmo modo, as pesquisas sugerem que os jovens discutem tópicos delicados on-line sobre os quais podem não se sentir à vontade de falar com amigos ou parentes presencialmente (SUZUKI & CALZO, 2004) sem medo de julgamento ou por timidez (SWEET, 2001). Em minha pesquisa, meninos e meninas de idades diferentes interagiam livremente e discutiam suas preocupações com a aparência sem se verem; eram, portanto, incapazes de formar julgamentos ou comparar a gravidade da condição de cada um (FOX, RUMSEY & MORRIS, 2007b).

3) *Os GFOs facilitam o alcance de grupos de difícil acesso e participação.* Os GFOs podem ajudar os pesquisadores a acessar grupos que, de outro modo, seriam difíceis de envolver na pesquisa devido a restrições de saúde, mobilidade ou tempo (GIBSON, 2007 • HORRELL; STEPHENS & BREHENY, 2015 • KENNEDY; KOOLS & KRUEGER, 2001 • MORGAN; GIBBS; MAXWELL & BRITTEN, 2002). Alguns podem estar dispostos, mas não serem capazes de participar de grupos presenciais, por exemplo, grávidas em repouso cujo funcionamento físico esteja comprometido (ADLER & ZARCHIN, 2002). Similarmente, como constatei, jovens que dependem de adultos para transportá-los a um grupo-foco podem achar mais fácil participar on-line (NICHOLAS et al., 2010). Grupos-foco on-line podem alcançar pessoas que outros métodos não alcançam, porque podem ser menos intimidadores ou mais aceitáveis para grupos que se sintam marginalizados, como homens gays ou bissexuais (YBARRA; DUBOIS; PARSONS; PRESCOTT & MUSTANSKI, 2014), ou aqueles que carecem de confiança social para participar de grupos presenciais, como indivíduos com problemas de aparência (FOX et al., 2007b; MONTOYA-WEISS; MASSEY & CLAPPER, 1999). Ademais, a comunicação textual oferecida pelos GFOs pode ser preferida por pessoas que achem difícil se expressar verbalmente, como pessoas com deficiências cognitivas, ou dificuldades de fala ou audição (TANIS, 2007).

4) *Os GFOs têm pesquisa leve.* As vantagens pragmáticas de usar os GFOs incluem custos reduzidos associados a aluguel de espaço e transporte do participante, e maior velocidade de coleta de dados (GAISER, 2008). O tempo e os custos da transcrição são eliminados devido à captura automática e precisa dos dados da discussão (TATES et al., 2009).

Quais perguntas de pesquisa se adaptam aos grupos-foco on-line?

Muitas perguntas de pesquisa que são adequadas a grupos-foco presenciais também podem ser abordadas em GFOs. Aqui apresento alguns exemplos da minha área de pesquisa qualitativa em saúde. O maior grau de revelações característico da conversa on-line permite acesso ao mundo da vida dos indivíduos (ADAMS et al., 2005) e permite aos pesquisadores explorar aspectos de doenças e tolerância, especialmente quando os participantes estão muito mal para viajar. Por exemplo, Tates et al. (2009) observaram que pacientes pediátricos com câncer (que constituíram sua amostra) acolheram a oportunidade de participar de GFOs em tempo não real e enfatizaram que o anonimato vivenciado os deixou à vontade para expressar as próprias opiniões detalhadamente (TATES et al., 2009). Como foi observado, o senso de anonimato descrito por muitos pesquisadores (MANN & STEWART, 2000 • STEWART & WILLIAMS, 2005 • TIDWELL & WALTHER, 2002) significa que os GFOs são adequados à discussão de tópicos delicados ou tabu (NICHOLAS, 2003) sobre os quais os participantes possam ser reticentes para discutir presencialmente. Assim, os GFOs são usados eficazmente para facilitar discussões sobre: tabagismo (STEWART et al., 1998); uso de álcool e sexo (MANN & STEWART, 2000); HIV/AIDS (BOSIO; GRAFFIGNA & LOZZA, 2008); saúde sexual (THOMAS; WOOTTEN & ROBINSON, 2013 • YBARRA et al., 2014); e autoflagelo deliberado (ADAMS et al., 2005). A "invisibilidade" vivenciada on-line pode facilitar pesquisas que explorem preocupações com a aparência ou imagem corporal (DE JONG et al., 2012 • WILLIAMS et al., 2012). Em minha pesquisa, observei a facilidade com que os participantes discutiam o estigma que vivenciavam relacionado às suas condições crônicas na pele (FOX et al., 2007b, 2010). O sentido percebido de anonimato prestado pelos GFOs também foi útil ao investigar aspectos de prestação e intervenção de serviços de saúde (BOSHOFF; ALANT & MAY, 2005) e as percepções dos participantes sobre a participação no próprio tratamento (TATES et al., 2009). Finalmente, na saúde pública, os GFOs são usados efetivamente para mensurar a eficácia de comportamentos que buscam informações de saúde (WILLIAMS et al., 2012).

Desenho, amostragem e questões éticas

Recrutamento on-line

Uma série de métodos de recrutamento on-line é apropriada para os GFOs. Em minha pesquisa, eu queria recrutar jovens com psoríase ou vitiligo, mas constatei que estavam geograficamente dispersos. Assim, criei um website básico hospedado pela minha universidade que incluía informações sobre a pesquisa e meus detalhes de contato. Depois pedi permissão aos responsáveis de organizações relevantes (como a Sociedade de Vitiligo e a Associação de Psoríase) para anunciar um link do meu website em suas páginas on-line, e esperei que os voluntários respondessem. Se os pesquisadores quiserem recrutar pessoas envolvidas num determinado serviço, como uma clínica dermatológica, podem pedir ao responsável para circular um e-mail direto com informações sobre o estudo. Além disso, o processo de bola de neve pode ser apropriado, se os participantes quiserem usar suas redes sociais on-line para indicar outros ao pesquisador. Porém, para proteger o anonimato dos indicados, o pesquisador deve esperar que esses indivíduos demonstrem seu interesse, contatando o pesquisador, e não o contrário.

Em minha pesquisa, eu sabia que os anúncios e o recrutamento on-line somente atrairiam participantes com acesso à Internet (ADLER & ZARCHIN, 2002 • TATES et al., 2009). Além disso, somente aqueles com banda larga e um grau razoável de competência técnica conseguiriam *participar* dos meus GFOs em tempo real. O problema da divisão digital reflete o fato de que a participação numa pesquisa on-line está vinculada à situação socioeconômica. Entretanto, o acesso à Internet vem crescendo (Estatísticas Mundiais da Internet, 2014), com maior acesso em escolas e bibliotecas (KENNY, 2005) e maior posse de smartphones e tablets. Assim, essas desigualdades de acesso à pesquisa on-line podem estar diminuindo (cf. tb. as discussões dos cap. 10-12).

Tamanho do grupo

Em GFOs em tempo real, um número menor de participantes é recomendado, já que o tamanho é crucial ao senso de controle do moderador. Participantes demais podem resultar numa velocidade muito alta de diálogos, de modo que questões importantes acabam escapando (HORN, 1998). Com base em meu grupo-piloto, decidi que cinco jovens em cada discussão seriam administráveis e facilitariam uma interação dinâmica. Recrutei um número a mais em cada grupo, considerando que nem todos "compareceriam" no dia. O tamanho médio dos meus GFOs em tempo real era de três jovens, e isso se mostrou adequado para a moderação, propiciou um estímulo suficiente para trocas movimentadas e confirmou que tamanhos menores de grupos podem facilitar um ambiente confortável que encoraje revelações de si mesmo (MANN & STEWART, 2000). Se meus GFOs em tempo real tivessem sido maiores (com mais de cinco participantes), eu teria precisado de outro moderador para digitar as perguntas enquanto eu me concentrava no conteúdo e no fluxo da discussão. Isso está de acordo com as recomendações para a moderação de grupos-foco presenciais (KRUEGER & CASEY, 2000). A idade dos jovens dos meus GFOs variava de onze a dezenove anos, o que não pareceu impedir a discussão, embora outros pesquisadores defendam a divisão dos jovens em grupos-foco de acordo com a idade e estágio de desenvolvimento (DE JONG et al., 2012).

Os GFOs em tempo não real podem acomodar um número bem maior de participantes – tive dezenove jovens em meu grupo de discussão. Williams (2009) identificou uma média de doze participantes por grupo na literatura, embora até cinquenta e sete participantes tenham aderido a um único GFO em tempo não real (ROBSON, 1999). Independentemente do número de participantes, o grau de interação em GFOs em tempo não real varia de acordo com o número de vezes em que cada participante contribui para a discussão.

Questões éticas

Os grupos-foco on-line envolvem muitas das mesmas considerações éticas dos grupos-foco presenciais (ESS, 2002 • PITTENGER, 2003 • WILLIAMS et al., 2012), embora algumas questões específicas aos GFOs tenham sido identificadas:

1) *Obter consentimento.* Pode ser difícil garantir um consentimento informado assinado para estudos on-line (WILLIAMS et al., 2012). Encontrar a melhor maneira de obter o consentimento dos participantes para meus GFOs foi um processo de tentativa e erro, e exigiu várias alterações na aprovação ética. Os jovens que liam as informações sobre o meu estudo no website da pesquisa poderiam indicar seu interesse em participar preenchendo um formulário de registro on-line. Depois eu pedia que eles imprimissem, assinassem e devolvessem um formulário de consentimento pelo correio, completado com as assinaturas dos pais. Essa abordagem não deu certo, o que pode ter refletido falta de acesso a uma impressora ou falta de habilidades de organização que damos como certas em adultos. Então, comecei a enviar formulários de consentimento incorporados num e-mail a quem se registrava. Embora isso tenha suscitado uma resposta melhor, atrasou consideravelmente o processo de organização dos GFOs. Subsequentemente, criei um link de um formulário de consentimento on-line para a página de registro no website da pesquisa, onde uma caixa de seleção extra solicitava aos participantes confirmar que haviam lido e entendido as informações sobre o estudo.

2) *Identidade do participante*. Infelizmente, não existe um método infalível para verificar identidade, idade ou gênero no ambiente on-line, mas, em minha pesquisa, constatei que, durante o processo de configuração dos GFOs, eu recebia uma nova confirmação sobre as identidades dos meus participantes através de contato via e-mail com eles e seus pais. Quando os jovens se registravam e consentiam em participar dos meus GFOs, eu lhes enviava um link do fórum on-line e, num outro e-mail, um login e senha exclusivos. Isso garantiu que apenas as pessoas que eu havia recrutado para o estudo conseguiriam participar dos GFOs.

3) *Possível conflito*. Desacordos e críticas são mais comuns em GFOs do que em grupos-foco presenciais e, embora conflitos possam ser geradores de ideias (REID & REID, 2005), há uma maior possibilidade de os participantes usarem linguajar inadequado ou expressarem opiniões ofensivas. Isso resulta do senso percebido de anonimato causado pelo ambiente on-line, como já observamos (BOSIO et al., 2008), e o moderador deve ter estratégias claras a adotar. Antes do início dos meus GFOs, declarei claramente que qualquer linguagem inadequada ou ofensiva resultaria numa "advertência" minha. Se alguém recebesse mais de duas advertências, seria convidado a se retirar do GFO. Eu poderia interromper a participação através de uma função na minha tela de moderadora, embora eu não tenha precisado usá-la em meus GFOs.

4) *Aflição nos participantes*. Dada a ausência de sinais visuais, os pesquisadores que usarem GFOs devem adotar uma abordagem vigilante à detecção de aflição em seus participantes (FOX et al., 2007a). A aflição pode ser indicada se um participante começar a publicar menos comentários ou publicar comentários com tom fortemente emocional. Os moderadores devem conhecer as várias técnicas não verbais que os participantes usam para expressar seu estado emocional on-line, como letras maiúsculas ou emoticons. Os moderadores podem responder, fazendo comentários encorajadores e lembrando aos participantes o valor de suas contribuições. Além disso, devem oferecer oportunidades para discutir quaisquer preocupações por e-mail ou telefone após o GFO, e fornecer informações de contato de organizações de apoio relevantes. Eu recebi um retorno animador dos participantes do meu estudo e dos seus pais, de modo que o potencial risco de aflição causado pela participação foi compensado pela experiência positiva de interagir com outros em situação similar.

5) *Segurança on-line*. Para jovens e outros grupos vulneráveis, pode ser uma boa prática prover informações sobre a segurança on-line, como não revelar informações de identificação (leia as seções "Outros recursos"). Avisei aos participantes para não compartilharem suas informações de contato entre si.

O fórum que usei para meus GFOs em tempo real e em tempo não real *não* oferecia a facilidade de chats separados ou individuais. Portanto, consegui monitorar todas as interações entre os participantes. Porém, os pesquisadores devem esclarecer aos possíveis participantes que é impossível garantir total confidencialidade on-line (MANN & STEWART, 2000).

6) *Distrações*. Finalmente, os pesquisadores devem saber que, ao conduzirem GFOs, eles podem não conhecer as condições sob as quais os participantes estão respondendo (FOX et al., 2007a). É possível que os participantes se conectem a um GFO em um computador compartilhado ou participe num espaço público, onde existe a possibilidade de distrações ou influências de amigos ou parentes. Os pesquisadores podem lembrar aos participantes no início dos GFOs de que o ideal é participarem num espaço privado sem distrações.

Passos para usar os grupos-foco on-line

Agora descrevo os principais passos para usar os GFOs, focando em características únicas das discussões em tempo real e em tempo não real, inclusive: (1) escolha de espaço e testes; (2) moderação da discussão; e (3) conclusão da discussão. Os passos são divididos de acordo com o tempo e estão resumidos na tabela 13.3.

1) *Escolha de espaço e testes*. A hospedagem de um GFO requer um espaço on-line e, portanto, os pesquisadores precisam empregar uma instalação virtual (MANN & STEWART, 2000) ou criar a própria (FOX et al., 2007a). As opções dependerão do orçamento da pesquisa, recursos e disponibilidade de suporte TI. Os espaços on-line oferecidos por provedores externos variam em termos de custos e flexibilidade. Por exemplo, alugar um espaço virtual para trabalhar com um GFO em tempo real custa aproximadamente £350 (quando escrevi este capítulo); alugar um fórum em tempo não real por três semanas com até cinquenta participantes custa em torno de £1.000. Alugar software para desenhar, moderar e analisar de modo independente vários GFOs em tempo real e não real custa cerca de £4.000. É óbvio que esses valores contradizem as afirmativas de custos reduzidos associados aos GFOs (GAISER, 2008 • TUTTAS, 2014); portanto, os pesquisadores devem considerar alternativas. Ambientes de aprendizagem virtual existentes, como o Moodle ou Blackboard, que são elaborados para fins educativos, podem oferecer instalações em tempo real e não real para a coleta de dados (WILLIAMS et al., 2012), assim como um ambiente seguro, confidencial e confiável para os participantes (PEACOCK; ROBERTSON; WILLIAMS & CLAUSEN,

2009). Outros pesquisadores relatam que seus fóruns on-line e quadros de mensagens foram hospedados por instituições filantrópicas (THOMAS et al., 2013) ou organizações de apoio à sua pesquisa (TATES et al., 2009).

Tive a sorte de obter suporte de um técnico TI da universidade, que criou o fórum em tempo real e o quadro de mensagens em tempo não real para meus GFOs. Ao elaborar meus fóruns, segui o princípio de Krueger (1988) para grupos-foco presenciais de que o espaço não deve ter distrações, ser fácil de encontrar e descontraído. Tentei deixar o ambiente "sem distrações" através de um desenho simples e funcional. A exibição de logotipos da universidade mostrava que esta estava respaldando minha pesquisa, uma estratégia que é aconselhável para garantir aos participantes que a pesquisa está vinculada a uma instituição renomada. Eu me assegurei de que o GFO fosse fácil de encontrar, enviando um link do fórum on-line para todos os participantes.

Ao realizarem testes ou gerenciarem GFOs práticos, os pesquisadores podem se familiarizar com as características únicas do chat on-line síncrono e aperfeiçoar suas habilidades de moderação. Testei meu fórum on-line em tempo real com um grupo de alunos, o que me possibilitou verificar questões técnicas e receber retorno sobre o fórum. Com base nisso, refinei algumas funcionalidades na tela do moderador (figura 13.1). Sobretudo, tive ideias sobre o ritmo e o fluxo do chat on-line em tempo real antes da coleta de dados.

2) *Moderação da discussão.* Como os moderadores são incapazes de criar um ambiente *físico* confortável, é necessário estabelecer um clima acolhedor e simpático on-line (MANN & STEWART, 2000). Para GFOs em tempo real, uma página de boas-vindas onde os participantes aguardem entre a conexão e o início da discussão oferece aos pesquisadores um espaço para identificar os objetivos e a conduta esperada do grupo e encorajar uma participação ativa. A tela do moderador no meu GFO em tempo real mostrava os nomes dos participantes à medida que se conectavam (figura 13.1). Depois que eu verificava sua senha única e os aceitava, os participantes viam a página de boas-vindas, que lhes lembrava os objetivos do GFO e declarava que todas as contribuições eram bem-vindas, mas linguajar ofensivo ou abusivo não seria tolerado. Depois que todos os participantes (ou a maioria) chegavam, eu abria o fórum em tempo real e os participantes conseguiam, então, acessar a tela principal do chat.

Como já observei, a dinâmica do chat on-line em tempo real pode ser rápida, furiosa e caótica, e "a distinção entre resposta e envio se torna nebulosa, já que a interatividade desafia a tomada de turnos na conversa" (MANN & STEWART, 2000: 102). Para garantir que eu conseguiria acompanhar o ritmo da

Tabela 13.3 *Passos para realizar GFOs em tempo real e em tempo não real*

Passos para realizar GFOs em tempo real	Passos para realizar GFOs em tempo não real
Planejamento: • Encontre um espaço on-line adequado OU crie um fórum on-line • Desenvolva um guia para GF • Faça um GFO de teste e efetue quaisquer mudanças necessárias no fórum e no guia GF **Um mês antes:** • Faça anúncios aos participantes com as folhas de informação destes • Obtenha consentimento dos participantes • Agende um horário para a realização do GFO **Uma semana antes:** • Envie por e-mail aos participantes um link para integrar o GFO, nome de usuário e senha • Envie lembretes por e-mail para entrar no GFO no horário agendado **Um dia antes:** • Envie lembretes por e-mail para entrar no GFO no horário agendado **No dia:** • Fique on-line antes do horário agendado • Verifique os nomes de usuários e senhas dos participantes quando entrarem • Direcione os participantes para a página de boas-vindas com lembretes/códigos de conduta etc. • Abra o fórum em tempo real no horário agendado e comece o GFO, pedindo para os participantes se apresentarem • Publique perguntas e dê tempo para as respostas, mas mantenha o foco da discussão • Resuma a discussão e ajuste o fim dela • Agradeça aos participantes • Feche o fórum em tempo real • Direcione-os para a página final com material pós-participação • Envie por e-mail os agradecimentos e o material pós-participação aos participantes • Baixe e salve os dados prontos para análise	**Planejamento:** • Encontre um espaço on-line adequado OU crie um quadro de mensagens on-line • Desenvolva um guia para GF • Faça um GFO de teste e efetue quaisquer mudanças necessárias no quadro de mensagens e no guia GF **Um mês antes:** • Faça anúncios aos participantes com as folhas de informação destes • Obtenha consentimento dos participantes **Uma semana antes:** • Envie por e-mail aos participantes o nome de usuário e a senha para o fórum em tempo não real • Envie lembretes por e-mail **No dia:** • Abra o fórum • Publique a mensagem de boas-vindas • Envie o link para os participantes **Na(s) semana(s) seguinte(s):** • Verifique a mensagem de entrada antes de publicar no quadro de mensagens • Envie lembretes de participação • Publique perguntas novas diariamente/semanalmente • Se necessário, estimule a discussão **Alguns dias antes do fim:** • Envie lembretes por e-mail avisando que o GFO terminará em breve **Último dia:** • Publique uma mensagem de agradecimento • Feche o fórum • Configure uma mensagem de redirecionamento, incluindo o material pós-participação • Envie por e-mail os agradecimentos e o material pós-participação aos participantes • Baixe e salve os dados prontos para análise

conversa, minha tela de moderadora me permitia selecionar perguntas e lembretes de uma lista suspensa, com base em meu guia de tópicos do grupo-foco (quadro 13.2). É comum os participantes publicarem as respostas simultaneamente e se distraírem com a pergunta do moderador para responder outro *thread* da conversa. Embora a interatividade seja a chave de um grupo-foco bem-sucedido, o moderador pode precisar dar um novo foco aos participantes, repetindo ou reformulando a pergunta. Erros de grafia e abreviaturas podem causar mal-entendidos durante a discussão e, se as contribuições forem incompreensíveis, é importante buscar esclarecimento.

Podem existir momentos nos GFOs em que ninguém contribui, e o moderador pode não saber se o silêncio resulta de os participantes estarem pensando, digitando ou se recusando a responder (O'CONNOR & MADGE, 2003). Com a experiência, percebi que os silêncios prolongados significavam que alguém geralmente estava digitando a resposta, então aprendi a aguardar alguns segundos mais antes de publicar outra pergunta ou lembrete. Uma funcionalidade adicional (que eu não tinha) indicando quando um respondente está digitando pode ajudar a informar a decisão do moderador sobre o momento de publicar uma pergunta, buscar outras informações ou aguardar respostas.

Embora a oportunidade de responder e contribuir possivelmente seja a mesma para todos os participantes, nos GFOs em tempo real o participante mais proficiente na digitação é capaz de contribuir mais. Minha tela de moderadora exibia o número de contribuições feitas por cada participante (figura 13.1), o que me possibilitava ver quem precisava de mais encorajamento. Dependendo da abordagem do estudo, o moderador pode encorajar contribuições dos membros mais silenciosos do grupo, perguntando-lhes suas opiniões diretamente ou, em vez disso, pode observar a dinâmica do grupo sem estimular participantes individuais.

Meu GFO em tempo não real permaneceu aberto por três meses, mas estudos descrevem períodos prolongados de coleta de dados de até seis meses (IM, 2006). Isso quer dizer que a sintonia entre os participantes pode ser mais lenta de desenvolver do que em grupos em tempo real. É responsabilidade do moderador ajudar nesse processo, com perguntas e lembretes para o grupo. Alguns pesquisadores adotam um estilo de moderação não direcionado a fim de encorajar os participantes a se manifestarem livremente (BOSIO et al., 2008). Adotei essa abordagem e publiquei somente uma mensagem de boas-vindas no início e uma mensagem curta no fim do meu grupo de discussão, que agradecia aos participantes, avisava que o grupo-foco havia terminado e dava minhas informações de contato, caso tivessem

Figura 13.1 *Tela da moderadora para meus GFOs em tempo real*

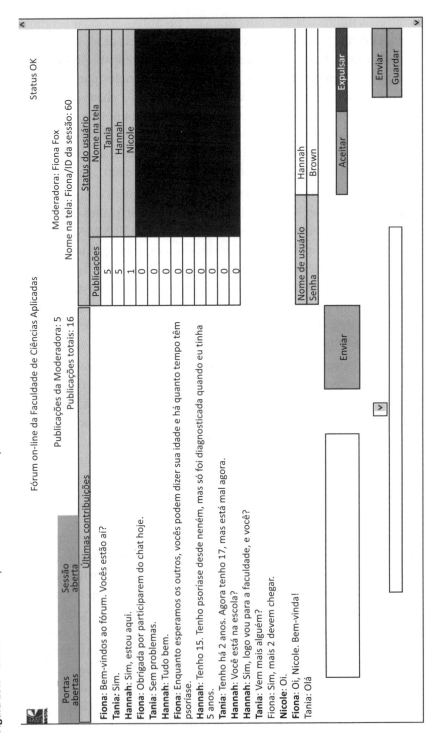

mais comentários ou perguntas. Quando os quadros de mensagem on-line são abertos por períodos mais curtos, os pesquisadores costumam relatar uma abordagem mais estruturada, publicando uma pergunta nova num intervalo de alguns dias, além de sondagem, fazendo perguntas adicionais e esclarecendo opiniões. Isso estimula um envolvimento sólido na discussão e interatividade entre os participantes (DE JONG et al., 2012).

A fim de descrever com precisão os números de participantes em GFOs em tempo não real, algo útil aos pesquisadores é definir o que se qualifica como

---

Quadro 13.2 *Guia de grupo-foco para GFOs em tempo real*

Apresentações:

1) Vocês podem começar contando sobre a primeira vez em que perceberam sua psoríase/vitiligo?

Abertura:

1) Como o fato de ter uma doença na pele afeta seu cotidiano?

2) Existe algo que vocês fazem ou deixam de fazer por causa da doença na pele?

Idade e desenvolvimento – passado/futuro:

1) Como vocês se sentiam sobre a doença na pele quando eram mais jovens?

2) Vocês imaginam que terão problemas ou preocupações diferentes à medida que envelhecerem?

Preocupações relacionadas à aparência:

1) Qual é a importância da sua pele em termos da sua aparência geral?

2) Vocês deixam de fazer alguma coisa por causa da sua pele?

3) Como as outras pessoas reagem?

4) O que elas disseram/não disseram ou fizeram/não fizeram que tenha sido útil?

5) Como isso afeta sua opinião sobre si mesmos?

6) O que facilita ou dificulta sua vida?

Convívio e apoio:

1) O que ajudou vocês a conviver com suas preocupações?

2) Quem ajuda vocês e como? O que eles(elas) fazem?

3) Que tipo de conselho ou apoio vocês têm do seu médico/terapeuta?

4) Que outros conselhos ou apoio vocês achariam úteis?

Conclusão:

1) De todos os problemas que abordamos, qual é o mais importante para vocês?

2) Vocês têm algum conselho para outros adolescentes com doenças na pele?

3) Gostariam de conversar sobre alguma outra coisa?

Fonte: FOX et al. (2007b).

participação – publicar ao menos uma mensagem, por exemplo. Minha análise de apoio mútuo on-line identificou tipos diferentes de participação no grupo de discussão em tempo não real, de altamente interativos a "bisbilhoteiros", ou pessoas que liam as publicações dos outros membros, mas não contribuíam ativamente (FOX et al., 2010). Para ajudar a definir a participação, é útil se o moderador puder ver quais participantes estão publicando e quais estão lendo as mensagens, mas sem contribuir para a discussão.

3) *Conclusão da discussão.* Os princípios tipicamente usados ao concluir grupos-foco presenciais (KREUGER & CASEY, 2000) podem ser aplicados aos GFOs. O moderador deve tentar resumir a discussão a fim de obter outras experiências ou opiniões que os participantes desejem compartilhar e também deve lembrar aos participantes que todas as suas opiniões serão úteis para a análise. Antes de concluir a discussão em tempo real, o moderador deve agradecer aos participantes e avisar que o fórum será fechado nos próximos minutos. Quando o fórum fechar, eles poderão ser direcionados para uma tela final que pode incluir material pós-participação, como um lembrete dos objetivos da pesquisa, detalhes de contato para o pesquisador e informações sobre serviços de suporte apropriados. Alguns dias antes do fim de um GFO em tempo não real, o moderador pode enviar um e-mail a todos os participantes para lembrar que eles têm um tempo restante limitado para contribuir. Depois que o quadro de mensagens fechar, uma mensagem de redirecionamento deve indicar que a discussão acabou. O pesquisador poderá, então, enviar um e-mail final aos participantes, agradecendo pela participação no GFO e dando detalhes sobre as organizações relevantes se precisarem de mais informações ou suporte.

O que pode dar errado com os grupos-foco on-line?

Os pesquisadores devem estar cientes dos seguintes possíveis problemas associados ao uso dos GFOs:

1) *Problemas técnicos.* Os GFOs podem estar sujeitos a vários problemas técnicos antes e durante a discussão. Por exemplo, os participantes podem ter dificuldade para se conectarem à discussão on-line, refletindo problemas de conhecimentos de informática (NICHOLAS et al., 2010) ou problemas técnicos, como vírus no computador. Nos GFOs em tempo real, a conexão com a Internet pode falhar tanto da parte do participante quanto do pesquisador. O que achei especialmente útil no caso de perda de conexão dos participantes é que os nomes deles mudavam de cor na minha tela de moderadora, me

alertando que seu status estava off-line. Constatei que, na maioria dos casos, os participantes que perdiam a conexão com o fórum conseguiam voltar a se conectar e continuar participando. Porém, durante um dos GFOs, o fórum inteiro saiu do ar, e o GFO precisou ser reagendado por e-mail. É claro que pode ser difícil distinguir entre participantes que perderam a conexão ou aqueles que optaram por abandonar a discussão, embora às vezes isso possa ser esclarecido por e-mails complementares.

2) *Problemas de recrutamento*. Garantir que os participantes compareçam aos GFOs pode ser problemático, e os pesquisadores podem precisar adivinhar os motivos do participante para faltar, incluindo: esquecimento; mudança de ideia; compromissos concorrentes e dificuldade para ficar on-line ou se conectar ao fórum on-line. Constatei que enviar e-mails com lembretes aos participantes alguns dias antes do GFO em tempo real e depois, mais uma vez, uma hora antes do início, ajudou a minimizar o problema. Nos GFOs em tempo não real, os pesquisadores podem encorajar a participação através de e-mails com lembretes regulares. Nas duas formas de GFOs, é aconselhável recrutar a mais, embora o moderador deva estar preparado para lidar com uma situação em que todos os recrutados de fato compareçam, como ter um segundo moderador disponível para auxiliar.

Organizar GFOs em tempo real pode ser mais desafiador quando os participantes estão em fusos horários diferentes, e é crucial usar uma comunicação clara e e-mails com lembretes para garantir que todos os participantes concordem em participar ao mesmo tempo. Os pesquisadores devem ter o cuidado de considerar diferenças culturais na comunicação on-line e envolvimento com a tecnologia, além da proficiência no idioma. Em minha pesquisa, os participantes de fora do Reino Unido foram menos interativos do que os participantes do Reino Unido e tendiam a direcionar seus comentários a mim, e não aos outros. Como resultado, meu estilo de moderação se tornou mais diretivo e ativo.

3) *Problemas com o comportamento dos participantes*. Já em 1986, Sproull e Kiesler advertiam sobre episódios de "guerra verbal" em discussões on-line. Mais recentemente, Bosio et al. (2008: 200) relataram trocas nos seus GFOs em tempo real que eram "frenéticas e caracterizadas por provocações ou insultos". Como já observei, os códigos de conduta esperados devem ser claramente definidos nas informações fornecidas aos participantes antes do GFO e mais uma vez na página de boas-vindas, antes de entrarem no fórum on-line ou quadro de mensagens. Os pesquisadores devem explicar nas informações aos participantes que todas as mensagens publicadas nos GFOs em tempo

não real serão verificadas pelo moderador antes de aparecerem on-line. Embora esse processo exija que o moderador monitore regularmente as mensagens de entrada, ele impede a possibilidade de comentários ofensivos ou inapropriados afetarem os outros participantes.

4) *Problemas inesperados.* Nos meus GFOs em tempo real, observei duas ocorrências que são peculiares à comunicação on-line. Durante um GFO, um participante escreveu "jv" – abreviatura de "já volto". Fiquei pensando se ele havia deixado o computador para atender o telefone ou a porta, ou para ir ao banheiro ou tomar um lanche. Eu estava despreparada para esse incidente, mas optei por não questionar o participante sobre os seus motivos para sair. Em outra ocasião, um participante num GFO em tempo real comentou: "É difícil escrever quando tem um chato ao meu lado lendo". Isso dá margem a um ponto importante sobre a privacidade e confidencialidade das discussões on-line, em que os participantes podem estar usando um computador em espaço público ou coletivo.

Quais métodos de análise se adaptam aos dados dos grupos-foco on-line?

A análise de dados para GFOs começa baixando-se as transcrições, poupando o tempo e o custo associados à transcrição de arquivos de áudio. Nas discussões em tempo real, a complexidade das interações entre os participantes pode resultar numa transcrição caótica, caracterizada por conversas sobrepostas (tabela 13.1), o que pode ser frustrante para o pesquisador iniciante gerenciar e interpretar. Nas discussões em tempo não real, é provável a geração de transcrições em que as contribuições individuais variem enormemente em termos de extensão e profundidade de reflexão (tabela 13.2). Os dois tipos de dados são favoráveis para uma série de técnicas analíticas ou mesmo para uma abordagem analítica múltipla (BOSIO et al., 2008), inclusive aquelas tipicamente usadas para analisar dados de grupos-foco presenciais.

Abordagens analíticas, tanto dedutivas quanto indutivas, que sejam voltadas a descrever, interpretar e descobrir padrões, se adaptam bem aos dados de GFOs (TESCH, 1991). As abordagens analíticas dedutivas costumam envolver o uso de uma estrutura de codificação preconcebida para guiar um conteúdo ou análise temática dos dados (BOYATZIS, 1998 • HSIEH & SHANNON, 2005). Em um estudo, usei a análise do conteúdo para identificar a frequência, os padrões e a sequência do apoio mútuo dentro do grupo em tempo não real (FOX et al., 2010). Isso envolveu o uso de constatações de pesquisa relevantes para guiar o desenvolvimento dos meus códigos iniciais. Além da codificação usando categorias de apoio predefinidas, também fiz observações detalhadas sobre tom, conteúdo e desenvolvimento dos grupos, o que agregou riqueza contextual à análise. Abordagens mais indutivas também são possíveis (BRAUN & CLARKE, 2006), em que os códigos são gerados a partir dos dados e não determinados antes da análise.

A comunicação gerada nos GFOs também serve a processos mais técnicos de análise da conversa (COLLINS & BRITTEN, 2006). Componentes linguísticos do discurso on-line, como escolhas lexicais, estrutura gramatical e estilo conversacional, podem ser analisados, assim como os componentes dinâmicos da conversa que são exclusivos dos GFOs, como a tomada de turno, organização e administração do silêncio (BOSIO et al., 2008).

Por fim, os dados de GFOs também podem ser analisados usando abordagens de construção teórica, como a teoria fundamentada (GLASER & STRAUSS, 1967); meu trabalho se alinhou à ênfase de Charmaz na teoria fundamentada "construtora" (CHARMAZ, 2006; cf. FOX et al., 2007b). Assim como ocorre com grupos-foco presenciais, não existe a "melhor" forma de analisar dados de GFOs, mas optar por um foco no conteúdo ou no processo de interação pode ajudar a guiar as decisões analíticas (WILKINSON, 1998).

Conclusão

Demonstrei que muitas das perguntas de pesquisa e processos analíticos usados para grupos-foco presenciais podem ser aplicados aos GFOs. Destaquei algumas das características exclusivas das discussões em tempo real e não real, e descrevi passos e considerações importantes para o pesquisador ao planejar e hospedar GFOs. Através de exemplos da minha pesquisa, indiquei que os GFOs podem oferecer uma alternativa viável aos grupos-foco presenciais e podem até mesmo ser mais inclusivos e atraentes para alguns grupos de participantes (quadro 13.3). Eu incentivo os pesquisadores a continuarem a desenvolver o método GFO.

Quadro 13.3 *Reflexões pessoais sobre o uso de GFOs*

A ideia de trabalhar com GFOs foi uma resposta aos desafios de envolver jovens em grupos-foco presenciais. Meus participantes eram jovens com doenças crônicas na pele que possivelmente afetavam não apenas sua aparência, mas também sua confiança. As discussões on-line, portanto, pareciam uma boa opção a lhes oferecer. Minha experiência com chat on-line em tempo real era limitada, então isso era uma "experiência" que me atraía e, com o apoio de um técnico da universidade e da minha equipe de supervisão, fui encorajada a "experimentar". Esperar os participantes se conectarem e entrarem em meu GFO inicial foi uma experiência enervante, visto que eu me preocupava com o grau de resposta deles em relação a mim e entre si. Contudo, alguns minutos após abrir o GFO em tempo real, respostas e contribuições começaram a encher minha tela. Fiquei imediatamente espantada com a velocidade na qual esse grupinho de desconhecidos entraram em sintonia e a facilidade com que começaram a revelar suas experiências. Eu me lembro de achar que eu poderia provavelmente relaxar e deixá-los conduzir a discussão sem minha intervenção. Aí surgiu o primeiro silêncio longo e assustador... seguido de várias publicações invadindo minha tela ao mesmo tempo! Às vezes eu achava que estava sendo deixada para trás pela velocidade da conversa, pelo seu entendimento mútuo das abreviaturas e pelo uso de emoticons que me eram desconhecidos. O que significava exatamente LOL (muito amor?) [*lots of love*] e por que eles viviam dizendo isso? Uma rápida busca no Google me esclareceu – esses meninos estavam Rindo Alto! [Laughing Out Loud]. Senti um misto de ser privilegiada por adquirir conhecimento sobre o seu mundo social e um pequeno pânico de que eu precisava acompanhar o ritmo dos meninos!

Eu havia previsto que minha pesquisa começaria explorando as experiências de jovens com doenças crônicas na pele e prosseguiria com uma série clara de estudos que, por fim, definiriam suas necessidades de apoio. Entretanto, os GFOs evidenciaram que os participantes estavam trocando apoio mútuo e, então, estavam espontaneamente atendendo às próprias necessidades de apoio. Assim, meu pensamento conceitual e meus planos de pesquisa deram um salto gigante para frente (e um pouco para a esquerda), visto que planejei estudos subsequentes para comparar aspectos específicos de apoio mútuo e como eles são negociados em diferentes ambientes on-line.

Em minha carreira subsequente de pesquisadora, guardei o senso de que a Internet propicia um veículo importante para alcançar grupos de jovens. Na qualidade de uma poderosa ferramenta de comunicação e troca de informações, a Internet também é um domínio social onde muitos jovens existem (PASTORE, 2002), e fazer pesquisa qualitativa on-line pode permitir que os jovens se sintam relaxados e no controle da própria experiência de participação. Portanto, estou convicta de que ela deve ser considerada um espaço apropriado onde a pesquisa qualitativa pode florescer.

Experimente...

Compare os extratos de dados de dois GFOs individuais (nas tabelas 13.1 e 13.2):

1) Anote suas observações iniciais sobre as diferenças entre os dados dos GFOs em tempo real e não real.

2) Quais são as características dos estilos de comunicação de cada um?

3) Como você pode começar a analisar esses dados?

Outros recursos: on-line

Os seguintes websites dão informações a jovens sobre segurança on-line:
Stay Safe Online.org: www.staysafeonline.org/stop-think-connect/tips-and-advice

Safety Net Kids – Ficando seguro on-line: www.safetynetkids.org.uk/personal-safety/staying-safe-online/

Outros recursos: leituras

Mais discussões sobre os GFOs em tempo real: FOX, F.; MORRIS, M. & RUMSEY, N. (2007a). Doing synchronous online focus groups with young people: Methodological reflections. In: *Qualitative Health Research*, 17 (4), p. 539-547.

Leia mais sobre o estudo ilustrativo usando GFOs em tempo real: FOX, F.; RUMSEY, N. & MORRIS, M. (2007b). "Ur skin is the thing that everyone sees and you can't change it!": Exploring the appearance-related concerns of young people with psoriasis. In: *Developmental Neurorehabilitation*, 10 (3), p. 133-141.

Exploração e comparação das diferentes formas pelas quais os jovens trocam apoio via grupos on-line em tempo real e não real: FOX, F.; MORRIS, M. & RUMSEY, N. (2010). How do young people use disclosure in real-time and non-real-time online groups? In: *Internet Journal of Web-Based Communities*, 6 (4), p. 337-348.

Discussão sobre pontos fortes e limitações dos GFOs: GAISER, T (2008). On-line focus groups. In: FIELDING, N.G.; LEE, R.M.; & BLANK, G. (eds.). *The Sage handbook of online research methods*. Londres: Sage Publications, p. 290-306.

Comparação de GFOs presenciais e em tempo não real e uma exploração das diferenças nas preferências, experiências e envolvimento dos participantes com cada abordagem: NICHOLAS, D.B.; LACH, L.; KING, G.; SCOTT, M.; BOYDELL, K.; SAWATZKY, B.J.; REISMAN, J.; SCHIPPEL, E. & YOUNG, N.L. (2010). Contrasting Internet and face-to-face focus groups for children with chronic health conditions: Outcomes and participant experiences. In: *International Journal of Qualitative Methods*, 9 (1), p. 105-121.

Referências

ADAMS, J.; RODHAM, K. & GAVIN, J. (2005). Investigating the "self" in deliberate self-harm. In: *Qualitative Health Research*, 15 (10), p. 1.293-1.309.

ADLER, C.L. & ZARCHIN, Y.R. (2002). The "virtual focus group": Using the Internet to reach pregnant women on home bed rest. In: *Journal of Obstetric, Gynaecologic, and Neonatal Nursing*, 31 (4), p. 418-427.

BORDIA, P. (1997). Face-to-face versus computer-mediated communication: A synthesis of the experimental literature. In: *Journal of Business Communication*, 34 (10), p. 99-120.

BOSHOFF, K.; ALANT, E. & MAY, E. (2005). Occupational therapy managers' perceptions of challenges faced in early intervention service delivery in South Australia. In: *Australian Occupational Therapy Journal*, 52 (3), p. 232-242.

BOSIO, A.C.; GRAFFIGNA, G. & LOZZA, E. (2008). Toward theory and technique for online focus groups. In: HASSON, T. (ed.). *Handbook of research on digital information technologies*: Innovations, methods and ethical issues. Denmark: Emerald Group, p. 193-213.

BOYATZIS, R.E. (1998). *Transforming qualitative information*: Thematic analysis and code development. Thousand Oaks, CA: Sage Publications.

BRAUN, V. & CLARKE, V. (2006). Using thematic analysis in psychology. In: *Qualitative Research in Psychology*, 3 (2), p. 77-101.

CHARMAZ, K. (2006). *Constructing grounded theory*: A practical guide through qualitative analysis. Thousand Oaks, CA: Sage Publications.

COLLINS, S. & BRITTEN, N. (2006). Conversation analysis. In: POPE, C. & MAYS, N. (eds.). *Qualitative research in health care*. 3. ed. Oxford: Blackwell, p. 43-52.

DAVIS, R.N. (1999). Web-based administration of a personality based questionnaire: Comparison with traditional methods. In: *Behavioural Research Methods, Instruments and Computers*, 31, p. 572-577.

ESS, C. & COMITÊ DE TRABALHO SOBRE ÉTICA AoIR (2002). *Ethical decision-making and Internet research*: Recommendations from the AoIR ethics working committee. Disponível em: www.aoir.org/reports/ethics.pdf

FAWCETT, J. & BUHLE, E.L. (1995). Using the Internet for data collection: An innovative electronic strategy. In: *Computers in Nursing*, 13 (6), p. 273-279.

FOX, F.; MORRIS, M. & RUMSEY, N. (2010). How do young people use disclosure in real-time and non-real-time online groups? In: *International Journal of Web Based Communities* (4), p. 337-348.

_____ (2007a). Doing synchronous online focus groups with young people: Methodological reflections. In: *Qualitative Health Research*, 17 (4), p. 539-547.

_____ (2007b). "Ur skin is the thing that everyone sees and you can't change it!": Exploring the appearance-related concerns of young people with psoriasis. In: *Developmental Neurorehabilitation*, 10 (3), p. 133-141.

FRANKLIN, K.K. & LOWRY, C. (2001). Computer-mediated focus group sessions: Naturalistic inquiry in a networked environment. In: *Qualitative Research*, 1 (2), p. 169-184.

GAISER, T (2008). Online focus groups. In FIELDING, N.G.; LEE, R.M. & BLANK, G. (eds.). *The Sage handbook of online research methods*. Londres: Sage Publications, p. 290-306.

_____ (1997). Conducting online focus groups: A methodological discussion. In: *Social Science Computer Review*, 15 (2), p. 135-144.

GIBSON, F. (2007). Conducting focus groups with children and young people: Strategies for success. In: *Journal of Research in Nursing*, 12 (5), p. 473-483.

GLASER, B. & STRAUSS, A. (1967). *The discovery of grounded theory*. Hawthorne, NY: Aldine Publishing Company.

HORN, S. (1998). *Cyberville*: Clicks, culture and the creation of an online town. Nova York: Warner Books.

HORRELL, B.; STEPHENS, C. & BREHENY, M. (2015). Online research with informal caregivers: Opportunities and challenges. In: *Qualitative Research in Psychology*, 12 (3), p. 258-271.

HSIEH, H.F. & SHANNON, S.E. (2005). Three approaches to qualitative content analysis. In: *Qualitative Health Research*, 15 (9), p. 1.277-1.288.

IM, E. (2006). White cancer patients' perception of gender and ethnic differences in pain experience. In: *Cancer Nursing*, 29 (6), p. 441-452.

INTERNET WORLD STATS (2014). *Internet growth statistics*. Disponível em: www.internetworldstats.com/emarketing.htm

DE JONG, I.; REINDERS-MESSELINK, H.A.; JANSSEN, W.G.M.; POELMA, M.J.; VAN WIJK, I. & VAN DER SLUIS, C.K. (2012). Activity and participation of children and adolescents with unilateral congenital below elbow deficiency: An online focus group study. In: *Journal of Rehabilitation Medicine*, 44 (10), p. 885-892.

JOINSON, A.N. (2001). Self-disclosure in computer-mediated communication: The role of self-awareness and visual anonymity. In: *European Journal of Social Psychology*, 31 (2), p. 177-192.

KEISLER, S. & SPROULL, L. (1992). Group decision making and communication technology. In: *Organizational Behavior and Human Decision Processes*, 52 (1), p. 96-123.

KENNEDY, C.; KOOLS, S. & KRUEGER, R. (2001). Methodological considerations in children's focus groups. In: *Nursing Research*, 50 (3), p. 184-187.

KENNY, A.J. (2005). Interaction in cyberspace: An online focus group. In: *Journal of Advanced Nursing*, 49 (4), p. 414-422.

KITZINGER, J. (1995). Qualitative research: Introducing focus groups. In: *British Medical Journal*, 311 (7.000), p. 299-302.

KRUEGER, R.A. (1988). *Focus groups*: A practical guide for applied research. Newbury Park, CA: Sage Publications.

KRUEGER, R.A. & CASEY, M.A. (2000). *Focus groups*. A practical guide for applied research. 3. ed. Thousand Oaks, CA: Sage Publications.

MANN, C. & STEWART, F. (2000). *Internet communication and qualitative research*: A handbook for researching online. Londres: Sage Publications.

MOLONEY, M.F.; DIETRICH, A.S.; STRICKLAND, O. & MYERBURG, S. (2003). Using Internet discussion boards as virtual focus groups. In: *Advances in Nursing Science*, 26 (4), p. 274-286.

MONTOYA-WEISS, M.M.; MASSEY, A.P. & CLAPPER, D.L. (1999). On-line focus groups: Conceptual issues and a research tool. In: *European Journal of Marketing*, 32 (7/8), p. 713-723.

MORGAN, M.; GIBBS, S.; MAXWELL, K. & BRITTEN, N. (2002). Hearing children's voices: Methodological issues in conducting focus groups with children. In: *Qualitative Research*, 2 (1), p. 5-20.

MURRAY, P.J. (1997). Using virtual focus groups in qualitative research. In: *Qualitative Health Research*, 7 (4), p. 542-545.

NICHOLAS, D.B. (2003). Participant perceptions of online groupwork with fathers of children with spina bifida. In: SULLIVAN, N.; LANG, N C.; GOODMAN, D.; & MITCHELL, L. (eds.). *Social work with groups*: Social justice through personal, community and societal change. Binghamton, NY: Haworth, p. 227-240.

NICHOLAS, D.B.; LACH, L.; KING, G.; SCOTT, M.; BOYDELL, K.; SAWATZKY, B.J.; REISMAN, J.; SCHIPPEL, E. & YOUNG, N.L. (2010). Contrasting Internet and face-to-face focus groups for children with chronic health conditions: Outcomes and participant experiences. In: *International Journal of Qualitative Methods*, 9 (1), p. 105-121.

O'CONNOR, H. & MADGE, C. (2003). Focus groups in cyberspace: Using the Internet for qualitative research. In: *Qualitative Market Research: An International Journal*, 6 (2), p. 133-143.

PASTORE, M. (2002). *Internet key to communication among youth*. Clickz network: Solutions for marketers.

PEACOCK, S.; ROBERTSON, A.; WILLIAMS, S. & CLAUSEN, M. (2009). The role of learning technologists in supporting e-research. In: *ALT-J*, 17 (2), p. 115-129.

PITTENGER, D.J. (2003). Internet research: An opportunity to revisit classical ethical problems in behavioural research. In: *Ethics & Behaviour*, 13 (1), p. 45-60.

REID, D.J. & REID, F.J.M. (2005). Online focus groups: An in-depth comparison of computer mediated and conventional focus group discussions. In: *International Journal of Market Research*, 47 (2), p. 131-162.

REIPS, U.D. (2000). The web experiment method: Advantages, disadvantages and solutions. In: BIRMBAUN, M.H. (ed.). *Psychological experiments on the Internet*. San Diego, CA: Academic Press, p. 89-117.

REZABEK, R. (2000). Online focus groups: Electronic discussions for research. In: *Forum Qualitative Sozialforschung. Forum: Qualitative Social Research*, 1 (1). Disponível em: www.qualitative-research.net/fqs-texte/1-00/1-00rezabek-e.htm

ROBSON, K. (1999). *Employment experiences of ulcerative colitis and Crohn's disease sufferers*. Cardiff, Reino Unido: Universidade do País de Gales [Tese de Doutorado não publicada].

SPROULL, L. & KIESLER, S. (1986). Reducing social context cues: Electronic mail in organizational communication. In: *Management Science*, 32 (11), p. 1.492-1.512.

STEWART, F.; ECKERMAN, E. & ZHOU, K. (1998). Using the Internet in qualitative public health research: A comparison of Chinese and Australian young women's perceptions of tobacco use. In: *Internet Journal of Health Promotion*, 12 [on-line]. Disponível em: www.rhpeo.org/ijhp-articles/1998/12/

STEWART, K. & WILLIAMS, M. (2005). Researching online populations: The use of online focus groups for social research. In: *Qualitative Research*, 5, p. 395-416.

SUZUKI, L.K. & CALZO, J.P. (2004). The search for peer advice in cyberspace: An examination of online teen bulletin boards about health and sexuality. In: *Journal of Applied Developmental Psychology*, 25 (6), p. 685-698.

SWEET, C. (2001). Designing and conducting virtual focus group. In: *Qualitative Market Research: An International Journal*, 4 (3), p. 130-135.

TANIS, M. (2007). Online social support groups. In: JOINSON, A.; MCKENNA, K.; POSTMES, T. & REIPS, U. (eds.). *The Oxford handbook of Internet psychology*. Oxford: Oxford University Press, p. 139-153.

TATES, K.; ZWAANSWIJK, M.; OTTEN, R.; VAN DULMEN, S.; HOOGERBRUGGE, P.M.; KAMPS, W.A. & BENSING, J.M. (2009). Online focus groups as a tool to collect data in hard-to-include populations: Examples from paediatric oncology. In: *BMC Medical Research Methodology*, 9 (15), p. 9-15.

TESCH, R. (1991). Software for qualitative researchers: Analysis needs and programme capabilities. In: FIELDING, N.G. & LEE, R.M. (eds.). *Using computers in qualitative research*. Londres: Sage Publications, p. 15-22.

THOMAS, C.; WOOTTEN, A. & ROBINSON, P. (2013). The experiences of gay and bisexual men diagnosed with prostate cancer: Results from an online focus group. In: *European Journal of Cancer Care*, 22 (4), p. 522-529.

TIDWELL, L.C. & WALTHER, J.B. (2002). Computer-mediated communication effects on disclosure, impressions, and interpersonal evaluations: Getting to know one another a bit a time. In: *Human Communication Research*, 28 (3), p. 317-348.

TURNEY, L. & POCKNEE, C. (2005). Virtual focus groups: New frontiers in research. In: *International Journal of Qualitative Methods*, 4 (2), p. 32-43.

TUTTAS, C.A. (2014). Lessons learned using web conference technology for online focus group interviews. In: *Qualitative Health Research*, 25 (1), p. 122-133.

WARD, K.J. (1999). The cyber-ethnographic (re)construction of two feminist online communities. In: *Sociological Research Online*, 4 (1). Disponível em: www.socresonline.org.uk/4/1/contents.html

WILKINSON, S. (1998). Focus group methodology: A review. In: *International Journal of Social Research Methodology*, 1 (3), p. 181-203.

WILLIAMS, M. (2003). *Virtually criminal*: Deviance and harm within online environments. Cardiff, Reino Unido: Universidade do País de Gales, [Tese de Doutorado não publicada].

WILLIAMS, S. (2009). *Understanding anorexia nervosa*: An online phenomenological approach. Edimburgo, Reino Unido: Universidade Queen Margaret [Tese de Doutorado não publicada].

WILLIAMS, S.; CLAUSEN, M.G.; ROBERTSON, A.; PEACOCK, S. & MCPHERSON, K. (2012). Methodological reflections on the use of asynchronous online focus groups in health research. In: *International Journal of Qualitative Methods*, 11 (4), p. 368-383.

YBARRA, M.L.; DUBOIS, L.Z.; PARSONS, J.T.; PRESCOTT, T.L. & MUSTANSKI, B. (2014). Online focus groups as an HIV prevention programme for gay, bisexual and queer adolescent males. In: *AIDS Education and Prevention*, 26 (6), p. 554-564.

Posfácio

Ruthellen Josselson

Os pesquisadores qualitativos expandiram vastamente suas noções do *que* constitui dados nas ciências sociais e da saúde. Muito pode ser aprendido sobre as pessoas de outras maneiras além de um pesquisador estar com elas, individualmente ou em grupos-foco, e entrevistá-las. Por que não observar diários ou pedir às pessoas para responderem aos levantamentos de forma aberta? Ou para preencherem histórias ou responderem a vinhetas estruturadas pelo pesquisador? Por que não acessar os vastos recursos de mídias interativas, como blogues, fóruns de discussão, rádio falado e outras formas de dados da mídia – assim como toda a conversa que acontece on-line? De um modo abrangente e reflexivo, este livro conduz os pesquisadores aos passos de acesso a manifestações amplamente variadas da vida humana. O fato de as "instruções" dessas abordagens – textuais, midiáticas e virtuais – estarem todas reunidas neste único volume é uma enorme contribuição para a pesquisa qualitativa.

Os dados da experiência humana e prática social estão em toda parte e, com a Internet, mais acessíveis do que nunca aos pesquisadores. Os pesquisadores qualitativos nas ciências sociais e da saúde têm à disposição fenômenos registrados da vida social e pessoal que abrem novas visões para a exploração de questões novas. Aqueles de nós que migraram, por vezes com relutância, para a era da Internet (e da mídia) sabem que uma geração de nativos da Internet agora está envelhecendo no mundo acadêmico. Essas pessoas, que cresceram na Internet como parte integrante de seu mundo social, estão expandindo nossas concepções de como o conhecimento pode ser construído – e a partir de quais fontes. Agora existem novas possibilidades de entrar em contato e aprender com populações anteriormente difíceis de acessar. Existem novas oportunidades para testemunhar como as pessoas estão se comportando e conversando em cenários naturais.

Os textos que analisamos para conquistar entendimento podem ser obtidos de vários modos, como detalha este livro. A forma de reunir os dados (e o que eles supostamente representam) é uma decisão crucial que ancora qualquer interpretação que fazemos sobre os fenômenos observados. Este livro expande os bancos de dados disponíveis e analisa os *processos reais* de coleta de dados qualitativos nesses formatos, oferecendo portanto um início importantíssimo para pensar a respeito do que nós, como estudiosos, podemos entender desses desenhos de pesquisa.

Uma perspectiva filosófica emergente na pesquisa qualitativa contemporânea pode ser vista como aquilo que Ken Gergen (2014) denomina *pragmatismo reflexivo*: abstendo-nos do que foi chamado de "metodolatria", avaliamos a pesquisa levando em conta se determinada prática cumpre seus objetivos imaginados e se o faz de maneira suficientemente rigorosa. A criatividade na prática da pesquisa se torna ilimitada. Os autores dos capítulos deste livro estão envolvidos na reflexão (pragmática) sobre várias fontes de dados, considerando o que esses dados podem representar e como podem ser obtidos da maneira mais proveitosa para abordar perguntas de pesquisa significativas.

A maioria das formas de coleta de dados discutidas neste livro se fundamentam na linguagem – e a linguagem incorpora as crenças de uma sociedade. Abordagens como levantamentos qualitativos, preenchimento de histórias, vinhetas e diários são amostras do uso natural da linguagem escrita, por conseguinte oferecendo uma janela para realidades fundamentalmente e socialmente construídas que revelam como as pessoas concebem seus mundos sociais. Embora a solicitação de amostras escritas de experiências seja uma forma consolidada de coleta de dados, especialmente entre os pesquisadores quantitativos, os autores destes capítulos (cap. 2-5) a apresentam de um modo *novo* aos pesquisadores qualitativos, e descrevem meticulosamente a mecânica de seu uso como um meio de explorar os significados e interpretações dos participantes a respeito de certos fenômenos.

Os tipos de acessos a dados virtuais e da mídia são formas mais recentes de coleta de dados, principalmente na psicologia. Esses dados podem ilustrar como as pessoas usam a linguagem em cenários naturais, captando a construção social de suas realidades com pouco ou nenhum impacto do pesquisador. Um dos aspectos mais intrigantes de muitas dessas formas de coleta de dados é que o pesquisador se torna um espião, um observador totalmente discreto. Essas abordagens a dados reunidos subtraem a relação de pesquisa da equação de pesquisa e suas muitas influências nos dados produzidos. Apesar de ainda precisarmos ficar atentos ao público dos blogues ou do rádio falado ou publicações de mídias sociais, nossa presença como pesquisadores, por ocorrer após o fato, é removida da *pro-*

dução dos dados. Assim ganhamos acesso a algo diferente dos dados solicitados pelo pesquisador.

A Internet e as mídias relacionadas fornecem documentos que refletem como as pessoas entendem o mundo, e os pesquisadores qualitativos – como aqueles que colaboraram com este livro – estão tentando de modo criativo e ávido colher as riquezas que são espalhadas no mundo virtual. Esses pesquisadores me lembram os exploradores do século XV que sabiam da existência de um "novo mundo" lá fora, construíam os navios e criavam os mapas para alcançá-lo e documentá-lo (e, sim, muitas vezes dominá-lo/colonizá-lo). Em nosso mundo contemporâneo, o navio de um explorador está na mesa de todos. O desafio permanece nos mapas – onde explorar, como explorar e como entender tudo isso. Acessar esse arquivo interativo do cotidiano *com responsabilidade* é o primeiro passo. O cuidado dos autores com a ética envolvida precisa ser reconhecido – a ética da pesquisa virtual pode provocar questões complexas, principalmente em relação às mídias (sociais). Onde estão as fronteiras entre público e privado no mundo virtual? Como manter o anonimato daqueles que estudamos quando esse mundo virtual é tão sujeito a buscas? Esses tipos de perguntas têm respostas em evolução, e cada estudioso aqui oferece uma forma reflexiva de abordá-las (apesar de nem sempre concordarem!).

O fato de essas formas de coleta de dados serem tão acessíveis – cliques podem produzir conjuntos de dados enormes em segundos – oferece tanto oportunidades quanto desafios. Como os editores destacam, essas formas de coleta de dados são especialmente atraentes nestes dias de pouco tempo e dinheiro para pesquisa. Por que viajar para conversar com alguém ou fazer um grupo-foco presencial, quando temos Skype? Por que gastar muito dinheiro para fazer perguntas às pessoas quando elas estão publicando o que pensam voluntariamente em tempo real? Ainda podem existir bons motivos para coletar dados qualitativos de formas mais "tradicionais", mas eles podem não ser necessários em todos os casos; podem até nem ser ideais. Mas perguntas importantes precisam, sim, ser abordadas se usarmos o mundo virtual –, principalmente sem o envolvimento do pesquisador na produção de dados: Como limitamos o volume de dados que buscamos? Como podemos verificar a autenticidade do que encontramos – se isso for importante para nossa pergunta de pesquisa? Como interpretamos o que obtemos? Estes tipos de perguntas somente podem ser respondidas com a experiência, e um valor importante deste livro é que todos os autores compartilham os perigos de suas investigações – dificuldades e problemas – e os sucessos. Os pesquisadores cujas vozes ouvimos aqui testemunham a desordem do processo de pesquisa, a qual, mesmo acontecendo em qualquer estudo, não importa a forma, em geral é encoberta.

Os pesquisadores qualitativos aprendem sobre as pessoas e a vida social, analisando as formas pelas quais elas constroem a própria experiência e o mundo social. Este livro é um compêndio de formas novas e em evolução de acessar o entendimento e, com seus detalhes cuidadosamente elaborados, abre novas perspectivas para os pesquisadores qualitativos.

Referência

GERGEN, K.J. (2014). Pursuing excellence in qualitative inquiry. In: *Qualitative Psychology*, 1 (1), p. 49-61.

Glossário

Amostra: os *participantes* que são selecionados para participar da pesquisa. Subgrupo de uma *população*.

Amostragem: processo de seleção de *participantes* para compor a pesquisa, partindo do fundamento de que são capazes de fornecer informações detalhadas relevantes à investigação.

Amostragem "bola de neve": abordagem à amostragem em que participantes novos são convidados nas redes de pessoas que já tenham participado. (Cf. *Amostragem por conveniência; Amostragem orientada.*)

Amostragem orientada: modo de *amostragem* típico da pesquisa qualitativa; envolve a seleção de participantes ou dados com base em certas características ou experiências. (Cf. *Amostragem por conveniência; Amostragem "bola de neve".*)

Amostragem por conveniência: um modo muito comum de amostragem no qual participantes ou dados são selecionados com base na *acessibilidade* e não em outro critério. (Cf. *Amostragem orientada; Amostragem "bola de neve".*)

Amplitude de dados: dados que propiciam um entendimento amplo e geral de algum fenômeno. Em geral, o oposto de *profundidade de dados*.

Análise: o exame detalhado dos dados. Pode ser quantitativa, em que os dados analisados são numéricos, ou qualitativa, em que os dados analisados são auditivos, textuais ou visuais. (Cf. *Análise da conversa; Análise do discurso; Teoria fundamentada; Análise temática; Análise fenomenológica interpretativa; Análise retórica.*)

Análise da conversa (AC): uma forma de análise qualitativa que tenta descrever organização, estrutura e padrões sequenciais de interação nas conversas cotidianas ou conversas (formais) institucionais.

Análise detalhada: Cf. *Microanálise*.

Análise do discurso (AD): grupo de formas de análise qualitativa centradas no exame detalhado de padrões de significado dentro de textos, e os efeitos e implicações de certos padrões de significado. Teoricamente sustentada pela ideia de que a linguagem gera significado e realidade em vez de refleti-los.

Análise do discurso fundamentada em padrões: versões da *análise do discurso* concentradas principalmente na identificação de componentes padronizados de linguagem; em geral sustenta algum interesse no conteúdo da linguagem, não apenas em sua função.

Análise fenomenológica interpretativa (AFI): abordagem à pesquisa qualitativa que objetiva entender experiências da "pessoa em contexto"; prioriza as experiências dos participantes e a interpretação que fazem delas. Teoricamente desenvolvida a partir da *fenomenologia* e da *hermenêutica*.

Análise foucaultiana do discurso (ou **Análise pós-estruturalista do discurso**): uma forma de análise do discurso baseada nas teorias de Michel Foucault com foco na análise das relações de poder na sociedade.

Análise narrativa: usa a pessoa como unidade de análise e observa o relato da pessoa para encontrar significados; a análise pode unir elementos de múltiplas histórias para construir uma narrativa abrangente.

Análise qualitativa de conteúdo: método de análise qualitativa de dados que tipicamente envolve a classificação de grandes quantidades de texto em categorias que representam significados similares. Uma forma qualitativa de *análise quantitativa de conteúdo*.

Análise quantitativa de conteúdo: forma de análise que geralmente conta e relata a frequência de conceitos/palavras/comportamentos dentro dos dados. (Cf. *Análise qualitativa de conteúdo*.)

Análise retórica: tipo de análise qualitativa incluída no amplo espectro da *psicologia discursiva*. O foco de uma análise retórica é a natureza argumentativa e persuasiva da linguagem, e os modos nos quais a interação social se localiza dentro de um contexto de controvérsia contendo discursos e contradiscursos.

Análise temática: forma de análise que tem o *tema* como sua unidade de análise e que analisa o conjunto de dados para identificar os temas.

Anonimato: proteção da identidade dos participantes. Vários graus de anonimato podem existir, desde modelos em que somente os participantes sabem que participaram da pesquisa até modelos em que o pesquisador conhece, mas toma medidas ativas para que somente ele conheça a identidade dos participantes. Tipicamente, uma exigência *ética*.

Ascendente: uma abordagem à análise que tem início ou fundamenta-se nos significados e ideias transmitidos dentro do conjunto de dados – e às vezes envolve o posterior desenvolvimento de uma teoria (como em *Teoria fundamentada*). Também chamada de *indutiva*, o oposto de abordagem *dedutiva* ou *descendente*.

Assíncrono(a): quando a interação entre o participante da pesquisa e o pesquisador ocorre em períodos diferentes. Por exemplo, quando o pesquisador faz uma pergunta ao participante, mas este responde posteriormente. Um elemento de *entrevistas por* e-mail ou *grupos-foco on-line*.

Blogosfera: um grupo de *blogues* considerados uma comunidade ou rede on-line distinta.

Blogue: um *site* ou *página da web* atualizado(a) regularmente e escrito em estilo informal ou de conversa.

CAQDAS: software de análise de dados qualitativos assistida por computador.

Codificação: o processo de examinar dados, identificar e observar aspectos que se relacionem à sua pergunta de pesquisa. A codificação pode ser *completa*, em que todo o conjunto de dados é codificado, ou *seletiva*, em que apenas o material de interesse é selecionado e codificado.

Codificação aberta: uma das fases iniciais de uma análise de *teoria fundamentada*. O processo envolve a coleta de dados brutos (como entrevistas, notas de campo etc.) que são depois sistematicamente codificados, rotulados e definidos linha por linha a fim de fragmentar os dados em segmentos que possam ser, então, interpretados quanto ao significado.

Codificar: o processo de identificar e descrever conceitos significativos de um conjunto de dados. Rótulos são atribuídos a "pedaços de dados" (p. ex., linhas, frases ou parágrafos) para captá-los e transmitir seu significado. Em geral é uma das primeiras etapas da *análise* de dados, após a *familiarização*.

Comentários: os comentários que os leitores são convidados a tecer após publicação de uma história ou opinião on-line.

Confiabilidade: o ponto até onde os resultados gerados poderiam ser gerados novamente (p. ex., por outro pesquisador, em outro contexto, em outro momento...); componente essencial da pesquisa *positivista*.

Confidencialidade: uma promessa e série de processos para limitar o acesso a informações e dados do participante. Uma exigência típica da *ética*.

Conjunto de dados: todos os *itens de dados* coletados para determinado estudo ou análise.

Consentimento informado: consentimento concedido pelos participantes da pesquisa para sua participação nela e para que seus dados sejam usados para os objetivos determinados; tal concessão implica total conhecimento de todos os procedimentos da pesquisa, todos os seus riscos e benefícios. Uma exigência ética da pesquisa (Cf. *Anonimato*; *Confidencialidade*; *Folha de informações do participante.*)

Construção: pode ser usada tanto para se referir a um processo quanto a um produto. Como processo, trata da produção de significado e realidade através da linguagem, representação e outros processos sociais, como a produção de significado sobre "obesidade". Como produto, refere-se a um objeto ou significado particular ou específico que tenha sido produzido através desse processo – "obesidade" é um bom exemplo de construção (ou *Construto*). (Cf. *Socioconstrucionismo.*)

Construção de sentido coletiva: refere-se ao processo social pelo qual o significado de um evento, experiência ou situação é negociado e entendido coletivamente. Tipicamente, uma preocupação de quem trabalha de uma perspectiva *socioconstrucionista* ou quando os dados são coletados em grupos. (Cf. *grupos-foco.*)

Construcionismo: abordagem teórica de orientação social que trata da produção de significado; entende a verdade como não fixa, e o significado como produzido (construído) de modo interpessoal e social através da linguagem, representação e outros processos. Às vezes usado de maneira intercambiável com *construtivismo*, embora as abordagens sejam diferentes e usadas distintamente em diferentes disciplinas. (Cf. *Socioconstrucionismo.*)

Construtivismo: Muito confundido com *construcionismo*, embora as abordagens sejam diferentes (e usadas distintamente em diferentes disciplinas). O construtivismo considera as verdades e significados pessoais como produções através da participação dos indivíduos em seus mundos. Em geral é aplicado mais individualmente e em formas de orientação psicológica do que o construcionismo. (Cf. *Socioconstrucionismo.*)

Construto: refere-se a determinado artefato ou objeto social que é o foco da análise ou interesse. De acordo com uma postura *socioconstrucionista*, o significado não é visto como inerente ao objeto, e sim como uma produção social. Por exemplo, considere o construto "a criança": o que os ocidentais entendem hoje como essência e significado de infância é muito diferente dos significados atribuídos 200 anos atrás; as diretrizes e práticas que envolvem as crianças também diferem. (Cf. *Construção*; *Construcionismo*; *Socioconstrucionismo.*)

Contextualismo: abordagem teórica que caracteriza algumas pesquisas qualitativas e considera que o significado se relaciona ao contexto em que é produzido.

Conveniência social: a tendência de participantes responderem as perguntas de modo a estarem em posição favorável, geralmente enfatizando o "bom comportamento" ou minimizando o "mau comportamento". Tal *"parcialidade"* geralmente é vista como muito problemática na pesquisa quantitativa ou *realista/positivista* porque significa que as pessoas não estão dando respostas "confiáveis", limitando assim a *validade* da pesquisa.

Dados: materiais coletados ou gerados que são analisados.

Dados brutos: dados em sua forma original, como dados em áudio antes da transcrição.

Dados naturalistas: dados que existem no mundo (como reportagens de jornais ou interações entre médico e paciente) e que não são coletados especificamente para fins de pesquisa. Também chamados de dados de ocorrência natural.

Dados ricos: dados que proveem relatos detalhados, complexos e contraditórios sobre o *objeto de pesquisa*. (Cf. *Profundidade de dados*; *Descrição densa*.)

Dados textuais: dados coletados em formato escrito (e não em áudio). (Cf. *Entrevistas por e-mail*; *Levantamentos qualitativos*; *Vinhetas*; *Dados em mídia*.)

Dedutivo(a): abordagem que geralmente se direciona do geral ao específico. Por exemplo, testar uma teoria gerando hipóteses específicas que são exploradas ou testadas em dados. Guiado por teorias. Às vezes descrito como *descendente*; o oposto de *indutivo*.

Demografia: as características de uma população ou amostra, incluindo idade, etnia, gênero, situação econômica, grau de educação, nível de renda e emprego, entre outros.

Descendente: orientação *dedutiva* em análise qualitativa em que a teoria e o conhecimento existentes norteiam o que é buscado, ou visto, e relatado nos dados. Às vezes se associa a testes de teorias. O oposto de uma orientação *indutiva* ou *ascendente*.

Descrição densa: refere-se originalmente a dados nos quais os contextos de comportamento foram descritos; agora é frequentemente usada para se referir a dados detalhados, complexos e contraditórios. (Cf. *Dados ricos*.)

Desenho comparativo: desenho de pesquisa que envolve a comparação de dados de dois ou mais grupos de pessoas (p. ex., homens e mulheres), ou duas ou mais fontes de pesquisa.

Desenho de pesquisa: efetivamente o plano para o que um estudo envolverá e como será conduzido. Idealmente, o desenho deve incorporar os objetivos do estudo, estrutura(s) teórica(s), perguntas de pesquisa, ética e métodos de geração e análise de dados.

Diário (solicitado): forma de coleta de dados em que os participantes são solicitados a redigir um diário durante determinado período com o objetivo de abordar uma pergunta de pesquisa específica.

Discurso: uma palavra com vários significados. Em termos gerais, refere-se ao significado padronizado na linguagem falada ou escrita; a sistemas de significado e conversa que formam modos prontamente identificáveis de interpretar ou entender certo objeto ou conjunto de objetos no mundo, que são teorizados para criar a realidade.

Dispositivo retórico: *recurso linguístico* usado para construir determinado tipo de argumento ou defletir um contra-argumento. Por exemplo, o uso do humor para defletir acusações de racismo. É um interesse particular da *análise do discurso* e da *análise retórica*.

Efeito público: termo da psicologia social que se refere ao impacto do público na realização de uma tarefa.

Emoji: grupo padronizado de símbolos ou pictografias (uma expressão facial, um objeto comum, lugares, tipos de climas, animais etc.) usados para transmitir um significado específico em meio exclusivamente textual. (Cf. *Emoticon*.)

Emoticon: desenho tipográfico de representação facial usado para transmitir emoção em meio exclusivamente textual (p. ex., ☺). (Cf. *Emoji*.)

Empirismo: postura teórica que considera a verdade revelada através da observação e experimentação ou pesquisa empírica.

Endereço IP: série exclusiva de números que identifica cada computador conectado à Internet.

Entrevista: método individual de coleta de dados qualitativos em que o participante responde as perguntas do pesquisador. Tradicionalmente conduzida pessoalmente, também pode ser conduzida virtualmente. (Cf. *Entrevista por e-mail*; *Entrevista por telefone*.)

Entrevista não estruturada: tipo de entrevista em que os pesquisadores podem ter, no máximo, uma lista de tópicos para cobrir, e as perguntas são espontaneamente criadas durante cada entrevista individual, dependendo do fluxo da conversa. (Cf. *Plano de entrevista*; *Entrevista semiestruturada*.)

Entrevista on-line: *entrevista* conduzida usando Internet ou e-mail, e não presencialmente.

Entrevista por e-mail: método interativo de coleta de dados com um pesquisador e um participante que ocorre via e-mail. (Cf. *Entrevista*; *Entrevista por telefone*.)

Entrevista por telefone: método de coleta interativa de dados entre o pesquisador e o participante que acontece por telefone. (Cf. *Entrevista por e-mail*; *Entrevista*.)

Entrevista semiestruturada: tipo de entrevista em que algumas perguntas e uma ordem predeterminada de perguntas são usadas para todas as entrevistas, mas cada entrevista basicamente se desenvolve em reação às respostas dos participantes. (Cf. *Plano de entrevista*; *Entrevista não estruturada*.)

Epistemologia: uma teoria do conhecimento que determina o que conta como conhecimento válido ou aceito e também, portanto, como procedemos para obter ou produzir esse conhecimento.

Essencialismo/essencialista: a ideia de que os eventos resultam de qualidades fixas "dentro" das pessoas (essências) que são impenetráveis ao contexto social. Não é o mesmo que biologia, mas é frequentemente associado à biologia em explicações sobre o comportamento humano.

Estudo de caso: estudo profundo de caso(s) ("caso" pode ser um programa, um evento, uma atividade, uma pessoa) desenvolvido por um tempo, usando múltiplas fontes de informações (p. ex., observações, documentos, dados de arquivos, *entrevistas*).

Ética: teoria, códigos e práticas cujo objetivo é garantir que a pesquisa seja realizada de modo moral e não prejudicial.

Experiência vivida: usada para descrever relatos e experiências em primeira mão dos participantes a respeito dos fenômenos.

Explicabilidade: em algumas abordagens analíticas qualitativas (cf. *Análise da conversa*; *Análise do discurso*; *Análise retórica*), refere-se à ideia de que as ações, palavras e experiências dos indivíduos são sempre (de algum modo) explicáveis aos outros.

Extrato de dados: extratos curtos de um conjunto de dados que fornecem indícios para determinadas alegações analíticas ou são o foco de uma análise detalhada e específica.

Fala-em-interação: termo de *análise da conversa* e de algumas formas de *análise do discurso* usado para descrever os elementos interativos da comunicação entre as pessoas.

Familiarização: o processo de conhecer (familiarizar-se com) seus dados. Também chamada de *imersão*.

Feminismo: ampla gama de abordagens teóricas e políticas que essencialmente pressupõem direitos iguais para mulheres e homens.

Fenomenologia: uma filosofia influente na pesquisa qualitativa. Há muitas variedades de fenomenologia, mas, em termos gerais, ela trata da compreensão das experiências subjetivas das pessoas.

Flame: conversa hostil e ofensiva entre usuários da Internet. Pode ser o resultado de uma conversa emotiva ou ser deliberada, quando indivíduos (conhecidos como *flamers*) buscam especificamente incitar controvérsias sobre tópicos específicos.

Folha de informações do participante (FIP): informações escritas dadas a possíveis *participantes* que especificam os parâmetros de um estudo e o escopo de qualquer envolvimento que eles possam ter, inclusive potenciais riscos e benefícios.

Fontes secundárias (de dados): informações geradas para outros fins que não a pesquisa, mas que podem ser usadas como dados na pesquisa empírica, como debates parlamentares ou blogues.

Formulário de consentimento: um formulário que os participantes são solicitados a preencher e assinar para indicar que entendem os objetivos da pesquisa e concordam em participar. Uma exigência típica da *ética*. (Cf. *Consentimento informado*.)

Fórum da Internet: Cf. *Fórum de discussão*.

Fórum de discussão (também **Fórum da Internet** ou **Fórum**): tipo de espaço on-line onde as pessoas com interesses comuns podem trocar mensagens abertas, publicando mensagens e recebendo respostas. Em geral de natureza hierárquica, um fórum de discussão conterá vários *subfóruns*, cada um podendo ter vários tópicos. Em cada tópico, cada discussão nova iniciada é chamada de *thread*.

Generalização: a habilidade de aplicar os resultados de um estudo a uma população mais ampla; associa-se mais enfaticamente à pesquisa quantitativa (Cf. *Transferibilidade*.)

Grupo-foco: método de coleta de dados em que um grupo de participantes discute um tópico de interesse, guiado por um moderador, presencialmente ou virtualmente. Um aspecto fundamental e único desse método é a interação/conversa entre membros do grupo.

Grupo-foco on-line: um *grupo-foco* conduzido usando a Internet, e não presencialmente.

Grupos vulneráveis: grupos marginalizados na sociedade ou potencialmente sob risco. (Cf. *Populações de difícil participação*; *Grupos marginalizados* e *Populações ocultas*.)

Hermenêutica: teoria e prática da interpretação.

Heteronormatividade: conceito desenvolvido na teoria queer que descreve o favorecimento social da heterossexualidade e a pressuposição de que a heterossexualidade é a (única) sexualidade natural e normal.

Honorários: pagamentos a participantes por se voluntariarem a participar da pesquisa. Em geral um pequeno valor como compensação pelo seu tempo, despesas de viagem etc. Também chamado de "pagamento a participantes" ou "incentivo".

Ideologia: conjunto organizado de ideias; um modo de ver as coisas.

Imersão: processo em que os pesquisadores se *familiarizam* com os seus dados, lendo ou examinando (em geral repetidamente) alguma parte dos dados detalhadamente.

Indutivo: orientação comum que vai do particular ou específico ao geral – normalmente refere-se à geração de uma teoria nova fundamentada em dados (p. ex., como em *Teoria fundamentada*); em relação à análise qualitativa, refere-se à abordagem *ascendente*, em que conceitos e significados analíticos derivam principalmente do conteúdo do conjunto de dados, e não da teoria existente. Não é uma abordagem que testa teorias/*dedutiva*.

Interpretação: processo de compreensão e teorização dos significados dos dados; vai além de resumir o conteúdo semântico óbvio dos dados e cerca-os com uma estrutura interpretativa.

Intersubjetivos: os significados compartilhados construídos pelas pessoas nas suas interações entre si, usados como recurso cotidiano para interpretar o significado da vida social e cultural.

Item de dados: unidade individual de *dados* (p. ex., uma entrevista, artigo de jornal).

Jornal tamanho standard: um jornal do Reino Unido com formato grande, considerado mais sério e menos sensacionalista do que os tabloides.

Levantamento (Survey): ferramenta de coleta de dados (quantitativa) usada para reunir informações sobre uma população, coletando dados padronizados de uma amostra dessa população. Comumente usada para coletar dados de autodescrição dos participantes, por exemplo, sobre atitudes, opiniões, crenças, conhecimentos ou práticas. (Cf. *Levantamento qualitativo.*)

Levantamento qualitativo (Survey qualitativo): método de coleta qualitativa de dados consistindo em uma série fixa de perguntas abertas para as quais os participantes redigem respostas.

LexisNexis: banco de dados digital de documentos jurídicos e jornalísticos, incluindo jornais, revistas etc.

Mapeamento de histórias: método de análise de dados de *preenchimento de histórias* que envolve a identificação de padrões pelos quais as histórias se desenrolam e progridem.

Mensagens instantâneas (MI): forma de comunicação privada na Internet em que os indivíduos podem conversar em tempo real, usando comunicação textual.

Método: técnica ou ferramenta para a coleta ou análise de dados; costuma ser confundido com *metodologia*.

Metodologia: teoria sobre o modo de desenvolvimento da pesquisa, inclusive a consideração de coisas como *métodos*, *participantes*, função do pesquisador, *ética* etc.

Métodos participativos: envolvem os participantes e/ou a comunidade tratados pela pesquisa como membros ativos da pesquisa, até mesmo como copesquisadores.

Métodos visuais: métodos que tentam incorporar algum elemento visual – como desenhos, mapas, imagens ou outros tipos de apresentações gráficas – no processo de coleta de *dados*. Pode ser uma tarefa para os *participantes* completarem (como desenhar) ou uma tarefa para os participantes responderem (como apresentar uma imagem e pedir respostas sobre ela).

Microanálise: análise bem detalhada e minuciosa de poucos dados encontrados em algumas versões de *análise da conversa*, *análise do discurso* e *análise retórica*.

Mídia digital: qualquer mídia (p. ex., textos, áudios, gráficos e vídeos) criada, visualizada ou transmitida via computadores ou Internet.

Mídias novas: conteúdo de mídias disponível na Internet, acessível em qualquer dispositivo digital, geralmente contendo a participação criativa e retorno interativo do usuário.

Moderador do grupo-foco: a pessoa que guia a discussão num *grupo-foco* e modera a dinâmica do grupo. Às vezes um membro de um grupo preexistente, e não o pesquisador, pode assumir essa função.

Multitextualidade: métodos de coleta de dados qualitativa que oferecem a possibilidade de coletar dados em mais de uma forma (p. ex., áudio, visual, digital etc.). O objetivo é examinar a complexidade de um fenômeno a partir de mais de um ângulo ou além de mais de um nível de dados.

Não concluintes: termo de levantamento que se refere a participantes que começam um levantamento, mas não o concluem.

Não normativo: fora do que é considerado e construído como *normativo*.

Narrativa: relato de evento ou mais de um evento caracterizado por algum tipo de estrutura, em geral temporal nas culturas ocidentais, e outros elementos de história.

Normativo: o que é amplamente considerado e construído como "normal" na sociedade.

Objeto de pesquisa: aquilo que estamos estudando; aquilo que desejamos entender melhor. Pode ser teórico ou conceitual (como amor, criatividade) ou mais concreto (como câncer, alimentação).

Ontologia: refere-se ao estudo da existência, concentrando-se no estado/natureza do mundo, com questões sobre o que existe e que relação existe entre o mundo e os nossos entendimentos humanos e interpretações dele.

Paradigma: estrutura conceitual dentro da qual teorias científicas (e outras) são construídas e dentro da qual ocorrem práticas científicas. Grandes transformações de pensamento e prática são denominadas mudanças de paradigma.

Parcialidade: associada à pesquisa positivista, a parcialidade se refere à ideia de que nossa pesquisa ou dados podem ser contaminados pela nossa falta de objetividade. A parcialidade como conceito não se aplica como uma crítica válida da pesquisa qualitativa (com Q maiúsculo). (Cf. *Subjetivo*; *Subjetividade*.)

Participante: pessoa que participa de uma pesquisa.

Pesquisa de métodos mistos: combinação de diferentes métodos de coleta de dados e/ou análise de dados dentro de um único estudo, frequentemente combinando abordagens qualitativas e quantitativas.

Pesquisa leve: métodos de coleta de dados qualitativos que não são muito onerosos em termos de recursos, como tempo ou custo, especialmente quando comparados a uma *entrevista presencial* ou *grupo-foco*. Esses métodos podem ser mais fáceis e mais rápidos de usar, principalmente quando os dados são coletados em uma ampla gama de participantes geograficamente dispersos.

Pesquisa qualitativa com Q maiúsculo: a aplicação de métodos qualitativos de coleta de dados e análise dentro de um paradigma qualitativo, e não *positivista*.

Pesquisa qualitativa crítica: não interpreta os dados literalmente. Assume uma postura questionadora quanto aos significados expressos nos dados, revelando as ideias e conceitos associados a eles, e em geral os relaciona a significados sociais mais amplos.

Pesquisa qualitativa experimental: busca entender as próprias perspectivas, significados e experiências das pessoas.

Piloto: parte da fase de elaboração da pesquisa que envolve testes em sua ferramenta de coleta de dados (como levantamento, vinheta, tarefa de preenchimento de história etc.) numa pequena amostra da sua *população* de interesse, para garantir que seja significativa para os *participantes* e que seja concluída da maneira esperada.

Plano de entrevista (ou **guia de entrevista**): tópicos, questões e apontamentos que o entrevistador deve perguntar durante uma entrevista. Há três tipos: estruturado (uma lista fixa de questões que devem ser perguntadas usando as mesmas palavras e na mesma ordem em todas as entrevistas), *semiestruturado* (uma lista de questões/tópicos que guiam a discussão, mas sem uma ordem fixa, e perguntas espontâneas podem ser efetuadas em resposta ao relato de desenvolvimento do participante) ou *não estruturado* (quando alguns tópicos são determinados antecipadamente, mas as questões precisas são criadas espontaneamente durante cada entrevista individual, dependendo do fluxo da conversa). (Cf. tb. *Entrevista semiestruturada*; *Entrevista não estruturada*.)

Plano do grupo-foco (ou **guia do grupo-foco**): tópicos, questões e apontamentos que o *moderador do grupo-foco* deve perguntar durante um *grupo-foco*. Há três tipos: estruturado (uma lista fixa de questões que devem ser perguntadas na mesma ordem em todos os grupos-foco), *semiestruturado* (uma lista de tópicos que podem ser perguntados, dependendo do fluxo e conteúdo da discussão) ou *não estruturado* (quando as questões são criadas espontaneamente durante cada entrevista individual, dependendo do fluxo da conversa). (Cf. tb. *Plano de entrevista*.)

População: grupo de indivíduos ou objetos do seu interesse. Tipicamente determinada pelo foco da pesquisa.

População marginalizada: populações que costumam não ser vistas como parte do convencional ou são vistas como desimportantes, sendo assim frequentemente negligenciadas em pesquisas. (Cf. *Populações de difícil participação*; *Grupos vulneráveis*.)

Populações de difícil participação: grupos que podem não sentir um vínculo forte com a pesquisa, o investimento nela ou a compreensão dela, ou que possam haver vivido experiências muito negativas de pesquisa anteriormente, ou para quem a participação possa ser arriscada. (Cf. *Populações ocultas*; *Populações marginalizadas*; *Grupos vulneráveis*.)

Populações ocultas: aquelas cujas associações em grupo não são necessariamente visíveis ou que podem ser estigmatizadas de alguma forma, tornando-se difícil identificar as pessoas como membros desse grupo. (Cf. *Populações de difícil participação*; *Populações marginalizadas*; *Grupos vulneráveis*.)

Pós-estruturalismo: refere-se a um conjunto vago de posturas teóricas (e abordagens analíticas) desenvolvidas na França na década de 1960 a partir de teorias estruturalistas da linguagem. As diferentes abordagens rotuladas de pós-estruturalistas compartilham pressuposições sobre linguagem, significado e subjetividade. A linguagem (*Discurso*) é vista como um constituinte do mundo, da organização da sociedade e da subjetividade individual. O significado é, portanto, produzido e criado dentro da linguagem e do discurso.

Pós-modernismo: notoriamente resistente a definições (e antidefinições em sua essência), o pós-modernismo é uma visão de mundo que desafia o modelo linear e "progressivo" do mundo promovido pelo modernismo. Em vez disso, oferece uma abordagem à sociedade e/ou conhecimento que enfatiza a incerteza do conhecimento e a existência de múltiplas verdades. Teoriza experiências individuais como fragmentadas e múltiplas, e não coerentes e lineares. Costuma ser visto como irônico e autoconsciente.

Pós-positivismo: além do *positivismo*, postura teórica que reconhece que os pesquisadores são influenciados pelos seus contextos, mas que ainda busca o conhecimento (não contaminado) sobre a verdadeira natureza do mundo.

Posições do sujeito: efetivamente um "jeito de ser" ou identidade criada pelo *discurso* que os indivíduos podem assumir; as posições do sujeito oferecem modos de pensar sobre si mesmo em relação ao mundo e delimitam as opções disponíveis para a ação. (Cf. *Subjetividade*.)

Positivismo: estrutura teórica de compreensão do mundo que pressupõe um mundo que existe, independentemente das nossas formas de conhecê-lo e que, se observarmos adequadamente, conseguiremos descobrir sua real e verdadeira natureza.

Prática(s): termo que capta as "coisas muito diversas que as pessoas fazem"; geralmente usado no lugar do termo "comportamento" dentro da pesquisa psicológica crítica, mas é conceitualmente muito mais amplo do que a compreensão tradicional de comportamento por incluir coisas como o uso da linguagem.

Presencial: quando os participantes e o pesquisador se encontram (presencialmente) para fins de coleta de dados interativa.

Pro-Am: contração de profissional amador, este termo se refere à diluição das fronteiras entre o jornalismo profissional e o amador, e a reportagem em ambientes on-line.

Produsage: contração de produtor e uso (*producer* e *usage*), este termo se refere à criação de conteúdo direcionado ao usuário em ambientes on-line, onde as fronteiras entre o consumo passivo e a produção ativa se diluem (como nos *blogues*).

Produsers: indivíduos envolvidos na atividade de *produsage*.

Profundidade de dados: dados que propiciam um entendimento meticuloso (profundo) de algum fenômeno. Em geral, o oposto de *amplitude de dados*.

Pseudoanonimato: anonimato parcial de fontes de dados (p. ex., anonimato de características dos participantes, como idade, profissões antigas e atuais e a cidade onde vivem) que remove ou altera componentes de identificação principais, mas retém alguns componentes analiticamente importantes.

Pseudônimo: nome falso usado no lugar do nome real para proteger o anonimato do participante.

Psicologia crítica: termo geral para uma série de abordagens diferentes que desafiam os principais pressupostos da psicologia convencional. Os componentes essenciais da pesquisa crítica são o questionamento de verdades tidas como certas sobre subjetividade, experiência e o modo de ser do mundo, combinado com o reconhecimento dos fatores culturais, políticos e históricos que moldam a experiência.

Psicologia discursiva (PD): a aplicação da análise do discurso aos fenômenos psicológicos, associada à abordagem "detalhada" à *análise do discurso* e a análises meticulosas de *dados textuais*.

Publicação de abertura (PA): a primeira publicação num *fórum de discussão, fórum da Internet* ou *quadro de mensagens*.

Q minúsculo: aplicação dos métodos qualitativos de coleta e análise de dados dentro de uma orientação *positivista-empirista*.

Quadro de mensagens: Site da Internet onde os usuários podem publicar comentários sobre uma questão ou tópico particular e responder às publicações de outros usuários.

Rádio falado: programas de rádio que convidam os ouvintes a telefonarem e comentarem ou opinarem sobre alguma questão.

Realismo/realista: postura *ontológica* e *epistemológica* que pressupõe uma natureza verdadeira cognoscível e real no mundo, descoberta através de experiência e pesquisa. "Conhecemos" um objeto porque existem fatos inerentes sobre ele que podemos perceber e entender. (Cf. *Relativismo.*)

Realismo crítico/Realista crítico: abordagem teórica que pressupõe uma realidade definitiva, mas alega que o modo pelo qual a realidade é vivenciada e interpretada é moldado pela cultura, linguagem e interesses políticos.

Recursos culturais: conhecimentos, experiências, conquistas e artefatos coletivos pertencentes a um grupo específico de pessoas.

Recursos discursivos: recursos verbais, não verbais e interacionais que as pessoas usam para construir *relatos* particulares ou versões particulares do mundo (e da realidade). (Cf. *Discurso.*)

Recursos linguísticos: recursos usados ao falar, descrever ou relatar vários fenômenos no mundo social para construir versões particulares de fenômenos – por exemplo, o uso de imagens ou metáforas. Particularmente interessantes em *análise do discurso* e *análise retórica*.

Reflexividade: reflexividade tem muitos significados, mas aqui o foco é uma reflexão crítica sobre a pesquisa tanto como processo quanto prática, sobre a função de alguém como pesquisador e a relação de alguém com o conhecimento. Pesquisa reflexiva é aquela que reconhece a função do pesquisador na produção de conhecimento e na qual o pesquisador reflete sobre os seus vários posicionamentos e os modos pelos quais tais posicionamentos podem haver formatado a coleta e a análise dos seus dados.

Relativismo: postura teórica que sustenta a existência de realidades múltiplas e construídas, e não uma realidade única e cognoscível (cf. *Realismo*) e que tudo o que temos são representações ou relatos do que é a realidade. Ao menos *epistemologicamente*, todos os relatos têm igual valor teórico (ainda que possam não estar fundamentados em outros critérios); não há fundamento que permita a alegação de certa versão da realidade como mais verdadeira e correta do que outra versão. (Cf. *Ontologia.*)

Relato: tentativas dos participantes de explicar, justificar ou legitimar alguma ação, experiência ou situação. (Cf. tb. *Explicabilidade.*)

Representação: na fase de resenha da pesquisa, refere-se ao processo de dizer algo sobre o que os participantes pensam, sentem, falam, acreditam etc.; a representação é o que fazemos com a pesquisa. Como forma de prática de pesquisa qualitativa, refere-se a um interesse em fatores que moldam ou criam significado e os efeitos e implicações de padrões particulares de significado em contextos particulares.

Representação social: uma representação social é um conceito teórico da psicologia social que se refere a uma série de valores, ideias, crenças e práticas que são compartilhados entre membros de grupos e comunidades. Baseia-se no trabalho de Serge Moscovici.

Retirada: refere-se ao direito do participante de retirar sua participação e seus dados de um estudo de pesquisa. Uma exigência ética da pesquisa com participantes humanos.

Revistas masculinas: revistas voltadas aos homens ou de apelo masculino, em geral exibindo mulheres seminuas.

Saturação: critério comumente usado para o tamanho da amostra qualitativa. Geralmente usado para se referir ao ponto onde itens de dados adicionais não mais geram ideias substancialmente novas. A "saturação" surgiu da *teoria fundamentada* com significados específicos, mas passou a ser usada muito mais amplamente e em geral sem a devida consideração teórica (que se baseia, p. ex., numa postura *realista*).

Seleção tendenciosa: escolha seletiva entre os indícios disponíveis.

Semiótica social multimodal: busca entender os modos diferentes pelos quais as pessoas se comunicam em determinados cenários sociais. Um elemento essencial da teoria é que os modos de comunicação oferecem opções historicamente específicas e culturalmente compartilhadas (ou "recursos semióticos") para a comunicação.

Síncrono(a): quando a interação entre participantes da pesquisa e pesquisadores ocorre em tempo real. Um elemento de *entrevistas por e-mail* ou *grupos-foco on-line*.

Sintonia: sentido de conexão emocional positiva entre as pessoas; em geral relaciona-se à coleta interativa de dados e a deixar os participantes à vontade, criando um ambiente onde se sintam relaxados, abertos e dispostos a responder as perguntas.

Socioconstrucionismo: estrutura teórica ampla e bem conhecida na pesquisa qualitativa que rejeita uma única verdade definitiva. Em vez disso, ela vê o mundo e o que conhecemos dele como uma produção (construção) através da linguagem, *representação* e outros processos sociais, e não como uma descoberta. Os termos nos quais o mundo é compreendido se relacionam a contextos sociopolíticos, culturais e históricos específicos, e os significados são vistos como artefatos sociais, resultando da interação social, e não de alguma verdade inerente sobre a natureza da realidade.

***Sticky*:** mensagem num *quadro de mensagens* da Internet que contém informações importantes sobre determinado *thread* (p. ex., regras do moderador). Essa mensagem permanecerá ("grudará" [do inglês, *stick*]) no topo de todos os outros *threads*, independentemente de quando tenha sido atualizada pela última vez.

Subfórum: subseção de um *Fórum de Discussão de um Fórum da Internet* que geralmente contém um ou mais tópicos.

Subjetividade: sentido que as pessoas têm de si mesmas; suas maneiras de estar e se relacionar com o mundo. No pensamento *pós-estruturalista* (e *pós-moderno*), o indivíduo é um sujeito fragmentado e contraditório cuja identidade é constituída no *discurso* e através dele.

Subjetivo(a): a ideia de que o pesquisador traz a própria história, valores, crenças, perspectivas e maneirismos pessoais e culturais para a pesquisa e que invariavelmente a influenciam, tornando-a subjetiva, e não objetiva; vista como um ponto forte pela maioria dos pesquisadores qualitativos. (Cf. *Parcialidade*; *Subjetividade*.)

"Suspeitos usuais": as pessoas que mais aparecem como amostras para a psicologia ocidental: indivíduos brancos, de classe média, heterossexuais, fisicamente aptos (e, antigamente, homens); em geral estudantes de psicologia.

Tabloide: jornal de estilo tipicamente popular e dominado por matérias sensacionalistas. (Cf. *Jornal tamanho standard*.)

Tamanho da amostra: o número total de *participantes* selecionados para participar da pesquisa.

Tarefa de preenchimento de histórias: método de coleta de dados em que os *participantes* recebem o início de uma história e são solicitados a concluí-la (ou continuá-la).

Temporal: referente a tempo.

Teoria fundamentada: metodologia qualitativa que oferece um modo de desenvolver teoria fundamentada em dados. À medida que a teoria evolui ao longo do processo da pesquisa, a análise de dados e a coleta se conectam. Frequentemente usada de maneira "leve", sem desenvolvimento completo da teoria.

Teste projetivo: teste psicológico em que palavras, imagens ou situações são apresentadas a uma pessoa a fim de revelar elementos ocultos ou inconscientes da sua personalidade.

***Thread*:** Discussão nova iniciada num *subfórum* de um *Fórum de Discussão* de um *Fórum da Internet*.

Transcrição: o processo de transformar dados auditivos ou audiovisuais em texto escrito (*transcrito*), anotando o que foi falado (e, se o material for audiovisual, o que foi feito) e, em alguns casos, como foi falado, de modo que os dados possam ser sistematicamente codificados e analisados.

Transcrição ortográfica: "tradução" escrita de dados em áudio (ou audiovisuais) que capta principalmente o que foi dito e não como as coisas foram ditas. (Cf. *Transcrição*.)

Transcrito: versão textual de dados em áudio ou audiovisuais produzida através do processo de *transcrição*. (Cf. *Transcrição ortográfica*.)

Transferibilidade: o ponto até onde os resultados da pesquisa qualitativa podem ser "transferidos" para outros grupos de pessoas ou contextos. (Cf. *Generalização*.)

Transfobia: preconceito contra pessoas trans.

Triangulação: o uso de duas ou mais fontes de dados, métodos ou pesquisadores para tentar adquirir uma compreensão mais plena ou multifacetada de um tópico.

Trolagem: refere-se a comentários "planejados" para provocar uma reação negativa através de respostas "objetáveis" marcadas por misoginia, racismo e heterossexismo, prevalentes nas mídias sociais.

Tronco da história (ou **dica da história**): o início de uma história, envolvendo cenário e personagens hipotéticos como parte do método da *tarefa de preenchimento de histórias*.

Validade: basicamente, se a pesquisa realmente mostra o que alega mostrar. Há formas diferentes de validade, sendo a validade ecológica a mais comumente usada na pesquisa qualitativa. A validade ecológica julga se a pesquisa capta ou não o significado de uma forma intimamente relacionada a situações da vida real.

Verificação de integrantes: quando os participantes de um projeto de pesquisa são solicitados a dar retorno sobre as constatações de um estudo a fim de ajudar a melhorar a qualidade do estudo. Mais comumente associada à *pesquisa qualitativa experimental* e, em geral, a abordagens mais *realistas* ou *essencialistas*.

Vinheta: um curto cenário hipotético; como método para a coleta de *dados* qualitativos, uma vinheta é apresentada aos *participantes*, em geral numa série de "estágios". Depois, eles respondem uma série de perguntas abertas relacionadas a ela.

Web 2.0: descreve sites da Internet que enfatizam conteúdo gerado pelos usuários.

Zinger: refere-se a comentários curtos e pequenos "planejados" para obter resposta em mídias sociais na forma de "favorecimento" ou "curtidas", tendendo ao superficial, não ao pessoal.

Índice remissivo

Abordagem "Q maiúsculo" 40
Abordagens
 críticas realistas 48-49
 dialógicas 102
 essencialistas 74-75, 76-79
 experimentais 47-49
 pós-estruturalistas 61-62
Abordagens realistas
 dados da mídia 158-159
 levantamentos 47-49
Abordagens socioconstrucionistas
 dados da mídia 158-160, 170
 levantamentos 47-49
 preenchimento de histórias 74-80
 vinhetas 102-104
Abreviaturas 269
Acompanhamento de diários solicitados 130-131, 139
Aflição para os participantes da pesquisa 325-326
 cf. tb. Conflito; Moderação de discussões
Amostragem 28-29
 blogues 204-210, 211, 212-214
 bola de neve 262-263, 323
 dados da mídia 161-166
 diários solicitados 131-133, 135-136
 entrevistas por e-mail 260-263
 entrevistas por Skype 303-305
 fóruns de discussão na Internet 234-237
 grupos-foco on-line 321-325
 levantamentos 42-46, 54-56, 58-59
 mensagens instantâneas 283
 preenchimento de histórias 82-83
 rádio falado 184-185, 186-189

 vinhetas 106-107, 113-115
 cf. tb. Recrutamento de participantes; Tamanho do grupo da amostra
Análise
 dedutiva de grupos-foco on-line 334-335
 (dedutiva) descendente 334-335
 (indutiva) ascendente 290-292
Análise da conversa
 fóruns de discussão na Internet 243-244
 grupos-foco on-line 334-335
 preenchimento de histórias 93-94
 rádio falado 190
Análise do conteúdo
 blogues 216-217
 grupos-foco on-line 334-335
Análise do discurso
 dados da mídia 168
 do rádio falado 190
 do texto; cf. Análise narrativa; Análise temática
 entrevistas por Skype 310-311
 fenomenológica 303
 fenomenológica interpretativa 93-95, 303
 fóruns de discussão na Internet 242-244
 foucaultiana do discurso 310-311
 levantamentos 61-62
 preenchimento de histórias 91-92
 qualitativa do conteúdo de blogues 216-217
 vinhetas 118
Análise indutiva
 blogues 216-217
 grupos-foco on-line 334-335
 mensagens instantâneas 291-292

Análise narrativa
  blogues 216-217
  entrevistas por e-mail 269-270
  preenchimento de histórias 91-95
Análise temática
  blogues 216-217
  dados da mídia 167-168
  diários solicitados 141
  entrevistas por e-mail 269-270
  entrevistas por Skype 303, 310-311
  fóruns de discussão na Internet 235-236, 242-243
  levantamentos 61-62
  preenchimento de histórias 90-92
  vinhetas 117-119
Anonimato de participantes da pesquisa
  blogues 210-212
  conteúdo on-line gerado pelo usuário 159-161
  diários solicitados 132-136
  entrevistas por e-mail 254-256, 262-263
  entrevistas por Skype 312-313
  fóruns de discussão na Internet 237-242
  grupos-foco on-line 320-321, 325-326, 333-334
  levantamentos 59-61
  mensagens instantâneas 279-280, 283-286, 290-291
  cf. tb. Fronteiras privadas/públicas
"Anorexia" 101, 103-106, 111-112, 119
  adolescente 101, 103-106, 110-112, 119
Armadilhas
  blogues 212-216
  dados da mídia 164-166
  diários solicitados 139-141
  entrevistas por e-mail 267-270
  entrevistas por Skype 308-311, 312-313
  fóruns de discussão na Internet 241-243
  grupos-foco on-line 332-334
  levantamentos 58-61
  mensagens instantâneas 287-291

preenchimento de histórias 88-91
rádio falado 189-190
vinhetas 117-119
Associação de Pesquisadores da Internet (AoIR) 160-161, 210-211, 238, 241
Audacity 189
Autenticidade
  blogueiros 214-216
  fóruns de discussão na Internet 238-240
Autoria
  blogues 211-213
  conteúdo on-line gerado pelo usuário 159-161
Autorrevelação
  fóruns de discussão na Internet 230-232
  grupos-foco on-line 321-323
  cf. tb. Conveniência social da resposta

Benefícios do método de pesquisa; cf. Perspectiva do pesquisador
Blogues 199-203, 217-219
  amostragem 204-210
  análise de dados 215-217
  armadilhas 212-216
  desenho 204-210
  perguntas de pesquisa 204-205
  perspectiva do pesquisador 202-206
  questões éticas 210-212

Campanha feminista contra revistas masculinas 157-158, 163-164, 170
Casamento entre pessoas do mesmo sexo 276, 283-286
Categorias sociais 78-79, 82-84
  cf. tb. Diversidade de participantes da pesquisa
Cenários hipotéticos
  preenchimento de histórias 75-77, 90-91
  vinhetas 30-32, 103-105, 107-109
Chamadas em vídeo
  cf. tb. Entrevistas por Skype

Codificação
  dados da mídia 166-168
  fóruns de discussão na Internet 237
  grupos-foco on-line 334-335
  mensagens instantâneas 290-292
Códigos de conduta; cf. Instruções para participantes da pesquisa; Moderação de discussões
Coleta de dados; cf. Métodos de coleta de dados
Coleta de dados on-line
  levantamentos 42-46
  preenchimento de histórias 87
  vinhetas 105-107, 115-116
Comentários dos leitores de páginas de notícias 152-153, 154-155, 157-158, 159-161
Compensação (monetária)
  diários solicitados 132-136
  para participantes 132-136
Componentes pedagógicos 29-31
Conclusões
  grupos-foco on-line 329, 331-332
  levantamentos 53-55
Condições crônicas na pele 317, 335-336
Confiabilidade; cf. Autenticidade
Confidencialidade; cf. Anonimato de participantes da pesquisa
Conflito
  fóruns de discussão na Internet 233-235
  grupos-foco on-line 324-326, 327-331, 333-334
  "trolagem" 49, 60-61
Consentimento
  blogues 210-212
  conteúdo on-line gerado pelo usuário 159-161
  diários solicitados 132-137
  entrevistas por e-mail 264-267
  entrevistas por mensagens instantâneas 283-286
  grupos-foco on-line 324-325
  vinhetas 114-116
Consistência dos dados da mídia 162-164
Construcionismo; cf. Abordagens socioconstrucionistas
Contagens de frequência 92-94
Contas
  de e-mail 263-264
  Skype 307-309
Conteúdo; cf. Desenho de pesquisa; Perguntas de pesquisa
Conveniência
  blogues 203-204
  entrevistas por e-mail 253-255, 261-262
  entrevistas por Skype 300-301, 312-313
  grupos-foco on-line 321-322, 333-335
  mensagens instantâneas 277-279
  cf. tb. Flexibilidade geográfica
Conveniência social da resposta
  entrevistas por e-mail 255-256
  opiniões controversas 179-181
  preenchimento de histórias 75-77, 81-82
  rádio falado 180-182
  vinhetas 104-106
Conversa desconexa em entrevistas por mensagens instantâneas
Cópia impressa 287-290
  diários solicitados 140
  levantamentos 43-44
  preenchimento de histórias 87
  vinhetas 115-116
Criatividade no preenchimento de histórias 76-77, 89-90
Cultura
  de celebridades 157-178, 200-202
  do macho 152-153, 157-158
Custos da pesquisa
  compensação para participantes 132-133, 135-136
  dados do rádio falado 189-190

Dados da mídia 24-25, 31-32, 149-156, 169-172
  amostragem 161-165
  análise de dados 165-169
  armadilhas 164-166
  desenho 161-163
  panorama dos capítulos 31-33
  perguntas de pesquisa 158-159
  perspectiva do pesquisador 155-159
  questões éticas 159-162
  relação entre texto-público 155, 157
Dados naturalistas
  blogues 159-161
  dados da mídia 157-158
  grupos de discussão on-line 32-33
  rádio falado 180-182, 193-194
Dados públicos; cf. Fronteiras privadas/públicas
Demografia
  blogueiros 213-216
  entrevistas por e-mail 261-262
  mensagens instantâneas 285-286
  cf. tb. Diversidade de participantes da pesquisa
Depilação 41, 48, 60, 63-65
Desafios; cf. Armadilhas
Desenho comparativo
  mensagens instantâneas 291-292
  preenchimento de histórias 74-75, 77-78, 82-84
  vinhetas 105-106, 109-110
Desenho de pesquisa 28-29
  blogues 204-210
  diários solicitados 130-132
  entrevistas por e-mail 260-261, 263-264
  entrevistas por Skype 304-305
  fóruns de discussão na Internet 234-235
  levantamentos 48-57
  métodos da mídia 161-163
  preenchimento de histórias 79-82, 89-90
  rádio falado 183-185
  vinhetas 108-113, 115-116

Desenho do tronco da história 79-82, 89-90
Desenvolvimento tecnológico
  chamadas de vídeo 298-300
  Internet como fonte de dados 343-346
  cf. tb. Coleta de dados on-line
Diários 124-126
Diários solicitados 31-32, 124-128, 141-144
  amostragem 131-133
  armadilhas 139-141
  desenho 130-132
  métodos de análise 141
  passos para usar 135-139
  perguntas de pesquisa 129-131
  perspectiva do pesquisador 127-130
  questões éticas 132-136
  síncronos 126-129
Diferenças culturais
  grupos-foco síncronos on-line 332-334
  preenchimento de histórias 91-92
Diferenças de gênero
  "anorexia" adolescente 105-106
  blogueiros 214-215
  preenchimento de histórias 74-76
  violência na África do Sul 125-126
Dificuldades; cf. Armadilhas
Direitos autorais de dados da mídia 164-165, 210-213
Diretrizes
  mídia on-line 237-239, 262-263
  perguntas de entrevistas por Skype 304-308
Discurso leigo sobre "anorexia" adolescente 101, 119
Discussões eletrônicas; cf. Grupos-foco on-line
Distância; cf. Flexibilidade geográfica
Distrações
  entrevistas por Skype 308-310
  grupos-foco on-line 325-327
  mensagens instantâneas 278-279, 289-290

Diversidade de participantes da pesquisa
  acesso à tecnologia 302-303, 323-324
  blogueiros 213-215
  fóruns de discussão na Internet 229-230
  grupos-foco on-line 321-322
  levantamentos 42-44
  preenchimento de histórias 78-83
  testes-piloto 88-89
Doctor Who 151-154

Efeitos da ordem no preenchimento de histórias 83-85
Elementos de pesquisa visual
  blogues 215-217
  entrevistas por Skype 300-302
  levantamentos 46-47
  preenchimento de histórias 77-79
Emoticons 268-269
Entrevistas
  acompanhamento para diários solicitados 130-131, 139
  assíncronas por e-mail 252-256, 269-270
  blogueiros 215-216
  habilidades para 254-255, 284-286, 308-309
  presenciais *vs.* mensagens instantâneas 276-278, 286-290, 292-293
  presenciais *vs.* por e-mail 254-258, 271; cf. tb. Entrevistas por e-mail; Entrevistas por Skype
  semiestruturadas 282-284, 304-308
  síncronas por e-mail 252-253, 257-259
  síncronas por Skype 300-302
Entrevistas por e-mail 32-33, 215-254, 270-272
  amostragem 260-263
  análise de dados 267-268, 269-270
  armadilhas 267-270
  desenho 260-261, 263-264
  métodos de análise 269-270
  passos para usar 263-268
  perguntas de pesquisa 259-260, 264-265
  perspectiva do pesquisador 253-260
  questões éticas 255-256, 262-264
  recrutamento de participantes 253-255, 260-263, 264-266
  vs. presenciais 254-258, 271-272
Entrevistas por mensagens instantâneas 32-33, 275-278, 291-294
  amostragem 282-283
  análise de dados 290-292
  armadilhas 286-291
  passos para usar 282-288
  perguntas de pesquisa 281-284
  perspectiva do pesquisador 277-282
  vs. presenciais 276-278, 286-288, 292-293
Entrevistas por Skype 32-33, 297-300, 311-312
  amostragem 303-305
  armadilhas 308-311, 312-313
  desenho 304-308
  métodos de análise de dados 310-312
  passos para usar 307-309
  perguntas de pesquisa 302-305, 307-308
  perspectiva do pesquisador 299-303
  questões éticas 303-304
Entrevistas presenciais
  vs. por e-mail 254-258, 271-272
  vs. por mensagens instantâneas 276-277, 286-290, 292-293
Era de austeridade 25-26
Espaços/locais/lugares
  diários solicitados 128-129
  entrevistas por e-mail 254-255
  entrevistas por Skype 301-302
  grupos-foco on-line 326-329
  mensagens instantâneas 278-279
Estrutura
  diários solicitados 130-131
  entrevistas por Skype 304-308
  grupos-foco on-line 331-332
  levantamentos 49-50, 51-53, 57-58

planos de entrevistas 304-308
vinhetas 108-110; cf. tb. Desenho de pesquisa
Estudantes como participantes da pesquisa 82-83
Experiências dos participantes da pesquisa
  entrevistas por e-mail 255-257, 259-260
  levantamentos 47-48
  preenchimento de histórias 76-77, 78-80
  tópicos delicados 76-77
  vinhetas 103-105
Extensão das respostas
  diários solicitados 131-132
  investigação de blogues 212-213
  vinhetas 117-118

Fabricação de dados 214-216, 240-241
Fala-como-interação 178-179
Fala-em-interação 179-180
Flexibilidade geográfica
  entrevistas por e-mail 253-255, 261-262
  entrevistas por Skype 300-301, 312-313
  mensagens instantâneas 277-278
Fluxo da conversa
  entrevistas por mensagens instantâneas 286-290
  Skype 309-310
Folhas de informações do participante (FIP) 53-55, 328
Formato
  diários solicitados 130-132, 137, 139
  entrevistas por e-mail 263-264
  entrevistas por mensagens instantâneas 282-283
  publicação de abertura (PA) 230-231
  vinhetas 115-117
  cf. tb. Estrutura
Fórum de discussão
  pró-ana 232-233, 234-236, 240-241
  sobre *Morrissey* 232-233

Fóruns
  significado de 225-226; cf. tb. Fóruns de discussão na Internet
Fóruns de discussão
  de comunidades de fãs 226-227, 232-234
  sobre doença de Parkinson (DP) 242-243
  sobre transtornos alimentares 232-233, 234-236
Fóruns de discussão na Internet 32-33, 224-229, 243-245
  amostragem 234-238
  análise de dados 242-244
  armadilhas 241-243
  desenho 234-235
  perguntas de pesquisa 229-235, 241, 243
  perspectiva do pesquisador 227-230
  questões éticas 237-243
Fronteiras privadas/públicas
  blogues 209-213
  coleta de dados on-line 344-346
  conteúdo on-line gerado pelo usuário 159-161, 237-240
  direitos autorais 165, 210-213
  entrevistas por e-mail 262-263
  entrevistas por Skype 301-302
  fóruns de discussão na Internet 237-239

Grupos-foco assíncronos on-line 317-318
  análise de dados 334-335
  diferenças em relação aos síncronos 317-321
  moderação de discussões 329, 331
  passos para executar 326-327
  tamanho do grupo 323-325
Grupos-foco on-line (GFOs) 33-34, 316-321, 334-335
  amostragem 321-325
  armadilhas 332-334
  métodos de análise de dados 333-335
  passos para usar 326-332
  perguntas de pesquisa 322-323

perspectiva do pesquisador 319-322
questões éticas 324-325
Grupos-foco síncronos on-line 317-318
  análise de dados 333-335
  diferenças culturais 332-334
  diferenças em relação aos assíncronos 318-321
  distrações 326-327
  estrutura 331-332
  moderação das discussões 327-331
  passos para trabalhar com 326-327
  tamanho do grupo 323-325

Histórias; cf. Preenchimento de histórias; Vinhetas

Identidade
  blogues 214-216
  entrevistas por e-mail 261-263
  fóruns de discussão na Internet 228-230
  grupos-foco on-line 324-325
  mensagens instantâneas 279-280, 286, 288
  pseudônimos 160-161, 210-213, 279-280, 286-288
  rádio falado 182-183
Impacto de publicações de dados da mídia 169
Infidelidade 74-76
Inovação nos métodos de pesquisa 25-27
Instruções para participantes da pesquisa
  diários solicitados 130-132, 136-138
  entrevistas por e-mail 264-265
  grupos-foco on-line 324-326, 332-334
  levantamentos 49-50
  mensagens instantâneas 287-290
  preenchimento de histórias 81-82, 84-86
Interação social em fóruns de discussão na Internet 231-235
Internet como fonte de dados 343-346; cf. tb. Blogues; Entrevistas por e-mail; Entrevistas por Skype; Fóruns de discussão na Internet; Grupos-foco on-line; Mídias sociais
Intimidade na mídia 150-151
"Investigação" de blogues 206-207

Jornais 151-155, 163-164

Levantamentos 30-31, 39-42, 62-65
  amostragem 42-46, 54-56
  armadilhas 58-61
  desenho 48-57
  ética 54-55
  métodos de análise 61-63
  passos para usar 56-59
  perguntas de pesquisa 46-49, 56-57
  perspectiva do pesquisador 41-47
  tipologia 42-43
  por e-mail 42-44
Linguagem 268-269
  abreviaturas 268-269
  análise da conversa 93-94, 190, 243-244, 334-335
  coleta de dados 344-345
  fluxo da conversa 286-290, 309-310
  rádio falado 181-183, 186-188, 190
  cf. tb. Análise do discurso
Linguagem ofensiva
  grupos-foco on-line 324-326, 333-334
  "trolagem" 48-49, 59-60
  cf. tb. Conflito
Livejournal 200-201, 206-207, 210-212, 214-215, 217-218
Localização; cf. Flexibilidade geográfica

Mapeamento de histórias 91-93
Masculinidade em revistas 152-153, 157-158, 163-164, 170
Mecanismos de busca de blogues 205, 206-208

Memórias
    diários solicitados 126-129, 133, 135-136
    entrevistas por e-mail 255-257, 259-260
Metodolatria 344-345
Métodos
    textuais 24-25, 30-32; cf. tb.
    Diários solicitados; Levantamentos;
    Preenchimento de histórias; Vinhetas
    virtuais 244-245, 32-34; cf. tb.
    Entrevistas por e-mail; Entrevistas
    por Skype
Métodos de análise de dados
    blogues 212-214, 215-217
    dados da mídia 164-169
    diários solicitados 141
    entrevistas por e-mail 267-268, 269-270
    entrevistas por Skype 310-312
    fóruns de discussão na Internet 242-244
    grupos-foco on-line 333-335
    levantamentos 61-63
    mensagens instantâneas 284-288, 290-292
    preenchimento de histórias 90-94
    rádio falado 190, 193-194
    vinhetas 117-119
    vs. coleta 23-25
Métodos de coleta de dados
    blogues 212-213
    dados da mídia 163-165
    diários solicitados 135-140
    entrevistas por e-mail 254-255, 266-268
    entrevistas por Skype 301-302, 308-309
    importância do método 24, 343-345
    mensagens instantâneas 280-281
    preenchimento de histórias 87-88
    rádio falado 185-190
    uso da linguagem 344-345
    vinhetas 105-107, 115-117
    vs. análise 23-25
    cf. tb. Desenho de pesquisa
Mídia
    impressa; cf. Revistas; Jornais
    on-line; cf. Blogues; Entrevistas por
    e-mail; Fóruns de discussão na Internet;
    Grupos-foco on-line; Entrevistas
    por Skype; Mídias sociais
    relacionamento com o público
    da 155-156
Mídias sociais 31-33, 47-48
Moderação de discussões 327-331
Modos de coleta de dados (on-line *vs.*
    off-line)
    diários solicitados 140
    levantamentos 43-46
    preenchimento de histórias 87-88
    vinhetas 105-107, 115-116
Moralidade; cf. Questões éticas
Motivações do participante 267-269
    diários solicitados 132-135
    entrevistas por e-mail
    levantamentos 58-59
    preenchimento de histórias 88-90
Música popular 252-153, 256-257

Não concluintes; cf. Participantes não
    concluintes
Normas do grupo dos fóruns de discussão
    na Internet 231-235
NVivo
    blogues 208-210
    dados da mídia 166-167
    diários solicitados 141

Objetivos da pesquisa
    alinhamento à pesquisa com blogues
        212-213, 217-219
    diários solicitados 131-133
    entrevistas por Skype 307-308
Objetivos transformativos de diários
    solicitados 128-130
Off-line; cf. Cópia impressa
On-line, segurança 325-326

Opinião pública
  comentários on-line dos leitores 154-155, 157
  rádio falado 176-178, 181-184
Orientação
  qualitativa em levantamentos 39-42
  cf. tb. Instruções para participantes da pesquisa

PA (publicação de abertura) 230-232
Pacotes de software
  Audacity 189
  criptografia de e-mails 262-264
  dados da mídia 166-168
  diários solicitados 141
Padronização
  horizontal do preenchimento de histórias 90-92
  vertical do preenchimento de histórias 91-92
Pagamento aos participantes 132-133, 135-136
Páginas de notícias on-line
  comentários dos leitores de 152-153, 154-155, 157-158, 159-161
Palavras das perguntas do levantamento 49-51
Participantes da pesquisa; cf. Amostragem; Anonimato de participantes da pesquisa; Consentimento; Diversidade de participantes da pesquisa; Fronteiras privadas/públicas; Motivações do participante; Pagamento aos participantes; Não concluintes; Recrutamento de participantes
Participantes não concluintes
  diários solicitados 135-136
  grupos-foco on-line 320-321
  levantamentos 58-59
  vinhetas 114-116

Perguntas
  com "deve" 110-112
  no futuro do pretérito 110-112
Perguntas abertas
  diários solicitados 130-132
  levantamentos 39-40
  mensagens instantâneas 277-278
  vinhetas 103-104
Perguntas de pesquisa
  blogues 204-206
  dados da mídia 158-159, 161-162
  diários solicitados 129-131
  entrevistas por e-mail 259-260, 264-266
  entrevistas por Skype 302-303, 304-305, 307-308
  fóruns de discussão na Internet 229-235, 241-243
  grupos-foco on-line 322-323
  levantamentos 46-53, 56-58
  mensagens instantâneas 281-283
  método/fonte de dados 27-29
  preenchimento de histórias 78-80, 85-86
  rádio falado 181-184
  vinhetas 106-108, 109-110, 115-116
Perguntas demográficas
  levantamentos 53-54
  mensagens instantâneas 285-286
  preenchimento de histórias 85-88
Perspectiva do pesquisador
  blogues 202-204, 206
  diários solicitados 127-130
  entrevistas por e-mail 253-260
  entrevistas por Skype 299-303
  fóruns de discussão na Internet 228-230
  grupos-foco on-line 320-322
  levantamentos 40-47
  mensagens instantâneas 277-282
  métodos da mídia 155-159
  preenchimento de histórias
  rádio falado 178-182
  vinhetas 102-107

Perspectivas; cf. Visões dos participantes da pesquisa
Perspectivas discursivas
  fóruns de discussão na Internet 229-235, 237
  rádio falado 177-178, 186-188
  vinhetas 102-104
Pesquisa
  benefícios do método de; cf. Métodos de coleta de dados; Perspectiva do pesquisador desenho de; cf. Desenho de pesquisa
Pesquisa quantitativa
  diários solicitados 126-128
  vinhetas 100-102, 106-107
Pesquisa sobre moralidade
  blogues 200-219
  vinhetas 107-108
Planos de entrevistas 304-308
Podcasts 186-187
Pragmatismo reflexivo 344-346
Prazos
  diários solicitados 139-141
  entrevistas por e-mail 264-265, 266-268
  fóruns de discussão na Internet 234-235
  levantamentos 44, 46
Preenchimento de histórias 30-31, 72-76, 94-96
  amostragem 81-83
  armadilhas 88-90
  desenho 79-82, 89-90
  métodos de análise 90-94
  passos para usar 82-89
  perguntas de pesquisa 78-80, 85-86
  perspectiva do pesquisador 75-80
  questões éticas 82-83
Primeira pessoa
  preenchimento de histórias 76-77, 81-82
  vinhetas 102-103, 109-110
Privacidade; cf. Anonimato de participantes da pesquisa

"Pro-Ams" 155, 157
Problemas da
  autodescrição 75-77, 92-94
  de letramento 132-133
"Produsers" 155, 157
Profissionais como participantes da pesquisa 82-83, 88-89
Pseudônimos
  blogues 210-213
  conteúdo on-line gerado pelo usuário 160-161
  mensagens instantâneas 279-280, 286-288
Psicanálise 73-74, 167-168
Psicologia
  clínica 72-74
  retórica 118-119
Psicologia discursiva
  levantamentos 61-62
  preenchimento de histórias 93-94
Publicações
  definição 225-226
  PA (publicação de abertura) 230-232
  cf. tb. Fóruns de discussão na Internet

Quadros de avisos (on-line) 224-225
Qualidade dos dados 89-90
  diários solicitados 139-140
  entrevistas por e-mail 225-257, 268-269
  entrevistas por Skype 308-310
  levantamentos 59-61
  preenchimento de histórias 88-90
  vinhetas 117-118
Questionários 40-42
  cf. tb. Levantamentos
Questões éticas 28-29
  blogues 210-213
  conclusão de levantamentos 53-55
  desenvolvimento tecnológico 344-346
  diários solicitados 132-136
  entrevistas por e-mail 255-256, 262-265
  entrevistas por Skype 303-304

fabricação de dados 214-216, 240-241
fóruns de discussão na Internet 237-243
grupos-foco on-line 324-326
levantamentos 54-55
métodos da mídia 159-162
pesquisa sobre moralidade 107-108, 200-219
preenchimento de histórias 82-83
rádio falado 184-186
responsabilidades legais 255-256
vinhetas 114-116
Questões técnicas
  acesso à tecnologia 302-303, 323-324
  entrevistas por e-mail 267-268
  entrevistas por Skype 308-311, 312-313
  grupos-foco on-line 332-333
  levantamentos 46-47

Racismo no rádio falado 178-180, 192-194
Rádio falado 31-32, 176-178, 193-195
  amostragem 184-190
  análise de dados 190, 193-194
  armadilhas 188-190
  desenho 183-185
  passos para usar 185-190
  perguntas de pesquisa 181-184
  perspectiva do pesquisador 178-182
  questões éticas 184-186
  "grosseiro" 177-178, 192-194
Recrutamento de participantes
  blogues 207-209
  diários solicitados 135-136
  entrevistas por e-mail 253-255, 260-263, 264-265
  entrevistas por Skype 303-304, 312-313
  grupos-foco on-line 322-324, 332-334
  levantamentos 58-59
  mensagens instantâneas 280-282
  preenchimento de histórias 82-83
Recursos 24-26
  blogues 203-204
  dados da mídia 157-159

grupos-foco on-line 321-322, 326-329
levantamentos 44, 46
preenchimento de histórias 75-76
rádio falado 188-190
vinhetas 105-107
Refugiados 177-180, 185-188
  sudaneses 177-180, 185-188
Registro das perguntas do levantamento 50-51
Regras fundamentais; cf. Instruções para participantes da pesquisa
Relação texto-público 155, 157
Relacionamentos entre casais 151-152, 157-158, 161-162
Relações de poder
  diários solicitados 132-135
  rádio falado 182-183
  vinhetas 118-119
Representação
  estruturas socioconstrucionistas 47-49
  fóruns de discussão na Internet 229-230
  mídia 156, 158-159
  rádio falado 178-179
Responsabilidades legais dos pesquisadores 255-256
Responsáveis
  diários solicitados 135-136
  fóruns de discussão na Internet 239-241
  grupos-foco on-line 322-324
Respostas
  fantasiosas 89-91
  fora do assunto em diários solicitados 137-140
Respostas abertas
  levantamentos de 42-43
Respostas engraçadas
  entrevistas por e-mail 268-269
  levantamentos 61
  preenchimento de histórias 89-91
Respostas superficiais
  diários solicitados 139-140

preenchimento de histórias 89-90
vinhetas 117-118
Retorno
   entrevistas por e-mail 258-260
   grupos-foco on-line 325-326
   levantamentos 57-58
   vinhetas 116-117
Revista *Glamour* 150-151, 152-154, 162-164
Revistas 150-151, 152-154, 162-164
Revolução digital 151-154

Saída; cf. Participantes não concluintes
Saturação de dados 184-185
Segurança
   de dados 262-264, 290-291
   on-line 325-326
Síndrome de Asperger
   fóruns de discussão na Internet sobre 225-226, 227-230, 242-244
Sintonia
   entrevistas por e-mail 254-255, 267-268
   entrevistas por Skype 300-302
   mensagens instantâneas 276-277, 284-286
Smartphones
   coleta de dados com 87-89
Sociedade Psicológica Britânica (BPS) 82-83, 114-115, 160-161, 185-186, 209-212, 237-238
Software
   CAQDAS 164-165, 166-167, 208-209
   de criptografia de e-mails 262-263
Solicitação de blogues 207-209
Subfóruns 225-226
   cf. tb. Fóruns de discussão na Internet
Subjetividade
   blogues 216-217
   diários solicitados 128-129, 141
   levantamentos 46-47
   rádio falado 178-179

Surveymonkey 62-63, 87-88
Swift
   fóruns de discussão sobre Taylor 226-227

Tamanho do grupo da amostra
   blogues 208-209
   diários solicitados 135-136
   entrevistas por Skype 303-304
   grupos-foco on-line 323-325
   levantamentos 43-46, 54-56
   preenchimento de histórias 81-83
   rádio falado 184-185, 187-188
   vinhetas 112-115
Tempo real; cf. verbetes contendo síncrono
Teoria fundamentada 93-94, 290-292, 334-335
Terceira pessoa
   preenchimento de histórias 76-77, 81-82
   vinhetas 102-103, 109-110
Teste de Apercepção Temática (TAT) 73-74
Teste-piloto
   diários solicitados 136-137
   grupos-foco on-line 326-329
   levantamentos 57-58
   preenchimento de histórias 85-86, 88-89
   vinhetas 116-117
Testes
   clínicos 298-299, 302-303, 305-306
   projetivos 72-76
Threads 225-226, 227-229
   prioritários 227-229
   cf. tb. Fóruns de discussão na Internet
Títulos de levantamentos 49-50
Tópicos delicados
   diários solicitados 127-129
   grupos-foco on-line 321-322
   mensagens instantâneas 279-281
   preenchimento de histórias 76-77
   vinhetas 104-105
Tradução de diários solicitados 132-134

Transcrição
    dados da mídia 161-163
    diários solicitados 139-141
    entrevistas por e-mail 253-255, 271-272
    entrevistas por Skype 310-312
    grupos-foco on-line 333-335
    levantamentos 44, 46
    mensagens instantâneas 281-282
    rádio falado 186-190, 191-193
    ao estilo "Jefferson" 310-312
Transgênero 89-91
Trolagem (on-line) 48-49, 59-61
Turismo sustentável 298-299, 301-303, 306-307

Verificações de integrantes 291-292
Vinhetas 30-32, 100-104, 118-121
    amostragem 105-107, 112-115
    armadilhas 116-118
    desenho 108-114, 115-116
    métodos de análise 117-119

passos para usar 115-117
perguntas de pesquisa 106-108, 109-114, 115-116
perspectiva do pesquisador 104-107
questões éticas 114-116
Violência
    doméstica 125-126
    na África do Sul 125-126, 138
Visões dos participantes da pesquisa
    levantamentos 47-48, 50-51
    mensagens instantâneas 281-283
    palavras 50-51
    preenchimento de histórias 78-79

YouTube 151-152, 186-187

Zingers 48-49, 63-64

Índice geral

Sumário, 5
Figuras, tabelas e quadros, 7
Agradecimentos, 11
Colaboradores, 13
Prefácio, 19
   Brendan Gough

1 Coleta de dados textuais, midiáticos e virtuais na pesquisa qualitativa, 23
   Virginia Braun, Victoria Clarke e Debra Gray
   Por que este livro?, 23
   O que este livro oferece ao pesquisador qualitativo?, 26
      Para quem é este livro?, 26
      Como ler e usar este livro?, 26
   Um guia para os recursos pedagógicos neste livro, 30
   Panorama dos capítulos, 30
   Outros recursos: leituras, 34
   Referências, 34

Parte I – Coleta de dados textuais, 37

2 Breve, porém doce – O surpreendente potencial dos métodos de levantamento qualitativo, 39
   Gareth Terry e Virginia Braun
   Panorama, 39
   Introdução aos levantamentos qualitativos, 40
   O que os levantamentos qualitativos oferecem ao pesquisador qualitativo?, 42
   Quais perguntas de pesquisa se adaptam aos levantamentos qualitativos?, 47
   Desenho, amostragem e questões éticas, 49
      Ética e amostragem, 54
      Considerações específicas sobre desenho, 56
   Passos para usar os levantamentos qualitativos, 57
   O que pode dar errado com os levantamentos qualitativos?, 59
   Quais métodos de análise se adaptam aos dados dos levantamentos qualitativos?, 61

Conclusão, 63
Experimente..., 64
Outros recursos: on-line, 66
Outros recursos: leituras, 66
Referências, 66

3 Era uma vez... Métodos qualitativos de preenchimento de histórias, 72
Victoria Clarke, Nikki Hayfield, Naomi Moller, Irmgard Tischner e o
Grupo de Pesquisa sobre Preenchimento de Histórias
Panorama, 72
Introdução ao preenchimento de histórias, 72
O que o preenchimento de histórias oferece ao pesquisador qualitativo?, 75
Quais perguntas de pesquisa se adaptam ao preenchimento de histórias?, 79
Desenho, amostragem e questões éticas, 80
Passos para usar o preenchimento de histórias, 83
O que pode dar errado com o preenchimento de histórias?, 88
Quais métodos de análise se adaptam aos dados do preenchimento de histórias?, 91
Conclusão, 94
Experimente..., 94
Outros recursos: on-line, 95
Outros recursos: leituras, 95
Referências, 96

4 Falando hipoteticamente – Usando vinhetas como método qualitativo independente, 100
Debra Gray, Bronwen Royall e Helen Malson
Panorama, 100
Introdução às vinhetas, 100
O que as vinhetas oferecem ao pesquisador qualitativo?, 103
Quais perguntas de pesquisa se adaptam às vinhetas?, 107
Desenho, amostragem e questões éticas, 108
Passos para usar as vinhetas, 115
O que pode dar errado com as vinhetas?, 117
Quais métodos de análise se adaptam aos dados das vinhetas?, 118
Conclusão, 118
Experimente..., 119
Outros recursos: on-line, 120
Outros recursos: leituras, 120
Referências, 121

5 "Desabafando" – O método do diário solicitado, 124
Paula Meth
   Panorama, 124
   Introdução aos diários solicitados qualitativos, 124
   O que os diários solicitados qualitativos oferecem ao pesquisador qualitativo?, 127
   Quais perguntas de pesquisa se adaptam aos diários solicitados qualitativos?, 130
   Desenho, amostragem e questões éticas, 130
   Passos para usar os diários solicitados qualitativos, 135
   O que pode dar errado com os diários solicitados qualitativos?, 139
   Quais métodos de análise se adaptam aos dados dos diários solicitados qualitativos?, 141
   Conclusão, 141
   Experimente..., 142
   Outros recursos: on-line, 144
   Outros recursos: leituras, 144
   Referências, 144

Parte II – Coleta de dados da mídia, 147
6 Fazendo dados da mídia – Uma introdução à pesquisa qualitativa da mídia, 149
Laura Favaro, Rosalind Gill e Laura Harvey
   Panorama, 149
   Introdução aos dados da mídia, 149
   O que os dados da mídia oferecem ao pesquisador qualitativo?, 157
   Quais perguntas de pesquisa se adaptam aos dados da mídia?, 158
   Desenho, amostragem e questões éticas, 159
      Questões éticas, 159
      Desenho e amostragem, 161
   O que pode dar errado com os dados da mídia?, 165
   Analisando dados da mídia, 166
   Conclusão, 169
   Experimente..., 171
   Outros recursos: on-line, 171
   Outros recursos: leituras, 171
   Referências, 172

7 "O grande nivelador de Deus" – Rádio falado como dados qualitativos, 176
Scott Hanson-Easey e Martha Augoustinos
Panorama, 176
Introdução ao rádio falado, 176
O que o rádio falado oferece ao pesquisador qualitativo?, 178
Quais perguntas de pesquisa se adaptam aos dados do rádio falado?, 182
Desenho, amostragem e questões éticas, 183
Passos para usar o rádio falado, 186
O que pode dar errado com o rádio falado?, 189
Quais métodos de análise se adaptam aos dados do rádio falado?, 190
Conclusão, 193
Experimente..., 194
Outros recursos: on-line, 195
Outros recursos: leituras, 195
Referências, 196

8 Arquivos do cotidiano – O uso de blogues na pesquisa qualitativa, 199
Nicholas Hookway
Panorama, 199
Introdução à pesquisa com blogues, 199
O que os blogues oferecem ao pesquisador qualitativo?, 202
Quais perguntas de pesquisa se adaptam aos dados dos blogues?, 204
Desenho e amostragem: passos para fazer pesquisa com blogues, 206
Questões éticas na pesquisa com blogues, 210
O que pode dar errado na pesquisa com blogues?, 212
    A correspondência dos blogues aos objetivos da pesquisa, 212
    Identificação e análise de grandes volumes de textos multimídia, 213
    Homogeneidade da população dos blogues, 214
    Autenticidade on-line e verificação da origem, 215
Quais métodos de análise se adaptam aos dados dos blogues?, 216
Conclusão, 217
Experimente..., 217
Outros recursos: on-line, 219
Outros recursos: leituras, 219
Referências, 220

9 Fóruns de discussão on-line – Uma fonte rica e vibrante de dados, 224
David Giles
Panorama, 224
Introdução aos fóruns de discussão, 224

O que os fóruns de discussão oferecem ao pesquisador qualitativo?, 228
Quais perguntas de pesquisa se adaptam aos dados dos fóruns de discussão?, 229
    Tipos de perguntas de pesquisa mais "diretas": foco no conteúdo, 230
    Perguntas mais discursivas: interrogando o funcionamento dos próprios fóruns, 230
    Como as discussões continuam?, 231
    Como as comunidades usam os fóruns para promover normas e valores dos grupos?, 232
    Como os membros gerenciam os conflitos?, 233
Desenho, amostragem e questões éticas, 235
    Como coletar dados de fóruns: cinco passos de amostragem, 235
    Questões éticas, 237
    A classe dos dados de fóruns, 238
    Lidando com os tomadores de decisão éticos, 239
O que pode dar errado com os fóruns de discussão?, 242
Quais métodos de análise se adaptam aos dados dos fóruns de discussão?, 242
Conclusão, 243
Experimente..., 244
Outros recursos: on-line, 245
Outros recursos: leituras, 245
Referências, 245

Parte III – Coleta de dados virtuais, 249

10 "Digite a sua resposta" – Gerando dados de entrevistas por e-mail, 251
Lucy Gibson
Panorama, 251
Introdução às entrevistas por e-mail, 251
O que as entrevistas por e-mail oferecem ao pesquisador qualitativo?, 253
Quais perguntas de pesquisa se adaptam às entrevistas por e-mail?, 259
Desenho, amostragem e questões éticas, 260
    Participantes, amostragem e recrutamento, 260
    Questões éticas, 262
Passos para usar as entrevistas por e-mail, 263
O que pode dar errado com as entrevistas por e-mail?, 267
Quais métodos de análise se adaptam aos dados das entrevistas por e-mail?, 269
Conclusão, 270
Experimente..., 270

Outros recursos: on-line, 271
Outros recursos: leituras, 272
Referências, 272

11 Um chat produtivo – Entrevistas por mensagens instantâneas, 275
Pamela J. Lannutti
Panorama, 275
Introdução às entrevistas por mensagens instantâneas, 275
O que as entrevistas por mensagens instantâneas oferecem ao pesquisador qualitativo?, 277
Quais perguntas de pesquisa se adaptam às entrevistas por mensagens instantâneas?, 282
Desenho, amostragem e questões éticas, 282
Passos para usar as entrevistas por mensagens instantâneas, 283
O que pode dar errado com as entrevistas por mensagens instantâneas?, 287
Quais métodos de análise se adaptam aos dados das entrevistas por mensagens instantâneas?, 291
Conclusão, 292
Experimente..., 293
Outros recursos: on-line, 293
Outros recursos: leituras, 294
Referências, 294

12 "Não estou com você, mas estou..." – Entrevistas face a face virtuais, 297
Paul Hanna e Shadreck Mwale
Panorama, 297
Introdução às entrevistas por Skype, 297
O que as entrevistas por Skype oferecem ao pesquisador qualitativo?, 300
Quais perguntas de pesquisa se adaptam às entrevistas por Skype?, 303
Desenho, amostragem e questões éticas, 303
   Recrutamento, 304
   Desenho, 305
Passos para usar o Skype nas entrevistas, 307
O que pode dar errado com as entrevistas por Skype?, 308
Quais métodos de análise se adaptam aos dados das entrevistas por Skype?, 310
Conclusão, 311
Experimente..., 312
Outros recursos: on-line, 313
Outros recursos: leituras, 313
Referências, 314

13 Encontros nos espaços virtuais – Conduzindo grupos-foco on-line, 316
   Fiona Fox
   Panorama, 316
   Introdução aos grupos-foco on-line, 316
   O que os grupos-foco on-line oferecem ao pesquisador qualitativo?, 320
   Quais perguntas de pesquisa se adaptam aos grupos-foco on-line?, 322
   Desenho, amostragem e questões éticas, 323
      Recrutamento on-line, 323
      Tamanho do grupo, 323
      Questões éticas, 324
   Passos para usar os grupos-foco on-line, 326
   O que pode dar errado com os grupos-foco on-line?, 332
   Quais métodos de análise se adaptam aos dados dos grupos-foco on-line?, 334
   Conclusão, 335
   Experimente..., 336
   Outros recursos: on-line, 336
   Outros recursos: leituras, 337
   Referências, 337

Posfácio, 343
   Ruthellen Josselson

Glossário, 347

Índice remissivo, 365

LEIA TAMBÉM:

Escrever, ler e aprender na universidade

Uma introdução à alfabetização acadêmica

Paula Carlino

Esse livro não propõe incluir o ensino da leitura e da escrita nas matérias apenas porque os estudantes chegam malformados e nem pelo interesse em contribuir para desenvolver as habilidades discursivas dos universitários como um fim em si mesmo. Pelo contrário, pretende integrar a produção e a análise de textos no ensino de todas as disciplinas porque ler e escrever fazem parte da prática profissional acadêmica dos graduandos que esperamos formar e porque elaborar e compreender escritos são os meios inconfundíveis para aprender os conteúdos conceituais das disciplinas que esses alunos também devem conhecer.

Sendo assim, esse livro foi pensado para os professores de qualquer disciplina da educação superior, para os membros da gestão das universidades, os que possuem poder de decisão sobre os planos de estudo e são responsáveis por organizar a carreira docente e planejar ações de desenvolvimento profissional para os professores.

Paula Carlino é PhD em Psicologia pela Universidade Autônoma de Madri, pesquisadora do Conselho Nacional de Investigação Científica e Técnica (Conicet), Argentina. É autora de diversas obras sobre a formação de leitores e escritores.

Métodos de pesquisa para a pedagogia

Melanie Nind, Alicia Curtin e Kathy Hall

Essa obra pertence, em sua edição original, a uma série chamada *Métodos de pesquisa para a educação*, cujo intuito é fornecer livros que sejam úteis aos pesquisadores que desejam pensar sobre métodos de pesquisa no contexto de sua área, de seu problema de pesquisa ou de seus objetivos de pesquisa.

Embora os pesquisadores possam utilizar qualquer manual de métodos para ideias e inspiração, têm de arcar com o ônus de aplicar uma parte dos métodos de pesquisa das ciências sociais à educação em particular, ou os métodos de pesquisa da educação a uma dimensão particular da educação (pedagogia, escolas, a dimensão digital, aprendizado profissional, para nomear alguns exemplos). Essa aplicação de ideias não está distante de nós e levou a muitas pesquisas e também ao desenvolvimento de metodologias.

Esse livro, contudo, é mais direcionado, tornando-o um bom ponto de partida para estudantes, pesquisadores ou alguém que deseja formular uma proposta de pesquisa. Ele reúne várias possibilidades, por vezes interconectadas e diversas, para investigar contextos, setores, problemas ou fenômenos da educação. Assim, você encontrará prontamente uma discussão sobre os métodos relacionados àquela parte da pesquisa em educação pela qual se interessa; mas, além disso, encontrará métodos e abordagens menos óbvias e mais inovadoras.

Melanie Nind: Ph.D., professora de Educação, Universidade de Southampton, Reino Unido, tem uma longa história de ensino e pesquisa focada no interativo, no inclusivo e no pedagógico. Atualmente, investiga as pedagogias aplicadas em cursos de curta duração sobre métodos de pesquisa em ciências sociais avançadas. Este trabalho é parte de um programa de pesquisa pedagógica do National Centre for Research Methods (Centro Nacional de Métodos de Pesquisa), onde Melanie é codiretora. Ela coedita a *International Journal of Research & Method in Education* e é diretora do Centre for Research in Inclusion (Centro para a Pesquisa em Inclusão) na Southampton Education School.

Alicia Curtin: Ph.D., professora na University College Cork, Irlanda, conduz pesquisa empregando a teoria sociocultural para explorar temas altamente relevantes à educação e à aprendizagem. Esses incluem literacias de adolescentes na e fora da escola; língua e identidade e perspectivas neurocientíficas em literacia e aprendizado. Seu *design* de pesquisa mais recente (com Kathy Hall) investiga o aprendizado no ambiente de trabalho profissional de professores experientes.

Kathy Hall: Ph.D., professora de Educação e diretora da University College Cork, Irlanda, é uma experiente professora escolar, pesquisadora, professora universitária e autora com interesse consolidado em pedagogia no sentido mais amplo. Suas recentes publicações incluem *Networks of mind: learning, culture, neuroscience* (Redes da mente: aprendizado, cultura, neurociência), de 2013, com Curtin e Rutherford.

Metodologia do estudo e pesquisa
Facilitando a vida dos estudantes, professores e pesquisadores

Lourdes Meireles Leão

O processo de construção do conhecimento científico não se desenvolve espontaneamente. Para isso é necessário um estudo sistemático e rigoroso. A metodologia é um instrumento de extrema utilidade para subsidiar professores, pesquisadores, profissionais de diferentes áreas e alunos dos cursos superiores neste empreendimento. O caminho a ser percorrido exige hábitos e operacionalização de técnicas de estudo e de trabalho que tornem os esforços realmente produtivos. O domínio de métodos e técnicas de leitura e interpretação de textos, como também de elaboração de trabalhos científicos (artigos, monografias, dissertações e teses) constitui uma exigência para todos aqueles que pretendem percorrer esse caminho.

Esse livro se apresenta como uma introdução geral à metodologia científica, tendo como objetivo principal demonstrar as bases e as estruturas do trabalho científico, desde atividades discentes até trabalhos de maior rigor metodológico. Conteúdo essencial exemplificado, linguagem simples e objetiva, texto dividido de maneira didática são as características desse livro que abrange considerações sobre conhecimento, ciência e método, regras de como estudar, elaboração de resumos, esquemas e fichas de leitura, confecção de trabalhos científicos escritos, apresentações orais e noções elementares de pesquisas.

Lourdes Meireles Leão é mestre e doutora em Psicologia Cognitiva; especialista em Psicologia Clínica, docente e pesquisadora do Departamento de Educação da Universidade Federal Rural de Pernambuco. Ministrou as disciplinas Psicologia Social, Psicologia Aplicada às Relações Humanas, Psicologia da Aprendizagem, Psicologia do Desenvolvimento, Gestão de Pessoas e Serviços, Metodologia do Trabalho Científico, Psicologia e Sociedade nos cursos de graduação e Metodologia da Pesquisa Científica nos cursos de Pós-graduação de Medicina Veterinária e demais Ciências Agrárias. Autora de artigos relacionados às áreas de Psicologia e Linguagem. Atualmente aposentada, ministra, como professora-convidada, a disciplina Metodologia da Pesquisa Científica no curso de Pós-Graduação de Medicina Veterinária e demais Ciências Agrárias, na Universidade Federal Rural de Pernambuco.

A educação pode mudar a sociedade?

Michael W. Apple

Apesar das grandes diferenças políticas e ideológicas em relação ao papel da educação na produção da desigualdade, há um elemento comum partilhado tanto por professores quanto por liberais: A educação pode e deve fazer algo pela sociedade, restaurar o que está sendo perdido ou alterar radicalmente o que existe?

A questão foi colocada de forma mais sucinta pelo educador radical George Counts em 1932, quando perguntou: "A escola ousaria construir uma nova ordem social?", desafiando gerações inteiras de educadores a participar, ou, de fato, a liderar a reconstrução da sociedade.

Mais de 70 anos depois, o celebrado educador, autor e ativista Michael Apple revisita os trabalhos icônicos de Counts, compara-os às vozes igualmente poderosas de pessoas minorizadas, e, mais uma vez, faz a pergunta aparentemente simples: se a educação realmente tem o poder de mudar a sociedade.

Michael W. Apple é Professor *John Bascom* de Currículo e Instrução e Estudos de Política Educacional na University of Wisconsin, Madison, EUA.

CULTURAL
Administração
Antropologia
Biografias
Comunicação
Dinâmicas e Jogos
Ecologia e Meio Ambiente
Educação e Pedagogia
Filosofia
História
Letras e Literatura
Obras de referência
Política
Psicologia
Saúde e Nutrição
Serviço Social e Trabalho
Sociologia

CATEQUÉTICO PASTORAL
Catequese
  Geral
  Crisma
  Primeira Eucaristia

Pastoral
  Geral
  Sacramental
  Familiar
  Social
  Ensino Religioso Escolar

TEOLÓGICO ESPIRITUAL
Biografias
Devocionários
Espiritualidade e Mística
Espiritualidade Mariana
Franciscanismo
Autoconhecimento
Liturgia
Obras de referência
Sagrada Escritura e Livros Apócrifos

Teologia
  Bíblica
  Histórica
  Prática
  Sistemática

REVISTAS
Concilium
Estudos Bíblicos
Grande Sinal
REB (Revista Eclesiástica Brasileira)

VOZES NOBILIS
Uma linha editorial especial, com importantes autores, alto valor agregado e qualidade superior.

PRODUTOS SAZONAIS
Folhinha do Sagrado Coração de Jesus
Calendário de mesa do Sagrado Coração de Jesus
Agenda do Sagrado Coração de Jesus
Almanaque Santo Antônio
Agendinha
Diário Vozes
Meditações para o dia a dia
Encontro diário com Deus
Guia Litúrgico

VOZES DE BOLSO
Obras clássicas de Ciências Humanas em formato de bolso.

CADASTRE-SE
www.vozes.com.br

EDITORA VOZES LTDA.
Rua Frei Luís, 100 – Centro – Cep 25689-900 – Petrópolis, RJ
Tel.: (24) 2233-9000 – Fax: (24) 2231-4676 – E-mail: vendas@vozes.com.br

UNIDADES NO BRASIL: Belo Horizonte, MG – Brasília, DF – Campinas, SP – Cuiabá, MT
Curitiba, PR – Fortaleza, CE – Goiânia, GO – Juiz de Fora, MG
Manaus, AM – Petrópolis, RJ – Porto Alegre, RS – Recife, PE – Rio de Janeiro, RJ
Salvador, BA – São Paulo, SP